政府会计实务案例指南

（事业单位版）

郝　佳　程　光　刘志霞　雷　涛　主　编

中国财经出版传媒集团
中国财政经济出版社

图书在版编目（CIP）数据

政府会计实务案例指南：事业单位版 / 郝佳等主编. -- 北京：中国财政经济出版社，2022. 6
ISBN 978 - 7 - 5223 - 0951 - 4

Ⅰ. ①政… Ⅱ. ①郝… Ⅲ. ①行政事业单位－预算会计－中国－手册 Ⅳ. ①F812. 3 - 62

中国版本图书馆 CIP 数据核字（2021）第 235929 号

责任编辑：陈志伟　　　　责任印制：史大鹏
封面设计：卜建辰　　　　责任校对：徐艳丽

政府会计实务案例指南
ZHENGFU KUAIJI SHIWU ANLI ZHINAN

中国财政经济出版社 出版

URL：http：//www. cfeph. cn
E - mail：cfeph@ cfeph. cn

社址：北京市海淀区阜成路甲 28 号　邮政编码：100142
营销中心电话：010 - 88191522
天猫网店：中国财政经济出版社旗舰店
网址：https：//zgczjjcbs. tmall. com
北京时捷印刷有限公司印刷　各地新华书店经销
成品尺寸：170mm × 240mm　16 开　34. 5 印张　589 000 字
2022 年 6 月第 1 版　2022 年 6 月北京第 1 次印刷
定价：99. 00 元
ISBN 978 - 7 - 5223 - 0951 - 4
（图书出现印装问题，本社负责调换，电话：010 - 88190548）
本社质量投诉电话：010 - 88190744
打击盗版举报热线：010 - 88191661　QQ：2242791300

编委会

前　言

党的十八届三中全会提出建立权责发生制的政府综合财务报告制度，全面、准确地反映各级政府整体财务状况、运行情况和财政中长期可持续性。党的十九大报告明确提出，要加快建立现代财政制度，建立权责清晰、财力协调、区域均衡的中央和地方财政关系。建立全面规范透明、标准科学、约束有力的预算制度，全面实施绩效管理。政府会计是财政管理的重要基础，权责发生制政府综合财务报告制度改革是基于政府会计规则的重大改革。从2015年《政府会计准则——基本准则》发布开始，政府会计改革全面推进。截至目前，包括1项基本准则、10项具体准则、2项应用指南、1项统一的政府会计制度在内的具有中国特色的政府会计准则制度体系基本建成并稳步实施，为深化权责发生制政府综合财务报告改革夯实制度基础。

本书旨在向读者介绍最新政府会计准则制度的理论知识和实务操作。首先，介绍了政府会计的基本理论和本次政府会计改革的主要内容。其次，对政府会计的资产、负债、收入、费用和净资产等财务会计要素，以及预算收入、预算支出和预算结余等预算会计要素的会计核算进行讲解。最后，介绍了目前财政部门正在推行的财政业务一体化系统。全书反映了我国政府会计准则制度的最新精神，力图在布局谋篇上实现理论与实践的统一。

本书特色有三：第一，反映最新政府会计制度。本书内容涵盖了财政部从2015年政府会计基本准则至今发布的所有政府会计制度文件，业务处理体现了政府会计改革的最新要求。第二，采用真实业务案例。本书由事业单位会计实务专家和高校会计教师共同编写。内容贴近实务，采用大量事业单位真实业务事项作为核算案例。业务案例以事业单位日常业务为主，同时兼顾特殊业务，便于读者理解和学习。第三，体现业财融合思想。在对每个会计科目讲解时，介绍具体会计核算之前，首先对经济业务主要内容和相关财务管理要求进行讲解，让读者在了解经济业务内容的基础上，再进行会计业务处理，体现了财务反映业务、支持业务的业财融合思想。

本书的主要内容主要按照会计要素展开。对于每个具体政府会计科目，本书分为业务介绍、制度讲解、实务案例和疑难解析四个层次进行讲解：首先，对该会计科目核算涉及的经济业务和管理要求进行介绍，让读者首先了解经济业务内容。然后，在此基础上，我们按照会计制度要求对该会计科目的具体核算内容进行介绍。接下来，以日常发生的实际业务为实例，解决具体经济业务的会计核算。最后，讲解与科目相关的个别复杂特殊业务的会计核算。通过以上业务介绍、制度讲解、实务案例和疑难解析四个层次，深入浅出，理论联系实际，让读者了解政府会计准则制度的主要内容的同时，能够使读者掌握事业单位主要经济业务的具体会计核算方法。

本书可作为我国事业单位和会计师事务所等相关会计人员的工作指导书，也可以作为财经类院校会计相关专业的本科、研究生的学习参考书。

本书由河南省农业科学院郝佳、河南工程学院程光、河南省科学院刘志霞和河南迅友信息技术有限公司雷涛共同担任主编，刘志霞、程光负责大纲拟定、总纂全书，其他章节具体分工如下：程光负责第一章撰写工作，河南省农业科学院郝佳、孟媛、胡喜峰、河南省科学院王向华、柳家刚、河南省生态环境监测中心秦红伟、黄河防汛抗旱物资储备管理中心刘星负责第二章、第八章、第九章撰写工作；河南迅友信息技术有限公司雷涛、刘义武负责第三章撰写工作；河南省科学院地理研究所刘晓丽负责第四章撰写工作；河南省科学院高新技术研究中心张方负责第五章撰写工作；河南迅友信息技术有限公司蔡莎莎负责第六章、陈舒平负责第七章撰写工作；河南工程学院刘根霞、贾娜，河南省森林航空消防站李芳、河南省陆浑水库管理局郭兴利和河南省人民医院史晓川，河南省药品评价中心周晓杰对书稿进行审核和指导。

在这里，特别感谢河南省财政厅会计处领导对本书编写组的高度信任、支持与指导，感谢专家团队及技术团队提供的专业指导及技术支持。本书力求完善，但是由于时间仓促、水平有限，难免出现不足之处，敬请各位读者批评指正。

本书是河南省科学院科技智库研究项目（221416006）（201000001）、国家文化和旅游科技创新工程项目（CXGC062）、河南省软科学研究项目（212400410542）、河南省教育科学“十三五”规划课题（2020YB0296）、河南省高校人文社会科学研究一般项目（2022－ZZJH－282）、河南省高等教育改革研究与实践重点项目（2019SJGLX148）的阶段性研究成果。

目录

MULU

第一章　政府会计准则制度概述

第一节　政府会计改革

本节主要讲述了我国政府会计改革的有关问题，首先介绍了政府会计的基本概念，包括政府会计的概念、特征和知识体系。其次，分析了政府会计改革的背景和意义。最后，介绍了本次政府会计改革的主要内容。

一、政府会计的基本概念

（一）政府会计概述

作为一个信息系统，会计旨在为会计主体提供会计信息。会计主体假设决定了会计核算和监督的空间范围，它回答了会计为谁核算的问题。明确会计主体是开展会计确认、计量和报告工作的前提条件。按照会计主体的不同，会计学可以分为三类：企业会计、政府会计和非营利组织会计。

政府会计，是会计学的一般原理在政府中的运用，是以货币作为主要计量单位对政府的经济活动或会计事项进行记录、核算、反映和监督的一种专门技术方法和专门管理活动①（赵建勇，2021）。也有学者认为，政府会计是政府会计主体运用专门的会计方法确认、计量、记录政府受人民委托管理事务实务、国家资源和国有资产情况，报告政府公共财务资源管理的业绩及履行受托责任情况的会计信息系统②（刘国永等，2019）。

（二）政府会计的特征

作为会计学的一个分支，政府会计和企业会计相比，既有区别又有联系，

---

① 赵建勇：《政府与非营利组织会计》，中国人民大学出版社，2021 年 7 月第 5 版，第 1 页。

② 刘国永等：《全面实施预算绩效管理专业基础》，江苏大学出版社，2019 年 8 月，第 123 页。

下面，我们把两者放在一起比较，了解政府会计的主要特征。

1. 企业会计的主要特征包括：

（1）企业在市场中自主开展经营活动，独立经营、自负盈亏。企业的资金来源来自于其市场活动。

（2）企业依法开展的财务活动不受限制。

财政部于2006年发布的《企业财务通则》（中华人民共和国财政部令41号令）对企业加强财务管理，规范财务行为，保护企业及其相关方的合法权益，推进现代企业制度建设等方面提出了要求，但是该制度主要规范的是国有及国有控股企业（金融企业除外），其他企业参照执行，其财务活动在市场化环境中自主独立进行，一般不受限制。

（3）企业日常会计核算的依据是企业会计准则。2006年以来，随着以建立企业会计准则体系为核心的企业会计改革的推进，我国已经建立起了包括企业会计基本准则、具体准则、应用指南、企业会计制度在内的企业会计准则体系，为企业会计核算提供了依据和遵循。

2. 政府会计的主要特征和企业会计相比，政府会计具有其自身的特殊性，具体来说主要包括：

（1）财政资金是政府会计主体的主要资金来源。政府会计主体主要包括行政和事业单位，其中，行政单位的收入全部来自财政资金。事业单位中，除了公益二类事业单位部分收入来自市场外，公益一类事业单位的全部收入和公益二类事业单位的大部分收入都由财政资金提供①。

（2）政府会计主体开展财务活动的依据是行政和事业单位财务规则。财政资金是政府会计主体的主要资金来源这一个特点，决定了行政和事业单位开展财务活动必须遵循专门的行政和事业单位财务制度。现有的行政和事业单位财务制度为《行政单位财务规则》（财政部令第71号）和《事业单位财务规则》（财政部令第108号）。以上两个制度从预算、收入、支出、结余、资产、负债管理等方面对行政和事业单位的财务行为进行了规范，加强了对行政和事

① 2011年3月发布的《中共中央国务院关于分类推进事业单位改革的指导意见（中发［2011］5号）》，将从事公益服务的事业单位细分为两类：承担义务教育、基础性科研、公共文化、公共卫生及基层的基本医疗服务等基本公益服务，不能或不宜由市场配置资源的，划入公益一类；承担高等教育、非营利医疗等公益服务，可部分由市场配置资源的，划入公益二类。

业单位的财务管理和监督[1]。

(3) 政府的会计核算的依据是政府会计准则和制度。从 2015 年《政府会计准则——基本准则》(财政部令第 78 号) 发布至今，我国已经初步建立起了包括政府会计基本准则、具体准则、应用指南和政府会计制度在内的政府会计准则体系，为政府会计核算提供了依据和遵循。

(4) 政府会计核算和预算管理紧密结合。这是政府会计最重要的特征。预算是指对未来收支的计划。政府的财政预算包括一般公共预算、政府性基金预算、国有资本经营预算和社会保障基金预算。其中，一般公共预算收入中的税收收入是其主要收入来源。政府的财务活动受到来自资金提供者 (纳税人) 的约束，主要表现为：政府需要编制预算，并且经过立法机构 (各级人民代表大会) 的批准 (预算具有法律效应)，以满足纳税人、社会公众等利益相关者的对会计信息的需求。

对于具体的政府会计主体来说，行政事业单位必须编制预算。其工作任务或事业计划与财务制度中的支出标准相结合形成了单位预算。预算通过逐级上报，经财政部门批准，报经本级人民代表大会批复后成为法定文件。行政事业单位按照财政部门批复的预算开展业务活动，执行预算。年终，行政事业单位还要进行决算报告的编制工作。

和行政事业单位必须实施预算管理不同，在企业中，预算管理是企业管理的一种工具，企业可以根据情况自行决定是否实施。

(三) 政府会计的知识体系

有的会计人员会问这样一个问题：预算会计[2]和企业会计，哪个会计核算复杂，哪个简单？在 2015 年之前，这个问题相对容易回答：预算会计。因为和企业会计相比，预算会计核算具有以下特点：第一，核算基础不同。企业会计实行权责发生制，而预算会计遵循收付实现制，收到资金记入收入，实际支出时记入支出。既不需要待摊，也不需要计提，固定资产也不需要折旧，会计核算相对简单。第二，成本核算要求不同。企业会计，特别是制造业企业，需要计算成本。而在预算会计体系下，会计要素中没有费用，只有支出，行政事业单位自然也就没有成本费用的概念，更不用说成本核算了。

---

① 2012 年，财政部修订发布了《行政单位财务规则》和《事业单位财务规则》。2022 年，财政部对《事业单位财务规则》进行了修订。目前，《行政单位财务规则》的修订工作已经提上日程。

② 2015 年《政府会计准则——基本准则》发布之前，政府会计一般叫做预算会计。

而现在，这个问题的回答就不是那么简单了。2015 年政府会计基本准则发布后，一方面，权责发生制引入了政府会计体系，和收付实现制一起作为政府会计的核算基础。费用要素出现在政府会计的财务会计要素中。同时，2019 年《事业单位成本核算基本指引》（财会［2019］25 号）的印发，行政和事业单位开展成本核算指日可待。

以上，只是从核算基础和核算内容两方面对政府会计和企业会计做了简单的对比。下面我们从工作内容上了解政府会计工作。在实际工作中，由于受编制限制，一名政府会计人员，除了日常的记账、算账、报账外，他必须还是一个多面手，同时完成预算管理、资产管理、政府采购、内部控制和审计等工作。换言之，除了需要掌握会计人员必须掌握的政府会计准则制度外，他还必须了解公共财政、预算管理、国有资产管理、政府收支分类、政府采购、内部控制、政府审计等知识，只有掌握了以上知识才能够算是一名合格的会计人员。因此，我们认为，一个合格的政府会计人员需要掌握一套完整的知识体系，如图 1－1 所示。从这个角度来讲，政府会计不简单。即使目前还没有开始成本核算，我们可以套用一句广告词：政府会计，简约而不简单。

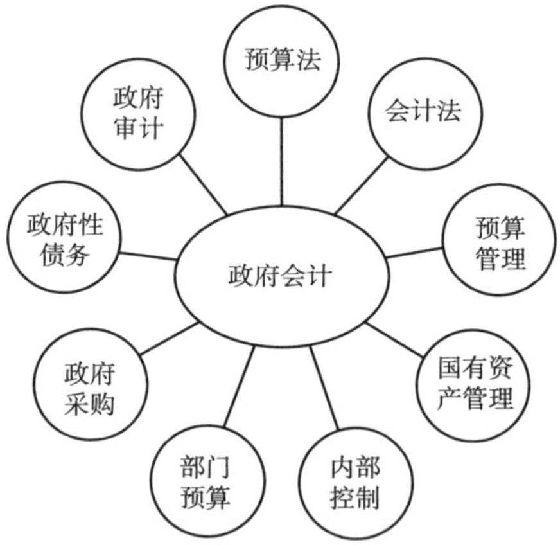

图 1－1　政府会计人员的知识体系

二、政府会计改革的背景和意义

（一）背景

多年来，我国在行政事业单位执行的是以收付实现制为核算基础的预算会计标准体系。这一体系形成于 1988 年，主要包括财政总预算会计制度、行政单位会计制度和事业单位会计准则制度等。此外，还包括参与预算执行的国库会计、税收征解会计，以及国有建设单位会计、社会保基金会计等。这一体系是适应财政预算管理的要求建立和逐步发展起来的，为财政资金的运行管理和宏观经济决策发挥了重要的基础性作用。1988 年建立的预算会计制度体系如图 1 – 2 所示。

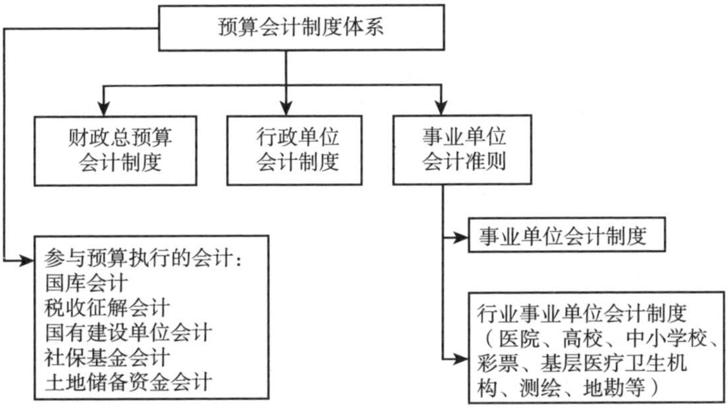

图 1 – 2 我国预算会计制度体系（1997—2018 年）

这套以收付实现制会计核算为基础的预算会计体系以及对应的决算报告制度，主要反映政府年度预算执行情况的结果，对准确反映预算收支情况、加强预算管理和监督发挥了重要作用。但是随着经济社会发展，仅实行决算报告制度已经难以满足建立现代财政制度、促进财政长期可持续发展和推进国家治理现代化的要求，主要表现在以下三个方面：第一，无法全面准确反映政府负债，完整披露债务风险；第二，无法完整清晰反映政府资产，如实反映政府“家底”；第三，无法客观反映政府运行成本，不利于科学评价政府的运营绩效。

1. 无法全面准确反映政府负债，完整披露债务风险。

和收付实现制相比，权责发生制基础有助于提供更全面的政府负债信息。收付实现制只有在用现金偿付债务时，才会确认支出，而不能提前揭示对未来的承诺、担保和其他因素形成的隐性负债。对政府部门的贷款、政府雇员的养老金保险计划等等，这些隐性负债都有可能造成若干年后的巨额现金流出，而这些负债在收付实现制基础下往往得不到反映，也有可能导致预算执行结果上的“虚假平衡”，难以为有效防范财政风险、促进财政长期可持续发展提供可靠的信息支撑。

2013 年，我国在全国范围内进行了政府性债务审计。审计署 2013 年第 32 号审计结果公告显示：2013 年 6 月底，我国政府性债务规模高达 30 万亿元。具体数据见表 1－1。

表 1－1　全国政府性债务规模情况表　单位：亿元

年度	政府层级	政府负有偿还责任的债务（政府债务，下同）	政府或有债务	
			政府负有担保责任的债务	政府可能承担一定救助责任的债务
2012 年底	中央	94 376.72	2 835.71	21 621.16
	地方	96 281.87	24 871.29	37 705.16
	合计	190 658.59	27 707.00	59 326.32
2013 年 6 月底	中央	98 129.48	2 600.72	23 110.84
	地方	108 859.17	26 655.77	43 393.72
	合计	206 988.65	29 256.49	66 504.56

面对 2013 年全国 30 万亿元的政府债务，2013 年全国财政收入仅 12.9 万亿元。当然，衡量债务风险，不能简单用流量指标——收入数来衡量。因为，我们还有存量指标——资产。但是，我们不知道 2013 年中国政府有多少资产，因为政府没有披露当年的政府资产负债表。因此，我们很难判断这 30 万亿元的负债风险有多高①。因此，对政府资产进行准确计量势在必行。

2. 无法清晰反映政府资产，如实反映政府“家底”。

以收付实现制为核算基础的预算会计体系不利于强化政府资产管理、增强政府公共服务能力，难以为政府信号用评级提供信息支持。而权责发生制基础有助于提供更全面的政府资产信息。对于跨期资本性支出，收付实现制在款项支付日就确认为费用，而不是根据其使用期限摊派到各期，因此政府财务报告就不包括此类支出的使用价值和服务年限信息，而采用权责发生制可以反映跨期的资本支出，政府的资产信息能够得到全面的反映。

预算会计体系在资产的信息披露方面也显得力不从心。2007 年，复旦大学中国经济研究中心主任张军教授撰文《中国政府拥有多少资产》，直接质疑了政府会计系统在资产信息披露方面的无力：中国政府不只拥有名山大川、国

---

① 审计署的审计结果公告认为：我国政府性债务风险总体可控，但有的地方也存在一定的风险隐患。

家公园，庞大的道路和基础设施网，拥有国有和国有控股的企业资产，这些资产根本不在账上——政府只有财政收入和支出的统计，没有类似企业的资产负债表。这使得政府对这些实物资产的价值一无所知。这一情况直到2018年才有所改观①。

3. 无法客观反映政府运行成本，不利于科学评价政府的运营绩效。

收付实现制下的现金流入、流出和收入、费用没有相应的对应关系，无法进行准确的费用分配和核算。在收付实现制下，管理者可能通过操纵现金流入或流出的时间来操控各年的收入和支出，形成代理问题中的“道德风险”，这样政府的真正运行成本就得不到反映，从而导致政府财务信息缺乏可靠性，不利于正确评价政府绩效和成本的关系，不利于降低行政成本、提升政府运行效率。

与收付实现制相比，权责发生制能够更加准确地反映政府的经营和财务状况。运用权责发生制能够反映主体的经营活动成果、经济资源及其变化，提供评价经营管理者绩效的依据。在政府财务报告中运用权责发生制，能够更准确地反映政府提供公共服务的资源耗费情况，为客观反映政府运营的真实成本和绩效提供评价依据。

（二）意义

基于以上原因，近年来，来自政府、理论界和实务界等领域的专家学者纷纷呼吁加快推进政府会计改革。财政部高度重视政府会计准则建设工作，在推动政府会计理论研究、开展国际经验交流、人才培养等方面开展了一系列工作，并通过行政事业单位会计准则制度修订、政府会计改革试点等，为政府会计改革奠定了坚实的基础。

党的十八届三中全会从全面深化改革的战略高度，在《中共中央关于全面深化改革若干重大问题的决定》中明确提出了“建立权责发生制的政府综合财务报告制度”的重要战略部署，新《预算法》也对各级政府财政部门按年度编制以权责发生制为基础的政府综合财务报告提出了明确要求。2014年12月，国务院批转了财政部制定的《权责发生制政府综合财务报告制度改革方案》（国发［2014］63号）（以下简称《改革方案》），确立了政府会计改革

① 直到2018年10月24日，国务院通过《2017年度国有资产管理情况的综合报告》，第一次向全国人大常委会报告国有资产管理情况。

的指导思想、总体目标、基本原则、主要任务、具体内容、配套措施、实施步骤和组织保障。

权责发生制政府综合财务报告制度改革是基于政府会计规则的重大改革，总体目标是通过构建统一、科学、规范的政府会计准则体系，建立健全政府财务报告编制办法，适度分离政府财务会计与预算会计、政府财务报告与决算报告功能，全面、清晰反映政府财务信息和预算执行信息，为开展政府信用评级、加强资产负债管理、改进政府绩效监督考核、防范财政风险等提供支持，促进政府财务管理水平提高和财政经济可持续发展。

《改革方案》提出改革的任务主要包括四个方面：一是建立健全政府会计核算体系。二是建立健全政府财务报告体系。三是建立健全政府财务报告审计和公开机制。四是建立健全政府财务报告分析应用体系。其中以建立健全政府会计核算体系为核心的政府会改革是本次权责发生制政府综合财务报告制度改革的前提和基础，在会计核算环节引入权责发生制，完善政府财务会计功能，为政府财务报告编制提供坚实的数据支撑。

三、政府会计改革的主要内容

（一）总体目标

如前所述，本次政府会计改革是《改革方案》改革任务的重要组成部分。权责发生制政府综合财务报告制度改革是基于政府会计规则的重大改革，基于此，本次政府会计改革的总体目标是：

建立健全政府会计核算制度，构建统一、科学、规范的政府会计准则体系，推进财务会计与预算会计适度分离并相互衔接，在完善预算会计功能基础上，增强政府财务会计功能，夯实政府财务报告核算基础，为中长期财政发展、宏观调控和政府信用评级服务，力争在2020年前建立具有中国特色的政府会计准则体系。

（二）具体内容

政府会计准则制度是编制政府财务报告的重要依据，是规范政府经济业务和事项的会计确认、计量、记录和报告的标准体系，在权责发生制政府综合财务报告制度改革中具有重要的基础作用。在本次政府会计改革中，在建立健全政府会计准则制度方面主要包括两个方面内容：

1. 制定政府会计基本准则和具体准则及应用指南。

基本准则用于规范政府会计目标、政府会计主体、政府会计信息质量要求、政府会计核算基础，以及政府会计要素定义、确认和计量原则、列报要求等原则事项。基本准则指导具体准则的制定，并为政府会计实务问题提供处理原则。具体准则用于规范政府发生的具体经济业务或事项的会计处理。应用指南是对具体准则的实际应用做出的操作性规定。

2. 健全完善政府会计制度。

政府会计科目设置要实现预算会计和财务会计双重功能。预算会计科目应准确完整反映政府预算收入、预算支出和预算结余等预算执行信息，财务会计科目应全面准确反映政府的资产、负债、净资产、收入、费用等财务信息。条件成熟时，推行政府成本会计，规定政府运行成本归集和分摊方法等，反映政府向社会提供公共服务支出和机关运行成本等财务信息。

为了加快推进政府会计改革，建立健全我国政府会计准则制度体系，财政部成立了政府会计准则委员会，由部领导担任主席，会计司、国库司等多个司局参加，办公室设在会计司。委员会吸收相关部门和单位的人员参与，并组建咨询专家组，充分发挥专家力量，广泛调动社会资源。

（三）实施步骤

政府会计改革涉及面广，技术性、政策性、敏感性较强，需要逐步推进。根据《改革方案》，从2014—2020年，政府会计改革的实施工作按照以下步骤逐步进行：

1. 组建政府会计准则委员会。
2. 修订发布财政总预算会计制度。
3. 制定发布政府会计基本准则。
4. 研究起草政府会计相关具体准则及应用指南。
5. 制定发布政府会计相关具体准则及应用指南。
6. 完善行政事业单位会计制度、财政总预算会计制度等。
7. 研究推行政府成本会计。
8. 基本建成具有中国特色的政府会计准则体系。

截至本书完成之时，我国政府会计改革正按照《改革方案》中的工作步骤，稳步推进。

第二节　政府会计准则体系[1]

本节主要介绍了我国政府会计准则体系。在对我国政府会计准则建设进程进行回顾的基础上，简要讲解了我国政府会计准则体系。在第一节和第二节分别介绍了政府会计基本准则、政府会计具体准则及应用指南，在第三节详细讲解了政府会计制度的遵循原则、结构体例和主要内容，最后，对政府会计准则制度系列解释和通知进行了讲解。

根据《改革方案》要求，2015 年以来，财政部先后印发《政府会计准则——基本准则》、《政府会计制度——行政事业单位会计科目与报表》（财会［2017］25 号）等政府会计法规规章。截至 2021 年 12 月，已经累计发布 1 项基本准则，10 项具体准则及 2 项应用指南，4 项准则制度解释。我国政府会计准则体系[2]架构基本形成。2015 年以来，我国政府会计准则建设进度如图 1－3 所示。

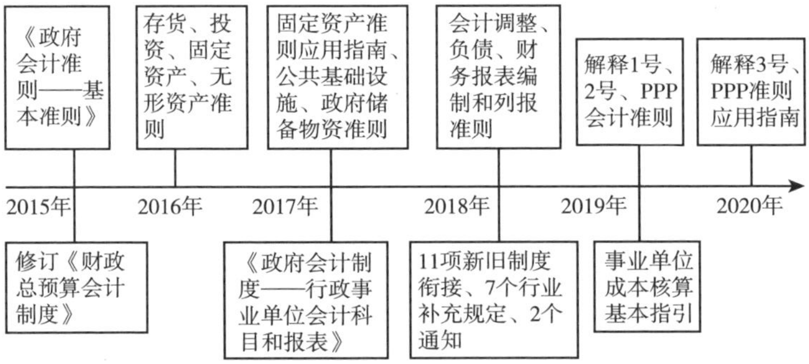

图 1－3　我国政府会计准则体系建设进展（2015—2020 年）

根据《改革方案》，我国的政府会计准则体系由政府会计基本准则、具体准则及其应用指南和政府会计制度组成[3]。如图 1－4 所示，基本准则主要对政府会计目标、会计主体、会计信息质量要求、会计核算基础，以及会计要素定义、确认和计量原则、列报要求等做出规定。具体准则主要规定政府发生的

① 本节内容部分参考了财政部有关负责人就制定政府会计准则有关问题答记者问的有关内容。

② 有些教材中也把政府会计准则体系称为政府会计标准体系。

③ 根据企业会计准则体系建设经验，政府会计准则体系的组成内容，除了基本准则、具体准则以及应用指南、政府会计制度外，还包括财政部发布的政府会计准则制度系列解释和相关通知。

经济业务或事项的会计处理原则，具体规定经济业务或事项引起的会计要素变动的确认、计量和报告。具体可以细分为会计要素类、财务报告类和特殊事项类。应用指南主要对具体准则的实际应用作出操作性规定。政府会计制度主要规定政府会计科目及其使用说明、会计报表格式及其编制说明等，便于会计人员进行日常核算。政府会计制度包括两类：政府会计制度——行政事业单位会计科目与报表和财政总预算会计制度。政府会计准则制度系列解释和相关通知主要是财政部门对基本准则、具体准则以及应用指南、政府会计制度中的有关内容进行的必要补充和解释。

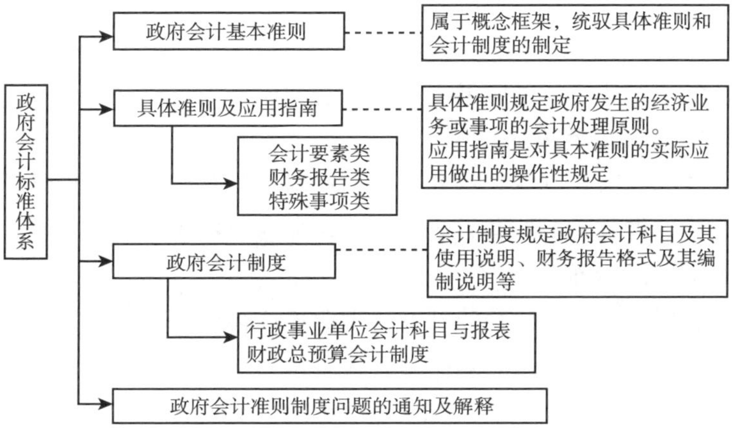

图 1-4　我国的政府会计标准体系

一、政府会计基本准则

为了积极贯彻落实党的十八届三中全会精神，加快推进政府会计改革，构建统一、科学、规范的政府会计标准体系和权责发生制政府综合财务报告制度，2015 年 10 月 23 日，楼继伟部长签署财政部令第 78 号公布《政府会计准则——基本准则》（以下称《基本准则》），自 2017 年 1 月 1 日起施行。

（一）定位和作用

《基本准则》作为政府会计的“概念框架”[①]，主要规范了政府会计的基本

① 所谓概念框架，是“财务会计与报告的概念框架”（Conceptual framework for Financial Accounting and Reporting）的简称，为了方便通常简称为 CF，是由一系列说明财务会计并为财务会计所应用的基本概念所组成的理论体系，是评价现有的会计准则、指导和发展未来会计准则的理论依据。

问题、基本原则、基本方法和基本概念等，用来统驭政府会计具体准则和政府会计制度的制定，并为政府会计实务问题提供处理原则，为编制政府财务报告提供基础标准。我们可以把它理解为政府会计准则体系的“顶层设计”。

（二）遵循原则

在制定《基本准则》过程中，主要遵循了以下原则：

1. 坚持目标、理清思路。

《改革方案》提出，在建立健全政府会计核算体系时，要推进政府财务会计与预算会计适度分离并相互衔接，在完善预算会计功能基础上，增强政府财务会计功能。《基本准则》的制定思路完全遵循了《改革方案》的要求，先构建政府会计的基本框架，以后再逐步完善整个体系。

2. 立足国情、借鉴国际。

在充分考虑我国政府财政财务管理特点的基础上，吸收了我国企业会计准则的改革经验，借鉴了国外有关政府会计改革的最新理论成果。

3. 继承发展、改革创新。

充分吸收现行行政单位会计制度、事业单位会计准则制度和财政总预算会计制度中已被实践证明行之有效的内容，坚持理论和制度创新，强化财务会计功能，准确反映财务会计信息。同时，注重与预算管理等要求相衔接、相协调。

4. 科学立法、公开透明。

严格遵循部门规章和会计标准制定程序，按照立法计划形成征求意见稿之后，广泛征求意见，并通过召开专家座谈会、立法论证会等形式听取专家意见，对意见比较集中的问题进行了反复论证和深入沟通，直到达成共识。

（三）主要内容

《基本准则》一共六章 62 条，4 900 余字。

第一章为总则，规定了立法目的和制定依据、适用范围、政府会计体系与核算基础、基本准则定位、报告目标和使用者、会计基本假设和记账方法等。

第二章为政府会计信息质量要求，明确了政府会计信息应当满足的 7 个方面质量要求，即可靠性、全面性、相关性、及时性、可比性、可理解性和实质重于形式。

第三章为政府预算会计要素，规定了预算收入、预算支出和预算结余3个预算会计要素的定义、确认和计量标准，以及列示要求。

第四章为政府财务会计要素，规定了资产、负债、净资产、收入和费用5个财务会计要素的定义、确认标准、计量属性和列示要求。

第五章为政府决算报告和财务报告，规定了决算报告、财务报告和财务报表的定义、主要内容和构成。

第六章为附则，规定了相关基本概念的定义，明确了施行日期。

（四）主要创新

《基本准则》是多年来我国政府会计理论研究和改革成果的重要体现，其重大制度理论创新主要有以下几点：

1. 构建了政府预算会计和财务会计适度分离并相互衔接的政府会计核算体系。

相对于实行多年的预算会计核算体系，《基本准则》强化了政府财务会计核算，即政府会计由预算会计和财务会计构成，前者一般实行收付实现制，后者实行权责发生制。通过预算会计核算形成决算报告，通过财务会计核算形成财务报告，全面、清晰反映政府预算执行信息和财务信息。

2. 确立了“3+5要素”的会计核算模式。

《基本准则》规定预算收入、预算支出和预算结余3个预算会计要素和资产、负债、净资产、收入和费用5个财务会计要素。其中，首次提出收入、费用两个要素，有别于现行预算会计中的收入和支出要素，主要是为了准确反映政府会计主体的运行成本，科学评价政府资源管理能力和绩效。同时，按照政府会计改革最新理论成果对资产、负债要素进行了重新定义。

3. 科学界定了会计要素的定义和确认标准。

《基本准则》针对每个会计要素，规范了其定义和确认标准，为在政府会计具体准则和政府会计制度层面规范政府发生的经济业务或事项的会计处理提供了基本原则，保证了政府会计标准体系的内在一致性。特别是《基本准则》对政府资产和负债进行界定时，充分考虑了当前财政管理的需要，比如，在界定政府资产时，特别强调了“服务潜力”，除了自用的固定资产等以外，将公共基础设施、政府储备资产、文化文物资产、保障性住房和自然资源资产等纳入政府会计核算范围；对政府负债进行界定时，强调了“现时义务”，将政府因承担担保责任而产生的预计负债也纳入会计核算范围。

4. 明确了资产和负债的计量属性及其应用原则。

《基本准则》提出，资产的计量属性主要包括历史成本、重置成本、现值、公允价值和名义金额，负债的计量属性主要包括历史成本、现值和公允价值。同时，《基本准则》强调了历史成本计量原则，即政府会计主体对资产和负债进行计量时，一般应当采用历史成本。采用其他计量属性的，应当保证所确定的金额能够持续、可靠计量。这样规定，既体现了资产负债计量的前瞻性，也充分考虑了政府会计实务的现状。

5. 构建了政府财务报告体系。

《基本准则》要求政府会计主体除按财政部要求编制决算报表外，至少还应编制资产负债表、收入费用表和现金流量表，并按规定编制合并财务报表。同时强调，政府财务报告包括政府综合财务报告和政府部门财务报告，构建了满足现代财政制度需要的政府财务报告体系。

（五）对行政事业单位财务和会计管理的影响

《基本准则》是政府会计领域一次重大的制度变革，实施《基本准则》对于行政事业单位（以下称单位）财务和会计管理将带来以下显著影响：

1. 进一步规范单位会计行为，提高会计信息质量。

《基本准则》要求按收付实现制对预算收入、预算支出和预算结余进行会计核算，按权责发生制对资产、负债、净资产和收入、费用进行会计核算，同时对各个会计要素的确认、计量和列示等提出了原则性要求，对会计信息质量提出了明确的标准，有助于行政事业单位对各项经济业务或事项进行全面、规范地会计处理，不断提升单位会计信息质量。

2. 夯实单位财务管理基础，提升财务管理水平。

实施《基本准则》，有助于单位贯彻落实国家各项预算管理要求，规范收支行为，夯实预算管理的基础，建立健全预算管理制度；有助于单位严格落实有关国有资产管理的规定，全面、真实反映增量和存量资产的状况，夯实单位资产管理的基础，完善控制国有资产流失的管理制度，提高单位国有资产管理的绩效；有助于单位严格落实有关财务管理规定，增强公共管理意识，实现资金、资产和资源的科学合理配置，防范和化解财务风险，促进单位持续健康发展。

3. 准确反映单位运行成本，科学评价单位绩效。

《基本准则》要求单位按照权责发生制原则核算各项耗费，如计提固定资产折旧费用、无形资产摊销费用等，并要求编制收入费用表，合理归集、反映单位的运行费用和履职成本，从而有助于科学评价单位耗费公共资源、成本边际等情况，建立并有效实施预算绩效评价制度，提升单位绩效评价的科学性。

4. 全面反映单位预算执行信息和财务信息，提高单位财务透明度。

《基本准则》要求单位在编制决算报告的同时，还要编制包括资产负债表、收入费用表和现金流量表在内的财务报告，全面反映单位的预算执行情况和财务状况、运行情况和现金流量等。各部门还要按规定合并所属单位的财务报表，编制部门合并财务报告，全面反映部门整体财务状况，并按照规定进行审计和公开。《基本准则》的实施，将显著提升单位财务透明度。

二、政府会计具体准则及应用指南

政府会计具体准则主要规定政府发生的经济业务或事项的会计处理原则，具体规定经济业务或事项引起的会计要素变动的确认、计量和报告。应用指南主要对具体准则的实际应用作出操作性规定。

截至2021年8月，财政部已经发布10项政府会计具体准则和2项应用指南，相关文件见表1-2所示。

表1-2　　财政部已经发布的政府会计具体准则和应用指南

（截至2021年8月）①

序号	文件名	文号	发布时间
1	财政部关于印发《政府会计准则第1号——存货》等4项具体准则的通知	财会［2016］12号	2016年7月6日
2	财政部关于印发《政府会计准则第3号——固定资产》应用指南的通知	财会［2017］4号	2017年2月21日
3	财政部关于印发《政府会计准则第5号——公共基础设施》的通知	财会［2017］11号	2017年4月17日
4	财政部关于印发《政府会计准则第6号——政府储备物资》的通知	财会［2017］23号	2017年7月28日
5	财政部关于印发《政府会计准则第7号——会计调整》的通知	财会［2018］28号	2018年10月21日

① 为方便起见，本书中涉及各个具体准则时，采用直接引用准则简称的方法。如用公共基础设施准则代替《政府会计准则第5号——公共基础设施》，特此说明。

续表

序号	文件名	文号	发布时间
6	财政部关于印发《政府会计准则第 8 号——负债》的通知	财会［2018］31 号	2018 年 11 月 9 日
7	财政部关于印发《政府会计准则第 9 号——财务报表编制和列报》的通知	财会［2018］37 号	2018 年 12 月 26 日
8	财政部关于印发《政府会计准则第 10 号——政府和社会资本合作项目合同》的通知	财会［2019］23 号	2019 年 12 月 17 日
9	财政部关于印发《〈政府会计准则第 10 号——政府和社会资本合作项目合同〉应用指南》的通知	财会［2020］19 号	2020 年 12 月 17 日

（一）制定原则

政府会计具体准则在起草和完善过程中，主要遵循了以下原则：

1. 依据和遵循《基本准则》。

《基本准则》为在政府会计具体准则层面规范政府发生的经济业务或事项的会计处理提供了基本原则，如会计要素类具体准则依据《基本准则》制定，其适用范围、确认标准和计量要求等均与《基本准则》保持一致，保证了政府会计标准体系的内在一致性。

2. 与现有政府会计标准体系相协调。

比如负债准则，制定者充分考虑了与现行政府债务管理规范和《财政总预算会计制度》、《政府会计制度——行政事业单位会计科目和报表》等相关法规制度的协调。如《政府会计准则第 10 号——政府和社会资本合作项目合同》（以下简称 PPP 会计准则），该准则着力解决政府方对 PPP 项目合同的确认、计量及相关信息的列报，所规定的内容与投资准则、固定资产准则、公共基础设施准则、负债准则等具体准则和《政府会计制度——行政事业单位会计科目和报表》、《财政总预算会计制度》等现行政府会计标准中的规定相辅相成、协调一致，共同构成了规范政府方关于 PPP 项目的会计核算标准体系。

3. 与相关法规制度充分协调。

具体准则贯彻会计法、预算法、担保法和《改革方案》等法律法规精神，并充分考虑了与现行行政事业单位国有资产管理办法、财务规则制度等相关规章制度的协调，比如资产类具体准则中关于资产初始计量、置换、处置等会计处理，均与现行行政事业单位国有资产管理暂行办法的相关要求相协调。

4. 借鉴企业会计经验并充分考虑政府会计特点。

具体准则立足于完善政府财务会计核算功能，在会计处理上采用权责发生制。因此，对于与企业会计共性的业务和事项，具体准则吸收和借鉴了企业会计准则相关规定，但并不是照搬照抄，而是在充分考虑政府会计主体特点及其面临的环境基础上进行规范，比如资产在处置环节的会计处理、对外投资的处理、自行研发无形资产的确认和计量、负债确认计量方法、借款费用处理等方面等都充分考虑了政府会计主体的特点，与企业会计准则的要求有一定差别。

5. 立足国情、借鉴国际。以 PPP 准则的制定为例，在对国际公共部门会计准则和其他国家的会计准则充分调查研究的基础上，适当借鉴了国际公共部门会计准则理事会（IPSASB）于 2012 年制定发布的《国际公共部门会计准则第 32 号——服务特许权协议：授予方》（以下简称 IPSAS32）中关于授予方对服务特许权协议的会计处理原则，特别是关于“双控制测试”的规定。同时，根据中国 PPP 实践对传统 PPP 模式内涵和运用的拓展和丰富，在适用范围、术语的界定和具体会计处理规定，如资产计量属性、净资产和负债的确认与计量等，充分考虑了我国的 PPP 实务特点及相关法规要求，不完全与国际准则趋同，体现出鲜明的中国特色。

6. 适当简化操作确保可操作性。

具体准则在制定过程中坚持问题导向，充分考虑政府会计核算的实际需要和政府会计改革所处发展阶段，注重准则语言的通俗易懂和相关会计处理的可操作性，着力确保准则可理解、可落地、可执行。适当考虑到政府会计核算现状以及政府会计人员对权责发生制会计的接受程度，具体准则适当简化某些会计处理规定，比如资产类具体准则不要求对资产计提减值准备，固定资产折旧和无形资产摊销均不考虑残值，且在折旧和摊销方法上要求一般采用年限平均法或工作量法，长期股权投资后续计量采用简化的权益法等，力求准则切实可用、简便易行。

（二）政府会计具体准则

了解了制定原则后，下面介绍已经发布的政府会计具体准则和应用指南，主要包括主要内容、适用范围和和主要变化。

1. 存货准则。

（1）准则的适用范围。存货准则所规范的存货，是指政府会计主体在开展业务活动及其他活动中为耗用或出售而储存的资产，如材料、产品、包装物和低值易耗品等，以及未达到固定资产标准的用具、装具、动植物等。考虑到政府储备物资的取得、调拨、管理、处置、权属确定等与存货准则规范的存货有较大不同，因此将其排除在存货准则范围以外。单独制定具体准则。另外，考虑到政府收储土地规模较大且具有不同于一般存货的显著特点，也对其进行了范围排除。财政部后续将单独制定收储土地准则。

（2）准则的主要内容。存货准则全面地规范了政府会计主体存货的分类及确认、计量和披露，共六章 20 条，具体内容如下：

第一章为总则，主要规定了存货准则的制定依据、存货的定义、分类和适用范围。第二章为存货的确认，主要规定了存货的两个确认条件。第三章为存货的初始计量，主要规定了存货在取得时应当按照成本进行初始计量。准则按照政府会计主体购入、自行加工、委托加工、置换、接受捐赠、无偿调入和盘盈存货等七种情况，具体介绍了存货的计量原则。第四章为存货的后续计量，主要规定了会计主体在存货发出、对外捐赠、无偿调出、毁损和盘亏等情况时的计量原则。第五章为存货的披露，主要规定了政府会计主体在附注中披露与存货相关信息的要求。第七章为附则，规定了存货准则的生效日期。

2. 投资准则。

（1）准则的适用范围。投资准则所规范的投资，是指政府会计主体按规定以货币资金、实物资产、无形资产等方式形成的股权和债权投资，分为短期投资和长期投资。政府会计主体外币投资的折算，适用其他相关政府会计准则。另外，关于 PPP 模式中政府的投资，鉴准则的于其涉及的核算内容较为复杂，在 10 号准则中单独规定。

（2）准则的主要内容。投资准则较为全面地规范了政府会计主体投资的分类及确认、计量和披露，共五章 21 条，具体内容如下：

第一章为总则，主要规定了投资准则的制定依据、投资的定义、分类和适用范围。第二章为短期投资，规定了短期投资在取得时的计量原则，明确了短期投资持有期间的利息核算，以及期末短期投资的计量，并对政府会计主体出售或到期收回短期投资的计量继续做了规定。第三章为长期投资，第一节规定了长期债权投资的计量原则，区分取得、持有期间收到利息和出售或到期收回等几种情况规定了具体计量要求。第二节规定了长期股权投资的计量原则。长期股权投资在取得时应当按照实际成本作为初始投资成本。在持有期间，区分不同情况，分别按照权益法和成本法进行核算。准则分别规定了成本法和权益法的具体会计处理原则。并明确了政府会计主体在权益法和成本法之间转换时的计量要求。最后，规定了长期股权投资在处置时的计量要求。第四章为投资的披露，主要规定了政府会计主体在附注中披露与投资相关信息的要求。第五章为附则，规定了投资准则的生效日期。

（3）准则的主要特点。投资准则的主要特点是全面引入长期股权投资权益法核算。现行事业单位会计制度规定长期股权投资采用成本法进行核算，即长期股权投资的账面余额通常保持不变，仅在追加或收回投资时，相应调整其账面余额，而现行财政总预算会计制度规定股权投资采用权益法核算。为了加强政府资产管理，真实全面反映政府长期股权投资及其变动情况，投资准则中规定，长期股权投资持有期间通常采用权益法进行核算，即投资最初以投资成本计量，以后根据政府会计主体在被投资单位所享有的所有者权益份额的变动对投资的账面余额进行调整。但是，投资准则在明确规定长期股权投资通常采用权益法的同时保留了成本法。主要考虑是，如果政府会计主体没有决定或参与被投资单位的财务和经营政策的权力，股权投资对政府会计主体的财务影响仅限于取得所分配的股利或利润，这种情况下采用成本法核算，不对被投资企业净资产的变动调整长期股权投资账面余额和确认投资损益，将使会计核算结果更符合相关性原则。

3. 固定资产准则

（1）准则的适用范围。固定资产准则所规范的固定资产，是指政府会计主体为满足自身开展业务活动或其他活动需要而控制的，使用年限超过 1 年（不含 1 年）、单位价值在规定标准以上，并在使用过程中基本保持原有物质形态的资产，一般包括房屋及构筑物、专用设备、通用设备等。考虑到公共基础设施、政府储备物资、保障性住房为政府会计主体经管的资产，其使用目的和管理方式不同于一般固定资产，且这类资产规模较大，财政部专门制定相关准则。

（2）准则的主要内容。固定资产准则全面地规范了政府会计主体固定资产的分类及确认、计量和披露，共六章 28 条，具体内容如下：

第一章为总则，主要规定了固定资产准则的制定依据、固定资产的定义、分类和适用范围。第二章为固定资产的确认，首先规定了固定资产的两个确认条件。其次按照是否需要安装规定了不同的确认时间。最后，规定了几种特殊情况下固定资产的确认条件以及后续支出的确认原则。第三章为固定资产的初始计量，主要规定了固定资产在取得时应当按照成本进行初始计量。准则按照政府会计主体外购、自行建造、置换、接受捐赠、无偿调入、盘盈和融资租入固定资产等七种情况，具体介绍了固定资产的计量原则。第四章为固定资产的后续计量，第一节规定了固定资产折旧原则，首先明确了折旧的定义，其次规定了不计提折旧的固定资产范围，然后规定了固定资产使用年限要求，最后规定了固定资产折旧方法、折旧期等问题。第二节规定了固定资产的处置，主要按照会计主体在固定资产报经批准出售、转让、报废、毁损、对外捐赠、无偿调出、对外投资和盘亏等情况时的计量原则。第五章为固定资产的披露，主要规定了政府会计主体在附注中披露与固定资产相关信息的要求。第七章为附则，规定了固定资产准则的生效日期。

（3）准则的主要特点。固定资产准则最大的特点是全面确立“实提”折旧和摊销的政策要求。之前的行政事业单位会计准则制度对单位计提固定资产折旧、无形资产摊销进行了规范，但除医院会计制度和其他少数行业事业单位会计制度外，均规定了“虚提”折旧和摊销的做法，即在按期计提折旧或摊销时冲减非流动资产基金（或资产基金），而非计入支出或费用。这种规定兼顾了预算管理和财务管理的双重需要，在以收付实现制为主要核算基础的现行预算会计制度体系中具有一定的现实意义。但是，根据财政部的调研结果，“虚提”折旧和摊销的规定在实际工作中执行的并不好，没有充分发挥折旧和摊销等会计信息在单位内部成本费用管理和资产管理中的作用。固定资产和无形资产准则基于权责发生制会计核算要求，分别对政府会计主体固定资产折旧和无形资产摊销做出统一规范，要求固定资产应计提的折旧（或无形资产的摊销金额）根据用途计入当期费用或者相关资产成本。相对于现行的规定，这是一种“实提”折旧和摊销的做法，有利于客观真实反映资产价值，有利于推进政府成本会计核算与管理，有利于权责发生制政府财务报告的编制。

4. 无形资产准则。

（1）准则的适用范围。无形资产准则所规范的无形资产，是指政府会计主体控制的没有实物形态的可辨认非货币性资产，一般包括专利权、商标权、著作权、土地使用权、非专利技术以及其他财产权利等。

（2）准则的主要内容。无形资产准则全面地规范了政府会计主体无形资产的分类及确认、计量和披露，共六章 25 条，具体内容如下：

第一章为总则，主要规定了无形资产准则的制定依据、无形资产的定义、分类和适用范围。第二章为无形资产的确认，首先规定了无形资产的两个确认条件。其次对政府会计主体的自行研究开发项目的研究阶段和开发阶段的划分和计量要求进行了规定。最后，明确了自创商誉和内部品牌等，不应确认为无形资产。第三章为无形资产的初始计量，主要规定了无形资产在取得时应当按照成本进行初始计量。准则按照政府会计主体外购、委托开发、置换、接受捐赠、无偿调入无形资产等七种情况，具体介绍了无形资产的计量原则。第四章为无形资产的后续计量，第一节规定了无形资产摊销原则，首先明确了使用年限和摊销的定义，其次规定了不同情况下确定摊销年限的原则，最后规定了无形资产折旧方法、折旧期等问题。第二节规定了无形资产的处置，主要按照会计主体在无形资产报经批准出售、对外捐赠、无偿调出、对外投资和转销等情况时的计量原则。第五章为无形资产的披露，主要规定了政府会计主体在附注中披露与无形资产相关信息的要求。第七章为附则，规定了无形资产准则的生效日期。

（3）准则的主要特点。无形资产准则最大的特点是强化自行研发无形资产入账成本的核算。之前的行政事业单位会计准则制度规定，自行开发并按法律程序申请取得的无形资产，按照依法取得时发生的注册费、聘请律师费等费用确认初始成本，导致自行研发的无形资产账面成本远小于单位实际投入，不利于科研成果绩效评价、促进科技成果转化以及按规定实施科技成果奖励，也不利于落实《改革方案》所提出的“推行政府成本会计”的要求。鉴于此，无形资产准则引入了企业会计中关于自行研发无形资产的会计处理规定，但为便于实务操作，对相关内容进行了适度简化，即政府会计主体自行研究开发项目的支出，应当区分研究阶段支出与开发阶段支出。政府会计主体自行研究开发项目研究阶段的支出，应当于发生时计入当期费用。政府会计主体自行研究开发项目开发阶段的支出，先按合理方法进行归集，如果最终形成无形资产的，应当确认为无形资产；如果最终未形成无形资产的，应当计入当期费用。同时，为了与现行行政事业单位会计制度中的相关规定有效衔接，无形资产准则规定，自行研究开发项目尚未进入开发阶段，或者确实无法区分研究阶段和开发阶段的支出，但按法律程序申请取得无形资产的，可以按照依法取得时发生的注册费、聘请律师费等费用确定无形资产的成本。

以上四个具体准则在合理继承以往行政事业单位会计准则制度和财政总预算会计制度有关规定基础上，立足政府会计主体财务会计核算和权责发生制政府综合财务报告制度改革需要，兼顾当前行政事业单位国有资产管理相关规定。存货和投资、固定资产、无形资产的会计核算方面较现行制度规定有很多创新与变化，主要体现在以下两个方面①：

---

①　财政部通过《关于印发〈政府会计准则第 1 号——存货〉等 4 项具体准则的通知》（财会［2016］12 号）一次印发了第 1—4 号政府会计准则，包括存货、投资、固定资产和无形资产等 4 项具体准则，因此本书把这四个准则的主要创新和变化放在一起介绍。

（1）进一步明确资产的会计确认和披露要求。四个基本准则发布之前的行政事业单位会计准则制度对于存货、固定资产、无形资产的会计核算进行了规范，现行财政总预算会计制度和事业单位会计准则制度对于对外投资的会计核算也进行了相应规范，但是主要侧重于相关资产的会计计量和记录问题，特别是会计记录问题，即会计科目的设置及账务处理，很少涉及会计确认和披露问题。四项具体准则遵循基本准则，对存货、投资、固定资产和无形资产的确认、计量和披露问题进行了系统规范，为将符合存货、投资、固定资产和无形资产定义和确认条件的相关资产纳入会计账簿和财务报表提供了统一的会计处理原则，提高了不同政府会计主体对同一经济业务和事项会计处理的可比性，丰富了政府会计信息的内容，有利于权责发生制政府财务报告的编制。

（2）健全完善资产的计价和入账管理要求。四个基本准则发布之前的行政事业单位会计准则制度对接受捐赠、无偿调入和盘盈等方式取得资产入账价值的确定进行了规范，但在实际执行中操作性不强。四项具体准则遵循《基本准则》关于资产计量属性的规定，立足实务需要，兼顾资产管理规定，分别对接受捐赠、无偿调入和盘盈取得资产的初始入账问题进行了规范，相对于现行制度更为科学。以固定资产准则为例，对于接受捐赠的固定资产，其成本应当依次按照相关凭据注明的金额、评估价值、市场价格和名义金额四个层次判断确定；对于无偿调入的资产，其成本按照调出方账面价值确定；对于盘盈的资产，按规定需要评估的，其成本按评估价值确定，其他情况下其成本按照重置成本确定。

5. 公共基础设施准则。

（1）准则的适用范围。公共基础设施准则所称的公共基础设施，是指政府会计主体为满足社会公共需求而控制的，同时具有以下特征的有形资产：一是一个有形资产系统或网络的组成部分；二是具有特定用途；三是一般不可移动。公共基础设施主要包括市政基础设施（如城市道路、桥梁、隧道、公交场站、路灯、广场、公园绿地、室外公共健身器材，以及环卫、排水、供水、供电、供气、供热、污水处理、垃圾处理系统等）、交通基础设施（如公路、航道、港口等）、水利基础设施（大坝、堤防、水闸、泵站、渠道等）和其他公共基础设施。独立于公共基础设施、不构成公共基础设施使用不可缺少组成部分的管理维护用房屋建筑物、设备、车辆等，适用固定资产准则。属于文物文化资产的公共基础设施，适用其他相关政府会计准则。采用政府和社会资本合作模式（即 PPP 模式）形成的公共基础设施的确认和初始计量，适用 PPP 准则。

（2）准则的主要内容。公共基础设施准则全面地规范了政府会计主体公共基础设施的分类及确认、计量和披露，共六章 28 条，具体内容如下：

第一章为总则，主要规定了公共基础设施准则的制定依据、公共基础设施的定义、分类和适用范围。第二章为公共基础设施的确认，首先规定了公共基础设施的确认原则，其次规定了两个确认条件，然后区分自建或外购、无偿调入或接受捐赠规定了不同的确认时间。最后，对分类确认以及后续支出的确认进行了规定。第三章为公共基础设施的初始计量，主要规定了公共基础设施在取得时应当按照成本进行初始计量。准则按照政府会计主体自行建造、无偿调入、接受捐赠和外购公共基础设施等四种情况，具体介绍了公共基础设施的计量原则。第四章为公共基础设施的后续计量，第一节规定了公共基础设施的折旧或摊销，首先明确了公共基础设施折旧的范围，其次规定了公共基础设施折旧年限的确定因素，最后规定了折旧方法、折旧期等问题。第二节规定了公共基础设施的处置，主要按照会计主体在公共基础设施报经批准无偿调出、对外捐赠、报废或遭受重大毁损等情况时的计量原则。第五章为公共基础设施的披露，主要规定了政府会计主体在附注中披露与公共基础设施相关信息的要求。第七章为附则，规定了首次执行公共基础设施准则时公共基础设施的确认时间、以及入账成本的确认原则和公共基础设施准则的生效日期。

6. 政府储备物资准则

（1）准则的适用范围。政府储备物资准则所称的政府储备物资，是指政府会计主体为满足实施国家安全与发展战略、进行抗灾救灾、应对公共突发事件等特定公共需求而控制的，同时具有下列特征的有形资产：一是在应对可能发生的特定事件或情形时动用；二是其购入、存储保管、更新（轮换）、动用等由政府及相关部门发布的专门管理制度规范。政府储备物资主要包括战略及能源物资、抢险抗灾救灾物资、农产品、医药物资和其他重要商品物资，通常情况下由政府会计主体委托承储单位存储。企业以及纳入企业财务管理体系的事业单位接受政府委托收储并按企业会计准则核算的储备物资，不适用政府储备物资准则。

此外，由于《基本准则》将企业、军队、已纳入企业财务管理体系的单位和执行《民间非营利组织会计制度》的社会团体排除在政府会计主体之外，因此，上述会计主体拥有或控制的公共基础设施、储备物资不适用公共基础设施准则和政府储备物资准则，应当按照各会计主体适用的相关会计准则制度进行核算。

（2）准则的主要内容。政府储备物资准则全面地规范了政府会计主体政府储备物资的分类及确认、计量和披露，共六章 25 条，具体内容如下：

第一章为总则，主要规定了政府储备物资准则的制定依据、政府储备物资的定义、分类和适用范围。第二章为政府储备物资的确认，首先规定了政府储备物资由对其负有行政管理职责的政府会计主体予以确认，其次规定了政府储备物资的两个确认条件。第三章为政府储备物资的初始计量，主要规定了政府储备物资在取得时应当按照成本进行初始计量。准则按照政府会计主体购入、委托加工、接受捐赠、无偿调入和盘盈政府储备物资等五种情况，具体介绍了政府储备物资的计量原则。同时，明确了不计入政府储备物资成本的支出项目。第四章为政府储备物资的后续计量，主要规定了会计主体在政府储备物资发出、因动用而发出无需收回、因动用而发出需要收回或者预期可能收回、对外销售、采用销售采购方式进行更新（互换）、报废、毁损和盘亏等情况时的计量原则。第五章为政府储备物资的披露，主要规定了政府会计主体在附注中披露与政府储备物资相关信息的要求。第六章为附则，规定了首次执行政府采购物资准则时政府储备物资的确认时间、以及入账成本的确认原则和政府储备物资准则的生效日期。

7. 会计调整准则。

（1）准则的适用范围。会计调整准则的适用范围包括会计政策变更、会计估计变更、会计差错更正和报告日后事项的会计处理规定，这种体例安排借鉴了《企业会计制度》（2000 年）第十章“会计调整”的写法，但在具体处理原则和方法上充分考虑了政府会计主体的特点。

（2）准则的主要内容。会计调整准则共七章 23 条，主要内容如下：

第一章为总则，主要规定会计调整准则制定依据，会计调整、会计政策、会计估计、会计差错、报告日后事项等基本概念，以及具体会计政策和会计估计的确定程序等。第二章为会计政策及其变更，主要规定会计政策及其变更的确认、追溯调整法和未来适用法在会计政策变更中的应用等。第三章为会计估计变更，主要规定会计估计变更的确认、未来适用法在会计估计变更中的应用。第四章为会计差错更正，主要规定本期发现的会计差错以及报告日后期间发现的会计差错的会计处理。第五章为报告日后事项，主要规定报告日后调整事项的会计处理和非调整事项的披露。第六章为披露，主要规定财务报表附注中应当披露的与会计调整相关的内容。第七章为附则，主要规定会计调整准则的例外事项和生效日期。

8. 负债准则。

（1）准则的适用范围。负债准则所规范的负债是会计意义上的负债，具体指各类政府会计主体所承担的符合会计上负债定义及确认条件的负债。其范围界定包括以下两个方面：

第一，关于负债主体。负债准则所规范的负债是指各类政府会计主体所承担的负债，其对政府会计主体的界定与《基本准则》保持一致，即包括各级政府、各部门、各单位。其中，各部门、各单位是指与本级政府财政部门直接或者间接发生预算拨款关系的国家机关、军队、政党组织、社会团体、事业单位和其他单位。其中，军队、已纳入企业财务管理体系的单位和执行《民间非营利组织会计制度》的社会团体不适用负债准则。这与其他文件或资料中的政府债务或政府性债务主体的范围可能不完全一致。

第二，关于负债内容。负债准则所规范的负债为满足会计上负债定义及确认条件、纳入会计账簿核算并列入政府会计主体的个别或合并资产负债表中的负债，包括举借债务、应付及预收款项、暂收性负债和由或有事项形成的预计负债。这一负债内容的界定与国际通行会计惯例相一致，但与其他文件或资料中的政府债务或政府性债务的内容可能不完全一致。

（2）准则的主要内容。负债准则较为全面地规范了政府会计主体负债的分类及确认、计量和披露，共七章 37 条，具体内容如下：

第一章为总则，主要规定了负债准则的制定依据、负债的定义和确认条件、负债的分类等。第二章为举借债务，主要规定了举借债务的概念、内容、确认和计量，以及借款费用的概念及其会计处理。第三章为应付及预收款项，主要规定了应付及预收款项的概念和类别、各类应付及预收款项的确认和计量。第四章为暂收性负债，主要规定了暂收性负债的概念和类别、各类暂收性负债的确认和计量。第五章为预计负债，主要规定了预计负债的概念、确认和计量。第六章为披露，主要规定了各类政府负债的披露要求。第七章为附则，规定了负债准则的生效日期。

（3）准则的主要特点。

第一，明确了负债类别的划分标准。

《基本准则》将政府会计主体的负债按照流动性分为流动负债和非流动负债。由于我国政府会计主体负债的成因比较复杂，不同经济业务或事项所形成的负债使得政府会计主体面临不同程度的偿债压力，并带来不同程度的债务风险，负债准则在遵循《基本准则》将负债按流动性分类的基础上，还对负债进行如下划分：首先，将负债分为偿还时间和金额基本确定的负债和由或有事项形成的预计负债；其次，将偿还时间与金额基本确定的负债按照政府会计主体的业务性质及风险程度进一步划分为融资活动形成的举借债务及应付利息、运营活动形成的应付及预收款项和运营活动形成的暂收性负债，并对不同类别负债的构成、确认和计量等做出了更为具体的规定。这一划分有助于按照负债的类别揭示不同程度的偿债压力和债务风险，促进相关方面更为科学地开展政府会计主体的债务风险分析和管理。例如，融资活动形成的举借债务是政府会计主体因资金短缺而主动举借的债务，受债务合同或协议的约束，使政府会计主体面临的偿债压力较大；运营活动形成的应付及预收款项是政府会计主体在运营过程中因购买了商品、接受服务或履行公共职能等应付而未付的款项，这类负债需要政府会计主体在未来运用自身的资产或服务来偿还，但其在偿还期限和偿还方式方面，相对于举借债务一般具有更大的弹性，使政府会计主体面临的偿债压力相对较小；运营活动形成的暂收性负债是政府会计主体暂时收到、随后应上缴或者退还、转拨给其他方的款项，这类负债由暂收的款项来偿还，因而使政府会计主体未来面临的偿债压力很小、基本不存在债务风险。

第二，对举借债务借款费用资本化的问题做出专门说明。

负债准则规定，政府以外的其他政府会计主体为购建固定资产等工程项目借入专门借款的借款费用在满足规定条件的情况下可以计入工程成本，其他举借债务（包括政府举借的债务和其他政府会计主体的非专门借款）的借款费用均计入当期费用。对于一级政府用于公益性资本支出所发行的政府债券，如收费公路专项债券等，负债准则未要求将相关借款费用资本化，而是计入当期费用。这种处理主要基于以下考虑：一是政府债券借款费用资本化的会计主体难以确定。政府债券由政府财政部门统一发行，借款取得的资金拨付建设部门使用，举借债务和使用资金的会计主体不同，且使用资金的建设部门可能涉及政府、企业等各类主体。二是政府债券借款费用资本化在实务中难以操作。政府债券的利息由财政部门统一计算和支付，建设部门既不负责支付债券利息，也难以掌握利息的计提、支付时点和金额信息。

第三，规定了关于与或有事项相关的不确认为负债的义务的会计处理。

负债准则规定，政府会计主体不应当将与或有事项相关的潜在义务或与或有事项相关的不满足负债准则第三条规定的负债确认条件的现时义务确认为负债，但应当按照准则规定进行披露。此类潜在义务或现时义务并不同时符合负债的定义和确认条件，因此不属于负债的范畴。但此类潜在义务或现时义务在未来有可能会转化为预计负债，增加政府会计主体的债务风险。为帮助会计信息使用者全面地掌握和分析政府会计主体的债务风险状况，负债准则对此类潜在义务或现时义务的披露提出了要求。

9. 列报准则。

（1）准则的适用范围。现行企业会计准则体系和国际公共部门会计准则体系中，对于财务报表列报和合并财务报表分别两项准则进行规范，但财务报表列报准则的规定既适用于个别财务报表，也适用于合并财务报表。考虑到目前政府会计相关制度中已经对个别财务报表的格式和编制等要求进行了规定，为更好地协调会计准则制度的关系，列报准则将财务报表列报和合并财务报表两部分内容有机结合在一起，主要规定财务报表（包括个别财务报表和合并财务报表）列报的基本要求和合并财务报表的编制与列报。此外，为了与其他政府会计准则制度协调，列报准则规定，行政事业单位个别财务报表的编制和列报，还应遵循《政府会计制度——行政事业单位会计科目和报表》的规定；其他政府会计主体个别财务报表的编制和列报，还应遵循其他相关会计制度。其他政府会计准则有特殊列报要求的，从其规定。

（2）准则的主要内容。列报准则主要规范了政府会计主体财务报表的编制和列报，具体内容由正文和附录两部分组成。

正文共四章61条。第一章为总则，主要规定列报准则的制定依据、财务报表的概念和组成、准则适用范围；第二章为基本要求，主要从编制基础、可比性、重要性、流动性、会计期间等方面规定财务报表编制和列报的基本要求；第三章为合并财务报表，分合并程序、部门（单位）合并财务报表、本级政府合并财务报表、行政区合并财务报表和附注五节内容，对各级次合并财务报表的概念、合并范围、合并程序和合并报表列示项目等进行了规定；第四章为附则，主要规定列报准则的未尽事项以及生效日期。附录提供了部门（单位）合并收入费用表的格式。

（3）准则的主要特点。

第一，明确了合并财务报表的组成内容。

新《预算法》第九十七条规定，各级政府财政部门应当按年度编制以权责发生制为基础的政府综合财务报告，报告政府整体财务状况、运行情况和财政中长期可持续性，报本级人民代表大会常务委员会备案。《改革方案》明确提出，各级政府财政部门应合并各部门和其他纳入合并范围主体的财务报表，编制以资产负债表、收入费用表等财务报表为主要内容的本级政府综合财务报告。因此，准则规定的合并财务报表由合并资产负债表、合并收入费用表和附注构成。

第二，确定了财务报表合并范围。

合并范围的确定是合并财务报表的关键。企业合并财务报表的合并范围以控制为基础予以确定，而控制一词主要基于投资方与被投资方的股权控制关系，如何判断控制在实务中存在一定困难。由于政府会计主体之间通常并不存在类似企业的投资控制关系，因此，政府合并财务报表合并范围不能直接以控制为基础确定。为了提高政府合并财务报表的可操作性，列报准则没有引入控制概念及其判断标准，而是在立足我国国情基础上，对不同级次合并财务报表的合并范围进行了原则性规定，即部门（单位）合并财务报表的合并范围一般应当以财政预算拨款关系为基础予以确定，部门（单位）所属的企业不纳入部门（单位）合并财务报表的合并范围；本级政府合并财务报表的合并范围一般应当以财政预算拨款关系为基础予以确定；行政区政府合并财务报表的合并范围一般应当以行政隶属关系为基础予以确定。需要特别说明的是，考虑到列报准则主要侧重规范合并范围确定的原则，具体合并范围将由财政部另行规定。

第三，规定了合并财务报表项目及格式。

报表项目及格式是列报准则的重要内容，准则对部门（单位）、本级政府、行政区政府合并资产负债表和合并收入费用表至少应该单独列示的项目进行了明确规定。但是，在合并报表具体格式上，列报准则仅规定了部门（单位）合并资产负债表和合并收入费用表的格式，关于本级政府合并财务报表、行政区政府合并财务报表的格式以及部门（单位）合并财务报表附注的披露格式将由财政部另行规定。

10. 政府和社会资本合作项目合同。

（1）制定本会计准则的背景和意义。在公共服务领域推广运用政府和社会资本合作（以下简称 PPP）模式，引入社会力量参与公共服务供给，提升供给质量和效率，是党中央作出的一项重大决策部署。早在 20 世纪 80、90 年代中期，我国 PPP 的具体实践就已经逐步出现。2013 年底，我国借鉴国际经验，立足本国国情，自上而下系统推进 PPP 改革。经过近 6 年改革，PPP 已成为公共服务的重要供给方式，项目覆盖十九个行业，中国已成为全球最大的 PPP 市场。PPP 项目涉及复杂的合同关系和多种运作方式，科学、准确、完整地核算和反映 PPP 项目各方主体的权利和义务，是 PPP 模式健康发展的重要保障。因此，研究制定 PPP 会计准则，规范 PPP 模式形成的政府资产和相关净资产或负债的会计处理，具有重要和深远的意义。

第一，制定 PPP 准则是构建保障 PPP 模式持续健康发展的制度体系的明确要求。

为了大力推广 PPP 模式，2015 年国务院办公厅印发通知（国办发［2015］42 号）转发了财政部、发展改革委、人民银行《关于在公共服务领域推广政府和社会资本合作模式指导意见》，指导意见在“构建保障政府和社会资本合作模式持续健康发展的制度体系”部分明确提出，“要建立完善公共服务成本财政管理和会计制度，创新资源组合开发模式，针对政府付费、使用者付费、可行性缺口补助等不同支付机制，将项目涉及的运营补贴、经营收费权和其他支付对价等，按照国家统一的会计制度进行核算，纳入年度预算、中期财政规划，在政府财务报告中进行反映和管理，并向本级人大或其常委会报告。项目资产移交时，要对移交资产进行性能测试、资产评估和登记入账，并按照国家统一的会计制度进行核算，在政府财务报告中进行反映和管理”。

第二，制定准则是规范 PPP 业务政府方会计处理的迫切需要。

在我国现行会计准则制度体系中，除了 2007 年印发的《企业会计准则解释第 2 号》从企业方角度对 BOT 业务的会计处理进行规定外，在国家层面缺乏统一的关于 PPP 业务政府方会计处理的规范。从目前实务情况来看，绝大多数政府方未对 PPP 项目形成的政府控制的资产登记入账，造成政府资产核算的缺失，同时一些企业方也未依据《企业会计准则解释第 2 号》将 PPP 项目中有关权利作为无形资产或金融资产，而是作为固定资产核算，造成 PPP 业务核算的混乱。此外，PPP 不仅涉及基础设施的设计、融资、建设、拥有、运营等多个环节，还涉及有关风险、收益在公共部门与私人部门之间的分担及共享等问题，这些环节和问题的叠加使得 PPP 业务的会计处理更为复杂。因此，社会各方迫切期待国家层面对 PPP 业务政府方的会计处理作出规范。

第三，制定准则是建立健全政府会计标准体系的内在要求。

2015 年以来，财政部积极贯彻落实党中央关于建立权责发生制政府综合财务报告制度的要求，加快推进政府会计改革，力争在 2020 年之前建立起具有中国特色的政府会计标准体系。从国外政府会计改革实践情况来看，很多国家很早就针对 PPP 业务政府方的会计处理制定了相关的会计准则。国际公共部门会计准则理事会（IPSASB）也于 2012 年制定发布了《国际公共部门会计准则第32号——服务特许权协议：授予方》（以下简称IPSAS32），就PPP业务授予方的会计处理提供了处理原则。因此，从建立健全我国政府会计标准体系的内在要求出发，也迫切需要在立足国内PPP实务、积极借鉴国际相关会计准则的基础上制定PPP准则。

（2）准则的适用范围。准则主要规范了政府方对PPP项目合同的会计处理。准则所称的PPP项目合同，是政府方与社会资本方依法依规就PPP项目合作所订立的合同。准则所称的PPP项目合同应当同时具有以下两个特征：一是社会资本方在合同约定的运营期间内代表政府方使用PPP项目资产提供公共产品和服务；二是社会资本方在合同约定的期间内就其提供的公共产品和服务获得补偿。准则规范的PPP项目合同应当满足“双控制”条件：一是政府方控制或管制社会资本方使用PPP项目资产必须提供的公共产品和服务的类型、对象和价格；二是PPP项目合同终止时，政府方通过所有权、收益权或其他形式控制PPP项目资产的重大剩余权益。此外，为了保证政策协调，准则第四条对适用范围以外的有关会计处理问题进行了原则性规定。

（3）准则的主要内容。PPP会计准则分为六章28条，主要规范了政府方对PPP项目合同的确认、计量和相关信息的列报。

（4）准则的主要特点。

第一，明确了PPP项目资产的确认和计量。

这是PPP准则规范的重点内容。按照准则规定，符合准则第二条“双特征”、第三条“双控制”条件的PPP项目资产，在同时满足两个确认条件时，应当由政府方予以确认，并且一般应当按照成本进行初始计量，按规定需要进行资产评估的，应当按照评估价值进行初始计量。准则第二章和第三章对不同方式下形成的PPP项目资产的确认和计量问题进行了规范。这是准则最基本最核心的会计处理原则，也是国际通行的关于服务特许权协议的会计处理方法。按照会计原理，资产确认的关键在于会计主体是否能够“控制”该项经济资源，在PPP项目合同中，相关基础设施满足“双控制”条件的，应当由政府方来确认，而社会资本方按照“镜像互补”原则确认对应的无形资产或金融资产（这一点在我国《企业会计准则解释2号》中已经明确），从形式上看两方都确认了资产，但两种资产性质不同，实质上是政府方与社会资本方因PPP业务发生了非货币性资产交换而导致的会计结果。

第二，规定了PPP项目净资产的确认和计量。

按照准则规定，政府方除使用其现有资产或由社会资本方对其现有资产进行改建、扩建形成 PPP 项目资产的情况以外，政府方在确认 PPP 项目资产时，应当同时确认一项 PPP 项目净资产，PPP 项目净资产的初始入账金额与 PPP 项目资产的初始入账金额相等。在 PPP 项目资产运营期间，政府方按月对该 PPP 项目资产计提折旧（摊销）的，应当于计提折旧（摊销）时冲减 PPP 项目净资产的账面余额。这种会计处理方法，不同于 IPSAS32 中根据不同付费方式分别确认金融负债或（和）递延收益的规定，具有典型的中国特色。之所以作出这样的规定，主要考虑以下两方面原因：一是根据党中央、国务院关于政府债务管理的有关文件精神和现行 PPP 管理制度规定，地方政府不得对社会资本方承诺保底收益、固定回报等，必须依据绩效考核情况支付政府付费，因此，政府方在初始确认 PPP 项目资产时不应存在国际准则中所谓的“无条件支付款项的义务”，即依法依规签订的 PPP 项目合同不会也不应增加政府债务；二是在有关 PPP 项目合同中，政府方对社会资本方的一系列付费其实质是购买社会资本方提供的公共产品和服务，政府方在初始确认 PPP 项目资产的同时，很难从对社会资本方的付款义务中拆分出与 PPP 项目资产成本相关的金额，因此也不符合政府负债的确认条件。

第三，明确了 PPP 项目中政府支出责任的会计处理原则。

根据准则规定，政府方承担向社会资本方支付款项的义务的，相关义务应当按照负债准则有关规定进行会计处理，会计处理结果不影响 PPP 项目资产及净资产的账面价值。在很多 PPP 项目合同中，政府方也承担了向社会资本方支付款项的义务，但这种义务在项目运营期开始时并不属于负债准则所规定的现实义务，更多是一种或有义务，因此不能确认为政府负债。在 PPP 项目开始运营后的每一个付款期间内，政府方按照负债准则有关规定不确认负债的，应当在支付款项时计入当期费用；按照负债准则有关规定确认负债的，应当同时确认当期费用，在以后期间支付款项时，相应冲减负债的账面余额。

（三）政府会计具体准则应用指南

作为政府会计具体准则的补充，应用指南是在具体准则已经对政府发生的经济业务或事项的会计处理原则、具体规定经济业务或事项引起的会计要素变动的确认、计量和报告等方面做出规定的基础上，对具体准则的实际应用做出操作性规定。截至目前，财政部已经颁布了两个政府会计具体准则应用指南，分别是《政府会计准则第 3 号——固定资产》应用指南（以下简称固定资产准则应用指南）和《政府会计准则第 10 号——政府和社会资本合作项目合同》应用指南（以下简称 PPP 准则应用指南）。

1. 固定资产准则应用指南。

应用指南的主要内容包括两个方面：

（1）关于固定资产折旧年限。通常情况下，政府会计主体应当按照给定的政府固定资产折旧年限表的规定，确定各类应计提折旧的固定资产的折旧年限。该表按照房屋及构筑物、通用设备、专用设备、家具、用具及装具等四大类别对政府会计主体的固定资产折旧年限范围进行了规定。具体内容包括：

第一，通常情况下，政府会计主体应当按照应用指南中规定确定各类应计提折旧的固定资产的折旧年限。

第二，国务院有关部门在遵循本应用指南中政府固定资产折旧年限表所规定的固定资产折旧年限的情况下，可以根据实际需要进一步细化本行业固定资产的类别，具体确定各类固定资产的折旧年限，并报财政部审核批准。

第三，政府会计主体应当在遵循应用指南、主管部门有关折旧年限规定的情况下，根据固定资产的性质和实际使用情况，合理确定其折旧年限。

具体确定固定资产的折旧年限时，应当考虑下列因素：

①固定资产预计实现服务潜力或提供经济利益的期限；

②固定资产预计有形损耗和无形损耗；

③法律或者类似规定对固定资产使用的限制。

第四，固定资产的折旧年限一经确定，不得随意变更。

因改建、扩建等原因而延长固定资产使用年限的，应当重新确定固定资产的折旧年限。

第五，政府会计主体盘盈、无偿调入、接受捐赠以及置换的固定资产，应当考虑该项资产的新旧程度，按照其尚可使用的年限计提折旧。

（2）关于固定资产折旧计提时点。固定资产应当按月计提折旧，当月增加的固定资产，当月开始计提折旧；当月减少的固定资产，当月不再计提折旧。

固定资产提足折旧后，无论能否继续使用，均不再计提折旧；提前报废的固定资产，也不再补提折旧。已提足折旧的固定资产，可以继续使用的，应当继续使用，规范实物管理。

2. PPP 准则应用指南。

PPP 准则应用指南主要内容包括六个方面：

（1）本应用指南的适用范围。指南明确了适用准则的情形。准则主要规范了政府方对依法依规签订的 PPP 项目合同的确认、计量和相关信息的列报。明确了准则中提到的政府方，是指政府授权或指定的 PPP 项目实施机构，通常为政府有关职能部门或事业单位。对于由多级政府跨区域或本级政府跨部门共同实施的 PPP 项目合同，应当根据合同约定确定具体的政府会计主体。

同时明确准则所指的 PPP 项目合同应同时具有如下两个特征（以下简称"双特征"）：一是社会资本方在合同约定的运营期间内代表政府方使用 PPP 项目资产提供公共产品和服务；二是社会资本方在合同约定的期间内就其提供的公共产品和服务获得补偿。

指南明确，PPP 准则适用于符合"双特征"要求，同时满足"双控制"标准的 PPP 项目合同：一是政府方控制或管制社会资本方使用 PPP 项目资产必须提供的公共产品和服务的类型、对象和价格；二是 PPP 项目合同终止时，政府方通过所有权、收益权或其他形式控制 PPP 项目资产的重大剩余权益。

如果项目合同未同时满足"双特征"、"双控制"标准的，则不适用 PPP 准则。

（2）关于准则第三条"双控制"标准的说明。

第一，关于控制标准一的说明。

指南明确，"控制"是指政府方通过具有法律效力的合同条款等方式，有权决定社会资本方提供的公共产品和服务的类型、对象和价格。通常情况下，政府方和社会资本方在 PPP 项目合同中应当明确规定社会资本方提供的公共产品和服务的类型、对象和价格。"管制"是指社会资本方提供的公共产品和服务的类型、对象和价格，虽未在 PPP 项目合同中进行明确规定，但受有关法律法规或监管部门规章制度的约束。

第二，关于控制标准二的说明。

控制标准二中的"重大剩余权益"，指的是 PPP 项目合同终止时，在项目资产剩余使用寿命内使用、处置该项目资产所能获得的权益。

（3）关于准则第二十条"政府方承担向社会资本方支付款项的义务"的说明。按照我国 PPP 有关规章制度规定，规范的 PPP 项目应建立按效付费机制，不得通过降低考核标准等方式，提前锁定、固化政府支出责任。因此，准则中"政府方承担的向社会资本方支付款项的义务"，是指在项目运营期的每一个会计期间内，当社会资本方提供的公共产品或服务满足合同约定的绩效考核要求时，政府方根据合同约定按期应向社会资本方进行补偿的义务。对于这种义务的会计处理，分为以下两种情况：一是政府方在义务发生的当期及时向社会资本方支付款项的，在支付款项时确认当期费用，同时在预算会计中确认预算支出。二是政府方在义务发生的当期未及时向社会资本方支付款项的，应当按照应付未付的金额确认当期费用和负债（应付账款等）；在后续实际支付款项时冲减负债的账面余额，同时在预算会计中确认预算支出。

（4）关于会计科目设置及主要账务处理。指南对政府会计主体应用 PPP 准则进行会计核算时，应增设的会计科目和账务处理进行了规定。并介绍了 PPP 项目资产取得时、项目运营期间和项目合同终止时三类主要业务的账务处理。

（5）关于财务报表项目。指南对政府会计主体在应用 PPP 准则时，资产负债表和净资产变动表有关项目的增加做了规定。

（6）关于新旧衔接规定。指南对政府会计主体在应用 PPP 准则时的新旧衔接做出了明确规定，包括以下三种情况：首次执行时已入库的 PPP 项目合同、首次执行时未入库的特许经营项目协议、PPP 项目资产折旧（摊销）政策。

三、政府会计制度

（一）《政府会计制度》概述

为了积极贯彻落实党的十八届三中全会精神和《国务院关于批转财政部权责发生制政府综合财务报告制度改革方案的通知》（国发［2014］63 号，以下简称《改革方案》）的要求，构建统一、科学、规范的政府会计核算标准体系，夯实政府财务报告的编制基础，2017 年 10 月 24 日，财政部印发了《政府会计制度——行政事业单位会计科目和报表》（财会［2017］25 号，以下简称《制度》），自 2019 年 1 月 1 日起施行，鼓励行政事业单位提前执行。

制定出台《制度》，是全面贯彻落实党的十八届三中全会精神和《改革方案》的重要成果，是服务全面深化财税体制改革的重要举措，对于提高政府会计信息质量、提升行政事业单位财务和预算管理水平、全面实施绩效管理、建立现代财政制度具有重要的政策支撑作用，在我国政府会计发展进程中具有划时代的重要意义。

（二）遵循原则

在《制度》制定过程中，主要遵循了以下原则：

1. 归并统一原则。从行政事业单位通用或共性业务会计处理，以及单位财务报告信息和决算报告信息的可比性出发，归并统一现行行政单位、事业单位和各项行业事业单位会计制度。

2. 继承创新原则。立足当前行政事业单位核算现状，充分继承现行制度中合理的、共性的内容。同时，为满足政府财务会计和预算会计适度分离并相互衔接的核算需要，在会计科目设置和报表体系设计上力求创新。另外，在相关资产科目的核算内容和账务处理说明中，充分吸收 2016 年以来财政部印发的 6 项政府会计具体准则的创新与变化。

3. 充分协调原则。《制度》依据会计法、预算法和《基本准则》等法律法规、规章制定，在严格贯彻《改革方案》要求、着力实现改革目标的前提下，力求与现行行政事业单位财务规则、财务制度、部门预决算制度、行政事业单位国有资产管理规定、基本建设财务规则等要求保持协调。

4. 提升质量原则。从财务报告和决算报告的目标以及信息使用者的需要出发，全面提升会计信息质量。在会计核算内容和范围上着力提高会计信息的可靠性、全面性，在财务会计中全面引入权责发生制，着力提高会计信息的相关性，在会计科目设置、账务处理说明上力求内在一致，着力提高会计信息的可比性，在报表设计及填表说明、附注披露中着力提高会计信息的可理解性。

5. 务实简化原则。考虑行政事业单位会计工作基础、会计人员接受程度和当前改革所处的阶段，以及核算系统中引入财务会计内容带来的复杂性，在会计科目设置、核算口径和方法、计量标准、账务处理设计、报表设计和填制等方面，力求做到贴近实务、方便操作、简便易行。

6. 适当借鉴原则。在充分考虑我国政府财政财务管理特点的基础上，适当吸收我国企业会计准则改革的成功经验，适当借鉴国际公共部门会计准则的最新成果以及国外有关国家政府会计改革的先进经验和做法。

（三）体例结构和主要内容

《制度》由正文和附录组成。包括六部分内容：

第一部分为总说明，主要规范《制度》的制定依据、适用范围、会计核算模式和会计要素、会计科目设置要求、报表编制要求、会计信息化工作要求和施行日期等内容。

第二部分为会计科目名称和编号，主要列出了财务会计和预算会计两类科目表，共计 103 个一级会计科目，其中，财务会计下资产、负债、净资产、收入和费用五个要素共 77 个一级科目，预算会计下预算收入、预算支出和预算结余三个要素共26个一级科目。

第三部分为会计科目使用说明，主要对103个一级会计科目的核算内容、明细核算要求、主要账务处理等进行详细规定。本部分内容是《制度》的核心内容。

第四部分为报表格式，主要规定财务报表和预算会计报表的格式，其中，财务报表包括资产负债表、收入费用表、净资产变动表、现金流量表及报表附注，预算会计报表包括预算收入支出表、预算结转结余变动表和财政拨款预算收入支出表。

第五部分为报表编制说明，主要规定了第四部分列出的7张报表的编制说明，以及报表附注应披露的内容。

附录为主要业务和事项账务处理举例。本部分采用列表方式，以《制度》第三部分规定的会计科目使用说明为依据，按照会计科目顺序对单位通用业务或共性业务和事项的账务处理进行举例说明。

（四）主要变化和创新

与原有行政事业单位会计制度相比，《制度》继承了多年来我国行政事业单位会计改革的有益经验，反映了当前政府会计改革发展的内在需要和发展方向，相对于现行制度有以下重大变化与创新：

1. 重构了政府会计核算模式。

在系统总结分析传统单系统预算会计体系的利弊基础上，《制度》按照《改革方案》和《基本准则》的要求，构建了“财务会计和预算会计适度分离并相互衔接”的会计核算模式。所谓“适度分离”，是指适度分离政府预算会计和财务会计功能，决算报告和财务报告功能，全面反映政府会计主体的预算执行信息和财务信息。主要体现在以下几个方面：一是“双功能”，在同一会计核算系统中实现财务会计和预算会计双重功能，通过资产、负债、净资产、收入、费用五个要素进行财务会计核算，通过预算收入、预算支出和预算结余三个要素进行预算会计核算。二是“双基础”，财务会计采用权责发生制，预算会计采用收付实现制，国务院另有规定的，依照其规定。三是“双报告”，通过财务会计核算形成财务报告，通过预算会计核算形成决算报告。所谓“相互衔接”，是指在同一会计核算系统中政府预算会计要素和相关财务会计要素相互协调，决算报告和财务报告相互补充，共同反映政府会计主体的预算执行信息和财务信息。主要体现在：一是对纳入部门预算管理的现金收支进行

“平行记账”。对于纳入部门预算管理的现金收支业务，在进行财务会计核算的同时也应当进行预算会计核算。对于其他业务，仅需要进行财务会计核算。二是财务报表与预算会计报表之间存在勾稽关系。通过编制“本期预算结余与本期盈余差异调节表”并在附注中进行披露，反映单位财务会计和预算会计因核算基础和核算范围不同所产生的本年盈余数（即本期收入与费用之间的差额）与本年预算结余数（本年预算收入与预算支出的差额）之间的差异，从而揭示财务会计和预算会计的内在联系。这种会计核算模式兼顾了现行部门决算报告制度的需要，又能满足部门编制权责发生制财务报告的要求，对于规范政府会计行为，夯实政府会计主体预算和财务管理基础，强化政府绩效管理具有深远的影响。

2. 统一了现行各项单位会计制度。

《制度》有机整合了《行政单位会计制度》、《事业单位会计制度》和医院、基层医疗卫生机构、高等学校、中小学校、科学事业单位、彩票机构、地勘单位、测绘单位、林业（苗圃）等行业事业单位会计制度的内容。在科目设置、科目和报表项目说明中，一般情况下，不再区分行政和事业单位，也不再区分行业事业单位；在核算内容方面，基本保留了现行各项制度中的通用业务和事项，同时根据改革需要增加各级各类行政事业单位的共性业务和事项；在会计政策方面，对同类业务尽可能作出同样的处理规定。通过会计制度的统一，大大提高了政府各部门、各单位会计信息的可比性，为合并单位、部门财务报表和逐级汇总编制部门决算奠定了坚实的制度基础。

3. 强化了财务会计功能。

《制度》在财务会计核算中全面引入了权责发生制，在会计科目设置和账务处理说明中着力强化财务会计功能，如增加了收入和费用两个财务会计要素的核算内容，并原则上要求按照权责发生制进行核算；增加了应收款项和应付款项的核算内容，对长期股权投资采用权益法核算，确认自行开发形成的无形资产的成本，要求对固定资产、公共基础设施、保障性住房和无形资产计提折旧或摊销，引入坏账准备等减值概念，确认预计负债、待摊费用和预提费用等。在政府会计核算中强化财务会计功能，对于科学编制权责发生制政府财务报告、准确反映单位财务状况和运行成本等情况具有重要的意义。

4. 扩大了政府资产负债核算范围。

《制度》在现行制度基础上，扩大了资产负债的核算范围。除按照权责发生制核算原则增加有关往来账款的核算内容，在资产方面，增加了公共基础设施、政府储备物资、文物文化资产、保障性住房和受托代理资产的核算内容，以全面核算单位控制的各类资产；增加了“研发支出”科目，以准确反映单位自行开发无形资产的成本。在负债方面，增加了预计负债、受托代理负债等核算内容，以全面反映单位所承担的现时义务。此外，为了准确反映单位资产扣除负债之后的净资产状况，《制度》立足单位会计核算需要、借鉴国际公共部门会计准则相关规定，将净资产按照主要来源分类为累计盈余和专用基金，并根据净资产其他来源设置了权益法调整、无偿调拨净资产等会计科目。资产负债核算范围的扩大，有利于全面规范政府单位各项经济业务和事项的会计处理，准确反映政府“家底”信息，为相关决策提供更加有用的信息。

5. 改进了预算会计功能。

根据《改革方案》要求，《制度》对预算会计科目及其核算内容进行了调整和优化，以进一步完善预算会计功能。在核算内容上，预算会计仅需核算预算收入、预算支出和预算结余。在核算基础上，预算会计除按《预算法》要求的权责发生制事项外，均采用收付实现制核算，有利于避免现在制度下存在的虚列预算收支的问题。在核算范围上，为了体现新《预算法》的精神和部门综合预算的要求，《制度》将依法纳入部门预算管理的现金收支均纳入预算会计核算范围，如增设了债务预算收入、债务还本支出、投资支出等。调整完善后的预算会计，能够更好贯彻落实《预算法》的相关规定，更加准确反映部门和单位预算收支情况，更加满足部门、单位预算和决算管理的需要。

6. 整合了基建会计核算。

按照现行制度规定，单位对于基本建设投资的会计核算除遵循相关会计制度规定外，还应当按照国家有关基本建设会计核算的规定单独建账、单独核算，但同时应将基建账相关数据按期并入单位“大账”。《制度》依据《基本建设财务规则》和相关预算管理规定，在充分吸收《国有建设单位会计制度》合理内容的基础上对单位建设项目会计核算进行了规定。单位对基本建设投资按照本制度规定统一进行会计核算，不再单独建账，大大简化了单位基本建设业务的会计核算，有利于提高单位会计信息的完整性。

7. 完善了报表体系和结构。

《制度》将报表分为预算会计报表和财务报表两大类。预算会计报表由预算收入表、预算结转结余变动表和财政拨款预算收入支出表组成，是编制部门决算报表的基础。财务报表由会计报表和附注构成，会计报表由资产负债表、收入费用表、净资产变动表和现金流量表组成，其中，单位可自行选择编制现金流量表。此外，《制度》针对新的核算内容和要求对报表结构进行了调整和优化，对报表附注应当披露的内容进行了细化，对会计报表重要项目说明提供了可参考的披露格式、要求按经济分类披露费用信息、要求披露本年预算结余和本年盈余的差异调节过程等。调整完善后的报表体系，对于全面反映单位财务信息和预算执行信息，提高部门、单位会计信息的透明度和决策有用性具有重要的意义。

8. 增强了制度的可操作性。

《制度》在附录中采用列表方式，以《制度》中规定的会计科目使用说明为依据，按照会计科目顺序对单位通用业务或共性业务和事项的账务处理进行了举例说明。在举例说明时，对同一项业务或事项，在表格中列出财务会计分录的同时，平行列出相对应的预算会计分录（如果有）。通过对经济业务和事项举例说明，能够充分反映《制度》所要求的财务会计和预算会计“平行记账”的核算要求，便于会计人员学习和理解政府会计 8 要素的记账规则，也有利于单位会计核算信息系统的开发或升级改造。

四、政府会计准则制度系列解释和通知

政府会计准则制度系列解释和相关通知主要是财政部门对基本准则、具体准则以及应用指南、政府会计制度中的有关内容进行的必要补充和解释。截至目前，财政部已经发布了 10 个制度新旧衔接规定、4 个解释和 5 个相关通知，共计 19 个文件，具体内容见表 1－3。

表 1－3　　财政部已经发布的政府会计准则制度系列解释和通知

（截至 2021 年 12 月）

序号	文件名	文号	发布时间
1	关于印发《政府会计制度——行政事业单位会计科目和报表》新旧衔接规定的通知	财会［2018］3 号	2018 年 2 月 1 日
2	关于印发国有林场和苗圃执行《政府会计制度——行政事业单位会计科目和报表》的补充规定和衔接规定的通知	财会［2018］11 号	2018 年 7 月 12 日
3	关于印发测绘事业单位执行《政府会计制度——行政事业单位会计科目和报表》的衔接规定的通知	财会［2018］16 号	2018 年 7 月 22 日

续表

序号	文件名	文号	发布时间
4	关于印发地质勘查事业单位执行《政府会计制度——行政事业单位会计科目和报表》的衔接规定的通知	财会〔2018〕17号	2018年7月22日
5	关于印发高等学校执行《政府会计制度——行政事业单位会计科目和报表》的补充规定和衔接规定的通知	财会〔2018〕19号	2018年8月14日
6	关于印发中小学校执行《政府会计制度——行政事业单位会计科目和报表》的补充规定和衔接规定的通知	财会〔2018〕20号	2018年8月14日
7	关于印发科学事业单位执行《政府会计制度——行政事业单位会计科目和报表》的补充规定和衔接规定的通知	财会〔2018〕23号	2018年8月20日
8	关于印发医院执行《政府会计制度——行政事业单位会计科目和报表》的补充规定和衔接规定的通知	财会〔2018〕24号	2018年8月31日
9	关于印发基层医疗卫生机构执行《政府会计制度——行政事业单位会计科目和报表》的补充规定和衔接规定的通知	财会〔2018〕25号	2018年8月31日
10	关于印发彩票机构执行《政府会计制度——行政事业单位会计科目和报表》的补充规定和衔接规定的通知	财会〔2018〕26号	2018年8月31日
11	关于印发《政府会计准则制度解释第1号》的通知	财会〔2019〕13号	2019年7月16日
12	关于印发《政府会计准则制度解释第2号》的通知	财会〔2019〕24号	2019年12月17日
13	关于印发《政府会计准则制度解释第3号》的通知	财会〔2020〕15号	2020年10月20日
14	关于贯彻实施政府会计准则制度的通知	财会〔2018〕21号	2018年8月16日
15	关于进一步做好政府会计准则制度新旧衔接和加强行政事业单位资产核算的通知	财会〔2018〕34号	2018年12月6日

续表

序号	文件名	文号	发布时间
16	关于加强国家统一的会计制度贯彻实施工作的指导意见	财会［2019］17号	2019年10月22日
17	关于进一步加强公路水路公共基础设施政府会计核算的通知	财会［2020］23号	2020年12月30日
18	关于进一步加强水利基础设施政府会计核算的通知	财会［2021］29号	2021年12月3日
19	关于印发《政府会计准则制度解释第4号》的通知	财会［2021］33号	2021年12月22日

（一）制度新旧衔接规定

1. 制定背景。

《政府会计制度——行政事业单位会计科目和报表》（财会［2017］25号）发布后，自2019年1月1日起在各级各类行政事业单位施行。为了确保《制度》在各类行政事业单位的有效贯彻实施，财政部从2018年2月印发了《〈政府会计制度——行政事业单位会计科目和报表〉与〈行政单位会计制度〉〈事业单位会计制度〉有关衔接问题处理规定》，当年内，又先后印发了国有林场和苗圃、测绘事业单位、地质勘查事业单位、高等学校、中小学校、医院、基层医疗卫生机构、科学事业单位、彩票机构等9类行业事业单位执行《政府会计制度》的补充规定和衔接规定（以下简称系列补充规定和衔接规定）。

由于《制度》是按照统一性原则、在有机归并现行行政单位、事业单位和9项行业事业单位会计制度基础上形成的，部分行业事业单位的特殊业务未完全体现在《政府会计制度》中。因此，为了规范医院、高等学校、科学事业单位等行业事业单位特殊经济业务或事项的会计核算，确保新旧制度顺利过渡，需要结合行业单位实际情况，对《政府会计制度》做出必要补充。因此，财政部在广泛调研和充分研究讨论基础上共制定了7项补充规定和11项新旧制度衔接规定（测绘和地质勘探行业无补充规定）。

2. 规定内容。

行政事业单位执行《政府会计制度》的衔接规定共有11项，具体包括行政单位、事业单位等2项衔接规定以及医院、基层医疗卫生机构、高等学校、中小学校、科学事业单位、地质勘查事业单位、测绘事业单位、彩票机构、国有林场和苗圃等9项行业衔接规定。11项衔接规定主要就单位如何做好新旧制度的衔接工作进行规范，具体而言系列衔接规定主要规范了以下内容：

（1）新旧制度衔接的总体要求。系列衔接规定要求单位应当按照规定做好5个方面的具体工作，并按照《政府会计制度》及补充规定的要求对原有会计信息系统进行及时更新和调试，实现数据正确转换，确保新旧账套的有序衔接。

（2）财务会计科目的新旧衔接要求。系列衔接规定要求单位应当按照《政府会计制度》及补充规定的要求将2018年12月31日原账会计科目余额转入新账财务会计科目、将原未入账事项登记新账财务会计科目并对新账的相关财务会计科目余额按照新制度规定的会计核算基础进行调整。

（3）预算会计科目的新旧衔接要求。系列衔接规定要求单位应当根据《政府会计制度》及补充规定的要求，在原制度净资产类科目的基础上按照预算会计核算基础调整形成预算会计科目期初余额。

（4）财务报表和预算会计报表的新旧衔接要求。系列衔接规定要求单位应当根据2019年1月1日新账的财务会计科目余额，按照新制度编制2019年1月1日资产负债表；按照新制度规定编制2019年财务报表和预算会计报表，在编制2019年度收入费用表、净资产变动表、现金流量表和预算收入支出表、预算结转结余变动表时，不要求填列上年比较数。

（二）政府会计准则制度解释

为了进一步健全和完善政府会计准则制度，确保政府会计准则制度在行政事业单位的有效实施，财政部在前期调研基础上，研究起草了政府会计准则制度系列解释（以下简称《解释》）. 截至目前，已经发布4个解释文件（以下简称《解释1号》、《解释2号》、《解释3号》和《解释4号》）。

1. 制定目的。

制定《解释》的主要目的体现在以下方面：

（1）为了及时回应和解决政府会计准则制度实施中的问题。自2019年1月1日起，政府会计准则制度在各级各类行政事业单位全面实施。有关部门、单位在新旧制度衔接和新制度实施过程中，通过多种方式向财政部门反映了很多问题，有些问题具有一定的普遍性，如对这些问题不及时做出回应，会直接影响政府会计准则制度有效实施。

（2）为了对政府会计准则制度相关内容做进一步的解释说明。在已经印发的政府会计准则制度中，有关规定较为原则或可操作性不强，会计人员在学习和具体应用时对同一问题可能会出现不同理解，如果不对此类问题做进一步的解释说明，不仅会影响到会计信息的可比性，也会导致会计人员无所适从。

（3）为了补充和完善政府会计准则制度中的相关规定。在政府会计准则制度实施过程中，实务中出现了一些新的问题或者新的情况，导致已经印发的政府会计准则制度的相关规定难以满足实务需要，但这些问题在短时间内又不能通过制定具体准则或应用指南的形式予以规范，因此亟需通过解释形式对有关规定做出补充或完善。

2. 主要内容。

4 个《解释》主要解决了以下问题：

《解释 1 号》解释了企业集团中事业单位会计制度适用问题，事业单位长期股权投资的会计处理，单位年末暂收暂付非财政资金的会计处理，由有关部门统一管理，但由其他部门占有、使用的固定资产的会计处理，关于单位无偿调入资产的账务处理，“业务活动费用”和“单位管理费用”科目的核算范围，“保障性住房”科目的核算范围，第三方支付平台账户资金的会计科目适用问题，有关往来科目和收入、费用科目明细信息的披露，单位售房款的会计处理，单位集中管理的住宅专项维修资金的会计处理以及生效日期等十二个问题。

《解释 2 号》解释了单位对于归垫资金的账务处理，从本单位零余额账户向本单位实有资金账户划转资金的账务处理，从财政科研项目中计提项目间接费用或管理费的账务处理，事业单位按规定需将长期股权投资持有期间取得的投资收益上缴财政的账务处理，收取差旅伙食费和市内交通费的账务处理，专利权后续维护费的会计处理，公费医疗经费的会计处理，单位基本建设会计有关问题，部门（单位）合并财务报表范围，工会系统适用的会计制度，纳入部门预决算管理的社会组织适用的会计制度，本解释生效日期及新旧衔接规定等十一个问题。

《解释 3 号》解释了关于接受捐赠业务的会计处理，政府对外投资业务的会计处理，关于政府债券的会计处理，关于报告日后调整事项的会计处理以及生效日期等五个问题。

《解释 4 号》解释了关于参照公务员法管理的事业单位适用的会计科目、

在建工程按照估计价值转固相关会计处理、固定资产和公共基础设施后续支出的会计处理、自行研究开发项目形成的无形资产成本的确定、财政国库集中支付结余不再按权责发生制列支的相关会计处理等九个问题。

（三）政府会计准则制度相关通知

政府会计准则制度相关通知主要包括《财政部关于贯彻实施政府会计准则制度的通知》（财会［2018］21 号）、《财政部关于进一步做好政府会计准则制度新旧衔接和加强行政事业单位资产核算的通知》（财会［2018］34 号）、《关于加强国家统一的会计制度贯彻实施工作的指导意见》（财会［2019］17 号）以及特定行业政府会计核算有关问题，如《关于进一步加强公路水路公共基础设施政府会计核算的通知（财会［2020］23 号）》。作为政府会计准则制度的必要补充和解释，相关通知体现了财政部门对政府会计主体贯彻落实政府会计准则制度的具体要求，具有确保政府会计就准则制度的有效实施具有重要作用。

第三节　政府会计核算基础理论①

本节主要介绍了我国政府会计核算的基础理论。首先，讲解了会计核算的基本前提、核算基础和政府会计信息质量要求。在此基础上，分析了政府会计要素、政府决算报告和财务报告。最后，对政府会计科目设置进行了解读，并推荐了本书使用的事业单位会计科目体系。

本书所称会计核算，包括会计确认、计量、记录和报告各个环节，涵盖填制会计凭证、登记会计账簿、编制报告全过程。

政府会计由预算会计和财务会计构成。

预算会计，是指以收付实现制为基础对政府会计主体预算执行过程中发生的全部收入和全部支出进行会计核算，主要反映和监督预算收支执行情况的会计。预算会计实行收付实现制，国务院另有规定的，依照其规定。

财务会计，是指以权责发生制为基础对政府会计主体发生的各项经济业务或者事项进行会计核算，主要反映和监督政府会计主体财务状况、运行情况和

① 本节主要介绍《政府会计准则——基本准则》中的主要内容。

现金流量等的会计。财务会计实行权责发生制。

一、政府会计核算的基本前提

会计核算基本前提也称为会计假设，是政府会计主体组织会计核算所必须具备的前提条件。政府会计核算的基本前提包括会计主体、持续经营、会计分期和货币计量。

（一）会计主体

会计主体是指会计为之服务的特定单位或组织，会计主体假设决定了会计核算和监督的空间范围，回答了会计为谁核算的问题。明确会计主体是开展会计确认、计量、记录和报告工作的重要前提。

政府会计主体应当对其自身发生的经济业务或者事项进行会计核算。政府会计主体主要包括各级政府、各部门、各单位，具体来说，是指与本级政府财政部门直接或者间接发生预算拨款关系的国家机关、军队、政党组织、社会团体、事业单位和其他单位。军队、已纳入企业财务管理体系的单位和执行《民间非营利组织会计制度》的社会团体，不适用政府会计准则。

（二）持续经营

持续经营是指会计主体的经济业务活动将无限期地持续下去，是针对由于某些因素可能导致会计主体终止经济业务活动的非正常情况而言的。持续经营的前提条件，可以使会计核算的程序、方法以及为经济决策提供的会计信息保持一定的稳定性和可靠性。

政府会计核算应当以政府会计主体持续运行为前提。

（三）会计分期

会计期间是指对会计主体持续进行的运行过程，人为地划分为相等的时间阶段，以便分期结算账目和编制会计报表，确定各期间的财务状况、运行情况。会计期间基本假设是持续运行假设的必要补充。有了会计分期假设，才产生了本期和非本期的区别，才有期初和期末的概念。只有划清楚会计分期，才能按照会计期间提供收入、费用、成本、财务状况和运行情况等会计信息资料，才有可能对不同会计期间的会计信息进行比较。

政府会计核算应当划分会计期间，分期结算账目，按规定编制决算报告和财务报告。会计期间至少分为年度和月度。会计年度、月度等会计期间的起讫日期采用公历日期。

（四）货币计量

货币计量是指会计主体的会计核算应采用统一的货币单位作为计量标准，以便综合、全面、系统、完整地反映会计主体的经济活动。货币计量假设是简历在货币本身的价值稳定不变的基础之上的，除非发生恶性通货膨胀时才能对这一假设做出修正。根据这一假设，政府会计的核算对象只限于哪些能够用货币计量的经济活动。

政府会计核算应当以人民币作为记账本位币。发生外币业务时，应当将有关外币金额折算为人民币金额计量，同时登记外币金额。

二、政府会计的核算基础

政府会计的核算基础有两种：权责发生制和收付实现制。

（一）权责发生制

本书所称权责发生制，是指以取得收取款项的权利或支付款项的义务为标志来确定本期收入和费用的会计核算基础。凡是当期已经实现的收入和已经发生的或应当负担的费用，不论款项是否收付，都应当作为当期的收入和费用；凡是不属于当期的收入和费用，即使款项已在当期收付，也不应当作为当期的收入和费用。

（二）收付实现制

本书所称收付实现制，是指以现金的实际收付为标志来确定本期收入和支出的会计核算基础。凡在当期实际收到的现金收入和支出，均应作为当期的收入和支出；凡是不属于当期的现金收入和支出，均不应当作为当期的收入和支出。

三、政府会计信息质量要求

政府会计信息质量要求是指对政府会计信息所提供的会计信息的基本要求，是衡量会计信息质量的重要标准。政府会计信息质量要求主要有以下七个方面：

（一）客观性

政府会计主体应当以实际发生的经济业务或者事项为依据进行会计核算，如实反映各项会计要素的情况和结果，保证会计信息真实可靠。

（二）全面性

政府会计主体应当将发生的各项经济业务或者事项统一纳入会计核算，确保会计信息能够全面反映政府会计主体预算执行情况和财务状况、运行情况、现金流量等。

（三）相关性

政府会计主体提供的会计信息，应当与反映政府会计主体公共受托责任履行情况以及报告使用者决策或者监督、管理的需要相关，有助于报告使用者对政府会计主体过去、现在或者未来的情况作出评价或者预测。

（四）及时性

政府会计主体对已经发生的经济业务或者事项，应当及时进行会计核算，不得提前或者延后。

（五）可比性

政府会计主体提供的会计信息应当具有可比性。

同一政府会计主体不同时期发生的相同或者相似的经济业务或者事项，应当采用一致的会计政策，不得随意变更。确需变更的，应当将变更的内容、理由及其影响在附注中予以说明。

不同政府会计主体发生的相同或者相似的经济业务或者事项，应当采用一致的会计政策，确保政府会计信息口径一致，相互可比。

（六）明晰性

政府会计主体提供的会计信息应当清晰明了，便于报告使用者理解和使用。

（七）实质重于形式

政府会计主体应当按照经济业务或者事项的经济实质进行会计核算，不限于以经济业务或者事项的法律形式为依据。

四、政府会计要素

政府会计由预算会计和财务会计构成。政府会计要素包括政府预算会计要素和政府财务会计要素。政府预算会计要素包括预算收入、预算支出与预算结余。政府财务会计要素包括资产、负债、净资产、收入和费用。

（一）政府预算会计要素

1. 预算收入。

预算收入是指政府会计主体在预算年度内依法取得的并纳入预算管理的现金流入。预算收入一般在实际收到时予以确认，以实际收到的金额计量。

2. 预算支出。

预算支出是指政府会计主体在预算年度内依法发生并纳入预算管理的现金流出。预算支出一般在实际支付时予以确认，以实际支付的金额计量。

3. 预算结余。

预算结余是指政府会计主体预算年度内预算收入扣除预算支出后的资金余额，以及历年滚存的资金余额。预算结余包括结余资金和结转资金。

结余资金是指年度预算执行终了，预算收入实际完成数扣除预算支出和结转资金后剩余的资金。

结转资金是指预算安排项目的支出年终尚未执行完毕或者因故未执行，且下年需要按原用途继续使用的资金。

符合预算收入、预算支出和预算结余定义及其确认条件的项目应当列入政府决算报表。

（二）政府财务会计要素

1. 资产。

（1）资产的定义。资产是指政府会计主体过去的经济业务或者事项形成的，由政府会计主体控制的，预期能够产生服务潜力或者带来经济利益流入的经济资源。服务潜力是指政府会计主体利用资产提供公共产品和服务以履行政府职能的潜在能力。经济利益流入表现为现金及现金等价物的流入，或者现金及现金等价物流出的减少。

（2）资产的分类。政府会计主体的资产按照流动性，分为流动资产和非流动资产。

流动资产是指预计在1年内（含1年）耗用或者可以变现的资产，包括货币资金、短期投资、应收及预付款项、存货等。

非流动资产是指流动资产以外的资产，包括固定资产、在建工程、无形资产、长期投资、公共基础设施、政府储备资产、文物文化资产、保障性住房和自然资源资产等。

（3）资产的确认和计量。符合上述资产定义的经济资源，在同时满足以下条件时，确认为资产：

第一，与该经济资源相关的服务潜力很可能实现或者经济利益很可能流入政府会计主体；

第二，该经济资源的成本或者价值能够可靠地计量。

资产的计量属性主要包括历史成本、重置成本、现值、公允价值和名义金额。

在历史成本计量下，资产按照取得时支付的现金金额或者支付对价的公允价值计量。在重置成本计量下，资产按照现在购买相同或者相似资产所需支付的现金金额计量。在现值计量下，资产按照预计从其持续使用和最终处置中所产生的未来净现金流入量的折现金额计量。在公允价值计量下，资产按照市场参与者在计量日发生的有序交易中，出售资产所能收到的价格计量。无法采用上述计量属性的，采用名义金额（即人民币1元）计量。

政府会计主体在对资产进行计量时，一般应当采用历史成本。采用重置成本、现值、公允价值计量的，应当保证所确定的资产金额能够持续、可靠计量。

符合资产定义和资产确认条件的项目，应当列入资产负债表。

2. 负债。

（1）负债的定义。负债是指政府会计主体过去的经济业务或者事项形成的，预期会导致经济资源流出政府会计主体的现时义务。现时义务是指政府会计主体在现行条件下已承担的义务。未来发生的经济业务或者事项形成的义务不属于现时义务，不应当确认为负债。

（2）负债的分类。政府会计主体的负债按照流动性，分为流动负债和非流动负债。

流动负债是指预计在1年内（含1年）偿还的负债，包括应付及预收款项、应付职工薪酬、应缴款项等。非流动负债是指流动负债以外的负债，包括长期应付款、应付政府债券和政府依法担保形成的债务等。

（3）负债的确认和计量。符合准则第三十三条规定的负债定义的义务，在同时满足以下条件时，确认为负债：

第一，履行该义务很可能导致含有服务潜力或者经济利益的经济资源流出政府会计主体；第二，该义务的金额能够可靠地计量。

负债的计量属性主要包括历史成本、现值和公允价值。

在历史成本计量下，负债按照因承担现时义务而实际收到的款项或者资产的金额，或者承担现时义务的合同金额，或者按照为偿还负债预期需要支付的现金计量。在现值计量下，负债按照预计期限内需要偿还的未来净现金流出量的折现金额计量。在公允价值计量下，负债按照市场参与者在计量日发生的有序交易中，转移负债所需支付的价格计量。

政府会计主体在对负债进行计量时，一般应当采用历史成本。采用现值、公允价值计量的，应当保证所确定的负债金额能够持续、可靠计量。

符合负债定义和负债确认条件的项目，应当列入资产负债表。

3. 净资产。

净资产是指政府会计主体资产扣除负债后的净额。

净资产金额取决于资产和负债的计量。净资产项目应当列入资产负债表。

4. 收入。

（1）收入的定义。收入是指报告期内导致政府会计主体净资产增加的、含有服务潜力或者经济利益的经济资源的流入。

（2）收入的确认和列报。收入的确认应当同时满足以下条件：

第一，与收入相关的含有服务潜力或者经济利益的经济资源很可能流入政府会计主体；第二，含有服务潜力或者经济利益的经济资源流入会导致政府会计主体资产增加或者负债减少；第三，流入金额能够可靠地计量。

符合收入定义和收入确认条件的项目，应当列入收入费用表。

5. 费用。

（1）费用的定义。费用是指报告期内导致政府会计主体净资产减少的、含有服务潜力或者经济利益的经济资源的流出。

（2）费用的确认和列报。费用的确认应当同时满足以下条件：

第一，与费用相关的含有服务潜力或者经济利益的经济资源很可能流出政府会计主体；第二，含有服务潜力或者经济利益的经济资源流出会导致政府会计主体资产减少或者负债增加；第三，流出金额能够可靠地计量。

符合费用定义和费用确认条件的项目，应当列入收入费用表。

五、政府决算报告与财务报告

政府会计主体应当编制决算报告和财务报告。

（一）政府决算报告

政府决算报告是综合反映政府会计主体年度预算收支执行结果的文件。政府决算报告应当包括决算报表和其他应当在决算报告中反映的相关信息和资料。预算会计报表至少包括预算收入支出表、预算结转结余变动表和财政拨款预算收入支出表。政府决算报告的编制主要以收付实现制为基础，以预算会计核算生成的数据为准。

决算报告的目标是向决算报告使用者提供与政府预算执行情况有关的信息，综合反映政府会计主体预算收支的年度执行结果，有助于决算报告使用者进行监督和管理，并为编制后续年度预算提供参考和依据。政府决算报告使用者包括各级人民代表大会及其常务委员会、各级政府及其有关部门、政府会计主体自身、社会公众和其他利益相关者。

（二）政府财务报告

政府财务报告是反映政府会计主体某一特定日期的财务状况和某一会计期间的运行情况和现金流量等信息的文件。政府财务报告包括政府综合财务报告和政府部门财务报告。政府综合财务报告是指由政府财政部门编制的，反映各级政府整体财务状况、运行情况和财政中长期可持续性的报告。政府部门财务报告是指政府各部门、各单位按规定编制的财务报告。

政府财务报告应当包括财务报表和其他应当在财务报告中披露的相关信息和资料。财务报表是对政府会计主体财务状况、运行情况和现金流量等信息的结构性表述。财务报表包括会计报表和附注。会计报表至少应当包括资产负债表、收入费用表和现金流量表。政府会计主体应当根据相关规定编制合并财务报表。

资产负债表是反映政府会计主体在某一特定日期的财务状况的报表。收入费用表是反映政府会计主体在一定会计期间运行情况的报表。现金流量表是反映政府会计主体在一定会计期间现金及现金等价物流入和流出情况的报表。附注是对在资产负债表、收入费用表、现金流量表等报表中列示项目所作的进一步说明，以及对未能在这些报表中列示项目的说明。

政府财务报告的编制主要以权责发生制为基础，以财务会计核算生成的数据为准。

财务报告的目标是向财务报告使用者提供与政府的财务状况、运行情况（含运行成本，下同）和现金流量等有关信息，反映政府会计主体公共受托责任履行情况，有助于财务报告使用者作出决策或者进行监督和管理。政府财务报告使用者包括各级人民代表大会常务委员会、债权人、各级政府及其有关部门、政府会计主体自身和其他利益相关者。

（三）财务报表和预算会计报表的编制要求

1. 财务报表的编制主要以权责发生制为基础，以单位财务会计核算生成的数据为准；预算会计报表的编制主要以收付实现制为基础，以单位预算会计核算生成的数据为准。

2. 单位应当至少按照年度编制财务报表和预算会计报表。

3. 单位应当根据本制度规定编制真实、完整的财务报表和预算会计报表，不得违反本制度规定随意改变财务报表和预算会计报表的编制基础、编制依据、编制原则和方法，不得随意改变本制度规定的财务报表和预算会计报表有关数据的会计口径。

4. 财务报表和预算会计报表应当根据登记完整、核对无误的账簿记录和其他有关资料编制，做到数字真实、计算准确、内容完整、编报及时。

5. 财务报表和预算会计报表应当由单位负责人和主管会计工作的负责人、会计机构负责人（会计主管人员）签名并盖章。

六、会计科目设置

（一）会计科目设置和使用规定

单位应当按照下列规定运用会计科目：

1. 单位应当按照本制度的规定设置和使用会计科目。在不影响会计处理和编制报表的前提下，单位可以根据实际情况自行增设或减少某些会计科目。

2. 单位应当执行本制度统一规定的会计科目编号，以便于填制会计凭证、登记账簿、查阅账目，实行会计信息化管理。

3. 单位在填制会计凭证、登记会计账簿时，应当填列会计科目的名称，或者同时填列会计科目的名称和编号，不得只填列会计科目编号、不填列会计科目名称。

4. 单位设置明细科目或进行明细核算，除遵循本制度规定外，还应当满足权责发生制政府部门财务报告和政府综合财务报告编制的其他需要。

（二）《制度》规定的事业单位一级会计科目

表1－4是《制度》规定的事业单位一级会计科目。

表1－4　　事业单位一级会计科目

序号	科目编号	科目名称
一、财务会计科目		
（一）资产类		
1	1001	库存现金
2	1002	银行存款
3	1011	零余额账户用款额度
4	1021	其他货币资金
5	1101	短期投资
6	1201	财政应返还额度
7	1211	应收票据
8	1212	应收账款
9	1214	预付账款
10	1215	应收股利
11	1216	应收利息
12	1218	其他应收款
13	1219	坏账准备
14	1301	在途物品
15	1302	库存物品
16	1303	加工物品
17	1401	待摊费用
18	1501	长期股权投资
19	1502	长期债券投资
20	1601	固定资产

续表

序号	科目编号	科目名称
21	1602	固定资产累计折旧
22	1611	工程物资
23	1613	在建工程
24	1701	无形资产
25	1702	无形资产累计摊销
26	1703	研发支出
27	1801	公共基础设施
28	1802	公共基础设施累计折旧（摊销）
29	1811	政府储备物资
30	1821	文物文化资产
31	1831	保障性住房
32	1832	保障性住房累计折旧
33	1891	受托代理资产
34	1901	长期待摊费用
35	1902	待处理财产损溢
（二）负债类		
36	2001	短期借款
37	2101	应交增值税
38	2102	其他应交税费
39	2103	应缴财政款
40	2201	应付职工薪酬
41	2301	应付票据
42	2302	应付账款
43	2303	应付政府补贴款
44	2304	应付利息
45	2305	预收账款
46	2307	其他应付款
47	2401	预提费用
48	2501	长期借款
49	2502	长期应付款

续表

序号	科目编号	科目名称
50	2601	预计负债
51	2901	受托代理负债
（三）净资产类		
52	3001	累计盈余
53	3101	专用基金
54	3201	权益法调整
55	3301	本期盈余
56	3302	本年盈余分配
57	3401	无偿调拨净资产
58	3501	以前年度盈余调整
（四）收入类		
59	4001	财政拨款收入
60	4101	事业收入
61	4201	上级补助收入
62	4301	附属单位上缴收入
63	4401	经营收入
64	4601	非同级财政拨款收入
65	4602	投资收益
66	4603	捐赠收入
67	4604	利息收入
68	4605	租金收入
69	4609	其他收入
（五）费用类		
70	5001	业务活动费用
71	5101	单位管理费用
72	5201	经营费用
73	5301	资产处置费用
74	5401	上缴上级费用
75	5501	对附属单位补助费用
76	5801	所得税费用
77	5901	其他费用

续表

序号	科目编号	科目名称
二、预算会计科目		
（一）预算收入类		
1	6001	财政拨款预算收入
2	6101	事业预算收入
3	6201	上级补助预算收入
4	6301	附属单位上缴预算收入
5	6401	经营预算收入
6	6501	债务预算收入
7	6601	非同级财政拨款预算收入
8	6602	投资预算收益
9	6609	其他预算收入
（二）预算支出类		
10	7101	行政支出
11	7201	事业支出
12	7301	经营支出
13	7401	上缴上级支出
14	7501	对附属单位补助支出
15	7601	投资支出
16	7701	债务还本支出
17	7901	其他支出
（三）预算结余类		
18	8001	资金结存
19	8101	财政拨款结转
20	8102	财政拨款结余
21	8201	非财政拨款结转
22	8202	非财政拨款结余
23	8301	专用结余
24	8401	经营结余
25	8501	其他结余
26	8701	非财政拨款结余分配

（三）本书推荐使用的事业单位会计科目

本书在《制度》规定的一级会计科目的基础上，根据财政一体化会计核算系统的要求，结合单位明细科目核算的需要，建议设置事业单位会计科目表，见表1-5所示。事业单位可以在该表的基础上，根据本单位实际情况和核算需亚欧，自行调整明细科目。

表1-5　　本书采用的事业单位会计科目表

编码	名称	科目类型	辅助要素
1001	库存现金	资产类	
100101	库存现金	资产类	
100199	受托代理资产	资产类	
1002	银行存款	资产类	
100201	基本户	资产类	
100202	其他存款户	资产类	
100299	受托代理资产	资产类	
1011	零余额账户用款额度	资产类	
1021	其他货币资金	资产类	
102101	外埠存款	资产类	
102102	银行本票存款	资产类	
102103	银行汇票存款	资产类	
102104	信用卡存款	资产类	
1101	短期投资	资产类	资金往来对象类别，往来
1201	财政应返还额度	资产类	
120101	财政直接支付	资产类	
120102	财政授权支付	资产类	
1211	应收票据	资产类	资金往来对象类别，往来
1212	应收账款	资产类	资金往来对象类别，往来
1214	预付账款	资产类	资金往来对象类别，往来
121401	基本建设项目	资产类	预算项目，资金往来对象类别，往来
12140101	预付备料款	资产类	预算项目，资金往来对象类别，往来
12140102	预付工程款	资产类	预算项目，资金往来对象类别，往来
12140103	其他预付款	资产类	预算项目，资金往来对象类别，往来
121499	其他	资产类	资金往来对象类别，往来

续表

编码	名称	科目类型	辅助要素
1215	应收股利	资产类	
1216	应收利息	资产类	
1218	其他应收款	资产类	资金往来对象类别，往来
1219	坏账准备	资产类	资金往来对象类别，往来
121901	应收账款	资产类	资金往来对象类别，往来
121902	其他应收款	资产类	资金往来对象类别，往来
1301	在途物品	资产类	
1302	库存物品	资产类	
1303	加工物品	资产类	
130301	自制物品	资产类	
13030101	直接材料	资产类	
13030102	直接人工	资产类	
13030103	其他直接费用	资产类	
13030104	间接费用	资产类	
130302	委托加工物品	资产类	
1401	待摊费用	资产类	
1501	长期股权投资	资产类	
150101	成本法	资产类	资金往来对象类别，往来
150102	权益法	资产类	资金往来对象类别，往来
15010201	成本	资产类	资金往来对象类别，往来
15010202	损益调整	资产类	资金往来对象类别，往来
15010203	其他权益变动	资产类	资金往来对象类别，往来
1502	长期债券投资	资产类	
150201	成本	资产类	资金往来对象类别，往来
150202	应利计息	资产类	资金往来对象类别，往来
1601	固定资产	资产类	资产大类
1602	固定资产累计折旧	资产类	资产大类
1611	工程物资	资产类	
161101	库存材料	资产类	
161102	库存设备	资产类	
1613	在建工程	资产类	
161301	建筑安装工程投资	资产类	预算项目

续表

编码	名称	科目类型	辅助要素
16130101	建筑工程	资产类	预算项目
16130102	安装工程	资产类	预算项目
161302	设备投资	资产类	预算项目
161303	待摊投资	资产类	预算项目
16130301	勘察费	资产类	预算项目
16130302	设计费	资产类	预算项目
16130303	研究试验费	资产类	预算项目
16130304	可行性研究费	资产类	预算项目
16130305	其他前期费用	资产类	预算项目
16130306	土地征用及迁移补偿费	资产类	预算项目
16130307	土地复垦及补偿费	资产类	预算项目
16130308	森林植被恢复费	资产类	预算项目
16130309	土地使用权费	资产类	预算项目
16130310	土地租用权费	资产类	预算项目
16130311	土地使用税	资产类	预算项目
16130312	耕地占用税	资产类	预算项目
16130313	契税	资产类	预算项目
16130314	车船税	资产类	预算项目
16130315	印花税	资产类	预算项目
16130316	其他税费	资产类	预算项目
16130317	项目建设管理费	资产类	预算项目
1613031701	工资及相关费用	资产类	预算项目
1613031702	办公费	资产类	预算项目
1613031703	办公场地租用费	资产类	预算项目
1613031704	差旅交通费	资产类	预算项目
1613031705	劳动保护费	资产类	预算项目
1613031706	工具用具使用费	资产类	预算项目
1613031707	固定资产使用费	资产类	预算项目
1613031708	招募生产工人费	资产类	预算项目
1613031709	技术图书资料费（含软件）	资产类	预算项目
1613031710	业务招待费	资产类	预算项目
1613031711	施工现场津贴	资产类	预算项目

续表

编码	名称	科目类型	辅助要素
1613031712	竣工验收费	资产类	预算项目
16130318	代建管理费	资产类	预算项目
16130319	临时设施费	资产类	预算项目
16130320	监理费	资产类	预算项目
16130321	招投标费	资产类	预算项目
16130322	社会中介审计（审查）费	资产类	预算项目
16130323	其他管理费	资产类	预算项目
16130324	借款利息或融资费	资产类	预算项目
16130325	工程检测费	资产类	预算项目
16130326	设备检验费	资产类	预算项目
16130327	负荷联合试车费	资产类	预算项目
16130328	其他检验检测类费用	资产类	预算项目
16130329	固定资产损失	资产类	预算项目
16130330	器材处理亏损	资产类	预算项目
16130331	设备盘亏及毁损	资产类	预算项目
16130332	单项工程或单位工程报废	资产类	预算项目
16130333	毁损净损失	资产类	预算项目
16130334	其他损失	资产类	预算项目
16130335	系统集成等信息工程费	资产类	预算项目
16130336	其他待摊性质支出	资产类	预算项目
161304	其他投资	资产类	预算项目
16130401	房屋购置	资产类	预算项目
16130402	基本畜禽支出	资产类	预算项目
16130403	林木支出	资产类	预算项目
16130404	办公生活用家具、器具购置	资产类	预算项目
16130405	器具购置	资产类	预算项目
16130406	可行性研究固定资产购置	资产类	预算项目
16130407	无形资产	资产类	预算项目
161305	待核销基建支出	资产类	预算项目
16130501	江河清障	资产类	预算项目
16130502	航道清淤	资产类	预算项目
16130503	飞播造林	资产类	预算项目

续表

编码	名称	科目类型	辅助要素
16130504	补助群众造林	资产类	预算项目
16130505	水土保持	资产类	预算项目
16130506	城市绿化	资产类	预算项目
16130507	取消项目的可行性研究费	资产类	预算项目
16130508	项目整体报废	资产类	预算项目
161306	基建转出投资	资产类	预算项目
1701	无形资产	资产类	资产大类
1702	无形资产累计摊销	资产类	资产大类
1703	研发支出	资产类	
170301	研究支出	资产类	
170302	开发支出	资产类	
1801	公共基础设施	资产类	资产大类
1802	公共基础设施累计折旧（摊销）	资产类	资产大类
1811	政府储备物资	资产类	
181101	战略及能源物资	资产类	
181102	抢险抗灾救灾物资	资产类	
181103	农产品	资产类	
181104	医药物资	资产类	
181199	其他重要商品物资	资产类	
1821	文物文化资产	资产类	
1831	保障性住房	资产类	资产大类
1832	保障性住房累计折旧	资产类	资产大类
1891	受托代理资产	资产类	
189101	受托转赠物资	资产类	
189102	受托存储保管物资	资产类	
189103	罚没物资	资产类	
189199	其他	资产类	
1901	长期待摊费用	资产类	
1902	待处理财产损溢	资产类	
190201	待处理财产价值	资产类	
190202	处理净收入	资产类	
2001	短期借款	负债类	资金往来对象类别，往来

续表

编码	名称	科目类型	辅助要素
2101	应交增值税	负债类	
210101	应交税金	负债类	
21010101	进项税额	负债类	
21010102	已交税金	负债类	
21010103	转出未交增值税	负债类	
21010104	减免税款	负债类	
21010105	销项税额	负债类	
21010106	进项税额转出	负债类	
21010107	转出多交增值税	负债类	
210102	未交税金	负债类	
210103	预交税金	负债类	
210104	待抵扣进项税额	负债类	
210105	待认证进项税额	负债类	
210106	待转销项税额	负债类	
210107	简易计税	负债类	
210108	转让金融商品应交增值税	负债类	
210109	代扣代交增值税	负债类	
2102	其他应交税费	负债类	
210201	个人所得税	负债类	
210202	城市维护建设税	负债类	
210203	教育费附加	负债类	
210204	地方教育费附加	负债类	
210205	车船税	负债类	
210206	房产税	负债类	
210207	城镇土地使用税	负债类	
210208	企业所得税	负债类	
2103	应缴财政款	负债类	
210301	应缴国库款	负债类	
210302	应缴财政专户款	负债类	
2201	应付职工薪酬	负债类	
220101	基本工资（含离退休费）	负债类	
220102	国家统一规定的津贴补贴	负债类	

续表

编码	名称	科目类型	辅助要素
220103	规范津贴补贴（绩效工资）	负债类	
220104	改革性补贴	负债类	
220105	社会保险费	负债类	
22010501	个人	负债类	
2201050101	养老保险	负债类	
2201050102	医疗保险	负债类	
2201050103	失业保险	负债类	
2201050104	职业年金	负债类	
22010502	单位	负债类	
2201050201	养老保险	负债类	
2201050202	医疗保险	负债类	
2201050203	失业保险	负债类	
2201050204	工伤保险	负债类	
2201050205	生育保险	负债类	
2201050206	职业年金	负债类	
220106	住房公积金	负债类	
22010601	个人	负债类	
22010602	单位	负债类	
220107	其他个人收入	负债类	
2301	应付票据	负债类	资金往来对象类别，往来
2302	应付账款	负债类	
230201	基本建设项目	负债类	预算项目，资金往来对象类别，往来
23020101	应付器材款	负债类	预算项目，资金往来对象类别，往来
23020102	应付工程款	负债类	预算项目，资金往来对象类别，往来
230299	其他	负债类	资金往来对象类别，往来
2304	应付利息	负债类	
230401	短期借款	负债类	
230402	长期借款	负债类	
2305	预收账款	负债类	资金往来对象类别，往来
2307	其他应付款	负债类	资金往来对象类别，往来
2401	预提费用	负债类	
2501	长期借款	负债类	

续表

编码	名称	科目类型	辅助要素
250101	本金	负债类	
250102	应计利息	负债类	
2502	长期应付款	负债类	资金往来对象类别，往来
2601	预计负债	负债类	
2901	受托代理负债	负债类	
3001	累计盈余	净资产类	
300101	本年盈余	净资产类	
300102	无偿调拨净资产	净资产类	
300103	以前年度盈余调整	净资产类	
300104	归集调整预算结转结余	净资产类	
300105	专用基金	净资产类	
300199	累计盈余	净资产类	
3101	专用基金	净资产类	
310101	预算收入提取	净资产类	
310102	预算结余提取	净资产类	
310103	设置专用基金	净资产类	
3201	权益法调整	净资产类	资金往来对象类别，往来
3301	本期盈余	净资产类	
3302	本年盈余分配	净资产类	
3401	无偿调拨净资产	净资产类	
3501	以前年度盈余调整	净资产类	
4001	财政拨款收入	收入类	
400101	一般公共预算财政拨款	收入类	
400102	政府性基金预算财政拨款	收入类	
4101	事业收入	收入类	资金往来对象类别，往来
4201	上级补助收入	收入类	
4301	附属单位上缴收入	收入类	
4401	经营收入	收入类	
4601	非同级财政拨款收入	收入类	资金往来对象类别，往来
460101	本级横向转拨财政款	收入类	资金往来对象类别，往来
460102	非本级财政拨款	收入类	资金往来对象类别，往来
4602	投资收益	收入类	

续表

编码	名称	科目类型	辅助要素
460201	股权投资收益	收入类	
460202	债券投资收益	收入类	
460299	其他投资收益	收入类	
4603	捐赠收入	收入类	
4604	利息收入	收入类	
4605	租金收入	收入类	
4609	其他收入	收入类	资金往来对象类别，往来
5001	业务活动费用	费用类	
500101	工资福利费用	费用类	
500102	商品和服务费用	费用类	资金往来对象类别，往来
500103	对个人和家庭的补助费用	费用类	
500104	对企业补助费用	费用类	
500105	固定资产折旧费	费用类	
500106	无形资产摊销费	费用类	
500107	公共基础设施折旧（摊销）费	费用类	
500108	保障性住房折旧费	费用类	
500109	计提专用基金	费用类	
500199	其他	费用类	
5101	单位管理费用	费用类	
510101	工资福利费用	费用类	
510102	商品和服务费用	费用类	资金往来对象类别，往来
510103	对个人和家庭的补助费用	费用类	
510104	固定资产折旧费	费用类	
510105	无形资产摊销费	费用类	
510199	其他	费用类	
5201	经营费用	费用类	
520101	工资福利费用	费用类	
520102	商品和服务费用	费用类	资金往来对象类别，往来
520103	对个人和家庭的补助费用	费用类	
520104	固定资产折旧费	费用类	
520105	无形资产摊销费	费用类	
520199	其他	费用类	

续表

编码	名称	科目类型	辅助要素
5301	资产处置费用	费用类	
530101	库存现金	费用类	
530102	库存物品	费用类	
530103	固定资产	费用类	
530104	无形资产	费用类	
530105	公共基础设施	费用类	
530106	政府储备物资	费用类	
530107	文物文化资产	费用类	
530108	保障性住房	费用类	
530109	其他应收款	费用类	
530110	在建工程	费用类	
530199	其他	费用类	
5401	上缴上级费用	费用类	资金往来对象类别，往来
5501	对附属单位补助费用	费用类	资金往来对象类别，往来
5801	所得税费用	费用类	
5901	其他费用	费用类	
590101	利息费用	费用类	
590102	坏账损失	费用类	
590103	罚没支出	费用类	
590104	现金资产捐赠	费用类	
590199	其他相关费用	费用类	
6001	财政拨款预算收入	预算收入类	资金性质
600101	基本支出	预算收入类	资金性质
60010101	人员经费	预算收入类	资金性质，支出功能分类
60010102	日常公用经费	预算收入类	资金性质，支出功能分类
600102	项目支出	预算收入类	资金性质，支出功能分类，预算项目
6101	事业预算收入	预算收入类	资金性质，支出功能分类
610101	专项资金收入	预算收入类	资金性质，支出功能分类，预算项目
610102	非专项资金收入	预算收入类	资金性质，支出功能分类
610103	非同级财政拨款	预算收入类	资金性质，支出功能分类，预算项目
6201	上级补助预算收入	预算收入类	资金性质，支出功能分类
620101	专项资金收入	预算收入类	资金性质，支出功能分类，预算项目

续表

编码	名称	科目类型	辅助要素
620102	非专项资金收入	预算收入类	资金性质，支出功能分类
6301	附属单位上缴预算收入	预算收入类	资金性质，支出功能分类
630101	专项资金收入	预算收入类	资金性质，支出功能分类，预算项目
630102	非专项资金收入	预算收入类	资金性质，支出功能分类
6401	经营预算收入	预算收入类	支出功能分类
6501	债务预算收入	预算收入类	资金性质，支出功能分类
650101	专项资金收入	预算收入类	资金性质，支出功能分类，预算项目
650102	非专项资金收入	预算收入类	资金性质，支出功能分类
6601	非同级财政拨款预算收入	预算收入类	资金性质，支出功能分类
660101	专项资金收入	预算收入类	资金性质，支出功能分类，预算项目
660102	非专项资金收入	预算收入类	资金性质，支出功能分类
6602	投资预算收益	预算收入类	资金性质，支出功能分类
660201	股权投资收益	预算收入类	资金性质，支出功能分类
660202	债券投资收益	预算收入类	资金性质，支出功能分类
660203	债券投资利息收入	预算收入类	资金性质，支出功能分类
6609	其他预算收入	预算收入类	资金性质，支出功能分类
660901	专项资金收入	预算收入类	资金性质，支出功能分类，预算项目
66090101	利息预算收入	预算收入类	资金性质，支出功能分类，预算项目
66090102	捐赠预算收入	预算收入类	资金性质，支出功能分类，预算项目
66090103	租金预算收入	预算收入类	资金性质，支出功能分类，预算项目
66090199	其他预算收入	预算收入类	资金性质，支出功能分类，预算项目
660902	非专项资金收入	预算收入类	资金性质，支出功能分类
66090201	利息预算收入	预算收入类	资金性质，支出功能分类
66090202	捐赠预算收入	预算收入类	资金性质，支出功能分类
66090203	租金预算收入	预算收入类	资金性质，支出功能分类
66090299	其他预算收入	预算收入类	资金性质，支出功能分类
7201	事业支出	预算支出类	资金性质
720101	财政拨款支出	预算支出类	资金性质
72010101	基本支出	预算支出类	资金性质
7201010101	人员经费	预算支出类	资金性质，支出功能分类，经济分类
7201010102	日常公用经费	预算支出类	资金性质，支出功能分类，经济分类

续表

编码	名称	科目类型	辅助要素
72010102	项目支出	预算支出类	资金性质，支出功能分类，经济分类，预算项目
720102	非财政专项资金支出	预算支出类	资金性质，支出功能分类，经济分类，预算项目
720103	其他资金支出	预算支出类	资金性质，支出功能分类，经济分类
720104	待处理	预算支出类	
7301	经营支出	预算支出类	支出功能分类，经济分类
7401	上缴上级支出	预算支出类	资金性质，支出功能分类，经济分类
740101	专项资金支出	预算支出类	资金性质，支出功能分类，经济分类，预算项目
740102	非专项资金支出	预算支出类	资金性质，支出功能分类，经济分类
7501	对附属单位补助支出	预算支出类	支出功能分类，经济分类
750101	专项资金支出	预算支出类	支出功能分类，经济分类，预算项目
750102	非专项资金支出	预算支出类	支出功能分类，经济分类
7601	投资支出	预算支出类	资金性质，支出功能分类，经济分类
7701	债务还本支出	预算支出类	支出功能分类，经济分类
770101	专项资金支出	预算支出类	支出功能分类，经济分类，预算项目
770102	非专项资金支出	预算支出类	支出功能分类，经济分类
7901	其他支出	预算支出类	资金性质，支出功能分类，经济分类
790101	财政拨款支出	预算支出类	资金性质，支出功能分类，经济分类
79010101	基本支出	预算支出类	资金性质，支出功能分类，经济分类
7901010101	人员经费	预算支出类	资金性质，支出功能分类，经济分类
7901010102	日常公用经费	预算支出类	资金性质，支出功能分类，经济分类
79010102	项目支出	预算支出类	资金性质，支出功能分类，经济分类，预算项目
790102	非财政专项资金支出	预算支出类	资金性质，支出功能分类，经济分类，预算项目
790103	其他资金支出	预算支出类	资金性质，支出功能分类，经济分类
8001	资金结存	预算结余类	
800101	零余额账户用款额度	预算结余类	
800102	货币资金	预算结余类	
800103	财政应返还额度	预算结余类	

续表

编码	名称	科目类型	辅助要素
80010301	财政直接支付	预算结余类	
80010302	财政授权支付	预算结余类	
8101	财政拨款结转	预算结余类	资金性质
810101	年初余额调整	预算结余类	资金性质，支出功能分类
81010101	基本支出	预算结余类	资金性质，支出功能分类
8101010101	人员经费	预算结余类	资金性质，支出功能分类
8101010102	日常公用经费	预算结余类	资金性质，支出功能分类
81010102	项目支出	预算结余类	资金性质，支出功能分类，预算项目
810102	归集调入	预算结余类	资金性质，支出功能分类
81010201	基本支出	预算结余类	资金性质，支出功能分类
8101020101	人员经费	预算结余类	资金性质，支出功能分类
8101020102	日常公用经费	预算结余类	资金性质，支出功能分类
81010202	项目支出	预算结余类	资金性质，支出功能分类，预算项目
810103	归集调出	预算结余类	资金性质，支出功能分类
81010301	基本支出	预算结余类	资金性质，支出功能分类
8101030101	人员经费	预算结余类	资金性质，支出功能分类
8101030102	日常公用经费	预算结余类	资金性质，支出功能分类
81010302	项目支出	预算结余类	资金性质，支出功能分类，预算项目
810104	归集上缴	预算结余类	资金性质，支出功能分类
81010401	基本支出	预算结余类	资金性质，支出功能分类
8101040101	人员经费	预算结余类	资金性质，支出功能分类
8101040102	日常公用经费	预算结余类	资金性质，支出功能分类
81010402	项目支出	预算结余类	资金性质，支出功能分类，预算项目
810105	单位内部调剂	预算结余类	资金性质，支出功能分类
81010501	基本支出	预算结余类	资金性质，支出功能分类
8101050101	人员经费	预算结余类	资金性质，支出功能分类
8101050102	日常公用经费	预算结余类	资金性质，支出功能分类
81010502	项目支出	预算结余类	资金性质，支出功能分类，预算项目
810106	本年收支结转	预算结余类	资金性质，支出功能分类
81010601	基本支出	预算结余类	资金性质，支出功能分类
8101060101	人员经费	预算结余类	资金性质，支出功能分类
8101060102	日常公用经费	预算结余类	资金性质，支出功能分类

续表

编码	名称	科目类型	辅助要素
81010602	项目支出	预算结余类	资金性质，支出功能分类，预算项目
810107	累计结转	预算结余类	资金性质，支出功能分类
81010701	基本支出	预算结余类	资金性质，支出功能分类
8101070101	人员经费	预算结余类	资金性质，支出功能分类
8101070102	日常公用经费	预算结余类	资金性质，支出功能分类
81010702	项目支出	预算结余类	资金性质，支出功能分类，预算项目
8102	财政拨款结余	预算结余类	资金性质
810201	年初余额调整	预算结余类	资金性质，支出功能分类
81020101	基本支出	预算结余类	资金性质，支出功能分类
8102010101	人员经费	预算结余类	资金性质，支出功能分类
8102010102	日常公用经费	预算结余类	资金性质，支出功能分类
81020102	项目支出	预算结余类	资金性质，支出功能分类，预算项目
810202	归集上缴	预算结余类	资金性质，支出功能分类
81020201	基本支出	预算结余类	资金性质，支出功能分类
8102020101	人员经费	预算结余类	资金性质，支出功能分类
8102020102	日常公用经费	预算结余类	资金性质，支出功能分类
81020202	项目支出	预算结余类	资金性质，支出功能分类，预算项目
810203	单位内部调剂	预算结余类	资金性质，支出功能分类
81020301	基本支出	预算结余类	资金性质，支出功能分类
8102030101	人员经费	预算结余类	资金性质，支出功能分类
8102030102	日常公用经费	预算结余类	资金性质，支出功能分类
81020302	项目支出	预算结余类	资金性质，支出功能分类，预算项目
810204	结转转入	预算结余类	资金性质，支出功能分类
81020401	基本支出	预算结余类	资金性质，支出功能分类
8102040101	人员经费	预算结余类	资金性质，支出功能分类
8102040102	日常公用经费	预算结余类	资金性质，支出功能分类
81020402	项目支出	预算结余类	资金性质，支出功能分类，预算项目
810205	累计结余	预算结余类	资金性质，支出功能分类
81020501	基本支出	预算结余类	资金性质，支出功能分类
8102050101	人员经费	预算结余类	资金性质，支出功能分类
8102050102	日常公用经费	预算结余类	资金性质，支出功能分类
81020502	项目支出	预算结余类	资金性质，支出功能分类，预算项目

续表

编码	名称	科目类型	辅助要素
8201	非财政拨款结转	预算结余类	资金性质
820101	年初余额调整	预算结余类	资金性质，支出功能分类，预算项目
820102	缴回资金	预算结余类	资金性质，支出功能分类，预算项目
820103	项目间接费用或管理费	预算结余类	资金性质，支出功能分类，预算项目
820104	本年收支结转	预算结余类	资金性质，支出功能分类，预算项目
820105	累计结转	预算结余类	资金性质，支出功能分类，预算项目
8202	非财政拨款结余	预算结余类	资金性质
820201	年初余额调整	预算结余类	资金性质，支出功能分类
820202	项目间接费用或管理费	预算结余类	资金性质，支出功能分类
820203	结转转入	预算结余类	资金性质，支出功能分类
820204	企业所得税	预算结余类	资金性质，支出功能分类
820205	累计结余	预算结余类	资金性质，支出功能分类
8301	专用结余	预算结余类	支出功能分类
8401	经营结余	预算结余类	支出功能分类
8501	其他结余	预算结余类	支出功能分类
8701	非财政拨款结余分配	预算结余类	支出功能分类

第二章　资　产

第一节　资产概述

一、资产的概念

《基本准则》第二十七条规定："资产是指政府会计主体过去的经济业务或者事项形成的，由政府会计主体控制的，预期能够产生服务潜力或者带来经济利益流入的经济资源。"

服务潜力是指政府会计主体利用资产提供公共产品和服务以履行政府职能的潜在能力。

经济利益流入表现为现金及现金等价物的流入，或者现金及现金等价物流出的减少。

二、资产的分类

政府会计主体的资产按照流动性，分为流动资产和非流动资产。

（一）流动资产

流动资产是指预计在1年内（含1年）耗用或者可以变现的资产，包括货币资金、短期投资、应收及预付款项、存货等。

1. 库存现金是指单位以现金形式存在的资产。

2. 银行存款是指单位存入银行或者其他金融机构的各种存款。

3. 零余额账户用款额度是指实行国库集中支付的单位根据财政部门批复的用款计划收到和支用的零余额账户用款额度。

4. 其他货币资金是指事业单位的外埠存款、银行本票存款、银行汇票存款、信用卡存款等各种其他货币资金。

5. 短期投资指事业单位按照规定取得的，持有时间不超过1年（含1年）

的投资。

6. 财政应返还额度是指实行国库集中支付的单位应收财政返还的资金额度，包括可以使用的以前年度财政直接支付资金额度和财政授权支付资金额度。

7. 应收票据是指事业单位因开展经营活动销售产品、提供有偿服务等收到的商业汇票，包括银行承兑汇票和商业承兑汇票。

8. 应收账款是指事业单位提供服务、销售产品等应收取的款项，以及单位因出租资产、出售物资等应收取的款项。

9. 预付账款是指单位按照购货、服务合同或协议规定预付给供应单位（或个人）的款项，以及按照合同规定向承包工程的施工企业预付的备料款和工程款。

10. 应收股利是指事业单位持有长期股权投资应当收取的现金股利或应当分得的利润。

11. 应收利息是指事业单位长期债券投资应当收取的利息。

12. 其他应收款是指单位除财政应返还额度、应收票据、应收账款、预付账款、应收股利、应收利息以外的其他各项应收及暂付款项，如职工预借的差旅费、已经偿还银行尚未报销的本单位公务卡欠款、拨付给内部有关部门的备用金、应向职工收取的各种垫付款项、支付的可以收回的订金或押金、应收的上级补助和附属单位上缴款项等。

13. 坏账准备是指事业单位对收回后不需上缴财政的应收账款和其他应收款提取的准备金。

14. 在途物品是指单位采购材料等物资时货款已付或已开出商业汇票但尚未验收入库的在途物品的采购成本。

15. 库存物品是指单位在开展业务活动及其他活动中为耗用或出售而储存的各种材料、产品、包装物、低值易耗品，以及达不到固定资产标准的用具、装具、动植物等的成本。

16. 加工物品是指单位自制或委托外单位加工的各种物品的实际成本。

17. 待摊费用是指核算单位已经支付，但应当由本期和以后各期分别负担的分摊期在 1 年以内（含 1 年）的各项费用，如预付航空保险费、预付租金等。

（二）非流动资产

非流动资产是指流动资产以外的资产，包括固定资产、在建工程、无形资产、长期投资、公共基础设施、政府储备资产、文物文化资产、保障性住房和自然资源资产等。

1. 长期股权投资是指事业单位按照规定取得的，持有时间超过1年（不含1年）的股权性质的投资。

2. 长期债券投资是指事业单位按照规定取得的，持有时间超过1年（不含1年）的债券投资。

3. 固定资产是指政府会计主体为满足自身开展业务活动或其他活动需要而控制的，使用年限超过1年（不含1年）、单位价值在规定标准以上，并在使用过程中基本保持原有物质形态的资产。一般分为六类：房屋及构筑物；专用设备；通用设备；文物和陈列品；图书、档案；家具、用具、装具及动植物。

4. 固定资产累计折旧是指在固定资产的预计使用年限内，按照确定的方法对应计的折旧额进行系统分摊。

5. 工程物资是指单位为在建工程准备的各种物资的成本，包括工程用材料、设备等。

6. 在建工程是指单位在建的建设项目工程的实际成本。

7. 无形资产是指政府会计主体控制的没有实物形态的可辨认非货币性资产，如专利权、商标权、著作权、土地使用权、非专利技术等。

8. 无形资产累计摊销是指在无形资产使用年限内，按照确定的方法对应摊销金额进行系统分摊。

9. 研发支出是指单位自行研究开发项目，研究阶段和开发阶段发生的各项支出。

10. 公共基础设施是指政府会计主体为满足社会公共需求而控制的，同时具备以下特征的有形资产：（1）是一个有形资产系统或网络的组成部分；（2）具有特定用途；（3）一般不可移动。主要包括市政基础设施（如城市道路、桥梁、隧道、公交场站、路灯、广场、公园绿地、室外公共健身器材，以及环卫、排水、供水、供电、供气、供热、污水处理、垃圾处理系统等）、交通基础设施（如公路、航道、港口等）、水利基础设施（如大坝、堤防、水闸、泵站、渠道等）和其他公共基础设施。

11. 公共基础设施累计折旧（摊销）是指公共基础设施累计折旧和累计摊销，是指在公共基础设施的预计使用年限内，按照确定的方法对应计的折旧（摊销）额进行系统分摊。

12. 政府储备物资是指政府会计主体为满足实施国家安全与发展战略、进行抗灾救灾、应对公共突发事件等特定公共需求而控制的，同时具有下列特征的有形资产：（1）在应对可能发生的特定事件或情形时动用；（2）其购入、存储保管、更新（轮换）、动用等由政府及相关部门发布的专门管理制度规范。政府储备物资包括战略及能源物资、抢险抗灾救灾物资、农产品、医药物资和其他重要商品物资，通常情况下由政府会计主体委托承储单位存储。

13. 文物文化资产是指单位为满足社会公共需求而控制的文物文化资产的成本。

14. 保障性住房是指单位为满足社会公共需求而控制的保障性住房原值。

15. 保障性住房累计折旧是指单位计提的保障性住房的累计折旧，是指在保障性住房的预计使用年限内，按照确定的方法对应计的折旧额进行系统分摊。

16. 受托代理资产是指单位接收委托方委托管理的各项资产，包括受托指定转赠的物资、受托存储保管的物资等的成本。

17. 长期待摊费用是指单位已经支出，但应有本期和以后各期负担的分摊期限在1年以上（不含1年）的各项费用，如以经营租赁方式租入的固定资产发生的改良支出等。

18. 待处理财产损溢是指单位在资产清查过程中查明的各种资产盘盈、盘亏、报废和毁损的价值。

三、资产的确认和计量

（一）资产的确认

在同时满足以下条件时，确认为资产：

1. 与该经济资源相关的服务潜力很可能实现或者经济利益很可能流入政府会计主体；

2. 该经济资源的成本或者价值能够可靠地计量。

（二）资产的计量

资产的计量属性主要包括历史成本、重置成本、现值、公允价值和名义金额。

1. 在历史成本计量下，资产按照取得时支付的现金金额或者支付对价的公允价值计量。

2. 在重置成本计量下，资产按照现在购买相同或者相似资产所需支付的现金金额计量。

3. 在现值计量下，资产按照预计从其持续使用和最终处置中所产生的未来净现金流入量的折现金额计量。

4. 在公允价值计量下，资产按照市场参与者在计量日发生的有序交易中，出售资产所能收到的价格计量。

5. 无法采用上述计量属性的，采用名义金额（即人民币 1 元）计量。按照《财政部关于进一步做好政府会计准则制度新旧衔接和加强行政事业单位资产核算的通知》（财会［2018］34 号）规定，根据政府会计准则制度，可以按照名义金额计量的资产只包括接受捐赠的库存物品、固定资产、无形资产，以及无法确定成本的盘盈库存物品、固定资产和无形资产。单位在新旧制度转换时，对于原账中在相应资产科目核算的以名义金额计量的库存物品、固定资产和无形资产，应当仍然按名义金额转入新账的相应资产科目；对于原未入账的上述资产，仅当没有相关凭据且未经资产评估、同类或类似资产的市场价格也无法可靠取得时，才能按照名义金额入账。

6. 政府会计主体在对资产进行计量时，一般应当采用历史成本。采用重置成本、现值、公允价值计量的，应当保证所确定的资产金额能够持续、可靠计量。

四、资产管理相关政策文件

（一）《行政事业性国有资产管理条例》（国务院第 738 号令）

2021 年 4 月 1 日起施行的《行政事业性国有资产管理条例》（以下简称《条例》），是我国行政事业性国有资产管理的第一部行政法规，旨在构建安全规范、节约高效、公开透明、权责一致的国有资产管理机制。

《条例》将保障行政单位履行职能和事业单位提供基本公共服务的行政事业性国有资产纳入法治轨道，加强管理和监督，促进国有资产管理的法治化、规范化、科学化，对于构建安全规范、节约高效、公开透明、权责一致的国有资产管理机制，提高国有资产治理水平和治理能力，必将起到积极作用。

《条例》共 8 章 61 条，主要包括以下内容：

一是明确资产范围。规定行政事业性国有资产是指行政单位、事业单位通过使用财政资金，接受调拨或者划转、置换、捐赠等方式取得或者形成的资产。

二是明确管理体制和部门职责。行政事业性国有资产属于国家所有，实行政府分级监管、各部门及其所属单位直接支配的管理体制。《条例》明确了各级人民政府和财政、机关事务管理等部门的行政事业性国有资产管理职责。

三是明确资产配置、使用和处置。规定配置资产应当优先通过调剂方式，不能调剂的，可以采用购置、建设、租用等方式；行政单位国有资产应当用于本单位履行职能的需要，事业单位国有资产应当用于保障事业发展、提供公共服务；各部门及其所属单位应当按照规定程序，及时处置行政事业性国有资产。

四是明确预算管理和基础管理。规定各部门及其所属单位应当严格按照预算管理规定和财政部门批复的预算配置资产，有序开展国有资产绩效管理工作。按照国家规定设置行政事业性国有资产台账，定期或者不定期对资产进行盘点、对账，做到账实相符和账账相符。建立全国行政事业性国有资产管理信息系统，实现信息共享。

五是明确资产报告和监督制度。规定国务院向全国人民代表大会常务委员会报告全国行政事业性国有资产管理情况，县级以上地方人民政府按照规定向本级人民代表大会常务委员会报告行政事业性国有资产管理情况。同时规定了人大、政府以及财政、审计等部门对行政事业性国有资产的监督职责。

（二）《事业单位国有资产管理暂行办法》（财政部第100号令）

2019年3月29日，财政部公布了《财政部关于修改〈事业单位国有资产管理暂行办法〉的决定》（财政部令第100号，以下简称《办法》），对《事业单位国有资产管理暂行办法》（财政部令第36号）进行了修改。《办法》是为了规范和加强事业单位国有资产管理，维护国有资产的安全和完整，合理配置国有资产，提高国有资产使用效益，保障行政单位履行职能而制定的。此次修改诸要素是为了贯彻落实党中央、国务院有关促进科技成果转化的决策部署，完善科技成果使用、处置、收益管理制度，提高科技成果转化效率，明确科技成果转化有关国有资产管理的具体规定，并简化科技成果转化中的资产评估程序。

《办法》对资产管理机构及职责、资产配置及使用、资产处置、产权登记与产权纠纷处理、资产评估与资产清查、资产信息管理与报告、监督检查与法律责任等内容进行了详细说明，事业单位涉及资产相关业务应按照本办法规定执行。

（三）《事业单位财务规则》（财政部第108号令）

2022年1月18日，财政部公布修订后的《事业单位财务规则》（财政部令第108号，以下简称《规则》）。自2022年3月1日起施行。在资产管理方面，《规则》衔接国有资产管理的新要求。与《行政事业性国有资产管理条例》相衔接，增加设置国有资产台账、汇总编制行政事业性国有资产管理情况报告、定期盘点资产、及时办理资产权属登记、利用国有资产对外投资的程序性要求以及货币性资产损失核销的内容等。相关规定如下：

1. 资产是指事业单位依法直接支配的各类经济资源。事业单位的资产包括流动资产、固定资产、在建工程、无形资产、对外投资、公共基础设施、政府储备物资、文物文化资产、保障性住房等。

2. 事业单位应当建立健全单位资产管理制度，明确资产使用人和管理人的岗位责任，按照国家规定设置国有资产台账，加强和规范资产配置、使用和处置管理，维护资产安全完整，提高资产使用效率。涉及资产评估的，按照国家有关规定执行。

3. 事业单位应当汇总编制本单位行政事业性国有资产管理情况报告。

4. 事业单位应当定期或者不定期对资产进行盘点、对账。出现资产盘盈盘亏的，应当按照财务、会计和资产管理制度有关规定处理，做到账实相符和账账相符。

5. 事业单位对需要办理权属登记的资产应当依法及时办理。

6. 事业单位应当根据依法履行职能和事业发展的需要，结合资产存量、资产配置标准、绩效目标和财政承受能力配置资产。优先通过调剂方式配置资产。不能调剂的，可以采用购置、建设、租用等方式。

7. 流动资产是指可以在一年以内变现或者耗用的资产，包括现金、各种存款、应收及预付款项、存货等。存货是指事业单位在开展业务活动及其他活动中为耗用或出售而储存的资产，包括材料、燃料、包装物和低值易耗品以及未达到固定资产标准的用具、装具、动植物等。

8. 事业单位货币性资产损失核销，应当经主管部门审核同意后报本级财政部门审批。

9. 固定资产是指使用期限超过一年，单位价值在1 000元以上，并在使用过程中基本保持原有物质形态的资产。单位价值虽未达到规定标准，但是耐用时间在一年以上的大批同类物资，作为固定资产管理。行业事业单位的固定资产明细目录由国务院主管部门制定，报国务院财政部门备案。

10. 在建工程是指已经发生必要支出，但尚未达到交付使用状态的建设工程。在建工程达到交付使用状态时，应当按照规定办理工程竣工财务决算和资产交付使用，期限最长不得超过1年。

11. 无形资产是指不具有实物形态而能为使用者提供某种权利的资产，包括专利权、商标权、著作权、土地使用权、非专利技术以及其他财产权利。事业单位转让无形资产取得的收入、取得无形资产发生的支出，应当按照国家有关规定处理。

12. 对外投资是指事业单位依法利用货币资金、实物、无形资产等方式向其他单位的投资。事业单位应当严格控制对外投资。利用国有资产对外投资应当有利于事业发展和实现国有资产保值增值，符合国家有关规定，经可行性研究和集体决策，按照规定的权限和程序进行。事业单位不得使用财政拨款及其结余进行对外投资，不得从事股票、期货、基金、企业债券等投资，国家另有规定的除外。事业单位应当明确对外投资形成的股权及其相关权益管理责任，按照国家有关规定将对外投资形成的股权纳入经营性国有资产集中统一监管体系。

13. 公共基础设施、政府储备物资、文物文化资产、保障性住房等资产管理的具体办法，由国务院财政部门会同有关部门制定。

14. 事业单位资产处置应当遵循公开、公平、公正和竞争、择优的原则，严格履行相关审批程序。事业单位出租、出借资产应当严格履行相关审批程序。

15. 事业单位应当在确保安全使用的前提下，推进本单位大型设备等国有资产共享共用工作，可以对提供方给予合理补偿。

第二节　货币资金的核算

货币资金是指单位在运营过程中处于货币形态的那部分资金，包括库存现金、银行存款、零余额账户用款额度和其他货币资金。

一、库存现金

（一）库存现金业务概述

库存现金是指存放在财会部门由出纳人员保管，供日常零星开支使用的一种货币资金。现金是单位全部资产中流动性最强的资产，单位的经济业务活动始于现金，或者终于现金。现金可以充当交易媒介随时支用，也可以立即投入流通，还可以随时存入银行。

由于现金收付频繁，容易出现差错，甚至还可能会被挪用或侵吞。因此，单位必须严格遵守《现金管理暂行条例》《现金管理暂行条例实施细则》及其他关于现金管理的各项规定，健全现金管理制度，加强库存现金收支范围、库存现金限额、坐支现金、内部控制的管理，正确进行现金核算，监督现金使用的合法性与合理性，确保现金的安全与完整。

1. 现金使用范围。

按照国务院颁布的《现金管理暂行条例》，单位可用现金支付的款项有：职工工资、津贴；个人服务报酬；根据国家规定发给个人的各种奖金；各种劳保、福利费用以及国家规定的对个人的其他支出；向个人收购农副产品和其他物资的价款；出差人员须随身携带的差旅费；结算起点以下的零星支出以及中国人民银行确定需要支付现金的其他支出。除上述款项以外的结算业务，应通过银行转账或用公务卡进行结算。

2. 现金收支业务的管理要求。

单位办理现金收支应当依照下列规定办理：（1）取得现金收入应当于当日送存开户银行，当日送存确有困难的，由开户银行确定送存时间；（2）支付现金，可以从本单位库存现金限额中支付或从开户银行提取，不得从本单位的现金收入中直接支付（即坐支）。因特殊情况需要坐支现金的，应当事先报经开户银行审查批准，由开户银行核定坐支范围和限额。坐支单位应当定期向开户银行报送坐支金额和使用情况；（3）从开户银行提取现金时，应当写明用途，由本单位财会部门负责人签字盖章，经开户银行审核后，予以支付。

（二）库存现金的核算

1. 核算内容。

本科目核算单位的库存现金增减变动和结存情况，借方登记库存现金的增加数，贷方登记库存现金的减少数，期末余额在借方，反映单位库存现金的结余数。

2. 明细科目设置。

可根据单位现金管理需要，分资金来源或者项目设置，如有外币的，应当分别按照人民币、外币种类设置“库存现金日记账”进行明细核算。单位应当在“库存现金”总账户下设置“受托代理资产”名下账户，核算单位受托代理、代管的现金（见表2－1）。

表2－1　事业单位库存现金科目表

序号	科目编码	科目名称	科目类别	辅助要素
1	1001	库存现金	资产类	
2	100101	库存现金	资产类	
3	100199	受托代理资产	资产类	

3. 主要账务处理。

(1) 从银行等金融机构提取现金，按照实际提取的金额，借记本科目，贷记“银行存款”科目；将现金存入银行等金融机构，按照实际存入金额，借记“银行存款”科目，贷记本科目。

根据规定从单位零余额账户提取现金，按照实际提取的金额，借记本科目，贷记“零余额账户用款额度”科目。

将现金退回单位零余额账户，按照实际退回的金额，借记“零余额账户用款额度”科目，贷记本科目。

(2) 因内部职工出差等原因借出的现金，按照实际借出的现金金额，借记“其他应收款”科目，贷记本科目。

出差人员报销差旅费时，按照实际报销的金额，借记“业务活动费用”“单位管理费用”等科目，按照实际借出的现金金额，贷记“其他应收款”科目，按照其差额，借记或贷记本科目。

(3) 因提供服务、物品或者其他事项收到现金，按照实际收到的金额，借记本科目，贷记“事业收入”“应收账款”等相关科目。涉及增值税业务的，相关账务处理参见“应交增值税”科目。

因购买服务、物品或者其他事项支付现金，按照实际支付的金额，借记“业务活动费用”“单位管理费用”“库存物品”等相关科目，贷记本科目。涉及增值税业务的，相关账务处理参见“应交增值税”科目。

以库存现金对外捐赠，按照实际捐出的金额，借记“其他费用”科目，贷记本科目。

(4) 收到受托代理、代管的现金，按照实际收到的金额，借记本科目（受托代理资产），贷记“受托代理负债”科目；支付受托代理、代管的现金，按照实际支付的金额，借记“受托代理负债”科目，贷记本科目（受托代理资产）。

(5) 每日账款核对中发现有待查明原因的现金短缺或溢余的，应当通过“待处理财产损溢”科目核算。属于现金溢余，应当按照实际溢余的金额，借记本科目，贷记“待处理财产损溢”科目；属于现金短缺，应当按照实际短缺的金额，借记“待处理财产损溢”科目，贷记本科目。待查明原因后及时进行账务处理，具体内容参见“待处理财产损溢”科目。

4. 本科目期末借方余额，反映单位实际持有的库存现金。

（三）会计实务举例

【例2－1】2020年1月5日，某事业单位从基本账户提取备用金9 000元，1月10日将收到现金6 000元存入基本银行账户；1月15日从零余额账户提取备用金8 000元用于日常支出；1月20日将提取的现金未使用部分3 000元退回零余额账户。相关账务处理如下：

（1）1月5日从银行提取备用金：

财务会计分录	预算会计分录
借：库存现金　　9 000 　贷：银行存款——基本户　　9 000	借：资金结存——货币资金　　9 000 　贷：资金结存——货币资金　　9 000

（2）1月10日将收到的现金存入银行：

财务会计分录	预算会计分录
借：银行存款——基本户　　6 000 　贷：库存现金　　6 000	借：资金结存——货币资金　　6 000 　贷：资金结存——货币资金　　6 000

（3）1月15日从零余额提取备用金：

财务会计分录	预算会计分录
借：库存现金　　8 000 　贷：零余额账户用款额度　　8 000	借：资金结存——货币资金　　8 000 　贷：资金结存——零余额账户用款额度 　　8 000

（4）1月20日将未使用的现金退回零余额：

财务会计分录	预算会计分录
借：零余额账户用款额度　　3 000 　贷：库存现金　　3 000	借：资金结存——零余额账户用款额度 　　3 000 　贷：资金结存——货币资金　　3 000

【例2－2】2020年2月5月，某事业单位综合处小王出差，借差旅费1 000元，业务部门小李出差借差旅费500元。2月15日小王和小李出差归来，小王实际差旅费报销800元，小李实际差旅费报销600元。相关账务处理如下：

（1）2月5日小王、小李借款：

财务会计分录	预算会计分录
借：其他应收款——小王 1 000 其他应收款——小李 500 贷：库存现金 1 500	不做账务处理

（2）2月15日小王报销费用：

财务会计分录	预算会计分录
借：单位管理费用——商品和服务费用 800 库存现金 200 贷：其他应收款——小王 1 000	借：事业支出——财政拨款支出——基本支出——日常公用经费 800 贷：资金结存——货币资金 800

（3）2月15日小李报销费用：

财务会计分录	预算会计分录
借：单位管理费用——商品和服务费用 600 贷：其他应收款——小李 500 库存现金 100	借：事业支出——财政拨款支出——基本支出——日常公用经费 600 贷：资金结存——货币资金 600

【例2-3】2020年2月18日，某事业单位收到事业收入1 000元，同日购买办公用品支付现金500元（不考虑增值税因素）。2月20日对外捐赠现金500元。相关账务处理如下：

（1）2月18日收到事业活动业务费：

财务会计分录	预算会计分录
借：库存现金 1 000 贷：事业收入 1 000	借：资金结存——货币资金 1 000 贷：事业预算收入——非专项资金收入 1 000

（2）2月18日购买办公用品：

财务会计分录	预算会计分录
借：单位管理费用——商品和服务费用 500 贷：库存现金 500	借：事业支出——其他资金支出 500 贷：资金结存——货币资金 500

（3）2月20日对外捐赠现金：

财务会计分录	预算会计分录
借：其他费用——现金资产捐赠　500 　贷：库存现金　500	借：其他支出——其他资金支出　500 　贷：资金结存——货币资金　500

【例2-4】 2020年2月25日，某事业单位收到代管现金500元，2月27日支付代管现金500元。相关账务处理如下：

（1）2月25日收到代管现金：

财务会计分录	预算会计分录
借：库存现金——受托代理资产　500 　贷：受托代理负债　500	不做账务处理

（2）2月27日支付代管现金：

财务会计分录	预算会计分录
借：受托代理负债　500 　贷：库存现金——受托代理资产　500	不做账务处理

【例2-5】 2020年3月1日，某事业单位盘点发现库存现金比账面多出200元，经过核实，其中100元属于应该支付给职工小张，剩余100元无法查明原因。相关账务处理如下：

（1）3月1日盘点发现库存现金比账面多出200元：

财务会计分录	预算会计分录
借：库存现金　200 　贷：待处理财产损溢——待处理财产价值　200	借：资金结存——货币资金　200 　贷：其他预算收入　200

（2）应该支付给单位小李100元：

财务会计分录	预算会计分录
借：待处理财产损溢——待处理财产价值　100 　贷：其他应付款——小李　100	不做账务处理
借：其他应付款——小李　100 　贷：库存现金　100	借：其他预算收入　100 　贷：资金结存——货币资金　100

（3）无法查明原因的100元：

财务会计分录	预算会计分录
借：待处理财产损溢——待处理财产价值 100 贷：其他收入 100	不做账务处理

【例2-6】2020年3月5日，某事业单位盘点发现库存现金比账面短缺200元，经过核实，其中100元属于应该由相关责任人小张赔偿款，剩余100元无法查明原因，报请相关部门批准核销。相关账务处理如下：

（1）3月5日盘点发现库存现金比账面短缺200元：

财务会计分录	预算会计分录
借：待处理财产损溢——待处理财产价值 200 贷：库存现金 200	借：其他支出——其他支出 200 贷：资金结存——货币资金 200

（2）应该由相关责任人支付赔偿款：

财务会计分录	预算会计分录
借：其他应收款——小张 100 贷：待处理财产损溢——待处理财产价值 100 借：库存现金 100 贷：其他应收款——小张 100	借：资金结存——货币资金 100 贷：其他支出——其他支出 100

（3）无法查明原因的100元，报请相关部门批准核销：

财务会计分录	预算会计分录
借：资产处置费用 100 贷：待处理财产损溢——待处理财产价值 100	不做账务处理

二、银行存款

（一）银行存款业务概述

银行存款是指单位存入银行和其他金融机构的各种存款。按照国家有关规定，任何独立核算的单位都必须在当地银行开设账户。单位在银行开设账户以后，除规定可用现金直接支付的款项外，其他一切货币收支业务，都必须通过银行存款账户进行结算。为了反映银行存款增减变动情况，单位应设置“银行存款”科目核算银行存款收支和结存情况。该科目的借方登记银行存款的增加额；贷方登记银行存款的减少额；期末借方余额，反映单位存在银行或其他金融机构的款项。单位应当按开户银行或其他金融机构、存款种类及币种等，分别设置“银行存款日记账”，由出纳人员根据收付款凭证，按照业务的发生顺序逐笔登记，每日终了应结出余额。“银行存款日记账”应定期与“银行对账单”核对，至少每月核对一次。月度终了，单位银行存款账面余额与银行对账单余额之间如有差额，必须逐笔查明原因，并按月编制“银行存款余额调节表”。

（二）银行存款的核算

1. 核算内容。

本科目核算单位存入银行或者其他金融机构的各种存款。单位应当严格按照国家有关支付结算办法的规定办理银行存款收支业务，并按照本制度规定核算银行存款的各项收支业务。

2. 明细科目设置。

本科目应当设置“受托代理资产”明细科目，核算单位受托代理、代管的银行存款（见表2－2）。

表2－2　　事业单位银行存款科目表

序号	科目编码	科目名称	科目类别	辅助要素
1	1002	银行存款	资产类	
2	100201	基本户	资产类	
3	100202	其他存款户	资产类	
4	100299	受托代理资产	资产类	

3. 主要账务处理。

（1）将款项存入银行或者其他金融机构，按照实际存入的金额，借记本科目，贷记“库存现金”“应收账款”“事业收入”“经营收入”“其他收入”等相关科目。涉及增值税业务的，相关账务处理参见“应交增值税”科目。收到银行存款利息，按照实际收到的金额，借记本科目，贷记“利息收入”科目。

从银行等金融机构提取现金，按照实际提取的金额，借记“库存现金”科目，贷记本科目。

以银行存款支付相关费用，按照实际支付的金额，借记“业务活动费用”“单位管理费用”“其他费用”等相关科目，贷记本科目。涉及增值税业务的，相关账务处理参见“应交增值税”科目。

以银行存款对外捐赠，按照实际捐出的金额，借记“其他费用”科目，贷记本科目。

代理、代管的银行存款，按照实际支付的金额，借记“受托代理负债”科目，贷记本科目（受托代理资产）。

（2）单位发生外币业务的，应当按照业务发生当日的即期汇率，将外币金额折算为人民币金额记账，并登记外币金额和汇率。期末，各种外币账户的期末余额，应当按照期末的即期汇率折算为人民币，作为外币账户期末人民币余额。调整后的各种外币账户人民币余额与原账面余额的差额，作为汇兑损益计入当期费用。

以外币购买物资、设备等，按照购入当日的即期汇率将支付的外币或应支付的外币折算为人民币金额，借记“库存物品”等科目，贷记本科目、“应付账款”等科目的外币账户。涉及增值税业务的，相关账务处理参见“应交增值税”科目。

销售物品、提供服务以外币收取相关款项等，按照收入确认当日的即期汇率将收取的外币或应收取的外币折算为人民币金额，借记本科目、“应收账款”等科目的外币账户，贷记“事业收入”等相关科目。

期末，根据各外币银行存款账户按照期末汇率调整后的人民币余额与原账面人民币余额的差额，作为汇兑损益，借记或贷记本科目，贷记或借记“业务活动费用”“单位管理费用”等科目。“应收账款”“应付账款”等科目有关外币账户期末汇率调整业务的账务处理参照本科目。

4. 本科目期末借方余额，反映单位实际存放在银行或其他金融机构的款项。

（三）会计实务举例

【例 2－7】2020 年 2 月 10 日，某事业单位收到事业收入 5 000 元，同日支付业务培训费用 2 000 元。2 月 15 日对外捐出银行存款 4 000 元。相关账务处理如下：

（1）2 月 10 日收到事业收入：

财务会计分录	预算会计分录
借：银行存款——基本户 5 000 　贷：事业收入 5 000	借：资金结存——货币资金 5 000 　贷：事业预算收入——非专项资金收入 5 000

（2）2 月 10 日支付业务培训费：

财务会计分录	预算会计分录
借：业务活动费用——商品和服务费用 2 000 　贷：银行存款——基本户 2 000	借：事业支出——其他资金支出 2 000 　贷：资金结存——货币资金 2 000

（3）2 月 15 日对外捐赠：

财务会计分录	预算会计分录
借：其他费用——现金资产捐赠 4 000 　贷：银行存款——基本户 4 000	借：其他支出——其他资金支出 4 000 　贷：资金结存——货币资金 4 000

【例 2－8】 2020 年 3 月 20 日，某事业单位收到银行利息 4 000 元；3 月 25 日代发工资支付手续费 300 元。相关账务处理如下：

（1）3 月 20 日收到利息：

财务会计分录	预算会计分录
借：银行存款——基本户 4 000 　贷：利息收入 4 000	借：资金结存——货币资金 4 000 　贷：其他预算收入——利息预算收入 4 000

（2）3 月 25 日支付代发工资手续费：

财务会计分录	预算会计分录
借：单位管理费用——商品和服务费用 300 　贷：银行存款——基本户 300	借：事业支出——其他资金支出 300 　贷：资金结存——货币资金 300

【例2-9】某事业单位年初美元存款户余额为10 000美元，美元与人民币的汇率为1∶6.39，账面人民币的余额为63 900元。（1）3月20日事业收入1 000美元，当日美元与人民币的汇率1∶6.32。（2）年末美元与人民币的汇率1∶6.30，美元存款户余额11 000美元，账面人民币余额为70 220元，汇兑损益为人民币-920元。相关账务处理如下：

（1）3月20日收到事业收入：

财务会计分录	预算会计分录
借：银行存款——其他存款户 6 320 贷：事业收入 6 320	借：资金结存——货币资金 6 320 贷：事业预算收入——非专项资金收入 6 320

（2）12月31日汇兑损益入账：

财务会计分录	预算会计分录
借：业务活动费用——商品和服务费用 920 贷：银行存款——其他存款户 920	借：事业支出——其他资金支出 920 贷：资金结存——货币资金 920

（四）常见及疑难问题解释参考

预算单位开设银行账户的有关规定？

各级预算单位需经同级财政部门批准后才能开设银行账户，如需变更，应经财政部门审批同意后，按规定重新选择新开户银行办理新账户开立和原账户撤销手续。另外，预算单位需每年按时参加财政部门组织的银行账户年检工作。

三、零余额账户用款额度

（一）零余额账户用款额度业务概述

零余额账户用款额度是指实行国库集中支付的单位，根据财政部门批复的用款计划收到的零余额账户用款额度。具体来说，零余额账户用款额是财政部门按照预算和批准的用款计划，通过国库集中支付代理银行下达到预算单位零余额账户的资金使用额度，是一种新的无纸化的货币形式，具有与现金和各种存款基本相同的支付结算功能，因此，也是单位可以支配的流动资产形式之一。财政授权的转账业务一律通过单位零余额账户办理。需要说明两点：一是单位在商业银行开设的单位零余额账户不是实存资金账户，而是一个过渡性的待结算账户，通过该账户反映的用款额度不是实际的货币资金；二是单位零余额账户的用款额度具有与人民币存款相同的支付结算功能，可办理转账、汇兑、委托收款和提取现金等支付结算业务。可以向本单位按账户管理规定保留的相应账户划拨工会经费、住房公积金及提租补贴，以及划拨经财政部门批准的特殊款项。

（二）零余额账户用款额度的核算

1. 核算内容。

本科目核算实行国库集中支付的单位根据财政部门批复的用款计划收到和支用的零余额账户用款额度。实行国库集中收付制度，财政性资金按发出支付令的主体不同分为两种支付方式：一是由财政部门发出支付令，称为财政直接支付方式；二是由预算单位经财政部门授权自行发出支付令，称为财政授权支付方式。期末为借方余额，反映单位尚未支用的零余额账户用款额度。年末注销单位零余额账户用款额度后，本科目应无余额。

2. 明细科目设置（见表2－3）。

表2－3　　事业单位零余额账户用款额度科目表

序号	科目编码	科目名称	科目类别	辅助要素
1	1011	零余额账户用款额度	资产类	

3. 主要账务处理。

（1）收到额度。单位收到“财政授权支付到账通知书”时，根据通知书所列金额，借记本科目，贷记“财政拨款收入”科目。

（2）支用额度。支付日常活动费用时，按照支付的金额，借记“业务活动费用”“单位管理费用”等科目，贷记本科目。

购买库存物品或购建固定资产，按照实际发生的成本，借记“库存物品”“固定资产”“在建工程”等科目，按照实际支付或应付的金额，贷记本科目、“应付账款”等科目。涉及增值税业务的，相关账务处理参见“应交增值税”科目。

从零余额账户提取现金时，按照实际提取的金额，借记“库存现金”科目，贷记本科目。

（3）因购货退回等发生财政授权支付额度退回的，按照退回的金额，借记本科目，贷记“库存物品”等科目。

（4）年末，根据代理银行提供的对账单作注销额度的相关账务处理，借记“财政应返还额度——财政授权支付”科目，贷记本科目。年末，单位本年度财政授权支付预算指标数大于零余额账户用款额度下达数的，根据未下达的用款额度，借记“财政应返还额度——财政授权支付”科目，贷记“财政拨款收入”科目。

（5）下年初，单位根据代理银行提供的上年度注销额度恢复到账通知书作恢复额度的相关账务处理，借记本科目，贷记“财政应返还额度——财政授权支付”科目。单位收到财政部门批复的上年未下达零余额账户用款额度，借记本科目，贷记“财政应返还额度——财政授权支付”科目。

（三）会计实务举例

【例 2－10】 2020 年 3 月，某事业单位发生一系列与国库集中支付相关业务。相关账务处理如下：

（1）3 月 2 日收到代理银行转来的“财政授权支付额度到账通知书”，通知书中注明的本月收到公用经费授权额度为 600 000 元。

财务会计分录	预算会计分录
借：零余额账户用款额度 600 000 贷：财政拨款收入——一般公共预算财政拨款 600 000	借：资金结存——零余额账户用款额度 600 000 贷：财政拨款预算收入——基本支出——日常公用经费 600 000

（2）3 月 4 日采用国库授权支付方式支付职工薪酬 900 000 元，通过银行转账划入职工个人账户。

财务会计分录	预算会计分录
借：应付职工薪酬——基本工资 900 000 贷：零余额账户用款额度 900 000	借：事业支出——财政拨款支出——基本支出——人员经费 900 000 贷：资金结存——零余额账户用款额度 900 000

（3）3月10日从零余额账户提取现金8 000元备用。

财务会计分录	预算会计分录
借：库存现金 8 000 　贷：零余额账户用款额度 8 000	不做账务处理

（4）3月15日购买办公用品3 000元直接交行政管理部门使用，款项从零余额账户中支付。

财务会计分录	预算会计分录
借：业务活动费用——商品和服务费用 3 000 　贷：零余额账户用款额度 3 000	借：事业支出——财政拨款支出——基本支出——日常公用经费 3 000 　贷：资金结存——零余额账户用款额度 3 000

（5）3月21日以零余额账户用款支付行政办公大楼日常维修费70 000元。

财务会计分录	预算会计分录
借：业务活动费用——商品与服务费用 70 000 　贷：零余额账户用款额度 70 000	借：事业支出——财政拨款支出——基本支出——日常公用经费 70 000 　贷：资金结存——零余额账户用款额度 70 000

【例2－11】2020年3月10日，某事业单位从乙公司购进专用材料一批，全部款项为60 000元，以项目经费由零余额账户支付。因材料存在质量问题，全部退回。3月20日接到银行通知，退回的材料款已全部转入零余领账户。相关账务处理如下：

（1）3月10日购入专用材料：

财务会计分录	预算会计分录
借：库存物品 60 000 　贷：零余额账户用款额度 60 000	借：事业支出——财政拨款支出——项目支出 60 000 　贷：资金结存——零余额账户用款额度 60 000

（2）3 月 20 日收到银行退款到账通知时：

财务会计分录	预算会计分录
借：零余额账户用款额度 60 000 贷：库存物品 60 000	借：资金结存——零余额账户用款额度 60 000 贷：事业支出——财政拨款支出——项目支出 60 000

注意：如发生退回以前年度发生的采购材料、办公用品等支出时，财务会计：借记“财政应返还额度”或“银行存款”，贷记“以前年度盈余调整”（材料已领用）或“库存物品”（材料未领用）；预算会计借记“资金结存——财政应返还额度”科目，贷记“财政拨款结转——年初余额调整”（退回的资金属于财政结转资金）或“财政拨款结余——年初余额调整”（退回的资金属于财政结余资金）科目。

【例 2－12】 某事业单位 2020 年度财政授权支付年终结余资金为 250 000 元。2021 年 2 月 10 日该单位收到代理银行转来的《财政授权支付额度恢复到账通知书》，恢复 2020 年度财政授权支付额度 250 000 元。相关账务处理如下：

（1）2020 年末注销财政授权支付年终结余资金：

财务会计分录	预算会计分录
借：财政应返还额度——财政授权支付 250 000 贷：零余额账户用款额度 250 000	借：资金结存——财政应返还额度 250 000 贷：资金结存——零余额账户用款额度 250 000

（2）2 月 10 日恢复 2020 年度财政授权支付额度：

财务会计分录	预算会计分录
借：零余额账户用款额度 250 000 贷：财政应返还额度——财政授权支付 250 000	借：资金结存——零余额账户用款额度 250 000 贷：资金结存——财政应返还额度 250 000

（四）常见及疑难问题解释参考

单位的归垫资金应如何进行账务处理?

《政府会计准则制度解释第2号》中，关于归垫资金的账务处理，行政事业单位按规定报经财政部门审核批准，在财政授权支付用款额度或财政直接支付用款计划下达之前，用本单位实有资金账户资金垫付相关支出，再通过财政授权支付方式或财政直接支付方式将资金归还原垫付资金账户的，应当按照以下规定进行账务处理：

1. 用本单位实有资金账户资金垫付相关支出时，按照垫付的资金金额，借记“其他应收款”科目，贷记“银行存款”科目；预算会计不做处理。

2. 通过财政直接支付方式或授权支付方式将资金归还原垫付资金账户时，按照垫付的资金金额，借记“银行存款”科目，贷记“财政拨款收入”等科目，并按照相同的金额，借记“业务活动费用”等科目，贷记“其他应收款”科目；同时在预算会计中，按照相同的金额，借记“行政支出”“事业支出”等科目，贷记“财政拨款预算收入”科目。

四、其他货币资金

（一）其他货币资金业务概述

其他货币资金是指单位除库存现金、银行存款、零余额账户用款额度以外的货币资金。就性质而言，其他货币资金同现金和银行存款同属于货币资金，但其存放地点和用途不同于现金和银行存款，因此，在会计上应分别核算。其他货币资金的主要内容包括外埠存款、银行本票存款、银行汇票存款、信用卡存款等其他货币资金。

1. 外埠存款是指单位到外地进行临时或零星采购时，汇往采购地银行开立采购专户的款项。

2. 银行本票存款是指单位为取得银行本票按规定存入银行的款项。

3. 银行汇票存款是指单位为取得银行汇票按规定存入银行的款项。

4. 信用卡存款是指单位为取得信用卡按规定存入银行的款项。

单位应加强其他货币资金的管理，及时办理结算，对于逾期尚未办理结算的银行汇票、银行本票等，应当按照规定及时转回。

（二）其他货币资金的核算

1. 核算内容。

本科目核算单位的外埠存款、银行本票存款、银行汇票存款、信用卡存款等各种其他货币资金。

2. 明细科目设置。

本科目应当设置“外埠存款”“银行本票存款”“银行汇票存款”“信用卡存款”等明细科目，进行明细核算（见表2－4）。

表2－4　　事业单位其他货币资金科目表

序号	科目编码	科目名称	科目类别	辅助要素
1	1021	其他货币资金	资产类	
2	102101	外埠存款	资产类	
3	102102	银行本票存款	资产类	
4	102103	银行汇票存款	资产类	
5	102104	信用卡存款	资产类	

3. 主要账务处理。

（1）单位按照有关规定需要在异地开立银行账户，将款项委托本地银行汇往异地开立账户时，借记本科目，贷记“银行存款”科目。收到采购员交来供应单位发票账单等报销凭证时，借记“库存物品”等科目，贷记本科目。将多余的外埠存款转回本地银行时，根据银行的收账通知，借记“银行存款”科目，贷记本科目。

（2）将款项交存银行取得银行本票、银行汇票，按照取得的银行本票、银行汇票金额，借记本科目，贷记“银行存款”科目。使用银行本票、银行汇票购买库存物品等资产时，按照实际支付金额，借记“库存物品”等科目，贷记本科目。如有余款或因本票、汇票超过付款期等原因而退回款项，按照退款金额，借记“银行存款”科目，贷记本科目。

（3）将款项交存银行取得信用卡，按照交存金额，借记本科目，贷记“银行存款”科目。用信用卡购物或支付有关费用，按照实际支付金额，借记“单位管理费用”“库存物品”等科目，贷记本科目。单位信用卡在使用过程中，需向其账户续存资金的，按照续存金额，借记本科目，贷记“银行存款”科目。

(4) 单位应当加强对其他货币资金的管理，及时办理结算，对于逾期尚未办理结算的银行汇票、银行本票等，应当按照规定及时转回，并按照上述规定进行相应账务处理。

4. 科目期末为借方余额，反映单位实际持有的其他货币资金。

(三) 会计实务举例

【例2-13】 某事业单位为增值税小规模纳税人，2020年3月5日向银行申请办理银行汇票购买专用材料，通过转账划入银行汇票存款专户60 000元。3月20日购买材料一批并验收入库，取得的增值税专用发票上注明的价款为50 000元，增值税税额为5 000元。全部款项用银行汇票办理结算，多余款项5 000元已退回开户银行。相关账务处理如下：

(1) 3月5日取得银行汇票：

财务会计分录	预算会计分录
借：其他货币资金——银行汇票存款 60 000 贷：银行存款——基本户 60 000	不做账务处理

(2) 3月20日使用银行汇票购买材料：

财务会计分录	预算会计分录
借：库存物品 55 000 贷：其他货币资金——银行汇票存款 55 000	借：事业支出——其他资金支出 55 000 贷：资金结存——货币资金 55 000

(3) 收到开户银行退回多余款项：

财务会计分录	预算会计分录
借：银行存款——基本户 5 000 贷：其他货币资金——银行汇票存款 5 000	不做账务处理

【例2-14】 接上例，2020年4月10日 该单位为取得银行本票，向银行提交“银行本票申请书”，并将800元资金转存银行本票专户。4月15日用银行本票购买办公用品800元并直接交付使用。相关账务处理如下：

（1）4 月 10 日取得银行本票并转存资金：

财务会计分录	预算会计分录
借：其他货币资金——银行本票存款 800 贷：银行存款——基本户 800	不做账务处理

（2）4 月 15 日用银行本票购买办公用品：

财务会计分录	预算会计分录
借：单位管理费用 800 贷：其他货币资金——银行本票存款 800	借：事业支出——其他资金支出 800 贷：资金结存——货币资金 800

【例 2-15】 接上例 2020 年 5 月 16 日向银行申领信用卡，并转存资金 20 000 元。5 月 23 日该单位用信用卡支付购买办公用品款 9 000 元。相关账务处理如下：

（1）5 月 16 日申领信用卡并转存资金：

财务会计分录	预算会计分录
借：其他货币资金——信用卡存款 20 000 贷：银行存款——基本户 20 000	不做账务处理

（2）5 月 23 日用信用卡支付购买办公用品款：

财务会计分录	预算会计分录
借：库存物品 9 000 贷：其他货币资金——信用卡存款 9 000	借：事业支出——其他资金支出 9 000 贷：资金结存——货币资金 9 000

（四）常见及疑难问题解释参考

单位通过第三方支付平台账户结算应如何进行账务处理？

根据《政府会计准则制度解释第 1 号》第八条“关于第三方支付平台账户资金的会计科目适用问题”规定，单位通过支付宝、微信等方式取得相关收入的，对于尚未转入银行存款的支付宝、微信收付款等第三方支付平台账户的余额，应当通过“其他货币资金”科目核算。单位取得相关收入时，财务会计借记“其他货币资金”，贷记相关收入科目；预算会计借记“资金结存——货币资金”科目，贷记相关预算收入科目。

五、财政应返还额度

（一）财政应返还额度业务概述

财政应返还额度反映实行国库集中支付的单位结转下年使用的用款额度。当预算单位年末实际支出数小于财政部门预算指标数的时候，需要将剩余额度转回财政，下年初财政部门批复后将可继续使用的额度再转回单位。

（二）财政应返还额度的核算

1. 核算内容。

本科目核算实行国库集中支付的单位应收财政返还的资金额度，包括可以使用的以前年度财政直接支付资金额度和财政应返还的财政授权支付资金额度。

2. 明细科目设置。

本科目应当设置“财政直接支付”“财政授权支付”两个明细科目进行明细核算（见表2－5）。

表2－5　事业单位财政应返还额度科目表

序号	科目编码	科目名称	科目类别	辅助要素
1	1201	财政应返还额度	资产	
2	120101	财政直接支付	资产	
3	120102	财政授权支付	资产	

3. 主要账务处理。

（1）财政直接支付。年末，单位根据本年度财政直接支付预算指标数大于当年财政直接支付实际发生数的差额，借记本科目（财政直接支付），贷记“财政拨款收入”科目。

单位使用以前年度财政直接支付额度支付款项时，借记“业务活动费用”“单位管理费用”等科目，贷记本科目（财政直接支付）。

（2）财政授权支付。年末，根据代理银行提供的对账单作注销额度的相关账务处理，借记本科目（财政授权支付），贷记“零余额账户用款额度”科目。

年末，单位本年度财政授权支付预算指标数大于零余额账户用款额度下达数的，根据未下达的用款额度，借记本科目（财政授权支付），贷记“财政拨款收入”科目。

下年初，单位根据代理银行提供的上年度注销额度恢复到账通知书作恢复额度的相关账务处理，借记“零余额账户用款额度”科目，贷记本科目（财政授权支付）。单位收到财政部门批复的上年未下达零余额账户用款额度，借记“零余额账户用款额度”科目，贷记本科目（财政授权支付）。

4. 本科目期末借方余额，反映单位应收财政返还的资金额度。

（三）会计实务举例

【例 2－16】某纳入国库集中支付制度改革的事业单位，2020 年 12 月底项目 B 财政直接支付预算指标数 90 000 000 元，财政直接支付实际支出数为 83 000 000 元，剩余额度 7 000 000 元；次年初，财政部门恢复财政直接支付额度，该事业单位使用 B 项目资金 2 000 000 元购置专用材料；收到代理银行提供的注销额度通知单，注销项目 A 财政授权支付额度 15 000 000 元；次年初，财政部门恢复 A 项目财政授权支付额度，相关账务处理如下：

（1）年末将 B 项目剩余额度入账：

财务会计分录	预算会计分录
借：财政应返还额度——财政直接支付 7 000 000 贷：财政拨款收入—一般公共预算财政拨款 7 000 000	借：资金结存——财政应返还额度 7 000 000 贷：财政拨款预算收入—项目支出 7 000 000

（2）次年初使用 B 项目资金购置专用材料：

财务会计分录	预算会计分录
借：库存物品 2 000 000 贷：财政应返还额度——财政直接支付 2 000 000	借：事业支出——财政拨款支出——项目支出 2 000 000 贷：资金结存——财政应返还额度 2 000 000

（3）年末注销 A 项目额度：

财务会计分录	预算会计分录
借：财政应返还额度——财政授权支付 15 000 000 贷：零余额账户用款额度 15 000 000	借：资金结存——财政应返还额度 15 000 000 贷：资金结存——零余额账户用款额度 15 000 000

（4）次年初恢复 A 项目额度：

财务会计分录	预算会计分录
借：零余额账户用款额度 15 000 000 贷：财政应返还额度——财政授权支付 15 000 000	借：资金结存——零余额账户用款额度 15 000 000 贷：资金结存——财政应返还额度 15 000 000

第三节　应收及预付款项的核算

一、应收票据

（一）应收票据业务概述

事业单位与其他单位发生业务活动，除用现金直接支付外，还可以用票据作为结算工具。实务中，应收票据主要是指商业汇票，包括商业承兑汇票和银行承兑汇票。

1. 商业汇票是指出票人签发的，委托付款人在指定日期无条件支付确定的金额给收款人或者持票人的票据。在银行开立存款账户的法人，以及其他组织之间须具有真实的交易关系或债权债务关系，才能使用商业汇票。商业汇票的付款期限由交易双方商定，但最长不得超过 6 个月。商业汇票到期前如果单位急需资金，可以将其持有的未到期的商业汇票背书转让，符合条件的商业汇票可向银行申请贴现。

2. 商业汇票按其承兑人的不同，分为商业承兑汇票和银行承兑汇票。前者是由银行以外的付款人承兑的票据；后者则是由在承兑银行开立存款账户的存款人签发的，是由银行承兑的票据。按是否计息，商业汇票可分为不带息商业汇票和带息商业汇票。不带息商业汇票是指商业汇票到期时，承兑人只按票面金额（即面值）向收款人或被背书人支付票款的票据。带息票据是指商业汇票到期时，承兑人必须按票据金额加上应计利息向收款人或被背书人支付票款的票据。

3. 事业单位应当设置“应收票据备查簿”，逐笔登记每一应收票据的种类、号数、出票日期、到期日、票面金额、交易合同号和付款人、承兑人、背书人姓名或单位名称、背书转让日、贴现日期、贴现率和贴现净额、收款日期、收回金额和退票情况等。应收票据到期结清票款或退票后，应当在备查簿内逐笔注销。

（二）应收票据的核算

1. 核算内容。

本科目核算事业单位因开展经营活动销售产品、提供有偿服务等而收到的商业汇票，包括银行承兑汇票和商业承兑汇票。

2. 明细科目设置。

本科目应当按照开出、承兑商业汇票的单位等进行明细核算（见表2-6）。

表2-6　　事业单位应收票据科目表

序号	科目编码	科目名称	科目类别	辅助要素
1	1211	应收票据	资产类	资金往来对象类别，往来

3. 主要账务处理。

（1）因销售产品、提供服务等收到商业汇票，按照商业汇票的票面金额，借记本科目，按照确认的收入金额，贷记“经营收入”等科目。涉及增值税业务的，相关账务处理参见“应交增值税”科目。

（2）持未到期的商业汇票向银行贴现，按照实际收到的金额（即扣除贴现息后的净额），借记“银行存款”科目，按照贴现息金额，借记“经营费用”等科目，按照商业汇票的票面金额，贷记本科目（无追索权）或“短期借款”科目（有追索权）。附追索权的商业汇票到期未发生追索事项的，按照商业汇票的票面金额，借记“短期借款”科目，贷记本科目。

（3）将持有的商业汇票背书转让以取得所需物资时，按照取得物资的成本，借记“库存物品”等科目，按照商业汇票的票面金额，贷记本科目，如有差额，借记或贷记“银行存款”等科目。涉及增值税业务的，相关账务处理参见“应交增值税”科目。

（4）商业汇票到期时，应当分别以下情况处理：

①收回票款时，按照实际收到的商业汇票票面金额，借记“银行存款”科目，贷记本科目。

②因付款人无力支付票款，收到银行退回的商业承兑汇票、委托收款凭证、未付票款通知书或拒付款证明等，按照商业汇票的票面金额，借记“应收账款”科目，贷记本科目。

4. 期末余额。

本科目期末借方余额，反映事业单位持有的商业汇票票面金额。

（三）会计实务举例

【例 2－17】 2020 年 3 月 5 日，某事业单位向 A 公司销售产品一批，取得收入 6 000 元，A 公司开出一张 6 个月期的不带息商业汇票，面值 6 000 元。假设该事业单位取得票据后，发生四种情形之一：第一种情况：6 月 5 日提前 3 个月向银行贴现（假如银行贴现年利率为 10%）；第二种情况：8 月 5 日将汇票背书转让，购买一批原材料价值 8 000 元，不足款项从单位基本户支付；第三种情况：一直持有至到期，9 月 5 日收回款项；第四种情况：9 月 5 日到期时 A 公司无力付款，相关账务处理如下：

（1）3 月 5 日向 A 公司销售产品一批，取得收入 6 000 元，A 公司开出一张 6 个月期的不带息商业汇票，面值 6 000 元：

财务会计分录	预算会计分录
借：应收票据——A 公司　6 000 　贷：经营收入　6 000	不做账务处理

（2）6 月 5 日提前 3 个月向银行贴现商业汇票，贴息为 6 000 × 10% × 3 ÷ 12 = 150（元）：

财务会计分录	预算会计分录
借：银行存款——基本户　5 850 　经营费用　150 　贷：应收票据——A 公司　6 000	借：资金结存——货币资金　5 850 　贷：经营预算收入　5 850

（3）8月5日将汇票背书转让，购买一批原材料价值8 000元，不足款项从单位基本户支付：

财务会计分录	预算会计分录
借：库存物品 8 000 贷：应收票据——A公司 6 000 银行存款——基本户 2 000	借：经营支出 2 000 贷：资金结存——货币资金 2 000

（4）9月5日商业汇票到期，收回款项：

财务会计分录	预算会计分录
借：银行存款——基本户 6 000 贷：应收票据——A公司 6 000	借：资金结存——货币资金 6 000 贷：经营预算收入 6 000

（5）9月5日商业汇票到期，A公司无力付款：

财务会计分录	预算会计分录
借：应收账款——A公司 6 000 贷：应收票据——A公司 6 000	不做账务处理

（四）常见及疑难问题解释参考

事业单位持未到期的商业汇票向银行贴现应如何处理？

事业单位持未到期的商业汇票向银行贴现，按照实际收到的金额（即扣除贴现息后的净额），财务会计借记“银行存款”科目，按照贴现息金额，借记“经营费用”等科目，按照商业汇票的票面金额，贷记“应收票据”（无追索权）或“短期借款”科目（有追索权）。预算会计借记“资金结存”科目，贷记“经营预算收入”等科目。附追索权的商业汇票到期未发生追索事项的，按照商业汇票的票面金额，财务会计借记“短期借款”科目，贷记“应收票据”科目。预算会计不记账。

【例2－18】某事业单位为小规模纳税人，销售一批商品给A公司，货款60 000元，增值税1 800元，按合同约定90天付款，A公司支付给该事业单位一张90天到期的商业承兑汇票，面值61 800元。该事业单位60天后持此票据到银行贴现，贴现率10%，附有追索权，相关账务处理如下：

（1）该事业单位收到票据时：

财务会计分录	预算会计分录
借：应收票据　61 800 　贷：经营收入　60 000 　　应交增值税　1 800	不做账务处理

（2）60 天后办理贴现时，贴现息 515 元（61 800 × 10% ÷ 360 × 30），扣除贴现息后贴现净额为 61 285 元（61 800 − 515）：

财务会计分录	预算会计分录
借：银行存款——基本户　61 285 　经营费用　515 　贷：短期借款　61 800	借：资金结存——货币资金　61 285 　贷：经营预算收入　61 285

（3）票据到期，追索权未发生时：

财务会计分录	预算会计分录
借：短期借款　61 800 　贷：应收票据　61 800	不做账务处理

二、应收账款

（一）应收账款业务概述

应收账款是单位在结算过程中形成的流动资产，属于单位的短期债权，它体现了单位对其他单位或者个人的货币、商品或者劳务的一种索取权。

关于应收账款主要应从以下三个方面理解：一是应收账款是事业单位开展日常运营活动过程中应收取的款项；二是应收账款是具有流动资产性质的短期债权，不包括长期债权（如对外长期债权投资）等；三是应收账款仅指本单位应收其他单位的款项，不包括本单位付出的各类存出保证金，如租入资产的保证金。

（二）应收账款的核算

1. 核算内容。

本科目核算事业单位提供服务、销售产品等应收取的款项，以及单位因出租资产、出售物资等应收取的款项。

2. 明细科目设置。

本科目应当按照债务单位（或个人）进行明细核算（见表2-7）。

表2-7　　事业单位应收账款科目表

序号	科目编码	科目名称	科目类别	辅助要素
1	1212	应收账款	资产类	资金往来对象类别，往来

3. 主要账务处理。

（1）应收账款收回后无须上缴财政。单位发生应收账款时，按照应收未收金额，借记本科目，贷记“事业收入”“经营收入”“租金收入”“其他收入”等科目。涉及增值税业务的，相关账务处理参加“应交增值税”科目。

收回应收账款时，按照实际收到的金额，借记“银行存款”等科目，贷记本科目。

（2）应收账款收回后需上缴财政。

①单位出租资产发生应收未收租金款项时，按照应收未收金额，借记本科目，贷记“应缴财政款”科目。

收回应收账款时，按照实际收到的金额，借记“银行存款”等科目，贷记本科目。

②单位出售物资发生应收未收款项时，按照应收未收金额，借记本科目，贷记“应缴财政款”科目。

收回应收账款时，按照实际收到的金额，借记“银行存款”等科目，贷记本科目。

涉及增值税业务的，相关账务处理参见“应交增值税”科目。

（3）事业单位应当于每年年末，对收回后不需上缴财政的应收账款进行全面检查，如发生不能收回的迹象，应当计提坏账准备。

①对于账龄超过规定年限、确认无法收回的应收账款，按照规定报经批准后予以核销。按照核销金额，借记“坏账准备”科目，贷记本科目。核销的应收账款应在备查簿中保留登记。

②已核销的应收账款在以后期间又收回的，按照实际收回金额，借记本科目，贷记“坏账准备”科目；同时，借记“银行存款”等科目，贷记本科目。

（4）单位应当于每年年末，对收回后应当上缴财政的应收账款进行全面检查。

①对于账龄超过规定年限、确认无法收回的应收账款，按照规定报经批准后予以核销。按照核销金额，借记“应缴财政款”科目，贷记本科目。核销的应收账款应当在备查簿中保留登记。

②已核销的应收账款在以后期间又收回的，按照实际收回金额，借记“银行存款”等科目，贷记“应缴财政款”科目。

4. 期末余额。

本科目期末借方余额，反映单位尚未收回的应收账款。

（三）会计实务举例

【例 2－19】 2020 年 3 月 10 日，某事业单位向 A 公司提供价值 6 000 元的专业业务服务，当日 A 公司并未付款。3 月 20 日该事业单位收到 A 公司款项 6 000 元，款项不需要上缴财政，相关账务处理如下：

（1）3 月 10 日向 A 公司提供专业业务服务产生事业收入 6 000 元：

财务会计分录	预算会计分录
借：应收账款——A 公司　6 000 　贷：事业收入　6 000	不做账务处理

（2）3 月 20 日收到 A 公司款项：

财务会计分录	预算会计分录
借：银行存款——基本户　6 000 　贷：应收账款——A 公司　6 000	借：资金结存——货币资金　6 000 　贷：事业预算收入——非专项资金收入　6 000

【例 2－20】 2020 年 3 月 10 日，某事业单位拍卖已报废的公务车辆，拍卖成交金额 3 000 元，当日并未收到款项，按照资产管理要求，该款项需上缴同级国库。3 月 20 日收到 A 拍卖公司款项 3 000 元，并将该款项上交国库。相关账务处理如下：

（1）3 月 10 日拍卖公务车辆，成交金额 3 000 元：

财务会计分录	预算会计分录
借：应收账款——A 公司　3 000 　贷：应缴财政款——应缴国库款　3 000	不做账务处理

（2）3月20日收到A公司款项3 000元并将该款项上缴国库：

财务会计分录	预算会计分录
借：银行存款——基本户　3 000 　贷：应收账款——A公司　3 000 借：应缴财政款——应缴国库款　3 000 　贷：银行存款——基本户　3 000	不做账务处理

【例2-21】2019年12月31日，某事业单位对应收账款进行全面检查，发现一笔2016年因经营活动发生的且不需要上缴财政的应收账款10 000元，因债务公司——A公司已破产，款项无法收回，报经同级财政部门审批后予以核销，并在备查簿中登记。2020年3月1日法院对A公司财产强制执行，该事业单位收回了2019年12月31日已核销的此笔应收账款的部分款项6 000元，存入单位基本账户，相关财务处理如下：

（1）2019年12月31日核销应收账款10 000元：

财务会计分录	预算会计分录
借：坏账准备　10 000 　贷：应收账款——A公司　10 000	不做账务处理

（2）3月1日收回部分款项6 000元：

财务会计分录	预算会计分录
借：应收账款——A公司　6 000 　贷：坏账准备　6 000 借：银行存款——基本户　6 000 　贷：应收账款——A公司　6 000	借：资金结存——货币资金　6 000 　贷：非财政拨款结余——年初余额调整　6 000

【例2-22】2019年12月31日，某事业单位对应收账款进行全面检查，发现一笔2017年发生的应收A公司的房租收入10 000元，该笔款项收回后需上缴财政。因A公司经营不善，该款项一直未收回，报经同级财政部门审批后予以核销，并在备查簿中登记。2020年3月1日经多方协调，该事业单位收回了此笔已核销的应收账款并上缴财政，财务处理如下：

（1）2019 年 12 月 31 日，核销应收账款 10 000 元：

财务会计分录	预算会计分录
借：应缴财政款——应缴国库款　10 000 　贷：应收账款——A 公司　10 000	不做账务处理

（2）3 月 1 日收回该笔应收账款并上缴国库：

财务会计分录	预算会计分录
借：银行存款——基本户　10 000 　贷：应缴财政款——应缴国库款　10 000	不做账务处理
借：应缴财政款——应缴国库款　10 000 　贷：银行存款——基本户　10 000	不做账务处理

（四）常见及疑难问题解释参考

应收账款科目明细信息如何披露？

单位在按照债务人对应收款项进行明细核算的基础上，应当在财务报表附注中按照债务人分类对应收款项进行披露。债务人类别主要分为本部门内部单位（指纳入单位所属部门财务报告合并范围的单位，下同）、本部门以外同级政府单位、本部门以外非同级政府单位和其他单位。

单位按照《政府会计制度》中财务报表附注所列格式分类对应收款项进行具体披露时，应当遵循重要性原则。单位对重要性的判断，应当依据《政府会计准则第 9 号——财务报表编制和列报》，并考虑满足编制合并财务报表的信息需要，即相关合并主体能够基于单位所披露的信息，抵销合并主体与被合并主体之间、被合并主体相互之间发生的债权债务、收入费用等内部业务或事项对财务报表的影响。

三、预付账款

（一）预付账款业务概述

1. 预付账款是单位按照购货、服务合同或协议规定预付给供应单位（或个人）的款项，以及按照合同规定向承包工程的施工企业预付的备料款和工程款。预付账款与应收账款一样，是结算中的资金占用，反映了单位的短期债权。但两者性质不同，应收账款是应向购货方收取的款项，而预付账款则是预先付给供货方的款项，款项已经付出，但对方的义务尚未履行完毕，要求对方履行义务是单位的权利。单位预付给供方单位一定数额的款项，目的主要是掌握存货等物资货源、劳务供应的渠道，以避免未来价格变动及市场风险。

2. 单位应当于每年年末，对预付账款进行全面检查。如果有确凿证据表明预付账款不再符合预付款项性质，或者因供应单位破产、撤销等原因可能无法收到所购货物、服务的，应当先将其转入其他应收款，再按照规定进行处理。

（二）预付账款的核算

1. 核算内容。

本科目核算单位按照购货、服务合同或协议规定预付给供应单位（或个人）的款项，以及按照合同规定向承包工程的施工企业预付的备料款和工程款。

2. 明细科目设置。

本科目应当按照供应单位（或个人）及具体项目进行明细核算；对于基本建设项目发生的预付账款，还应当在本科目所属基建项目明细科目下设置“预付备料款”“预付工程款”“其他预付款”等明细科目，进行明细核算（见表2－8）。

表2－8　　事业单位预付账款科目表

序号	科目编码	科目名称	科目类别	辅助要素
1	1214	预付账款	资产类	资金往来对象类别，往来
2	121401	基本建设项目	资产类	预算项目，资金往来对象类别，往来
3	12140101	预付备料款	资产类	预算项目，资金往来对象类别，往来
4	12140102	预付工程款	资产类	预算项目，资金往来对象类别，往来
5	12140103	其他预付款	资产类	预算项目，资金往来对象类别，往来
6	121499	其他	资产类	资金往来对象类别，往来

3. 主要账务处理。

（1）根据购货、服务合同或协议规定预付款项时，按照预付金额，借记本科目，贷记“财政拨款收入”“零余额账户用款额度”“银行存款”等科目。

（2）收到所购资产或服务时，按照购入资产或服务的成本，借记“库存物品”“固定资产”“无形资产”“业务活动费用”等相关科目，按照相关预付账款的账面余额，贷记本科目，按照实际补付的金额，贷记“财政拨款收入”“零余额账户用款额度”“银行存款”等科目。涉及增值税业务的，相关账务处理参见“应交增值税”科目。

(3) 根据工程进度结算工程价款及备料款时，按照结算金额，借记“在建工程”科目，按照相关预付账款的账面余额，贷记本科目，按照实际补付的金额，贷记“财政拨款收入”“零余额账户用款额度”“银行存款”等科目。

(4) 发生预付账款退回的，按照实际退回金额，借记“财政拨款收入”（本年直接支付）、“财政应返还额度”（以前年度直接支付）、“零余额账户用款额度”“银行存款”等科目，贷记本科目。

4. 期末余额。

本科目期末借方余额，反映单位实际预付但尚未结算的款项。

（三）会计实务举例

【例 2-23】 某事业单位 2020 年发生了以下预付款项业务，相关账务处理如下：

(1) 3 月 1 日向 A 公司购买一批材料，按合同约定使用财政资金预付材料款 10 000 元：

财务会计分录	预算会计分录
借：预付账款——基本建设项目——预付备料款——A 公司 10 000 贷：零余额账户用款额度 10 000	借：事业支出——财政拨款支出——项目支出 10 000 贷：资金结存——零余额账户用款额度 10 000

(2) 3 月 10 日使用财政资金预付 B 公司工程款 50 000 元：

财务会计分录	预算会计分录
借：预付账款——基本建设项目——预付工程款——B 公司 50 000 贷：零余额账户用款额度 50 000	借：事业支出——财政拨款支出——项目支出 50 000 贷：资金结存——零余额账户用款额度 50 000

（3）4 月 1 日收到 A 公司材料：

财务会计分录	预算会计分录
借：库存物品 10 000 贷：预付账款——基本建设项目——预付备料款——A 公司 10 000	不做账务处理

（4）5 月 10 日 B 公司工程结算价 100 000 元，补付工程款 50 000 元：

财务会计分录	预算会计分录
借：在建工程——建筑安装工程投资——建筑工程 100 000 贷：预付账款——基本建设项目——预付工程款——B 公司 50 000 零余额账户用款额度 50 000	借：事业支出——财政拨款支出——项目支出 50 000 贷：资金结存——零余额账户用款额度 50 000

（5）6 月 30 日发现 2019 年度财政授权支付预付 C 印刷公司的印刷费退回 2 000 元：

财务会计分录	预算会计分录
借：财政应返还额度——财政授权支付 2 000 贷：预付账款——C 公司 2 000	借：资金结存——财政应返还额度 2 000 贷：财政拨款结转——年初余额调整 2 000

（6）12 月 31 日检查预付账款时，发现有一笔预付 D 公司的货款 6 000 元，由于 D 公司已经申请破产，可能无法收到合同约定的货物：

财务会计分录	预算会计分录
借：其他应收款——D 公司 6 000 贷：预付账款——D 公司 6 000	不做账务处理

（四）常见及疑难问题解释参考

当年预付账款和以前年度预付账款退回在账务处理上有何不同？

行政事业单位发生预付账款退回时，需要注意区分是当年预付账款退回还是以前年度的预付账款退回。

当年预付账款退回时，按照实际退回金额，财务会计借记“财政拨款收入/零余额账户用款额度/银行存款”等科目，贷记“预付账款”科目；预算会计借记“财政拨款预算收入/资金结存”等科目，贷记“行政支出/事业支出”等科目。

以前年度预付账款退回时，按照实际退回金额，财务会计借记“财政应返还额度/零余额账户用款额度/银行存款”等科目，贷记“预付账款”科目；预算会计借记“资金结存”科目，贷记“财政拨款结余——年初余额调整”“财政拨款结转——年初余额调整”等科目。

四、应收股利

（一）应收股利业务概述

作为事业单位一项短期债权，应收股利主要来源于两个方面：一是取得长期股权投资时，所支付的价款中包含的已宣告但尚未发放的现金股利；二是持有股权投资期间，被投资单位宣告发放现金股利或利润的，投资单位按应享有的份额，确认的应收股利或利润。

（二）应收股利的核算

1. 核算内容。

本科目核算事业单位持有长期股权投资应当收取的现金股利或应当分得的利润。

2. 明细科目设置。

本科目应当按照被投资单位等进行明细核算（见表2－9）。

表2－9　　事业单位应收股利科目表

序号	科目编码	科目名称	科目类别	辅助要素
1	1215	应收股利	资产类	

3. 主要账务处理。

（1）取得长期股权投资，按照支付的价款中所包含的已宣告但尚未发放的现金股利，借记本科目，按照确定的长期股权投资成本，借记“长期股权投资”科目，按照实际支付的金额，贷记“银行存款”等科目。

收到取得投资时实际支付价款中所包含的已宣告但尚未发放的现金股利

时，按照收到的金额，借记“银行存款”科目，贷记本科目。

(2) 长期股权投资持有期间，被投资单位宣告发放现金股利或利润的，按照应享有的份额，借记本科目，贷记“投资收益”(成本法下)或“长期股权投资”(权益法下)科目。

(3) 实际收到现金股利或利润时，按照收到的金额，借记“银行存款”等科目，贷记本科目。

4. 期末余额。

本科目期末借方余额，反映事业单位应当收取但尚未收到的现金股利或利润。

(三) 会计实务举例

【例2－24】 2020年3月1日某事业单位支付1 050 000元取得A公司20%的股权，无权决定A公司的财务和经营政策，按照成本法进行核算。支付的款项中包含已宣告但尚未发放的现金股利50 000元。4月30日收到现金股利50 000元。12月31日A公司宣告发放500 000元现金股利。2021年4月1日收到A公司发放的现金股利，相关账务处理如下：

(1) 3月1日取得A公司20%股权：

财务会计分录	预算会计分录
借：长期股权投资——A公司(成本法) 1 000 000 　应收股利——A公司 50 000 　贷：银行存款——基本户 1 050 000	借：投资支出——A公司 1 050 000 　贷：资金结存——货币资金 1 050 000

(2) 4月30日收到现金股利50 000元：

财务会计分录	预算会计分录
借：银行存款——基本户 50 000 　贷：应收股利——A 50 000	借：资金结存——货币资金 50 000 　贷：投资支出——A公司 50 000

(3) 12月31日确认应分享的现金股利 $500\ 000 \times 20\% = 100\ 000$ (元)：

财务会计分录	预算会计分录
借：应收股利——A公司 100 000 　贷：投资收益——A公司 100 000	不做账务处理

（4）2021 年 4 月 1 日收到 A 公司发放的现金股利：

财务会计分录	预算会计分录
借：银行存款——基本户 100 000 贷：应收股利——A 公司 100 000	借：资金结存——货币资金 100 000 贷：投资预算收益——A 公司 100 000

（四）常见及疑难问题解释参考

事业单位按规定需将长期股权投资持有期间取得的投资收益上缴财政时，应如何进行账务处理？

事业单位按规定需将长期股权投资持有期间取得的投资收益上缴本级财政的，应当按照以下规定进行账务处理：

（1）长期股权投资采用成本法核算的，被投资单位宣告发放现金股利或利润时，事业单位按照应收的金额，借记“应收股利”科目，贷记“投资收益”科目；收到现金股利或利润时，借记“银行存款”等科目，贷记“应缴财政款”科目，同时按照此前确定的应收股利金额，借记“投资收益”科目或“累计盈余”科目（此前确认的投资收益已经结转的），贷记“应收股利”科目；将取得的现金股利或利润上缴财政时，借记“应缴财政款”科目，贷记“银行存款”等科目。

（2）长期股权投资采用权益法核算的，被投资单位实现净利润的，按照应享有的份额，借记“长期股权投资——损益调整”科目，贷记“投资收益”科目；被投资单位宣告发放现金股利或利润时，单位按照应享有的份额，借记“应收股利”科目，贷记“长期股权投资——损益调整”科目；收到现金股利或利润时，借记“银行存款”等科目，贷记“应缴财政款”科目，同时按照此前确定的应收股利金额，借记“投资收益”科目或“累计盈余”科目（此前确认的投资收益已经结转的），贷记“应收股利”科目；将取得的现金股利或利润上缴财政时，借记“应缴财政款”科目，贷记“银行存款”等科目。

五、应收利息

（一）应收利息业务概述

应收利息是指事业单位长期债券投资等应收取的利息。其主要来源于两个方面：一是取得债权投资时，所支付的价款中所包含的已到付息期但尚未支付的利息；二是在持有债权投资期间，资产负债表日按投资的面值、票面利率计算确认的应收债权投资的利息。应收利息是单位的短期债权，属于流动资产的组成部分。

（二）应收利息的核算

1. 核算内容。

本科目核算事业单位长期债券投资应当收取的利息。

事业单位购入的到期一次还本付息的长期债券投资持有期间的利息，应当通过“长期债券投资——应计利息”科目核算，不通过本科目核算。

2. 明细科目设置。

本科目应当按照被投资单位等进行明细核算（见表2－10）。

表2－10　　事业单位应收利息科目表

序号	科目编码	科目名称	科目类别	辅助要素
1	1216	应收利息	资产类	

3. 主要账务处理。

（1）取得长期债券投资，按照确定的投资成本，借记“长期债券投资”科目，按照支付的价款中包含的已到付息期但尚未领取的利息，借记本科目，按照实际支付的金额，贷记“银行存款”等科目。

收到取得投资时实际支付价款中所包含的已到付息期但尚未领取的利息时，按照收到的金额，借记“银行存款”等科目，贷记本科目。

（2）按期计算确认长期债券投资利息收入时，对于分期付息、一次还本的长期债券投资，按照以票面金额和票面利率计算确定的应收未收利息金额，借记本科目，贷记“投资收益”科目。

（3）实际收到应收利息时，按照收到的金额，借记“银行存款”等科目，贷记本科目。

4. 期末余额。

本科目期末借方余额，反映事业单位应收未收的长期债券投资利息。

（三）会计实务举例

【例2－25】2020—2021年某事业单位根据发生的债权投资业务，相关账务处理如下：

（1）7 月 1 日以银行存款购入 5 年期国债 100 000 元，年利率为 4%，每年付息一次、到期还本。假设该事业单位每年 6 月 30 日和 12 月 31 日确认应收利息，每年 7 月 1 日收到利息：

财务会计分录	预算会计分录
借：长期债券投资——成本 100 000 贷：银行存款——基本户 100 000	借：投资支出 100 000 贷：资金结存——货币资金 100 000

（2）12 月 31 日确认应收利息 100 000 × 4% × 6/12 = 2 000（元）：

财务会计分录	预算会计分录
借：应收利息 2 000 贷：投资收益——债券投资收益 2 000	不做账务处理

（3）2021 年 6 月 30 日确认应收利息 100 000 × 4% × 6/12 = 2 000（元）：

财务会计分录	预算会计分录
借：应收利息 2 000 贷：投资收益——债券投资收益 2 000	不做账务处理

（4）2021 年 7 月 1 日收到全年利息：

财务会计分录	预算会计分录
借：银行存款——基本户 4 000 贷：应收利息 4 000	借：资金结存——货币资金 4 000 贷：投资预算收益——债券投资收益 4 000

（四）常见及疑难问题解释参考

到期一次还本付息和分期付息到期一次还本的长期债券投资，投资持有期间的利息收入账务处理有什么不同？

长期债券投资持有期间，按期以债券票面金额与票面利率计算确认利息收入时，如为到期一次还本付息的债券投资，财务会计借记长期债券投资（应计利息），贷记“投资收益”科目；预算会计不记账。实际收到利息时，按照实际收到的金额，财务会计借记“银行存款”等科目，贷记长期债券投资（应计利息）；预算会计借记“资金结存——货币资金”科目，贷记“投资预算收益”科目。

如为分期付息、到期一次还本的债券投资，财务会计借记“应收利息”科目，贷记“投资收益”科目。预算会计不记账。收到分期支付的利息时，财务会计按照实际收到的金额，借记“银行存款”等科目，贷记“应收利息”科目。预算会计借记“资金结存——货币资金”科目，贷记“投资预算收益”科目。

【例 2－26】 某事业单位 2020 年 1 月 1 日用银行存款 1 000 000 元购买了 2 年期到期一次还本付息的国债，年利率为 4%，另外用银行存款支付手续费等 3 000 元。2021 年 12 月 31 日国债到期后，全部兑付收回本息，相关账务处理如下：

（1）1 月 1 日购买国债时：

财务会计分录	预算会计分录
借：长期债券投资——成本　1 003 000 　贷：银行存款——基本户　1 003 000	借：投资支出　1 003 000 　贷：资金结存——货币资金　1 003 000

（2）12 月 31 日计提利息收入 1 000 000 × 4% ＝40 000（元）：

财务会计分录	预算会计分录
借：长期债券投资——应计利息　40 000 　贷：投资收益——债券投资收益　40 000	不做账务处理

（3）2021 年 12 月 31 日兑付到期国债，收回本息：

财务会计分录	预算会计分录
借：长期债券投资——应计利息　40 000 　贷：投资收益——债券投资收益　40 000 借：银行存款——基本户　1 080 000 　投资收益——债券投资收益　3 000 　贷：长期债券投资——成本　1 003 000 　　长期债券投资——应计利息　80 000	借：资金结存——货币资金　1 080 000 　贷：其他结余　1 003 000 　　投资预算收益——债券投资收益 　　　77 000

【例 2－27】 某事业单位 2020 年 1 月 1 日用银行存款 1 000 000 元购买了 2 年期的分期付息、到期一次还本的国债，年利率为 4%，另外用银行存款支付手续费等 3 000 元。2021 年 12 月 31 日国债到期后，全部兑付收回本金，相关账务处理如下：

(1) 1月1日购买国债时：

财务会计分录	预算会计分录
借：长期债券投资——成本　1 003 000 　贷：银行存款——基本户　1 003 000	借：投资支出　1 003 000 　贷：资金结存——货币资金　1 003 000

(2) 12月31日计提利息收入 1 000 000×4% =40 000（元）：

财务会计分录	预算会计分录
借：应收利息　40 000 　贷：投资收益——债券投资收益　40 000	不做账务处理

(3) 12月31日收到利息：

财务会计分录	预算会计分录
借：银行存款——基本户　40 000 　贷：应收利息　40 000	借：资金结存——货币资金　40 000 　贷：投资预算收益——债券投资收益　40 000

(4) 2021年12月31日兑付到期国债，收回本金：

财务会计分录	预算会计分录
借：应收利息　40 000 　贷：投资收益——债券投资收益　40 000 借：银行存款——基本户　1 040 000 　投资收益——债券投资收益　3 000 　贷：长期债券投资——成本　1 003 000 　　应收利息　40 000	借：资金结存——货币资金　1 040 000 　贷：其他结余　1 003 000 　　投资预算收益——债券投资收益 　　37 000

六、其他应收款

（一）其他应收款业务概述

1. 其他应收款科目日常核算最常见的是用于备用金制度。备用金，是指单位财务部门为了便于日常零星开支的需要而预付给单位某些部门或职工备用的款项。其特点是先领后用，用后报销。备用金的管理，有定额备用金制度和非定额备用金制度两种。定额备用金制度是指根据使用部门工作的实际需要，先核定其备用金定额并依此拨付备用金，使用后再拨付现金补足其定额的制度。非定额备用金制度是指为了满足临时性需要而暂付给有关部门和个人现金，使用后实报实销的制度。领取备用金的单位和个人必须严格按照规定的用途使用，不得挪作他用。备用金使用后，应及时填写报销单据，连同有关原始凭证，经单位负责人审批后，向财务部门报账。财务部门应做好备用金的核算与管理工作。

单位内部实行备用金制度的，有关部门使用备用金以后应当及时到财务部门报销并补足备用金。财务部门核定并发放备用金时，按照实际发放金额，借记“其他应收款”科目，贷记“库存现金”等科目。根据报销金额用现金补足备用金定额时，借记“业务活动费用”“单位管理费用”等科目，贷记“库存现金”等科目，报销数和拨补数都不再通过“其他应收款”科目核算。

2. 事业单位应当于每年年末，对其他应收款进行全面检查，如发生不能收回的迹象，应当计提坏账准备。

（1）对于账龄超过规定年限、确认无法收回的其他应收款，按照规定报经批准后予以核销。按照核销金额，借记“坏账准备”科目，贷记本科目。核销的其他应收款应当在备查簿中保留登记。

（2）已核销的其他应收款在以后期间又收回的，按照实际收回金额，借记本科目，贷记“坏账准备”科目；同时，借记“银行存款”等科目，贷记本科目。

（二）其他应收款的核算

1. 核算内容。

本科目核算单位除财政应返还额度、应收票据、应收账款、预付账款、应收股利、应收利息以外的其他各项应收及暂付款项，如职工预借的差旅费、已经偿还银行尚未报销的本单位公务卡欠款、拨付给内部有关部门的备用金、应向职工收取的各种垫付款项、支付的可以收回的订金或押金、应收的上级补助和附属单位上缴款项等。

2. 明细科目设置。

本科目应当按照其他应收款的类别以及债务单位（或个人）进行明细核算（见表 2－11）。

表 2－11　　事业单位其他应收款息科目表

序号	科目编码	科目名称	科目类别	辅助要素
1	1218	其他应收款	资产类	

3. 主要账务处理。

（1）发生其他各种应收及暂付款项时，按照实际发生金额，借记本科目，贷记“零余额账户用款额度”“银行存款”“库存现金”“上级补助收入”“附属单位上缴收入”等科目。涉及增值税业务的，相关账务处理参见“应交增值税”科目。

（2）收回其他各种应收及暂付款项时，按照收回的金额，借记“库存现金”“银行存款”等科目，贷记本科目。

（3）单位内部实行备用金制度的，有关部门使用备用金以后应当及时到财务部门报销并补足备用金。

财务部门核定并发放备用金时，按照实际发放金额，借记本科目，贷记“库存现金”等科目。

根据报销金额用现金补足备用金定额时，借记“业务活动费用”“单位管理费用”等科目，贷记“库存现金”等科目，报销数和拨补数都不再通过本科目核算。

（4）偿还尚未报销的本单位公务卡欠款时，按照偿还的款项，借记本科目，贷记“零余额账户用款额度”“银行存款”等科目；持卡人报销时，按照报销金额，借记“业务活动费用”“单位管理费用”等科目，贷记本科目。

（5）将预付账款账面余额转入其他应收款时，借记本科目，贷记“预付账款”科目。具体说明参见“预付账款”科目。

4. 期末余额。

本科目期末借方余额，反映单位尚未收回的其他应收款。

（三）会计实务举例

【例 2-28】某事业单位 2020 年 3 月 1 日给 A 业务部门核定备用金数额为 5 000 元，并于当天发放。3 月 10 日，A 部门使用备用金购买办公用品 500 元，相关账务处理如下：

（1）3 月 1 日拨付 A 业务部门备用金 5 000 元：

财务会计分录	预算会计分录
借：其他应收款——A　5 000 　贷：库存现金　5 000	不做账务处理

（2）3月10日A部门使用备用金购买办公用品500元：

财务会计分录	预算会计分录
借：业务活动费用——商品和服务费用（办公费） 500 贷：库存现金 500	借：事业支出——财政拨款支出——基本支出——日常公用经费（办公费） 500 贷：资金结存——货币资金 500

【例2-29】 某事业单位小李于2020年3月10日刷公务卡购买了一批实验室用专用材料6 000元。4月12日为该笔公务卡支出的还款日，但此时该批专用材料仍未全部到货，无法验收并报销。为了公务卡不逾期还款，小李于4月12日以打借条的形式向单位财务部门借款6 000元，单位出纳当天用财政授权支付偿还了该笔公务卡欠款。4月16日该批专用材料全部到货并验收入库，小李到财务部门报销了该笔公务卡支出，相关账务处理如下：

（1）4月12日小李以打借条的形式向单位财务部门借款6 000元，单位出纳当天用财政授权支付偿还了该笔公务卡欠款：

财务会计分录	预算会计分录
借：其他应收款（小李） 6 000 贷：零余额账户用款额度 6 000	不做账务处理

（2）4月16日该批专用材料全部到货并验收入库，小李到财务部门报销了该笔公务卡支出，账务处理如下：

财务会计分录	预算会计分录
借：业务活动费用——商品和服务费用（专用材料费） 6 000 贷：其他应收款（小李） 6 000	借：事业支出——财政拨款支出——项目支出（专用材料费） 6 000 贷：资金结存——零余额账户用款额度 6 000

（四）常见及疑难问题解释参考

事业单位已核销的其他应收款在以后期间收回的应如何进行账务处理？

事业单位已核销的其他应收款在以后期间收回的，分为两种情况。

第一种情况：已核销的收回后无须上缴财政的其他应收款，在以后期间又收回的，按照实际收回金额，财务会计借记“其他应收款”科目，贷记“坏账准备”科目，同时借记“银行存款”等科目，贷记“其他应收款”科目。预算会计借记“资金结存”科目，贷记“非财政拨款结余”等科目。

第二种情况：已核销的收回后需要上缴财政的其他应收款，在以后期间收回的，按照实际收回金额，财务会计借记“银行存款”等科目，贷记“应缴财政款”科目；预算会计不进行账务处理。

【例 2－30】某事业单位 2020 年 12 月 31 日，对其他应收款进行全面检查，发现一笔 2016 年发生的其他应收款 10 000 元，为租用 A 公司房屋交纳的押金。因 A 公司破产清算，有确凿证据表明该款项确实无法收回，报经当地财政部门审批后予以核销。核销的其他应收款在备查簿中保留登记。2021 年 3 月 20 日经多方协调，该事业单位收回此笔其他应收款，相关账务处理如下：

（1）2020 年 12 月 31 日核销该其他应收款：

财务会计分录	预算会计分录
借：坏账准备——其他应收款　10 000 　贷：其他应收款——A 公司　10 000	不做账务处理

（2）2021 年 3 月 20 日假设收回该笔其他应收款（不用上缴财政），存入单位基本账户：

财务会计分录	预算会计分录
借：其他应收款——A 公司　10 000 　贷：坏账准备——其他应收款　10 000 借：银行存款——基本户　10 000 　贷：其他应收款——A 公司　10 000	借：资金结存——货币资金　10 000 　贷：非财政拨款结余——年初余额调整 　10 000

（3）2021 年 3 月 20 日假设收回该笔其他应收款并上缴财政：

财务会计分录	预算会计分录
借：银行存款——基本户　10 000 　贷：应缴财政款——应缴国库款　10 000 借：应缴财政款——应缴国库款　10 000 　贷：银行存款——基本户　10 000	不做账务处理

七、坏账准备

（一）坏账准备业务概述

事业单位应当于每年年末，对收回后无须上缴财政的应收账款和其他应收款进行全面检查，分析其可收回性，对预计可能产生的坏账损失计提坏账准备、确认坏账损失。

事业单位可以采用应收款项余额百分比法、账龄分析法、个别认定法等方法计提坏账准备。坏账准备计提方法一经确定，不得随意变更。如需变更，应当按照规定报经批准，并在财务报表附注中予以说明。

1. 余额百分比法。

余额百分比法是按照期末其他应收款和应收账款余额的一定百分比估计坏账损失的方法。坏账准备计提百分比由单位根据以往资料或经验自行确定。

2. 账龄分析法。

账龄分析法是根据其他应收款和应收账款账龄长短来估计坏账损失的方法。一般认为账龄越长，发生坏账的可能性就越大。可按照账龄长短进行分组，分别估计坏账金额，加总确定期末的坏账金额。

3. 个别认定法。

个别认定法是针对每项其他应收款和应收账款的实际情况分别估计坏账损失的方法。

当期应补提或冲减的坏账准备金额的计算公式如下：

当期应补提或冲减的坏账准备 = 按照期末应收账款和其他应收款计算应计提的坏账准备金额 - 借方余额 - 本科目期末贷方(或 + 余额本科目期末)

（二）坏账准备的核算

1. 核算内容。

本科目核算事业单位对收回后无须上缴财政的应收账款和其他应收款提取的坏账准备。

2. 明细科目设置。

科目应当分别应收账款和其他应收款进行明细核算（见表 2 - 12）。

表 2－12　　　　事业单位坏账准备科目表

序号	科目编码	科目名称	科目类别	辅助要素
1	1219	坏账准备	资产类	资金往来对象类别，往来
2	121901	应收账款	资产类	资金往来对象类别，往来
3	121902	其他应收款	资产类	资金往来对象类别，往来

3. 主要账务处理。

（1）提取坏账准备时，借记“其他费用”科目，贷记本科目；冲减坏账准备时，借记本科目，贷记“其他费用”科目。

（2）对于账龄超过规定年限并确认无法收回的应收账款、其他应收款，应当按照有关规定报经批准后，按照无法收回的金额，借记本科目，贷记“应收账款”“其他应收款”科目。

已核销的应收账款、其他应收款在以后期间又收回的，按照实际收回金额，借记“应收账款”“其他应收款”科目，贷记本科目；同时，借记“银行存款”等科目，贷记“应收账款”“其他应收款”科目。

4. 本科目期末贷方余额，反映事业单位提取的坏账准备金额。

（三）会计实务举例

【例 2－31】2019 年末，某事业单位对不需上交财政的应收账款进行全面检查，发现应收 A 单位账款 50 000 元，存在不能收回的迹象，采用个别认定法全额计提坏账准备 50 000 元；2020 年经财政部门批准后予以核销；2021 年初该笔款项又收回，相关账务处理如下：

（1）2019 年末，提取坏账准备：

财务会计分录	预算会计分录
借：其他费用——坏账损失　50 000 　贷：坏账准备——应收账款　50 000	不做账务处理

（2）2020 年，经财政部门批准核销：

财务会计分录	预算会计分录
借：坏账准备——应收账款　50 000 　贷：应收账款——A 单位　50 000	不做账务处理

（3）2021 年初，已核销的应收账款又收回：

财务会计分录	预算会计分录
借：应收账款——A 单位 50 000 贷：坏账准备——应收账款 50 000 借：银行存款——基本户 50 000 贷：应收账款——A 单位 50 000	借：资金结存——货币资金 50 000 贷：非财政拨款结余——年初余额调整 50 000

第四节 存货核算

一、存货概述

存货是指单位在开展业务活动及其他活动中为耗用或出售而储存的资产，如材料、产品、包装物和低值易耗品，以及未达到固定资产标准的用具、装具、动植物等。

政府储备物资、收储土地等不属于存货。

（一）存货的确认

存货同时满足下列条件的，应当予以确认：

1. 与该存货相关的服务潜力很可能实现或者经济利益很可能流入单位。
2. 该存货的成本或者价值能够可靠地计量。

（二）存货的初始计量

存货在取得时应当按照成本进行初始计量。

1. 购入的存货，其成本包括购买价款、相关税费（准予抵扣的增值税除外）、运输费、装卸费、保险费以及使得存货达到目前场所和状态所发生的归属于存货成本的其他支出。

2. 自行加工的存货，其成本包括耗用的直接材料费用、发生的直接人工费用和按照一定方法分配的与存货加工有关的间接费用。

3. 委托加工的存货，其成本包括委托加工前存货成本、委托加工的成本（如委托加工费以及按规定应计入委托加工存货成本的相关税费等）以及使存货达到目前场所和状态所发生的归属于存货成本的其他支出。

下列各项应当在发生时确认为当期费用，不计入存货成本：

（1）非正常消耗的直接材料、直接人工和间接费用。

（2）仓储费用（不包括在加工过程中为达到下一个加工阶段所必需的费用）。

（3）不能归属于使存货达到目前场所和状态所发生的其他支出。

4. 通过置换取得的存货，其成本按照换出资产的评估价值，加上支付的补价或减去收到的补价，加上为换入存货发生的其他相关支出确定。

5. 接受捐赠的存货，其成本按照有关凭据注明的金额加上相关税费、运输费等确定；没有相关凭据可供取得，但按规定经过资产评估的，其成本按照评估价值加上相关税费、运输费等确定；没有相关凭据可供取得、也未经资产评估的，其成本比照同类或类似资产的市场价格加上相关税费、运输费等确定；没有相关凭据且未经资产评估、同类或类似资产的市场价格也无法可靠取得的，按照名义金额入账，相关税费、运输费等计入当期费用。

6. 无偿调入的存货，其成本按照调出方账面价值加上相关税费、运输费等确定。

7. 盘盈的存货，按规定经过资产评估的，其成本按照评估价值确定；未经资产评估的，其成本按照重置成本确定。

（三）存货的后续计量

1. 应当根据实际情况采用先进先出法、加权平均法或个别计价法确定发出存货的实际成本。计价方法一经确定，不得随意变更。对于性质和用途相似的存货，应当采用相同的成本计价方法确定发出存货的成本。对于不能替代使用的存货、为特定项目专门购入或加工的存货，通常采用个别计价法确定发出存货的成本。

2. 对于已发出的存货，应当将其成本结转为当期费用或者计入相关资产成本。按规定报经批准对外捐赠、无偿调出的存货，应当将其账面余额予以转销，对外捐赠、无偿调出中发生的归属于捐出方、调出方的相关费用应当计入当期费用。

3. 应当采用一次转销法或者五五摊销法对低值易耗品、包装物进行摊销，将其成本计入当期费用或者相关资产成本。

4. 对于发生的存货毁损，应当将存货账面余额转销计入当期费用，并将毁损存货处置收入扣除相关处置税费后的差额按规定作应缴款项处理（差额为净收益时）或计入当期费用（差额为净损失时）。

5. 存货盘亏造成的损失，按规定报经批准后应当计入当期费用。

（四）存货的披露

单位应当在附注中披露与存货有关的下列信息：

1. 各类存货的期初和期末账面余额。
2. 确定发出存货成本所采用的方法。
3. 以名义金额计量的存货名称、数量，以及以名义金额计量的理由。
4. 其他有关存货变动的重要信息。

二、在途物品

（一）在途物品业务概述

在途物品指单位已付款但尚未验收入库的物品。单位购进材料等物品，尤其是异地采购，常常会发生付款与收到物品时间不一致的情况，如果款项已付但物资尚未收到，应将此物资作为在途物品核算。

（二）在途物品的核算

1. 核算内容。

本科目核算单位采购材料等物资时货款已付或已开出商业汇票但尚未验收入库的在途物品的采购成本。

2. 明细科目设置。

本科目可按照供应单位和物品种类进行明细核算（见表 2－13）。

表 2－13　　事业单位在途物品科目表

序号	科目编码	科目名称	科目类别	辅助要素
1	1301	在途物品	资产类	

3. 主要账务处理。

（1）单位购入材料等物品，按照确定的物品采购成本的金额，借记本科目，按照实际支付的金额，贷记“财政拨款收入”或“零余额账户用款额度”或“银行存款”等科目。涉及增值税业务的，相关账务处理参见“应交增值税”科目。

（2）所购材料等物品到达验收入库，按照确定的库存物品成本金额，借记“库存物品”科目，按照物品采购成本金额，贷记本科目，按照使得入库物品达到目前场所和状态所发生的其他支出，贷记“银行存款”等科目。

4. 本科目期末借方余额，反映单位在途物品的采购成本。

（三）会计实务举例

【例2－32】2020年1月15日，某事业单位采用财政授权支付方式购买办公用品一批，发票及货品清单已收到，办公用品尚未到货，价款合计10 000元，以零余额账户资金支付。1月30日收到办公用品，并验收入库。不考虑增值税影响。

（1）1月15日购买办公用品一批：

财务会计分录	预算会计分录
借：在途物品　10 000 　贷：零余额账户用款额度　10 000	借：事业支出——财政拨款支出——基本支出——公用经费　10 000 　贷：资金结存——零余额账户用款额度　10 000

（2）1月30日收到办公用品，并验收入库：

财务会计分录	预算会计分录
借：库存物品　10 000 　贷：在途物品　10 000	不做账务处理

（四）常见及疑难问题解释参考

1. 在途物品入账成本包括哪些？

在途物品入账成本包括购买价款、相关税费、运输费、装卸费、保险费以及使得在途物资达到目前场所和状态所发生的归属于存货成本的其他支出。

2. 在途物品与预付账款有什么区别？

在途物品是已经收到发票但货物尚未运到或尚未验收入库，强调的是货物、物资。当物品到达之后验收入库，就是库存物品。预付账款是既没有收到发票，也没有收到货物，只是按合同预付了部分或全部货款，强调的是资金。

三、库存物品

（一）库存物品业务概述

库存物品指单位在开展业务活动中为耗用或出售而储存的各种材料、产品、低值易耗品等。

1. 单位随买随用的零星办公用品，可以在购进时直接列作费用；单位控制的政府储备物资，应当通过“政府储备物资”科目核算；单位受托存储保管的物资和受托转赠的物资，应当通过“受托代理资产”科目核算；单位为在建工程购买和使用的材料物资，应当通过“工程物资”科目核算，不通过本科目核算。

2. 本科目应当按照库存物品的种类、规格、保管地点等进行明细核算。单位储存的低值易耗品、包装物较多的，可以在本科目（低值易耗品、包装物）下按照“在库”“在用”和“摊销”等进行明细核算。

（二）库存物品的核算

1. 核算内容。

本科目核算单位在开展业务活动及其他活动中为耗用或出售而储存的各种材料、产品、包装物、低值易耗品，以及达不到固定资产标准的用具、装具、动植物等的成本。已完成的测绘、地质勘察、设计成果等的成本，也通过本科目核算。

2. 明细科目设置。

本科目可按照物品种类和供应单位进行明细核算（见表 2－14）。

表 2－14　　事业单位库存物品科目表

序号	科目编码	科目名称	科目类别	辅助要素
1	1302	库存物品	资产类	

3. 主要账务处理。

（1）取得的库存物品，应当按照其取得时的成本入账。

①外购的库存物品验收入库，按照确定的成本，借记本科目，贷记“财政拨款收入”或“零余额账户用款额度”或“银行存款”或“应付账款”或“在途物品”等科目。涉及增值税业务的，相关账务处理参见“应交增值税”科目。

②自制的库存物品加工完成并验收入库，按照确定的成本，借记本科目，贷记“加工物品——自制物品”科目。

③委托外单位加工收回的库存物品验收入库，按照确定的成本，借记本科目，贷记“加工物品——委托加工物品”等科目。

④接受捐赠的库存物品验收入库，按照确定的成本，借记本科目，按照发生的相关税费、运输费等，贷记“银行存款”等科目，按照其差额，贷记“捐赠收入”科目。接受捐赠的库存物品按照名义金额入账的，按照名义金额，借记本科目，贷记“捐赠收入”科目；同时，按照发生的相关税费、运输费等，借记“其他费用”科目，贷记“银行存款”等科目。

⑤无偿调入的库存物品验收入库，按照确定的成本，借记本科目，按照发生的相关税费、运输费等，贷记“银行存款”等科目，按照其差额，贷记“无偿调拨净资产”科目。

⑥置换换入的库存物品验收入库，按照确定的成本，借记本科目，按照换出资产的账面余额，贷记相关资产科目（换出资产为固定资产、无形资产的，还应当借记“固定资产累计折旧”“无形资产累计摊销”科目），按照置换过程中发生的其他相关支出，贷记“银行存款”等科目，按照借贷方差额，借记“资产处置费用”科目或贷记“其他收入”科目。涉及补价的，区分以下情况处理：

支付补价的，按照确定的成本，借记本科目，按照换出资产的账面余额，贷记相关资产科目（换出资产为固定资产、无形资产的，还应当借记“固定资产累计折旧”“无形资产累计摊销”科目），按照支付的补价和置换过程中发生的其他相关支出，贷记“银行存款”等科目，按照借贷方差额，借记“资产处置费用”科目或贷记“其他收入”科目。

收到补价的，按照确定的成本，借记本科目，按照收到的补价，借记“银行存款”等科目，按照换出资产的账面余额，贷记相关资产科目（换出资产为固定资产、无形资产的，还应当借记“固定资产累计折旧”“无形资产累计摊销”科目），按照置换过程中发生的其他相关支出，贷记“银行存款”等科目，按照补价扣减其他相关支出后的净收入，贷记“应缴财政款”科目，按照借贷方差额，借记“资产处置费用”科目或贷记“其他收入”科目。

（2）库存物品在发出时，区分以下情况处理：

①单位开展业务活动等领用、按照规定自主出售发出或加工发出库存物品，按照领用、出售等发出物品的实际成本，借记“业务活动费用”或“单

位管理费用”或“经营费用”或“加工物品”等科目，贷记本科目。

采用一次转销法摊销低值易耗品、包装物的，在首次领用时将其账面余额一次性摊销计入有关成本费用，借记有关科目，贷记本科目。采用五五摊销法摊销低值易耗品、包装物的，首次领用时，将其账面余额的50%摊销计入有关成本费用，借记有关科目，贷记本科目；使用完时，将剩余的账面余额转销计入有关成本费用，借记有关科目，贷记本科目。

②经批准对外出售的库存物品（不含可自主出售的库存物品）发出时，按照库存物品的账面余额，借记“资产处置费用”科目，贷记本科目；同时，按照收到的价款，借记“银行存款”等科目，按照处置过程中发生的相关费用，贷记“银行存款”等科目，按照其差额，贷记“应缴财政款”科目。

③经批准对外捐赠的库存物品发出时，按照库存物品的账面余额和对外捐赠过程中发生的归属于捐出方的相关费用合计数，借记“资产处置费用”科目，按照库存物品账面余额，贷记本科目，按照对外捐赠过程中发生的归属于捐出方的相关费用，贷记“银行存款”等科目。

④经批准无偿调出的库存物品发出时，按照库存物品的账面余额，借记“无偿调拨净资产”科目，贷记本科目；同时，按照无偿调出过程中发生的归属于调出方的相关费用，借记“资产处置费用”科目，贷记“银行存款”等科目。

⑤经批准置换换出的库存物品，参照本科目有关置换换入库存物品的规定进行账务处理。

（3）单位应当定期对库存物品进行清查盘点，每年至少盘点一次。对于发生的库存物品盘盈、盘亏或者报废、毁损，应当先计入“待处理财产损溢”科目，按照规定报经批准后及时进行后续账务处理。

①盘盈的库存物品，其成本按照有关凭据注明的金额确定；没有相关凭据、但按照规定经过资产评估的，其成本按照评估价值确定；没有相关凭据、也未经过评估的，其成本按照重置成本确定。如无法采用上述方法确定盘盈的库存物品成本的，按照名义金额入账。

盘盈的库存物品，按照确定的入账成本，借记本科目，贷记“待处理财产损溢”科目。

②盘亏或者毁损、报废的库存物品，按照待处理库存物品的账面余额，借记“待处理财产损溢”科目，贷记本科目。

属于增值税一般纳税人的单位，若因非正常原因导致的库存物品盘亏或毁损，还应当将与该库存物品相关的增值税进项税额转出，按照其增值税进项税额，借记“待处理财产损溢”科目，贷记“应交增值税——应交税金（进项税额转出）”科目。

4. 本科目期末借方余额，反映单位库存物品的实际成本。

（三）会计实务举例

【例2-33】2020年2月15日，某事业单位以授权支付方式购买专用材料一批，用于A科研项目，价值5 000元，材料已到货并验收入库。2月20日A项目组领用该材料，价值2 000元。不考虑增值税因素，相关账务处理如下：

（1）2月15日购入专用材料一批：

财务会计分录	预算会计分录
借：库存物品 5 000 　贷：零余额账户用款额度 5 000	借：事业支出——财政拨款支出——项目支出（A项目，专用材料费） 5 000 　贷：资金结存——零余额账户用款额度 5 000

（2）2月20日A项目组领用该材料：

财务会计分录	预算会计分录
借：业务活动费用——商品和服务费用 2 000 　贷：库存物品 2 000	不做账务处理

【例2-34】2020年3月12日，某事业单位接受捐赠图书一批，价值20 000元，另以银行存款支付运杂费200元，图书已到货并验收入库。3月30日该单位将部分图书捐赠给某中学，价值10 000元，另以银行存款支付运杂费100元，相关账务处理如下：

（1）3月12日接受捐赠图书一批：

财务会计分录	预算会计分录
借：库存物品 20 200 　贷：银行存款——基本户 200 　　　捐赠收入 20 000	借：其他支出——其他资金支出 200 　贷：资金结存——货币资金 200

（2）3 月 20 日将图书捐赠给某中学，账务处理如下：

财务会计分录	预算会计分录
借：资产处置费用——库存物品　10 100 　贷：银行存款——基本户　100 　　库存物品　10 000	借：其他支出——其他资金支出　100 　贷：资金结存——货币资金　100

【例 2－35】2020 年 4 月 15 日，接主管部门通知，甲事业单位从系统内乙事业单位无偿调入一批化学试剂——丙酮，价值 50 000 元，另以银行存款支付运杂费 500 元；同时，将甲单位一批化学试剂——乙醇无偿调出至丙事业单位，价值 30 000 元，另以银行存款支付运杂费 300 元，相关账务处理如下。

（1）4 月 15 日甲单位接受无偿调入化学试剂——丙酮：

财务会计分录	预算会计分录
借：库存物品　50 500 　贷：银行存款——基本户　500 　　无偿调拨净资产　50 000	借：其他支出——其他资金支出　500 　贷：资金结存——货币资金　500

（2）同时，甲单位无偿调出化学试剂——乙醇：

财务会计分录	预算会计分录
借：无偿调拨净资产　30 000 　贷：库存物品　30 000 借：资产处置费用——库存物品　300 　贷：银行存款——基本户　300	借：其他支出——其他资金支出　300 　贷：资金结存——货币资金　300

【例 2－36】2020 年 5 月 20 日，经过协商，甲事业单位以其拥有的一批帐篷与乙事业单位一批化工原料进行置换，帐篷账面价值 850 000 元，评估价值 900 000 元。化工原料账面价值 900 000 元，评估价值 950 000 元，甲单位支付 50 000 元补价给乙单位，不涉及相关税费。

（1）5 月 20 日甲单位以帐篷置换乙单位化工原料：

财务会计分录	预算会计分录
借：库存物品——化工原料　950 000 　贷：库存物品——帐篷　850 000 　　银行存款——基本户　50 000 　　其他收入　50 000	借：其他支出——其他资金支出　50 000 　贷：资金结存——货币资金　50 000

（2）5月20日乙单位以化工原料置换甲单位帐篷：

财务会计分录	预算会计分录
借：库存物品——帐篷　900 000 　银行存款——基本户　50 000 　贷：库存物品——化工原料　900 000 　　应缴财政款——应缴国库款　50 000	不做账务处理

【例2－37】 2020年6月30日，某事业单位年中盘点库存物资，盘盈电子元件一批，价值10 000元，盘亏打印纸一批，价值5 000元，相关账务处理如下：

（1）6月30日盘盈电子元件一批：

财务会计分录	预算会计分录
借：库存物品——电子元件　10 000 　贷：待处理财产损溢——待处理财产价值　10 000	不做账务处理

（2）6月30日盘亏打印纸一批：

财务会计分录	预算会计分录
借：待处理财产损溢——待处理财产价值　5 000 　贷：库存物品——打印纸　5 000	不做账务处理

（四）常见及疑难问题解释参考

事业单位开展专业业务活动自主销售库存物品，与经上级单位批准对外出售库存物品，在账务处理上有何不同？

（1）自主销售库存物品，销售收入纳入预算，留归单位使用。按照出售库存物品的账面余额，财务会计按照发出库存物品的实际成本，借记“业务活动费用”或“经营费用”科目，贷记“库存物品”科目；同时，按照实际收到或应收的金额，借记“银行存款”“应收账款”等科目，贷记“事业收入”“经营收入”等科目。预算会计按照实际收到的价款，借记“资金结存”科目，贷记“事业预算收入”“经营预算收入”等科目。

（2）经批准对外出售库存物品，这种情况属于资产处置，净收益按规定应上交财政。财务会计按照出售库存物品账面余额，借记“资产处置费用”科目，贷记"库存物品"科目。同时，按收到的价款，借记"银行存款"等科目，按照处置过程中发生的相关费用，贷记"银行存款"科目，按照其差额，贷记"应缴财政款"科目。上交财政时，借记"应缴财政款"科目，贷记"银行存款"科目。此类业务不涉及纳入部门预算管理的现金收支，预算会计不做账。

四、加工物品

（一）加工物品业务概述

当单位购入的物品不能满足业务活动需要时，需要自己制作或是将材料发给其他单位代为加工制作成能满足需要的材料，比如钢材加工成专用模具、硅砂加工成玻璃、木材加工成家具等。加工物品科目主要用于归集自制或委托加工物品的成本。

（二）加工物品的核算

1. 核算内容。

本科目核算单位自制或委托外单位加工的各种物品的实际成本。未完成的测绘、地质勘察、设计成果的实际成本，也通过本科目核算。

2. 明细科目设置。

本科目应当设置"自制物品""委托加工物品"两个一级明细科目，并按照物品类别、品种、项目等设置明细账，进行明细核算。

本科目"自制物品"一级明细科目下应当设置"直接材料""直接人工""其他直接费用"等二级明细科目归集自制物品发生的直接材料、直接人工（专门从事物品制造人员的人工费）等直接费用；对于自制物品发生的间接费用，应当在本科目"自制物品"一级明细科目下单独设置"间接费用"二级明细科目予以归集，期末，再按照一定的分配标准和方法，分配计入有关物品的成本（见表2-15）。

表2-15　　　　事业单位加工物品科目表

序号	科目编码	科目名称	科目类别	辅助要素
1	1303	加工物品	资产类	
2	130301	自制物品	资产类	
3	13030101	直接材料	资产类	

续表

序号	科目编码	科目名称	科目类别	辅助要素
4	13030102	直接人工	资产类	
5	13030103	其他直接费用	资产类	
6	13030104	间接费用	资产类	
7	130302	委托加工物品	资产类	

3. 主要账务处理。

（1）自制物品。

①为自制物品领用材料等，按照材料成本，借记本科目（自制物品——直接材料），贷记“库存物品”科目。

②专门从事物品制造的人员发生的直接人工费用，按照实际发生的金额，借记本科目（自制物品——直接人工），贷记“应付职工薪酬”科目。

③为自制物品发生的其他直接费用，按照实际发生的金额，借记本科目（自制物品——其他直接费用），贷记“零余额账户用款额度”“银行存款”等科目。

④为自制物品发生的间接费用，按照实际发生的金额，借记本科目（自制物品——间接费用），贷记“零余额账户用款额度”“银行存款”“应付职工薪酬”“固定资产累计折旧”“无形资产累计摊销”等科目。

间接费用一般按照生产人员工资、生产人员工时、机器工时、耗用材料的数量或成本、直接费用（直接材料和直接人工）或产品产量等进行分配。单位可根据具体情况自行选择间接费用的分配方法。分配方法一经确定，不得随意变更。

⑤已经制造完成并验收入库的物品，按照所发生的实际成本（包括耗用的直接材料费用、直接人工费用、其他直接费用和分配的间接费用），借记“库存物品”科目，贷记本科目（自制物品）。

（2）委托加工物品。

①发给外单位加工的材料等，按照其实际成本，借记本科目（委托加工物品），贷记“库存物品”科目。

②支付加工费、运输费等费用，按照实际支付的金额，借记本科目（委托加工物品），贷记“零余额账户用款额度”“银行存款”等科目。涉及增值税业务的，相关账务处理参见“应交增值税”科目。

③委托加工完成的材料等验收入库，按照加工前发出材料的成本和加工、

运输成本等，借记“库存物品”等科目，贷记本科目（委托加工物品）。

4. 本科目期末借方余额，反映单位自制或委托外单位加工但尚未完工的各种物品的实际成本。

（三）会计实务举例

【例 2-38】 2020 年 3 月，某事业单位自制一批实验用玻璃器皿，当月领用原材料硅砂等价值 10 000 元，工人工资 10 000 元，以银行存款支付搬运费 500 元，分摊专用设备固定资产折旧费用 800 元。4 月 10 日器皿制作完成并验收入库，相关账务处理如下：

（1）3 月领用原材料：

财务会计分录	预算会计分录
借：加工物品——自制物品——直接材料 10 000 贷：库存物品——硅砂 10 000	不做账务处理

（2）当月计提工人工资：

财务会计分录	预算会计分录
借：加工物品——自制物品——直接人工 10 000 贷：应付职工薪酬——基本工资 10 000	不做账务处理

（3）当月支付搬运费：

财务会计分录	预算会计分录
借：加工物品——自制物品——其他间接费用 500 贷：银行存款——基本户 500	借：事业支出——其他资金支出 500 贷：资金结存——货币资金 500

（4）当月分摊固定资产折旧：

财务会计分录	预算会计分录
借：加工物品——自制物品——间接费用 800 贷：固定资产累计折旧 800	不做账务处理

（5）4 月 10 日玻璃器皿制作完成并验收入库：

财务会计分录	预算会计分录
借：库存物品——玻璃器皿 21 300 贷：加工物品——自制物品——直接材料 10 000 加工物品——自制物品——直接人工 10 000 加工物品——自制物品——其他直接费用 500 加工物品——自制物品——间接费用 800	不做账务处理

【例 2－39】 2020 年 3 月，某事业单位委托甲公司加工一批实验用玻璃器皿，3 月 1 日发出原材料硅砂等价值 10 000 元，并以 A 项目经费以财政授权支付方式支付加工劳务费 10 000 元。4 月 10 日器皿制作完成并验收入库，相关账务处理如下：

（1）3 月 1 日发出原材料：

财务会计分录	预算会计分录
借：加工物品——委托加工物品 10 000 贷：库存物品——硅砂 10 000	不做账务处理

（2）3 月 1 日支付甲公司劳务费：

财务会计分录	预算会计分录
借：加工物品——委托加工物品 10 000 贷：零余额账户用款额度 10 000	借：事业支出——财政拨款支出——项目支出（A 项目，劳务费） 10 000 贷：资金结存——零余额账户用款额度 10 000

（3）4 月 10 日玻璃器皿制作完成并验收入库：

财务会计分录	预算会计分录
借：库存物品——玻璃器皿 20 000 贷：加工物品——委托加工物品 20 000	不做账务处理

第五节　投资的核算

一、投资概述

根据《事业单位财务规则》（财政部令第108号）对外投资是指事业单位依法利用货币资金、实物、无形资产等方式向其他单位的投资。

事业单位应当严格控制对外投资。利用国有资产对外投资应当有利于事业发展和实现国有资产保值增值，符合国家有关规定，经可行性研究和集体决策，按照规定的权限和程序进行。事业单位不得使用财政拨款及其结余进行对外投资，不得从事股票、期货、基金、企业债券等投资，国家另有规定的除外。

事业单位应当明确对外投资形成的股权及其相关权益管理责任，按照国家有关规定将对外投资形成的股权纳入经营性国有资产集中统一监管体系。

二、短期投资

（一）短期投资业务概述

短期投资是指事业单位依法取得的，持有时间不准备超过1年（含1年）的投资，具有以下特点：

1. 投资对象主要是国债投资。

2. 短期投资具有高度的变现性，可根据需要随时变现，其流动性在事业单位的资产中仅次于货币基金。

3. 投资的目的是谋求高于银行存款利息收入的利益。

（二）短期投资的核算

1. 核算内容。

本科目核算事业单位按照规定取得的，持有时间不超过1年（不含1年）的投资。期末借方余额，反映单位实际持有的短期投资成本。

2. 明细科目设置。

本科目应当按照投资的种类等进行明细核算（见表2-16）。

表2-16 事业单位短期投资科目表

序号	科目编码	科目名称	科目类别	辅助要素
1	1101	短期投资	资产类	资金往来对象类别，往来

3. 主要账务处理。

（1）取得短期投资时，按照确定的投资成本，借记本科目，贷记“银行存款”等科目。收到取得投资时实际支付价款中包含有已到付息期但尚未领取的利息，按照实际收到的金额，借记“银行存款”科目，贷记本科目。

（2）收到短期投资持有期间的利息，按照实际收到的金额，借记“银行存款”科目，贷记“投资收益”科目。

（3）出售短期投资或到期收回短期投资本息，按照实际收到的金额，借记“银行存款”科目，按照出售或收回短期投资的账面余额，贷记本科目，按照其差额，借记或贷记“投资收益”科目。涉及增值税业务的，相关账务处理参见“应交增值税”科目。

（三）会计实务举例

【例2-40】 2020年1月1日，某事业单位用银行存款1 020 000元（包括已到期但尚未领取的利息20 000元）购入面值为1 000 000元的国债，期限为5年期、年利率4%，每半年付息1次。于1月10日收到购买时已到期尚未领取的利息，6月30日收到上半年利息，7月10日，对外转让部分国债，其面值400 000元，取得转让价款406 000元，不考虑相关税费。该单位将购入的国债划分为短期投资。相关账务处理如下：

（1）1月1日年买入国债时：

财务会计分录	预算会计分录
借：短期投资 1 020 000 　贷：银行存款——基本户 1 020 000	借：投资支出 1 020 000 　贷：资金结存——货币资金 1 020 000

（2）1月10日收到购买时已到付息期但尚未领取的利息时：

财务会计分录	预算会计分录
借：银行存款——基本户　20 000 　贷：短期投资　20 000	借：资金结存——货币资金　20 000 　贷：投资支出　20 000

（3）6月30日收到国债的半年利息时：

半年利息 =1 000 000 ×4% ÷2 =20 000（元）

财务会计分录	预算会计分录
借：银行存款——基本户　20 000 　贷：投资收益——债券投资收益　20 000	借：资金结存——货币资金　20 000 　贷：投资预算收益——债券投资利息收入 　20 000

（4）7月10日对外转让部分国债时：

财务会计分录	预算会计分录
借：银行存款——基本户　406 000 　贷：短期投资　400 000 　　投资收益——债券投资收益　6 000	借：资金结存——货币资金　406 000 　贷：投资支出　400 000 　　投资预算收益——债券投资利息收入 　6 000

三、长期股权投资

（一）长期股权投资业务概述

长期股权投资是指事业单位通过投资拥有被投资单位的股权并成为被投资单位的股东，按所持股份比例享有权益并承担责任。事业单位通过长期股权投资获得投资回报，促进公益事业的发展，确保实现特定的公益目标。

长期股权投资一般有两种投资形式：一是直接投资，二是间接投资。直接投资是指将现金或资产投入被投资单位，由被投资单位向投资者出具出资证明书，确认其股权。间接投资是指投资者投资于某被投资单位时，是通过在证券市场上购买被投资单位的股票而形成的长期股权投资。根据《事业单位财务规则》（财政部令第108号）的规定，事业单位不得使用财政拨款及其结余进行对外投资，不得从事股票、期货、基金、政府单位债券等投资，国家另有规定的除外。可见，事业单位长期股权投资一般是指直接投资。

（二）长期股权投资的核算

1. 核算内容。

本科目核算事业单位按照规定取得的，持有时间超过1年（不含1年）的股权性质的投资。期末借方余额，反映单位实际持有的长期股权投资的价款。

2. 明细科目设置。

本科目应当按照被投资单位和长期股权投资取得方式等进行明细核算。

长期股权投资采用权益法核算的，还应当按照“成本”“损益调整”“其他权益变动”设置明细科目，进行明细核算（见表2-17）。

表2-17　　事业单位长期股权投资科目表

序号	科目编码	科目名称	科目类别	辅助要素
1	1501	长期股权投资	资产类	
2	150101	成本法	资产类	资金往来对象类别，往来
3	150102	权益法	资产类	资金往来对象类别，往来
4	15010201	成本	资产类	资金往来对象类别，往来
5	15010202	损益调整	资产类	资金往来对象类别，往来
6	15010203	其他权益变动	资产类	资金往来对象类别，往来

3. 主要账务处理。

（1）长期股权投资取得时的账务处理。长期股权投资在取得时，应当按照其实际成本作为初始投资成本。

①以现金取得的长期股权投资，按照确定的投资成本，借记本科目或本科目（成本），按照支付的价款中包含的已宣告但尚未发放的现金股利，借记“应收股利”科目，按照实际支付的全部价款，贷记“银行存款”等科目。实际收到取得投资时所支付价款中包含的已宣告但尚未发放的现金股利时，借记“银行存款”科目，贷记“应收股利”科目。

②以非现金资产置换取得投资。事业单位以现金以外的其他资产置换取得的长期股权投资，其成本按照换出资产的评估价值加上支付的补价或减去收到的补价，加上换入长期股权投资发生的其他相关支出确定。

未涉及补价取得长期股权投资：

事业单位置换取得的长期股权投资，按照确定的成本，借记“长期股权投资”科目，按照换出资产的账面余额，贷记相关资产科目（换出资产为固定资产、无形资产的，还应当借记“固定资产累计折旧”“无形资产累计摊销”科目），按照置换过程中发生的其他相关支出，贷记“银行存款”目，按照借贷方差额，借记“资产处置费用”科目或贷记“其他收入”科目。

涉及补价取得长期股权投资，从以下两个方面处理：

一是支付补价取得长期股权投资。事业单位置换取得长期股权投资需要支付补价的，按照确定的成本，借记“长期股权投资”科目，按照换出资产的账面余额，贷记相关资产科目（换出资产为固定资产、无形资产的，还应当借记“固定资产累计折旧”“无形资产累计摊销”科目），按照支付的补价和置换过程中发生的其他相关支出，贷记“银行存款”等科目，按照借贷方差额，借记“资产处置费用”科目或贷记“其他收入”科目。

二是收到补价取得长期股权投资。事业单位置换取得长期股权投资收到支付补价的，按照确定的成本，借记“长期股权投资”科目，按照收到的补价借记“银行存款”等科目，按照换出资产的账面余额，贷记相关资产科目（换出资产为固定资产、无形资产的，还应当借记“固定资产累计折旧”“无形资产累计摊销”科目），按照置换过程中发生的其他相关支出，贷记“银行存款”等科目，按照补价扣减其他相关支出后的净收入，贷记“应缴财政款”科目，按照借贷方差额，借记“资产处置费用”科目或贷记“其他收入”科目。

③以未入账的无形资产取得的长期股权投资，按照评估价值加相关税费作为投资成本，借记本科目，按照发生的相关税费，贷记“银行存款”“其他应交税费”等科目，按其差额，贷记“其他收入”科目。

④接受捐赠的长期股权投资，按照确定的投资成本，借记本科目或本科目（成本），按照发生的相关税费，贷记“银行存款”等科目，按照其差额，贷记“捐赠收入”科目。

⑤无偿调入的长期股权投资，按照确定的投资成本，借记本科目或本科目（成本），按照发生的相关税费，贷记“银行存款”等科目，按照其差额，贷记“无偿调拨净资产”科目。

⑥事业单位以其持有的科技成果取得的长期股权投资，应当按照评估价值加相关税费作为投资成本。事业单位按规定通过协议定价、在技术交易市场挂牌交易、拍卖等方式确定价格的，应当按照以上方式确定的价格加相关税费作

为投资成本。事业单位以其持有的科技成果取得的长期股权投资，按照确定的投资成本，借记“长期股权投资”科目，按照科技成果的账面余额，贷记“无形资产”科目（如果无形资产已计提摊销的，还应当借记“无形资产累计摊销”科目），按照发生置换过程中发生的相关税费，贷记“银行存款”等科目，按照借贷方差额，借记“资产处置费用”科目或贷记“其他收入”科目。同时按照实际支付的相关税费，在预算会计中借记“其他支出”科目，贷记“资金结存”科目。

（2）长期股权投资持有期间主要账务处理。持有期间，应当按照规定采用成本法或权益法进行核算。

按照《政府会计准则第2号——投资》第十五条，长期股权投资在持有期间，通常应当采用权益法进行核算。政府会计主体无权决定被投资单位的财务和经营政策或无权参与被投资单位的财务和经营政策决策的，应当采用成本法进行核算。成本法，是指投资按照投资成本计量的方法。权益法，是指投资最初以投资成本计量，以后根据政府会计主体在被投资单位所享有的所有者权益份额的变动对投资的账面余额进行调整的方法。

①采用成本法核算。被投资单位宣告发放现金股利或利润时，按照应收的金额，借记“应收股利”科目，贷记“投资收益”科目。收到现金股利或利润时，按照实际收到的金额，借记“银行存款”等科目，贷记“应收股利”科目。

在采用成本法核算的情况下，如果事业单位按规定需将长期股权投资持有期间取得的投资收益上缴本级财政的，被投资单位宣告发放现金股利或利润时，事业单位按照应收的金额，借记“应收股利”科目，贷记“投资收益”科目；收到现金股利或利润时，借记“银行存款”等科目，贷记“应缴财政款”科目，同时按照此前确定的应收股利金额，借记“投资收益”科目或“累计盈余”科目（此前确认的投资收益已经结转的），贷记“应收股利”科目；将取得的现金股利或利润上缴财政时，借记“应缴财政款”科目，贷记“银行存款”等科目。

②采用权益法核算。被投资单位实现净利润的，按照应享有的份额，借记本科目（损益调整），贷记“投资收益”科目。被投资单位发生净亏损的，按照应分担的份额，借记“投资收益”科目，贷记本科目（损益调整），但以本科目的账面余额减记至零为限。发生亏损的被投资单位以后年度又实现净利润的，按照收益分享额弥补未确认的亏损分担额等后的金额，借记本科目（损

益调整），贷记“投资收益”科目。

被投资单位宣告分派现金股利或利润的，按照应享有的份额，借记“应收股利”科目，贷记本科目（损益调整）。

被投资单位发生除净损益和利润分配以外的所有者权益变动的，按照应享有或应分担的份额，借记或贷记“权益法调整”科目，贷记或借记本科目（其他权益变动）。在采用权益法核算的情况下，如果事业单位按规定需将长期股权投资持有期间取得的投资收益上缴本级财政的，被投资单位实现净利润的，按照应享有的份额，借记“长期股权投资——损益调整”科目，贷记“投资收益”科目；被投资单位宣告发放现金股利或利润时，单位按照应享有的份额，借记“应收股利”科目，贷记“长期股权投资——损益调整”科目；收到现金股利或利润时，借记“银行存款”等科目，贷记“应缴财政款”科目，同时按照此前确定的应收股利金额，借记“投资收益”科目或“累计盈余”科目（此前确认的投资收益已经结转的），贷记“应收股利”科目；将取得的现金股利或利润上缴财政时，借记“应缴财政款”科目，贷记“银行存款”等科目。

如果事业单位采用权益法核算长期股权投资，且被投资单位编制合并财务报表的，在持有投资期间，应当以被投资单位合并财务报表中归属于母公司的净利润和其他所有者权益变动为基础，计算确定应当调整长期股权投资账面余额的金额，并进行相关会计处理。

③成本法与权益法的转换。单位因处置部分长期股权投资等原因而对处置后的剩余股权投资由权益法改按成本法核算的，应当按照权益法下本科目账面余额作为成本法下本科目账面余额（成本）。其后，被投资单位宣告分派现金股利或利润时，属于单位已计入投资账面余额的部分，按照应分得的现金股利或利润份额，借记“应收股利”科目，贷记本科目。

单位因追加投资等原因对长期股权投资的核算从成本法改为权益法的，应当按照成本法下本科目账面余额与追加投资成本的合计金额，借记本科目（成本），按照成本法下本科目账面余额，贷记本科目，按照追加投资的成本，贷记“银行存款”等科目。

（3）处置长期股权投资时的账务处理。按照规定报经批准出售（转让）长期股权投资时，应当区分长期股权投资取得方式分别进行处理。

①处置以现金取得的长期股权投资，按照实际取得的价款，借记“银行存款”等科目，按照被处置长期股权投资的账面余额，贷记本科目，按照尚

未领取的现金股利或利润，贷记“应收股利”科目，按照发生的相关税费等支出，贷记“银行存款”等科目，按照借贷方差额，借记或贷记“投资收益”科目。以现金取得的长期股权投资，处置时取得的净收入（处置价款扣除投资本金和相关税费后的净额）上缴本级财政并纳入一般公共预算管理的，在应收或收到上述有关款项时不确认投资收益，应通过“应缴财政款”科目核算。

②处置以现金以外的其他资产取得的长期股权投资，按照被处置长期股权投资的账面余额，借记“资产处置费用”科目，贷记本科目；同时，按照实际取得的价款，借记“银行存款”等科目，按照尚未领取的现金股利或利润，贷记“应收股利”科目，按照发生的相关税费等支出，贷记“银行存款”等科目，按照贷方差额，贷记“应缴财政款”科目。

权益法下，事业单位处置以现金以外的其他资产取得的（不含科技成果转化形成的）长期股权投资时，按规定将取得的投资收益（此处的投资收益，是指长期股权投资处置价款扣除长期股权投资成本和相关税费后的差额）纳入本单位预算管理的，分别以两种情况处理：

一是长期股权投资的账面余额大于其投资成本的，应当按照被处置长期股权投资的成本，借记“资产处置费用”科目，贷记“长期股权投资——成本”科目；同时，按照实际取得的价款，借记“银行存款”等科目，按照尚未领取的现金股利或利润，贷记“应收股利”科目，按照发生的相关税费等支出，贷记“银行存款”等科目，按照长期股权投资的账面余额减去其投资成本的差额，贷记“长期股权投资——损益调整、其他权益变动”科目（以上明细科目为贷方余额的，借记相关明细科目），按照实际取得的价款与被处置长期股权投资账面余额、应收股利账面余额和相关税费支出合计数的差额，贷记或借记“投资收益”科目，按照贷方差额，贷记“应缴财政款”科目。预算会计的账务处理按照《政府会计制度》进行。

二是长期股权投资的账面余额小于或等于其投资成本的，应当按照被处置长期股权投资的账面余额，借记“资产处置费用”科目，按照长期股权投资各明细科目的余额，贷记“长期股权投资——成本”科目，贷记或借记“长期股权投资——损益调整、其他权益变动”科目；同时，按照实际取得的价款，借记“银行存款”等科目，按照尚未领取的现金股利或利润，贷记“应收股利”科目，按照发生的相关税费等支出，贷记“银行存款”等科目，按照实际取得的价款大于被处置长期股权投资成本、应收股利账面余额和相关税费支出合计数的差额，贷记“投资收益”科目，按照贷方差额，贷记“应缴财政款”科目。预算会计的账务处理按照《政府会计制度》进行。

③因被投资单位破产清算等原因，有确凿证据表明长期股权投资发生损失，按照规定报经批准后予以核销时，按照予以核销的长期股权投资的账面余额，借记“资产处置费用”科目，贷记本科目。

④置换转出长期股权投资。置换资产不涉及补价。事业单位置换转出长期股权投资时，按照换入资产确定的成本，借记资产相关科目，按照换出长期股权投资的账面余额，贷记“长期股权投资”科目，按照置换过程中发生的其他相关支出，贷记“银行存款”等科目，按照借贷方差额，借记“资产处置费用”科目或贷记“其他收入”科目。

置换资产涉及补价。事业单位如果置换资产涉及补价的，分别按以下情况处理：

一是置换转出长期股权投资需要支付补价的，其会计处理方法与置换资产不涉及补价相同。

二是置换转出长期股权投资收到补价的，按照换出长期股权投资的评估价值减去收到的补价，加上换入长期股权投资发生的其他相关支出确定换入资产的成本，借记相关资产科目，按照收到的补价，借记“银行存款”等科目，按照换出长期股权投资的账面余额，贷记“长期股权投资”科目，按照置换过程中发生的其他相关支出，贷记“银行存款”等科目，按照补价扣减其他相关支出后的净收入，贷记“应缴财政款”科目，按照借贷方差额，借记“资产处置费用”科目或贷记“其他收入”科目。

⑤事业单位处置以科技成果转化形成的长期股权投资，按规定所取得的收入全部留归本单位的，应当按照实际取得的价款，借记“银行存款”等科目，按照被处置长期股权投资的账面余额，贷记“长期股权投资”科目，按照尚未领取的现金股利或利润，贷记“应收股利”科目，按照发生的相关税费等支出，贷记“银行存款”等科目，按照借贷方差额，借记或贷记“投资收益”科目；同时，在预算会计中，按照实际取得的价款，借记“资金结存——货币资金”科目，按照处置时确认的投资收益金额，贷记“投资预算收益”科目，按照贷方差额，贷记“其他预算收入”科目。

采用权益法核算的长期股权投资的处置，除进行上述账务处理外，还应结转原直接计入净资产的相关金额，借记或贷记“权益法调整”科目，贷记或借记“投资收益”科目。

（三）会计实务举例

1. 长期股权投资取得时。

（1）以现金取得长期股权投资。

【例2-41】 2020年2月23日，某事业单位以货币资金500 000元对外投资A公司，其中包含已经宣告但尚未发放的股利40 000元。3月20日收到该现金股利。相关账务处理如下：

① 2月23日对A公司进行投资：

财务会计分录	预算会计分录
借：长期股权投资——成本法 460 000 应收股利——A公司 40 000 贷：银行存款——基本户 500 000	借：投资支出 500 000 贷：资金结存——货币资金 500 000

② 3月20日收到现金股利：

财务会计分录	预算会计分录
借：银行存款——基本户 40 000 贷：应收股利——A公司 40 000	借：资金结存——货币资金 40 000 贷：投资支出 40 000

（2）非现金资产置换取得的长期股权投资。

【例2-42】 2020年2月24日，某事业单位以某项专用设备置换对B公司投资，该项固定资产的评估价为900 000元，账面原价为1 200 000元，累计折旧400 000元。支付补价200 000元，相关运杂费支出100 000元。该单位相关账务处理如下：

财务会计分录	预算会计分录
借：长期股权投资——成本法 1 200 000 固定资产累计折旧——专用设备 400 000 贷：固定资产——专用设备 1 200 000 银行存款——基本户 300 000 其他收入 100 000	借：其他支出——其他资金支出 300 000 贷：资金结存——货币资金 300 000

（3）以未入账的无形资产取得长期股权投资。

【例2-43】 某事业单位2020年2月27日以未入账土地使用权对C公司投

资，该土地使用权经双方确定的评估价值为300 000元，相关杂费支出80 000元。相关账务处理如下：

财务会计分录	预算会计分录
借：长期股权投资——成本法 380 000 贷：银行存款——基本账户存款 80 000 其他收入 300 000	借：其他支出——运杂费 80 000 贷：资金结存——货币资金 80 000

（4）接受捐赠取得的长期股权投资。

【例2－44】 某事业单位2020年2月28日接受X公司的一笔捐赠，为X公司对D公司的一笔长期股权投资，经双方确定的评估价值为400 000元，相关杂费支出80 000元。该单位相关账务处理如下：

财务会计分录	预算会计分录
借：长期股权投资——成本法 480 000 贷：银行存款——基本户 80 000 捐赠收入 400 000	借：其他支出——运杂费 80 000 贷：资金结存——货币资金 80 000

（5）无偿调入的长期股权投资。

【例2－45】 某事业单位2020年2月28日无偿调入对E公司的长期股权投资，成本价为100 000元，相关税费支出20 000元。该单位相关账务处理如下：

财务会计分录	预算会计分录
借：长期股权投资——成本法 120 000 贷：银行存款——基本户 20 000 无偿调拨净资产 100 000	借：其他支出——运杂费 20 000 贷：资金结存——货币资金 20 000

（6）以持有的科技成果取得的长期股权投资。

【例2－46】 2020年2月26日，某事业单位实现科技成果的产业化转换，经相关部门批准，将一项经长期艰苦攻关所取得的具有国际先进水平的重大科技成果，以无形资产参股某高新技术公司，占该公司30%的股份。该项科技成果归集的研发成本为5 000 000元，经第三方评估，该项科技成果的评估价为6 000 000元。该事业单位以银行存款支付过户费、印花税等相关支出

70 000 元。该单位的相关账务处理如下：

财务会计分录	预算会计分录
借：长期股权投资——成本法　6 070 000 　贷：无形资产　5 000 000 　　其他收入　1 000 000 　　银行存款——基本户　70 000	借：其他支出　70 000 　贷：资金结存——货币资金　70 000

2. 长期股权投资持有期间的实务举例。

（1）成本法。

【例 2－47】 2020 年 1 月 19 日，某事业单位以货币资金 4 000 000 元投资 F 公司，取得 F 公司有表决权 20% 的股份。此项投资采用成本法核算。5 月 24 日，F 公司宣告从历年积累中分配利润 2 500 000 元。该事业单位按照其持有比例确定可分回的金额为 500 000 元。7 月 28 日，收到 F 公司可分派的全部利润并存入银行。该事业单位的相关账务处理如下：

①1 月 19 日取得长期股权投资：

财务会计分录	预算会计分录
借：长期股权投资——成本法　4 000 000 　贷：银行存款——基本户　4 000 000	借：投资支出　4 000 000 　贷：资金结存——货币资金　4 000 000

②5 月 24 日乙公司宣告分配利润：

财务会计分录	预算会计分录
借：应收股利　500 000 　贷：投资收益——股权投资收益　500 000	不做账务处理

③7 月 28 日收到乙公司分配的利润：

财务会计分录	预算会计分录
借：银行存款——基本户　500 000 　贷：应收股利　500 000	借：资金结存——货币资金　500 000 　贷：投资预算收入——股权投资收益 　　500 000

【例 2－48】 2020 年 2 月 13 日，某事业单位经有关部门批准，用自有资金

300 000元现金，购入G公司3%的股权。甲事业单位无权决定G公司的财务和经营政策，也无权参与G公司的财务和经营决策。该事业单位采用成本法核算对G公司的投资。G公司2020年实现净利润300 000元。2020年2月21日B公司召开股东大会，宣告发放现金股利300 000元，并于3月21日发放。按规定将该事业单位在持有长期股权投资期间取得的投资收益上缴财政。相关账务处理如下：

2月13日取得长期股权投资：

财务会计分录	预算会计分录
借：长期股权投资——成本法 300 000 　贷：银行存款——基本户 300 000	借：投资支出 300 000 　贷：资金结存——货币资金 300 000

2月21日G公司宣告发放股利确认投资收益金额300 000×3% =9 000（元）：

财务会计分录	预算会计分录
借：应收股利 9 000 　贷：投资收益——股权投资收益 9 000	不做账务处理

3月21日收到G公司现金股利时：

财务会计分录	预算会计分录
借：银行存款——基本户 9 000 　贷：应缴财政款——应缴国库款 9 000 借：投资收益——股权投资收益 9 000 　贷：应收股利 9 000	不做账务处理

（2）权益法。

【例2-49】 甲事业单位发生以下长期股权投资业务：

①于2019年1月8日以银行存款6 000 000元，与乙企业共同成立H公司。H公司注册资本10 000 000元，甲单位拥有股权比例为60%，乙企业拥有股权比例为40%。

②2019年H公司全年实现净利润10 000 000元、除净利润以外的所有者权益减少额为1 000 000元。

③2020 年 3 月 H 公司宣告向股东分派利润 6 000 000 元，4 月甲单位收到现金股利 3 600 000 元。

④2020 年 H 公司全年发生净亏损 15 000 000 元。

⑤2021 年 H 公司全年实现净利润 4 000 000 元。

甲单位 2019—2021 年持有 H 公司股权期间采用权益法核算。该单位相关账务处理如下：

①于 2019 年 1 月 8 日以银行存款取得时：

财务会计分录	预算会计分录
借：长期股权投资——权益法（成本） 6 000 000 　贷：银行存款——基本户 6 000 000	借：投资支出 6 000 000 　贷：资金结存——货币资金 6 000 000

②2019 年 H 公司全年实现净利润，以及所有者权益减少时：

财务会计分录	预算会计分录
借：长期股权投资——权益法（损益调整） 6 000 000 　贷：投资收益——股权投资收益 6 000 000 借：权益法调整——H 公司 600 000 　贷：长期股权投资——权益法（其他权益变动） 600 000	不做账务处理

③2020 年 3 月 H 公司宣告向股东分派利润 6 000 000 元，4 月甲单位收到现金股利 3 600 000 元。

财务会计分录	预算会计分录
借：应收股利——H 公司 3 600 000 　贷：长期股权投资——权益法（损益调整） 3 600 000 借：银行存款——基本户 3 600 000 　贷：应收股利——H 公司 3 600 000	借：资金结存——货币资金 3 600 000 　贷：投资支出 3 600 000

④2020 年 H 公司全年发生净亏损 15 000 000 元，甲事业单位应该承担的亏损额 15 000 000 × 60% = 9 000 000（元），长期股权投资的账面余额为 7 800 000 元，以 7 800 000 元为限减记账面余额，备查登记中应记录未减记长期股权投资的金额为 1 200 000 元。

财务会计分录	预算会计分录
借：投资收益——股权投资收益——H 公司 7 800 000 　贷：长期股权投资——权益法（损益调整） 7 800 000	不做账务处理

⑤2021 年 H 公司全年实现净利润 4 000 000 元，可恢复长期股权投资账面余额，4 000 000 × 60% − 1 200 000 = 1 200 000（元）。

财务会计分录	预算会计分录
借：长期股权投资——权益法（损益调整） 1 200 000 　贷：投资收益——股权投资收益——H 公司 1 200 000	不做账务处理

（3）成本法与权益法的转换。

承上例，2022 年 1 月 1 日，甲事业单位出售 40% 的股权，获得 2 000 000 元银行存款，缴纳相关税费 100 000 元，剩下的 20% 改为成本法核算。该单位相关的账务处理如下：

2022 年 1 月 1 日以 200 万元出售 40% 的股权：

财务会计分录	预算会计分录
借：银行存款——基本户 20 000 000 　长期股权投资——权益法（损益调整） 　2 800 000 　　　——权益法（其他权益变动） 　400 000 　贷：银行存款——基本户 100 000 　　长期股权投资——权益法（成本） 　　4 000 000 　　投资收益——股权投资收益 1 100 000 借：投资收益——股权投资收益 400 000 　贷：权益法调整 400 000	借：资金结存——货币资金 1 900 000 　贷：投资支出 1 400 000 　　投资预算收益——股权投资收益 　　——H 公司 500 000

剩余 20% 的股权由权益法改为成本法核算：

财务会计分录	预算会计分录
借：长期股权投资——成本法 600 000 　　　——权益法（损益调整） 1 200 000 　　　——权益法（其他权益变动） 200 000 　贷：长期股权投资——权益法（成本） 2 000 000	不做账务处理

承上例，甲事业单位于2023年2月10日再次支付了3 000 000元购买了40%的股权，核算方法由成本法转为权益法，该单位编制有关的会计分录如下：

财务会计分录	预算会计分录
借：长期股权投资——权益法（成本） 3 600 000 贷：长期股权投资——成本法 600 000 银行存款——基本户 3 000 000	借：投资支出——H公司 3 000 000 贷：资金结存——货币资金 3 000 000

3. 处置长期股权投资的实务举例。

(1) 处置以现金取得的长期股权投资。

【例2-50】 某事业单位于2020年4月10日支付了2 500 000元购买了K公司30%的股权，采用成本法核算。K公司当年宣告股利100 000元，2021年2月1日该事业单位处置该笔投资，发生相关税费支出50 000元，实际取得对价3 000 000元。该单相关账务处理如下：

2020年4月10日支付250万元购买股权时：

财务会计分录	预算会计分录
借：长期股权投资——成本法 2 500 000 贷：银行存款——基本户 2 500 000	借：投资支出——K公司 2 500 000 贷：资金结存——货币资金 2 500 000

2020年12月31日宣告分配股利：

财务会计分录	预算会计分录
借：应收股利——K公司 30 000 贷：投资收益——股权投资收益 30 000	不做账务处理

2021年2月1日处置该笔长期股权投资：

财务会计分录	预算会计分录
借：银行存款——基本户 3 000 000 贷：长期股权投资——成本法 2 500 000 应收股利 30 000 银行存款——基本户 50 000 投资收益——股权投资收益 420 000	借：资金结存——货币资金 2 950 000 贷：投资支出——K公司 250 000 投资预算收益——K公司 450 000

（2）处置以现金以外的其他资产取得的长期股权投资。

①权益法核算下，长期股权投资账面余额大于投资成本。

【例2-51】 2020年5月，甲事业单位将其持有的长期股权投资出售，取得价款4 000 000元，另发生相关税费60 000元，以银行存款支付。该项长期股权投资是甲事业单位以固定资产置换取得，根据账面记录，“长期股权投资——成本”借方余额为2 050 000元，“长期股权投资——损益调整”借方余额600 000元，“长期股权投资——其他权益变动”借方余额200 000元。按规定，甲事业单位将取得的投资收益纳入本单位预算管理。

甲事业单位相关账务处理如下：

财务会计分录	预算会计分录
借：资产处置费用　2 050 000 　贷：长期股权投资——权益法（成本）　2 050 000 借：银行存款——基本户　4 000 000 　贷：银行存款——基本户　60 000 　　长期股权投资——权益法（损益调整）　600 000 　　　　　　　——权益法（其他权益变动）　200 000 　　投资收益——股权投资收益　1 090 000 　　应缴财政款——应缴国库款　2 050 000 借：权益法调整　200 000 　贷：投资收益——股权投资收益　200 000	借：资金结存——货币资金　1 890 000 　贷：投资预算收益——股权投资收益　1 890 000

②权益法核算下，长期股权投资账面余额小于投资成本。

【例2-52】 2020年6月，甲事业单位将其以专利技术置换取得的长期股权投资出售，取得价款2 000 000元，另发生相关税费20 000元，以银行存款支付。该项长期股权投资采用权益法核算，根据账面记录，投资成本为借方余额1 400 000元，损益调整为贷方余额80 000元。甲事业单位将取得的投资收益纳入本单位预算管理。相关账务处理如下：

财务会计分录	预算会计分录
借：资产处置费用　1 320 000 　长期股权投资——权益法（损益调整）　80 000 　贷：长期股权投资——权益法（成本）　1 400 000 借：银行存款——基本户　2 000 000 　贷：银行存款——基本户　20 000 　　投资收益——股权投资收益　600 000 　　应缴财政款——应缴国库款　1 380 000	借：资金结存——货币资金　600 000 　贷：投资预算收益　600 000

（3）破产清算核销。

【例 2－53】 某事业单位 2020 年，持有的采用权益法的 Z 公司长期股权投资，账面余额 1 500 000 元，其中投资成本 1 300 000 元，损益调整 200 000 元。由于 Z 公司经营不善，资不抵债，2020 年 4 月债权人向法院申请破产，法院裁定 Z 公司破产，并进行破产清算，该事业单位未能在清算中取得任何清偿。该投资采用权益法核算。报经主管部门批准后，对该项投资予以核销。相关账务处理如下：

财务会计分录	预算会计分录
借：资产处置费用　　1 320 000 　贷：长期股权投资——权益法（成本）　　1 300 000 　　　长期股权投资——权益法（损益调整）　　20 000	不做账务处理

（4）报经批准，置换转出长期股权投资。

【例 2－54】 2020 年 5 月 24 日，经批准，某事业单位将持有对 A 公司的长期股权投资与 H 公司的房产置换。该长期股权投资评估价为 3 600 000 元收到 H 公司支付补价 150 000 元，支付相关费用 25 000 元，全部款项通过银行存款结算。转让前，长期股权投资明细科目为：成本 3 000 000 元，损益调整 350 000 元，其他权益变动 100 000 元。相关账务处理如下：

财务会计分录	预算会计分录
借：固定资产——房屋及建筑物　　3 475 000 　银行存款——基本户　　150 000 　贷：长期股权投资——权益法（成本）　　3 000 000 　　　　　　　　　——权益法（损益调整）　　350 000 　　　　　　　　　——权益法（其他权益变动）　　100 000 　　　银行存款——基本户　　25 000 　　　应缴财政款——应缴国库款　　150 000 借：权益法调整　　100 000 　贷：投资收益——股权投资收益　　100 000	借：其他支出　　25 000 　贷：资金结存——货币资金　　25 000

（5）处置以科技成果转化取得的长期股权投资。

【例 2－55】 2020 年 7 月 23 日，某事业单位以一项重大科技成果参股某高新技术公司的股权在股权交易市场出售，所得款项按照相关规定全部留归本单位。实际取得的价款 1 500 000 元，该项股权投资的成本为 900 000 元，损益调整为借方余额 400 000 元，采用权益法核算。处置长期股权投资时，发生的相关税费为 30 000 元，以银行存款支付。相关账务处理如下：

财务会计分录	预算会计分录
借：银行存款——基本户 1 500 000 贷：长期股权投资——权益法（成本） 900 000 ——权益法（损益调整） 400 000 银行存款——基本户 30 000 投资收益——股权投资收益 170 000 借：权益法调整 100 000 贷：投资收益——股权投资收益 100 000	借：资金结存——货币资金 1 500 000 贷：其他预算收入 930 000 投资预算收益 570 000

（四）常见及疑难问题解释参考

政府会计准则中对外投资业务特殊情况如何进行会计处理？

根据《政府会计准则制度解释第 3 号》（以下简称 3 号解释），《政府会计准则第 2 号——投资》（以下简称 2 号准则）所称“股权投资”，是指政府会计主体持有的各类股权投资资产，包括国际金融组织股权投资、投资基金股权投资、企业股权投资等。政府财政总预算会计应当按照财政总预算会计制度相关规定，对本级政府持有的各类股权投资资产进行核算。

1. 根据国务院和地方人民政府授权、代表本级人民政府对国家出资企业履行出资人职责的单位，与其履行出资人职责的国家出资企业之间不存在股权投资关系，其履行出资人职责的行为不适用 2 号准则规定，不作为单位的投资进行会计处理。通过单位账户对国家出资企业投入货币资金，纳入本单位预算管理的，应当按照《政府会计制度》中“其他费用（支出）”科目相关规定处理；不纳入本单位预算管理的，应当按照《政府会计制度》中“其他应付款”科目相关规定处理。

3 号解释施行前，有关单位将国家出资企业计入本单位长期股权投资的，应当自 3 号解释施行之日，将原“长期股权投资”科目余额中的相关账面余额转出，借记“累计盈余”科目（以前年度出资）或“其他费用”科目（本年度出资），贷记“长期股权投资”科目，并将相应的“权益法调整”科目余额（如有）转入“累计盈余”科目。

【例 2－56】2020 年 3 月江北省政府出资 20 000 000 元，对 M 公司投资，占 M 所有者权益 20% 的份额，江北省政府授权乙事业单位对 M 履行投资人职责。乙事业单位将其作为长期股权投资，采用权益法核算，确认投资成本20 000 000 元。2020 年 M 实现利润 10 000 000 元，乙事业单位确认长期股权投资——损益调整 2 000 000 元，确认投资收益 2 000 000 元。2020 年 4 月，江北省政府委托某会计师事务所对乙事业单位进行审计时，A 注册会计师指出：该项长期股权投资系乙事业单位代江北省政府履行出资人职责，应根据《政府会计准则制度解释第 3 号》进行调整。相关账务处理如下：

财务会计分录	预算会计分录
借：累计盈余　22 000 000 　贷：长期股权投资——成本　20 000 000 　　　损益调整　2 000 000	不做账务处理

2. 单位按规定出资成立非营利法人单位，如事业单位、社会团体、基金会等，不适用 2 号准则规定，出资时应当按照出资金额，借记“其他费用”科目，贷记“银行存款”等科目；同时，在预算会计中借记“其他支出”科目，贷记“资金结存”科目。单位应当对出资成立的非营利法人单位设置备查簿进行登记。

3 号解释施行前单位出资成立非营利法人单位并将出资金额计入长期股权投资的，应当自 3 号解释施行之日，将原“长期股权投资”科目余额中对非营利法人单位的出资金额转出，借记“累计盈余”科目（以前年度出资）或“其他费用”科目（本年度出资），贷记“长期股权投资”科目。

【例 2 -57】 2020 年 2 月 7 日，某事业单位应上级要求，按规定出资 1 800 000 元，成立汉京市贫困儿童教育基金会。该事业单位相关账务处理如下：

财务会计分录	预算会计分录
借：其他费用　1 800 000 　贷：银行存款——基本户　1 800 000	借：其他支出　1 800 000 　贷：资金结存——货币资金　1 800 000

同时该事业单位对出资汉京市贫困儿童教育基金会设置备查账簿进行登记。

四、长期债券投资

（一）长期债券投资业务概述

长期债券投资是指事业单位按照规定取得的，持有时间超过 1 年（不含 1

年）的债权性质的投资。长期债券投资反映了国债等证券发行单位与投资者（企业、事业单位或个人）之间的债权、债务关系。债券投资者能按约定的利率收取利息，到期收回本金，但无权参与债券发行单位的经营管理决策。长期债券投资可以转让，但在债权债务方约定的期限内一般不能要求债务单位提前偿还本金。

（二）长期债券投资的核算

1. 核算内容。

长期债券投资是事业单位按照规定取得的，持有时间超过 1 年（不含 1 年）的债券投资。

2. 明细科目设置。

长期债券投资科目应当设置“成本”和“应计利息”明细科目，并按照债券投资的种类进行明细核算（见表 2－18）。

表 2－18　　　　事业单位长期债券投资科目表

序号	科目编码	科目名称	科目类别	辅助要素
1	1502	长期债券投资	资产类	
2	150201	成本	资产类	资金往来对象类别，往来
3	150202	应计利息	资产类	资金往来对象类别，往来

3. 主要账务处理。

（1）长期债券投资在取得时，应当按照其发生的实际成本作为投资成本。取得的长期债券投资，按照确定的投资成本，借记本科目（成本），按照支付的价款中包含的已到付息期但尚未领取的利息，借记“应收利息”科目，按照实际支付的金额，贷记“银行存款”等科目。

实际收到取得债券时所支付价款中包含的已到付息期但尚未领取的利息时，借“银行存款”科目，贷记“应收利息”科目。

（2）长期债券投资持有期间，按期以债券票面金额与票面利率计算确认利息收入时，如为到期一次还本付息的债券投资，借记本科目（应计利息），贷记“投资收益”科目；如为分期付息、到期一次还本的债券投资，借记“应收利息”科目，贷记“投资收益”科目。收到分期支付的利息时，按照实收的金额，借记“银行存款”等科目，贷记“应收利息”科目。

（3）到期收回长期债券投资，按照实际收到的金额，借记“银行存款”

科目，按照长期债券投资的账面余额，贷记本科目，按照相关应收利息金额，贷记“应收利息”科目，按照其差额，贷记“投资收益”科目。

（4）对外出售长期债券投资，按照实际收到的金额，借记“银行存款”科目，按照长期债券投资的账面余额，贷记本科目，按照已记入“应收利息”科目但尚未收取的金额，贷记“应收利息”科目，按照其差额，贷记或借记“投资收益”科目。涉及增值税业务的，相关账务处理参见“应交增值税”科目。

（三）会计实务举例

【例2－58】某事业单位于2019年1月10日从证券市场上购入A公司于2019年1月1日发行的债券，该债券为4年期、票面年利率为4%、到期日为2023年1月1日，到期日一次归还本金付利息。购入债券的面值为5 000 000元，实际支付银行存款5 200 000元。其中2020年1月10日出售其中面值为2 500 000元的长期债券投资，获得对价2 750 000元。2022年12月31日债券到期，获得对价2 950 000元。该单位相关账务处理如下：

（1）2019年1月10日从证券市场购入债券：

财务会计分录	预算会计分录
借：长期债券投资——成本 5 000 000 ——应计利息 200 000 贷：银行存款——基本户 5 200 000	借：投资支出——长期债券投资 5 200 000 贷：资金结存——货币资金 5 200 000

（2）2019年12月31日计提长期债券投资利息：

财务会计分录	预算会计分录
借：长期债券投资——应计利息 200 000 贷：投资收益——债券投资收益 200 000	不做账务处理

（3）2020年1月10日出售部分长期债券投资：

财务会计分录	预算会计分录
借：银行存款——基本户 2 750 000 贷：长期债券投资——成本 2 500 000 ——应计利息 200 000 投资收益——债券投资收益 50 000	借：资金结存——货币资金 2 750 000 贷：投资支出——长期债券投资 2 600 000 投资预算收益 150 000

（4）2020 年 12 月 31 日计提长期债券投资利息：

财务会计分录	预算会计分录
借：长期债券投资——应计利息 100 000 贷：投资收益——债券投资收益 100 000	不做账务处理

（5）2021 年 12 月 31 日计提长期债券投资利息：

财务会计分录	预算会计分录
借：长期债券投资——应计利息 100 000 贷：投资收益——债券投资收益 100 000	不做账务处理

（6）2022 年 12 月 31 日计提长期债券投资利息：

财务会计分录	预算会计分录
借：长期债券投资——应计利息 100 000 贷：投资收益——债券投资收益 100 000	不做账务处理

（7）2022 年 13 月 31 日长期债券投资到期：

财务会计分录	预算会计分录
借：银行存款——基本户 2 950 000 贷：长期债券投资——成本 2 500 000 ——应计利息 400 000 投资收益——债券投资收益 50 000	借：资金结存——货币资金 2 900 000 贷：投资支出——长期债券投资 2 600 000 投资预算收益 300 000

第六节 固定资产的核算

一、固定资产

（一）固定资产业务概述

1. 固定资产的概念及特点。

固定资产是指单位为满足自身开展业务活动或其他活动需要而控制的，使用年限超过1年（不含1年）、单位价值在规定标准以上，并在使用过程中基本保持原有物质形态的资产，一般包括房屋及构筑物、专用设备、通用设备等。单位价值虽未达到规定标准，但是使用年限超过1年（不含1年）的大批同类物资，如图书、家具、用具、装具等，应当确认为固定资产。

从上述概念可见，固定资产具有以下特征：

第一，固定资产是有形资产。与专利权、商标权等无形资产相比，固定资产是具有实物形态的资产，可以多次参加单位的运营活动，在若干会计期间内保持其原有的实物形态，其价值也会随着使用而逐渐分期转移。

第二，固定资产的使用期限超过1年或长于1年的一个经营周期。与存货等资产相比，固定资产不会在1年内或超过1年的一个营业周期内变现或者耗用，能在较长的时期内发挥作用。

第三，持有固定资产的目的是用于运营而非销售。单位取得固定资产的目的是科研、教育、医疗服务、出租给他人或日常运营管理，而不是用于出售。

总之，资产单位价值在规定的标准之上，具有持久、耐用性，在使用过程中基本保持原有物质形态，以自用为原则，这些是固定资产的主要特点。

2. 固定资产的分类。

固定资产一般分为六类：房屋及构筑物；专用设备；通用设备；文物和陈列品；图书、档案；家具、用具、装具及动植物。

（1）房屋和建筑物。即单位拥有占有权和使用权的房屋、建筑物及其附属设施。其中，房屋包括办公用房、业务用房、库房、职工宿舍用房、职工食堂、锅炉房等；建筑物包括道、围墙、水塔等；附属设施包括房屋、建筑物内的电梯、通讯线路、输电线路、水气管道等。

（2）专用设备。即单位根据业务工作的实际需要购置的各种具有专门性能和专门用途的设备，如学校的教学仪器、科研单位的科研仪器、医院的医疗器械等。

（3）通用设备。如单位运用中办公用家具、交通工具等。

（4）文物和陈列品。即博物馆、展览馆、纪念馆等文化事业单位的各种文物和陈列品，如古物、字画、纪念物品等。

（5）图书、档案。即专业图书馆、文化馆储藏的书籍，以及单位贮藏的统一管理使用的业务用书，如单位图书馆（室）、阅览室的图书等。

（6）家具、用具、装具及动植物。其中，属于非流动资产的动植物，包括经济林、薪炭林、产畜和役畜等，持有资产是为产出农产品、提供劳务或出租等目的。

3. 固定资产的披露。

单位应当在附注中披露与固定资产有关的下列信息：

(1) 固定资产的分类和折旧方法。

(2) 各类固定资产的使用年限、折旧率。

(3) 各类固定资产账面余额、累计折旧额、账面价值的期初、期末数及其本期变动情况。

(4) 以名义金额计量的固定资产名称、数量，以及以名义金额计量的理由。

(5) 已提足折旧的固定资产名称、数量等情况。

(6) 接受捐赠、无偿调入的固定资产名称、数量等情况。

(7) 出租、出借固定资产以及以固定资产投资的情况。

(8) 固定资产对外捐赠、无偿调出、毁损等重要资产处置的情况。

(9) 暂估入账的固定资产账面价值变动情况。

(二) 固定资产的核算

1. 核算内容。

固定资产科目是用来核算固定资产的原值。其借方登记增加的固定资产原值，贷方登记减少的固定资产原值；期末借方余额为实有固定资产的原值。为了反映固定资产增减变动及结存的详细情况，单位应当设置“固定资产登记簿”和“固定资产卡片”，按固定资产类别设置明细账，进行明细核算。

2. 明细科目设置。

本科目应当按照固定资产类别和项目进行明细核算。一般分为六类：房屋及构筑物；专用设备；通用设备；文物和陈列品；图书、档案；家具、用具、装具及动植物（见表2-19）。

表2-19　　事业单位固定资产科目表

序号	科目编码	科目名称	科目类别	辅助要素
1	1601	固定资产	资产类	资产大类

3. 固定资产核算时，应当考虑以下情况。

(1) 购入需要安装的固定资产，应当先通过“在建工程”科目核算，安装完毕交付使用时再转入本科目核算。

（2）以借入、经营租赁租入方式取得的固定资产，不通过本科目核算，应当设置备查簿进行登记。

（3）采用融资租入方式取得的固定资产，通过本科目核算，并在本科目下设置“融资租入固定资产”明细科目。

（4）经批准在境外购买具有所有权的土地，作为固定资产，通过本科目核算；单位应当在本科目下设置“境外土地”明细科目，进行相应明细核算。

4. 主要账务处理。

（1）固定资产在取得时，应当按照成本进行初始计量。

①购入固定资产。购入不需安装的固定资产验收合格时，按照确定的固定资产成本，借记本科目，贷记“财政拨款收入”“零余额账户用款额度”“应付账款”“银行存款”等科目。购入需要安装的固定资产，在安装完毕交付使用前通过“在建工程”科目核算，安装完毕交付使用时再转入本科目。

购入固定资产扣留质量保证金的，应当在取得固定资产时，按照确定的固定资产成本，借记本科目（不需安装）或“在建工程”科目（需要安装），按照实际支付或应付的金额，贷记“财政拨款收入”“零余额账户用款额度”“应付账款”（不含质量保证金）、“银行存款”等科目，按照扣留的质量保证金数额，贷记“其他应付款”［扣留期在1年以内（含1年）］或“长期应付款”（扣留期超过1年）科目。

质保期满支付质量保证金时，借记“其他应付款”“长期应付款”科目，贷记“财政拨款收入”“零余额账户用款额度”“银行存款”等科目。

②自行建造的固定资产交付使用时，按照在建工程成本，借记本科目，贷记“在建工程”科目。已交付使用但尚未办理竣工决算手续的固定资产，按照估计价值入账，待办理竣工决算后再按照实际成本调整原来的暂估价值。

③融资租赁取得的固定资产，其成本按照租赁协议或者合同确定的租赁价款、相关税费以及固定资产交付使用前所发生的可归属于该项资产的运输费、途中保险费、安装调试费等确定。

融资租入的固定资产，按照确定的成本，借记本科目（不需安装）或“在建工程”科目（需安装），按照租赁协议或者合同确定的租赁付款额，贷记“长期应付款”科目，按照支付的运输费、途中保险费、安装调试费等金额，贷记“财政拨款收入”“零余额账户用款额度”“银行存款”等科目。定期支付租金时，按照实际支付金额，借记“长期应付款”科目，贷记“财政拨款收入”“零余额账户用款额度”“银行存款”等科目。

④按照规定跨年度分期付款购入固定资产的账务处理，参照融资租入固定资产。

⑤接受捐赠的固定资产，按照确定的固定资产成本，借记本科目（不需安装）或“在建工程”科目（需安装），按照发生的相关税费、运输费等，贷记“零余额账户用款额度”“银行存款”等科目，按照其差额，贷记“捐赠收入”科目。

接受捐赠的固定资产按照名义金额入账的，按照名义金额，借记本科目，贷记“捐赠收入”科目；按照发生的相关税费、运输费等，借记“其他费用”科目，贷记“零余额账户用款额度”“银行存款等科目。

⑥无偿调入的固定资产，按照确定的固定资产成本，借记本科目（不需安装）或“在建工程”科目（需安装），按照发生的相关税费、运输费等，贷记“零余额账户用款额度”“银行存款”等科目，按照其差额，贷记“无偿调拨净资产”科目。

⑦置换取得的固定资产，参照“库存物品”科目中置换取得库存物品的相关规定进行账务处理。固定资产取得时涉及增值税业务的，相关账务处理参见“应交增值税”科目。

（2）与固定资产有关的后续支出。

①符合固定资产确认条件的后续支出。通常情况下，将固定资产转入改建、扩建时，按照固定资产的账面价值，借记“在建工程”科目，按照固定资产已计提折旧，借记“固定资产累计折旧”科目，按照固定资产的账面余额，贷记本科目。

为增加固定资产使用效能或延长其使用年限而发生的改建、扩建等后续支出，借记“在建工程”科目，贷记“财政拨款收入”“零余额账户用款额度”“银行存款”等科目。固定资产改建、扩建等完成交付使用时，按照在建工程成本，借记本科目，贷记“在建工程”科目。

②不符合固定资产确认条件的后续支出。为保证固定资产正常使用发生的日常维修等支出，借记“业务活动费用”“单位管理费用”等科目，贷记“财政拨款收入”“零余额账户用款额度”“银行存款”等科目。

（3）按照规定报经批准处置固定资产，应当分别以下情况处理：

①报经批准出售、转让固定资产，按照被出售、转让固定资产的账面价

值，借记“资产处置费用”科目，按照固定资产已计提的折旧借记“固定资产累计折旧”科目，按照固定资产账面余额，贷记本科目；同时，按照收到的价款，借记“银行存款”等科目，按照处置过程中发生的相关费用，贷记“银行存款”等科目，按照其差额，贷记“应缴财政款”科目。

②报经批准对外捐赠固定资产，按照固定资产已计提的折旧，借记“固定资产累计折旧”科目，按照被处置固定资产账面余额，贷记本科目，按照捐赠过程中发生的归属于捐出方的相关费用，贷记“银行存款”等科目，按照其差额，借记“资产处置费用”科目。

③报经批准无偿调出固定资产，按照固定资产已计提的折旧，借记“固定资产累计折旧”科目，按照被处置固定资产账面余额，贷记本科目，按照其差额，借记“无偿调拨净资产”科目；同时，按照无偿调出过程中发生的归属于调出方的相关费用，借记“资产处置费用”科目，贷记“银行存款”等科目。

④报经批准置换换出固定资产，参照“库存物品”中置换换入库存物品的规定进行账务处理。固定资产处置时涉及增值税业务的，相关账务处理参见“应交增值税”科目。

（4）单位应当定期对固定资产进行清查盘点，每年至少盘点一次。对于发生的固定资产盘盈、盘亏或毁损、报废，应当先记入“待处理财产损溢”科目，按照规定报经批准后及时进行后续账务处理。

①盘盈的固定资产，其成本按照有关凭据注明的金额确定；没有相关凭据、但按照规定经过资产评估的，其成本按照评估价值确定；没有相关凭据、也未经过评估的，其成本按照重置成本确定。如无法采用上述方法确定盘盈固定资产成本的，按照名义金额（人民币 1 元）入账。盘盈的固定资产，按照确定的入账成本，借记本科目，贷记“处理财产损溢”科目。

②盘亏、毁损或报废的固定资产，按照待处理固定资产的账面价值，借记“待处理财产损溢”科目，按照已计提折旧，借记“固定资产累计折旧”科目，按照固定资产的账面余额，贷记本科目。

5. 本科目期末借方余额，反映单位固定资产的原值。

（三）会计实务举例

【例 2－59】 2020 年 3 月 20 日，某事业单位采用财政直接支付方式购入一台不需要安装的设备，设备价款为 80 000 元。另以银行存款支付运输费、保险费等费用5 000元。相关账务处理如下：

财务会计分录	预算会计分录
借：固定资产——通用设备 85 000 贷：财政拨款收入 80 000 银行存款——基本户 5 000	借：事业支出——财政拨款支出——基本支出——日常公用经费 85 000 贷：财政拨款预算收入 80 000 资金结存——货币资金 5 000

【例2-60】某事业单位2020年10月10日，通过银行转账支付购买一套专用设备用于专业业务活动，全部价款为900 000元，以专项资金支付，签订合同后支付第一笔货款150 000元；该设备验收时支付剩余货款，设备无需安装即可投入使用；该单位收到设备并支付扣除质量保证金45 000元（质保期1年）后的剩余货款，达到保质期后再支付质量保证金。

（1）支付第一笔款项150 000元时的账务处理如下：

财务会计分录	预算会计分录
借：预付账款 150 000 贷：银行存款——基本户 150 000	借：事业支出——财政拨款支出——项目支出 150 000 贷：资金结存——货币资金 150 000

（2）收到设备并支付扣除质量保证金后的剩余款项45 000元时的账务处理如下：

财务会计分录	预算会计分录
借：固定资产——专用设备 900 000 贷：银行存款——基本户 705 000 预付账款 150 000 其他应付款 45 000	借：事业支出——财政拨款支出——项目支出 705 000 贷：资金结存——货币资金 705 000

【例2-61】2020年1月1日某事业单位，以融资租赁方式租入经营活动所需要的设备1台并投入使用。租赁合同议定：租赁价款为308 000元，租期4年，租赁价款每年年初支付。以零余额账户支付运输费6 000元、安装调试费4 000元、途中保险费2 000元，共计12 000元，同时于当日以零余额支付了第一年租赁款77 000元，同时。该单位对上述业务的相关账务处理如下：

（1）固定资产入账及支付相关费用的账务处理：

财务会计分录	预算会计分录
借：固定资产——融资租入固定资产 320 000 贷：长期应付款 308 000 零余额账户用款额度 12 000	借：事业支出——财政拨款支出——基本支出——日常公用经费 12 000 贷：资金结存——零余额账户用款额度 12 000

（2）支付第一年度租赁款时的账务处理：

财务会计分录	预算会计分录
借：长期应付款 77 000 贷：零余额账户用款额度 77 000	借：事业支出——财政拨款支出——基本支出——日常公用经费 70 000 贷：资金结存——零余额账户用款额度 77 000

【例 2-62】2020 年 7 月，某事业单位接受一公益组织捐赠一台不需要安装的办公设备，未取得与价款有关的相关凭据，也无法可靠取得同类或类似固定资产的价格。接受捐赠資产时发生相关税费、运输费等费用共计 6 000 元，以银行存款付讫。

（1）固定资产入账时账务处理如下：

财务会计分录	预算会计分录
借：固定资产 1 贷：捐赠收入 1	不做账务处理

（2）支付相关税费时账务处理如下：

财务会计分录	预算会计分录
借：其他费用 6 000 贷：银行存款——基本户 6 000	借：事业支出——财政拨款支出——基本支出——日常公用经费 6 000 贷：资金结存——货币资金 6 000

【例 2-63】2020 年 6 月 12 日，某事业单位经批准从甲单位无偿调入汽车一辆，调出方账面价值为 300 000 元。因调入车辆发生相关费用为 6 000 元，

以零余额账户支付。相关账务处理如下：

财务会计分录	预算会计分录
借：固定资产——通用设备 306 000 　贷：无偿调拨净资产 300 000 　　零余额用款额度 6 000	借：事业支出——财政拨款支出——基本支出 　——日常公用经费 6 000 　贷：资金结存——零余额用款额度 6 000

【例 2－64】2020 年 6 月 10 日，某事业单位经批准，以一批库存物品与乙单位车辆进行置换。换出库存物品账面价值为 220 000 元，评估价值为 250 000 元。甲事业单位以银行存款支付补价 30 000 元、相关税费 20 000 元。该单位对上述业务的相关账务处理如下：

财务会计分录	预算会计分录
借：固定资产——通用设备 300 000 　贷：库存物品 220 000 　　银行存款——基本户 50 000 　　其他收入 30 000	借：其他支出 50 000 　贷：资金结存——货币资金 50 000

【例 2－65】某事业单位经批准，将闲置的设备与乙单位生产的一批办公家具进行置换，换入的办公家具作为固定资产管理。设备的账面原价为 120 000 元，在交换日的累计折旧为 40 000 元，评估价值为 85 000 元。办公家具的账面价值为 70 000 元，评估价值 75 000 元。甲事业单位收到乙单位支付补价 10 000 元，以零余额账户支付换入家具的运输费等 5 000 元。相关账务处理如下：

财务会计分录	预算会计分录
借：固定资产——家具、用具及装具 80 000 　固定资产累计折旧 40 000 　银行存款——基本户 10 000 　贷：固定资产——通用设备 120 000 　　银行存款——基本户 5 000 　　应缴财政款——应缴国库款 5 000	不做账务处理

【例 2－66】2020 年 5 月 12 日，某事业单位以银行存款支付行政办公用房的维修费 243 000 元。相关账务处理如下：

财务会计分录	预算会计分录
借：业务活动费用——商品和服务费用（维修费） 243 000 贷：银行存款——基本户 243 000	借：事业支出——其他资金支出 243 000 贷：资金结存——货币资金 243 000

【例2－67】某事业单位2020年4月8日经批准出售专用设备一台，原价60 000元，已计提折旧40 000元，出售时取得价款15 000元，发生相关税费6 000元，款项均通过银行存款收付。相关账务处理如下：

财务会计分录	预算会计分录
借：资产处置费用 20 000 固定资产累计折旧 40 000 贷：固定资产——专用设备 60 000 借：银行存款——基本户 15 000 贷：应缴财政款——应缴国库款 9 000 银行存款——基本户 6 000	不做账务处理

【例2－68】某事业单位2020年4月8日经批准捐赠专用设备一台，该设备原价60 000元，已计提折旧40 000元，发生相关税费6 000元，款项均通过银行存款收付。相关账务处理如下：

财务会计分录	预算会计分录
借：资产处置费用 26 000 固定资产累计折旧 40 000 贷：固定资产——专用设备 60 000 银行存款——基本户 6 000	借：其他支出——其他资金支出 6 000 贷：资金结存——货币资金 6 000

【例2－69】某事业单位2020年4月8日经批准无偿调出专用设备一台，该设备原价60 000元，已计提折旧40 000元，发生相关税费6 000元，款项均通过银行存款收付。相关账务处理如下：

财务会计分录	预算会计分录
借：无偿调拨净资产 20 000 固定资产累计折旧 40 000 贷：固定资产——专用设备 60 000 借：资产处置费用 6 000 贷：银行存款——基本户 6 000	借：其他支出——其他资金支出 6 000 贷：资金结存——货币资金 6 000

【例 2－70】某事业单位 2020 年终盘点固定资产，发现盘盈通用设备一台，市场价值 60 000 元，六成新，经批准作为本单位固定资产入账。相关账务处理如下：

财务会计分录	预算会计分录
借：固定资产——通用设备　36 000 贷：待处理财产损溢——待处理财产价值　36 000	不做账务处理

【例 2－71】某事业单位年末盘点固定资产，发现盘亏某专用设备一台，价值 5 000 元，已计提折旧 4 000 元，经查属于正常原因，已按规定程序批准核销。相关账务处理如下：

财务会计分录	预算会计分录
借：待处理财产损溢——待处理财产价值　1 000 固定资产累计折旧——通用设备　4 000 贷：固定资产——专用设备　5 000	不做账务处理

【例 2－72】某事业单位经批准报废某通用设备一台，该通用设备的账面原值为 24 000 元，已计提折旧 21 000 元，支付清理费用 800 元，残料出售收入 2 000 元。相关账务处理如下：

财务会计分录	预算会计分录
借：待处理财产损溢——待处理财产价值　3 000 固定资产累计折旧——通用设备　21 000 贷：固定资产——专用设备　24 000 借：资产处置费用　3 000 贷：待处理财产损溢——待处理财产价值　3 000	不做账务处理
借：银行存款——基本户存款　2 000 贷：待处理财产损溢——处理净收入　2 000	不做账务处理
借：待处理财产损溢——处理净收入　800 贷：银行存款——基本户　800	不做账务处理
借：待处理财产损溢——处理净收入　1 200 贷：应缴财政款——应缴国库款　1 200	不做账务处理

（四）常见及疑难问题解释参考

1. 单位购置房产时，缴纳的印花税是否应该计入房屋资产原值？

答：应该计入房屋资产原值。印花税属于固定资产交付使用前所发生的可归属于资产价值的一部分，所以应该计入房屋资产原值。

2. 单位支付车辆购置税时产生的滞纳金，能计入固定资产成本吗？

答：根据《政府会计准则第3号——固定资产》，政府会计主体外购的固定资产，其成本包括购买价款、相关税费以及固定资产交付使用前所发生的可归属于该项资产的运输费、装卸费、安装费和专业人员服务费等。滞纳金是税务机关对逾期缴纳税款的纳税人给予经济制裁的一种措施。该项罚款支出属于非正常经营性支出，因此不应计入资产价值，应计入其他费用中。

3. 单位接受捐赠的名贵花瓶，是否需要记账，如何记账？

答：根据《政府会计制度》规定，接受捐赠的资产：按照有关凭据注明的金额加上相关税费、运输费等确定；没有相关凭据可供取得，但按规定经过资产评估的，其成本按照评估价值加上相关税费、运输费等确定；没有相关凭据可供取得、也未经资产评估的，其成本比照同类或类似资产的市场价格加上有关税费、运输费等确定；没有相关凭据且未经资产评估、同类或类似资产的市场价格也无法可靠取得的，经批准按照名义金额入账。

接受捐赠的物品验收入库，按照确定的成本，借记“库存物品”“固定资产”科目，按照发生的相关税费、运输费等，贷记“银行存款”等科目，按照其差额，贷记“捐赠收入”科目。以名义金额入账的，按照名义金额，借记“库存物品”“固定资产”科目，贷记“捐赠收入”科目；同时，按照发生的相关税费、运输费等，借记“其他费用”科目，贷记“银行存款”等科目。

4. 单位在固定资产拆迁过程中收到补偿款应如何进行会计核算？

答：单位在固定资产拆迁过程中收到的补偿款属于国有资产处置收入，应作为应缴款项上缴财政。

单位收到应上缴财政的拆迁补偿款时，财务会计借记“银行存款”科目，贷记“待处理财产损溢”科目，同时借记“待处理财产损溢”，贷记“应缴财政款”。实际上缴款项时，借记“应缴财政款”科目，贷记“银行存款”科目，预算会计不做账务处理。

5. 单位以外币购买的固定资产需要根据汇率变动调整资产的入账成本吗？

答：单位以外币购买固定资产的，按照购入当日的即期汇率将支付的外币或应支付的外币折算为人民币金额，借记“固定资产”科目，贷记“银行存款”“应付账款”等科目的外币账户。期末各种外币账户的期末余额，应当按照期末的即期汇率折算为人民币，作为外币账户期末人民币余额。调整后的各种外币账户人民币余额与原账面余额的差额，作为汇兑损益，借记或贷记“银行存款”“应付账款”科目贷记或借记“业务活动费用”“单位管理费用”等科目。涉及资金变化的，预算会计借记或贷记“资金结存”科目，贷记或借记“行政支出”“事业支出”科目。

6. 单位资产清理过程中，发现以前年度划拨的土地，有土地使用权证但未入账，应如何进行会计处理？

答：通过行政划拨取得的土地，虽然单位实际上拥有土地的使用权，但是这种使用权是不完整的，不能出售转让。因此，不能作为无形资产入账。

7. 单位购建房屋及构筑物时，购建成本中的土地使用权部分，是计入固定资产还是计入无形资产？

答：单位购建房屋及构筑物时，不能分清购建成本中的房屋及构筑物部分与土地使用权部分的，应当全部确认为固定资产，能够分清购建成本中的房屋及构筑物部分与土地使用权部分的，应当将其中的房屋及构筑物部分确认为固定资产，将其中的土地使用权部分确认为无形资产。

8. 单位无偿调入的固定资产，如果在调出方的账面价值为零的，应如何进行账务处理？或者在调出方的账面余额为名义金额记账的，应如何进行账务处理？

答：根据《政府会计准则制度解释第 1 号》规定，单位（调入方）接受其他政府会计主体无偿调入的固定资产、无形资产、公共基础设施等资产，其成本按照调出方的账面价值加上相关税费确定。但是，无偿调入资产在调出方的账面价值为零（已经按制度规定提足折旧）或者账面余额为名义金额的，单位（调入方）应当将调入过程中其承担的相关税费计入当期费用，不计入调入资产的初始入账成本。无偿调入资产在调出方的账面价值不为零的，单位（调入方）在进行财务会计处理时，应当按照该项资产在调出方的账面余额，借记“固定资产”“无形资产”等科目，按照该项资产在调出方已经计提的折旧或摊销金额（与资产账面余额相等），贷记“固定资产累计折旧”“无形资产累计摊销”等科目；按照支付的相关税费，借记“其他费用”科目，贷记“零余额账户用款额度”“银行存款”等科目。同时，在预算会计中按照支付的相关税费，借记“其他支出”科目，贷记“资金结存”科目。无偿调入资产在调出方的账面余额为名义金额的，单位（调入方）在进行财务会计处理时，应当按照名义金额，借记“固定资产”“无形资产”等科目，贷记“无偿调拨净资产”科目；按照支付的相关税费，借记“其他费用”科目，贷记“零余额账户用款额度”“银行存款”等科目。同时，在预算会计中按照支付的相关税费，借记“其他支出”科目，贷记“资金结存”科目。

9. 单位在原有固定资产基础上进行改建、扩建、修缮的业务，应如何进行会计处理？

答：在原有固定资产基础上进行改建、扩建的固定资产，其成本按照原固定资产账面价值加上改建、扩建发生的支出，再扣除固定资产被替换部分的账面价值后的金额确定。修缮一般不会改变固定资产使用功能，其发生的修缮费记为当期费用，不计入固定资产原值，因此修缮成本不包括在固定资产价值中。

通常情况下，将固定资产转入改建、扩建时，按照固定资产的账面价值，财务会计借记“在建工程”科目，按照固定资产已计提折旧，借记“固定资产累计折旧”科目，按照固定资产的账面余额，贷记“固定资产”科目。预算会计不做账务处理。

为增加固定资产使用效能或延长其使用年限而发生的改建、扩建等后续支出，财务会计借记“在建工程”科目，贷记“财政拨款收入”“零余额账户用款额度”“银行存款”等科目。预算会计借记“行政支出”“事业支出”“经营支出”等科目，贷记“财政拨款预算收入”“资金结存”等科目。固定资产改建、扩建等完成交付使用时，按照在建工程成本，财务会计借记“固定资产”科目，贷记“在建工程”科目。预算会计不记账。

为保证固定资产正常使用发生的日常维修等支出，财务会计借记“业务活动费用”“单位管理费用”等科目，贷记“财政拨款收入”“零余额账户用款额度”“银行存款”等科目。预算会计借记“行政支出”“事业支出”“经营支出”等科目，贷记“财政拨款预算收入”“资金结存”等科目。固定资产因改建、扩建或修缮等原因而延长其使用年限的，应当按照重新确定的固定资产的成本以及重新确定的折旧年限计算折旧额。

二、固定资产累计折旧

（一）固定资产累计折旧业务概述

1. 固定资产累计折旧的概念。

固定资产累计折是指在固定资产的预计使用年限内，按照确定的方法对应计的折旧额进行系统分摊。固定资产应计提的折旧额为其成本，计提折旧不考虑预计净残值。

2. 固定资产累计折旧的范围。

根据《政府会计准则第3号——固定资产》的规定，单位应当对除下列各项资产以外的其他固定资产计提折旧：文物和陈列品；动植物；图书、档案；以名义金额计量的固定资产。

提足折旧的固定资产和提前报废的固定资产，不再计提折旧。

暂估入账的固定资产计提折旧，实际成本确定后不需调整原已计提的折旧额。因改、扩建或修缮等原因而延长其使用年限的，应当按照重新确定的固定资产的成本以及重新确定的折旧年限计算折旧额。

3. 折旧方法。

一般应当采用年限平均法或者工作量法计提固定资产折旧。

（1）年限平均法。年限平均法也称为直线法，是指将固定资产的应折旧金额按均等的数额在其预计使用期内分配于每一会计期间的一种方法。因此，固定资产的折旧费可以均衡地摊配于其使用年限内的各个期间。平均年限法是会计实务中最常见的折旧计算方法。采用平均年限法固定资产年折旧额计算公式为：

固定资产年折旧额 = 应折旧金额（成本）÷ 预计使用年限

固定资产月折旧额 = 固定资产年折旧额 ÷ 12。

（2）工作量法。工作量法是按照固定资产实际完成的工作总量计算折旧的一种方法。采用这种方法，每期计提的折旧随当期固定资产提供工作量的多少而变动，例如，按照车辆行驶的里程数来分别分摊车辆在使用年限内的折旧数额。

采用工作量法计提折旧，应先以固定资产在使用年限内预计总工作量（如总工作时数或总产量）去除应计折旧总额，算出每一工作量应分摊的折旧，然后乘以当期的实际工作量，求出该期应计提的折旧额。其计算公式为：

单位折旧额 = 固定资产原值 ÷ 预计总工作量

当期折旧额 = 当期工作量 × 单位折旧额

4. 折旧年限。

应当根据相关规定以及固定资产的性质和使用情况，合理确定固定资产的使用年限。政府会计主体确定固定资产使用年限，应当考虑下列因素：

（1）预计实现服务潜力或提供经济利益的期限；

（2）预计有形损耗和无形损耗；

（3）法律或者类似规定对资产使用的限制。

各类固定资产具体折旧年限详见表 2－20。

表 2－20　　　　事业单位固定资产折旧年限表

<table>
<tr><th>固定资产类别</th><th colspan="2">内容</th><th>折旧年限（年）</th></tr>
<tr><td rowspan="7">房屋及构筑物</td><td rowspan="4">业务及管理用房</td><td>钢结构</td><td>不低于 50</td></tr>
<tr><td>钢筋混凝土结构</td><td>不低于 50</td></tr>
<tr><td>砖混结构</td><td>不低于 30</td></tr>
<tr><td>砖木结构</td><td>不低于 30</td></tr>
<tr><td colspan="2">简易房</td><td>不低于 8</td></tr>
<tr><td colspan="2">房屋附属设施</td><td>不低于 8</td></tr>
<tr><td colspan="2">构筑物</td><td>不低于 8</td></tr>
<tr><td rowspan="12">通用设备</td><td colspan="2">计算机设备</td><td>不低于 6</td></tr>
<tr><td colspan="2">办公设备</td><td>不低于 6</td></tr>
<tr><td colspan="2">车辆</td><td>不低于 8</td></tr>
<tr><td colspan="2">图书档案设备</td><td>不低于 5</td></tr>
<tr><td colspan="2">机械设备</td><td>不低于 10</td></tr>
<tr><td colspan="2">电气设备</td><td>不低于 5</td></tr>
<tr><td colspan="2">雷达、无线电和卫星导航设备</td><td>不低于 10</td></tr>
<tr><td colspan="2">通信设备</td><td>不低于 5</td></tr>
<tr><td colspan="2">广播、电视、电影设备</td><td>不低于 5</td></tr>
<tr><td colspan="2">仪器仪表</td><td>不低于 5</td></tr>
<tr><td colspan="2">电子和通信测量设备</td><td>不低于 5</td></tr>
<tr><td colspan="2">计量标准器具及量具、衡器</td><td>不低于 5</td></tr>
<tr><td rowspan="8">专用设备</td><td colspan="2">探矿、采矿、选矿和造块设备</td><td>10—15</td></tr>
<tr><td colspan="2">石油天然气开采专用设备</td><td>10—15</td></tr>
<tr><td colspan="2">石油和化学工业专用设备</td><td>10—15</td></tr>
<tr><td colspan="2">炼焦和金属冶炼轧制设备</td><td>10—15</td></tr>
<tr><td colspan="2">电力工业专用设备</td><td>20—30</td></tr>
<tr><td colspan="2">非金属矿物制品工业专用设备</td><td>10—20</td></tr>
<tr><td colspan="2">核工业专用设备</td><td>20—30</td></tr>
<tr><td colspan="2">航空航天工业专用设备</td><td>20—30</td></tr>
</table>

续表

固定资产类别	内容	折旧年限（年）
专用设备	工程机械	10—15
	农业和林业机械	10—15
	木材采集和加工设备	10—15
	食品加工专用设备	10—15
	饮料加工设备	10—15
	烟草加工设备	10—15
	粮油作物和饲料加工设备	10—15
	纺织设备	10—15
	缝纫、服饰、制革和毛皮加工设备	10—15
	造纸和印刷机械	10—20
	化学药品和中药专用设备	5—10
	医疗设备	5—10
	电工、电子专用生产设备	5—10
	安全生产设备	10—20
	邮政专用设备	10—15
	环境污染防治设备	10—20
	公安专用设备	3—10
	水工机械	10—20
	殡葬设备及用品	5—10
	铁路运输设备	10—20
	水上交通运输设备	10—20
	航空器及其配套设备	10—20
	专用仪器仪表	5—10
	文艺设备	5—15
	体育设备	5—15
	娱乐设备	5—15
家具、用具及装具	家具	不低于 15
	用具、装具	不低于 5

（二）固定资产累计折旧的核算

1. 核算内容。

本科目核算单位计提的固定资产累计折旧。

公共基础设施和保障性住房计提的累计折旧，应当分别通过“公共基础设施累计折旧（摊销）”科目和“保障性住房累计折旧”科目核算，不通过本科目核算。

单位计提融资租入固定资产折旧时，应当采用与自有固定资产相一致的折旧政策。能够合理确定租赁期届满时将会取得租入固定资产所有权的，应当在租入固定资产尚可使用年限内计提折旧；无法合理确定租赁期届满时能够取得租入固定资产所有权的，应当在租赁期与租入固定资产尚可使用年限两者中较短的期间内计提折旧。

2. 明细科目设置。

本科目应当按照所对应固定资产的明细分类进行明细核算（见表2－21）。

表2－21　　事业单位固定资产累计折旧科目表

序号	科目编码	科目名称	科目类别	辅助要素
1	1602	固定资产累计折旧	资产类	资产大类

3. 主要账务处理。

（1）按月计提固定资产折旧时，按照应计提折旧金额，借记“业务活动费用”“单位管理费用”“经营费用”“加工物品”“在建工程”等科目，贷记本科目。

（2）经批准处置或处理固定资产时，按照所处置或处理固定资产的账面价值，借记“资产处置费用”“无偿调拨净资产”“待处理财产损溢”等科目，按照已计提折旧，借记本科目，按照固定资产的账面余额，贷记“固定资产”科目。

（三）会计实务举例

【例2－73】某事业单位2020年1月计提折旧，其中计入业务活动费用的折旧额为8 000元，计入单位管理费用的折旧额为12 000元。2019年2月加工一批物品，分摊固定资产折旧费18 000元。

（1）1 月 31 日计提固定资产累计折旧账务处理如下：

财务会计分录	预算会计分录
借：业务活动费用——固定资产折旧费用　8 000 　单位管理费用——固定资产折旧费用　12 000 　贷：固定资产累计折旧　20 000	不做账务处理

（2）2 月 28 日计提固定资产累计折旧账务处理如下：

财务会计分录	预算会计分录
借：加工物品——自制物品　18 000 　贷：固定资产累计折旧　18 000	不做账务处理

（四）常见及疑难问题解释参考

暂估入账的固定资产如何计提折旧？

根据《政府会计准则 3 号——固定资产》第十六条规定：“政府会计主体应当对暂估入账的固定资产计提折旧，实际成本确定后不需要调整原已计提的折旧额。”

第七节　在建工程的核算

一、工程物资

（一）工程物资业务概述

工程物资是建设单位为在建工程准备的各种物资，事业单位在采用“包工不包料”方式建设项目时，会用到本科目，使用本科目核算各种物资的实际成本。工程物资采购要按照政府采购法的有关规定组织采购，工程物资的采购和领用要符合单位的出入库管理制度。

（二）工程物资的核算

1. 核算内容。

本科目核算单位为在建工程准备的各种物资的成本，包括工程用材料、设备等。

2. 明细科目设置（见表2－22）。

表2－22　　事业单位工程物资科目表

序号	科目编码	科目名称	科目类别	辅助要素
1	1611	工程物资	资产类	
2	161101	库存材料	资产类	
3	161102	库存设备	资产类	

3. 主要账务处理。

（1）购入为工程准备的物资，按照确定的物资成本，借记本科目，贷记“财政拨款收入”“零余额账户用款额度”“银行存款”“应付账款”等科目。

（2）领用工程物资，按照物资成本，借记“在建工程”科目，贷记本科目。工程完工后将领出的剩余物资退库时作相反的会计分录。

（3）工程完工后将剩余的工程物资转作本单位存货等的，按照物资成本，借记“库存物品”等科目，贷记本科目。

涉及增值税业务的，相关账务处理参见“应交增值税”科目。

4. 本科目期末借方余额，反映单位为在建工程准备的各种物资的成本。

（三）会计实务举例

【例2－74】某事业单位是增值税小规模纳税人，2020年7月20日，购入一批工程物资3 000 000元，以银行存款支付，7月25日工程领用2 800 000元，7月28日，经批准，剩余工程物资转为材料自用，作为库存物品管理。

（1）7月20日，购入工程物资，已取得相关票据，货物验收入库，账务处理如下：

财务会计分录	预算会计分录
借：工程物资　3 000 000 　贷：银行存款——基本户　3 000 000	借：事业支出——非财政拨款支出——项目支出　3 000 000 　贷：资金结存——货币资金　3 000 000

（2）7 月 25 日，工程部按有关程序领取工程物资，账务处理如下：

财务会计分录	预算会计分录
借：在建工程——建筑按照工程投资 2 800 000 贷：工程物资 2 800 000	不做账务处理

（3）7 月 28 日，该工程物资转作库存材料，账务处理如下：

财务会计分录	预算会计分录
借：库存物品 200 000 贷：工程物资 200 000	不做账务处理

（四）常见及疑难问题解释参考

建设项目承包主要有“包工包料”和“包工不包料”两种方式，事业单位多采用“包工包料”方式，因此本科目在事业单位较少用。

二、在建工程

（一）在建工程业务介绍

在建工程主要核算原来由《国有建设单位会计制度》核算的相关内容，单位的基本建设投资按照《政府会计制度——行政事业单位会计科目和报表》规定统一进行核算，不再单独建账。

1. 主要参考文件：《基本建设财务规则》（财政部第 81 号令），《基本建设项目建设成本管理规定》（财建［2016］504 号），《基本建设项目竣工财务决算管理暂行办法》（财建［2016］503 号），《河南省省级基本建设资金管理办法》（豫财建［2020］154 号）等。

2. 注意事项：（1）建设资金应当按照项目单独核算，并专款专用；（2）涉及政府采购和国库集中支付的基本建设项目，应当根据政府采购和国库集中支付的有关规定办理；（3）项目建设单位应当严格执行《党政机关厉行节约反对浪费条例》；（4）项目竣工验收合格后，应及时办理竣工财务决算。

3. 基本建设项目管理涉及多个主体难以明确识别会计核算主体的，项目主管部门应当按照《基本建设财务规则》相关规定确定建设单位。

4. 建设项目实行代建制的，建设单位应当要求代建单位通过工程结算或年终对账确认在建工程成本的方式，提供项目明细支出、建设工程进度和项目建设成本等资料，归集“在建工程”成本，及时核算所形成的“在建工程”资产，全面核算项目建设成本等情况。

5. 实行代建制管理的项目，一般不得同时列支代建管理费和项目建设管理费，确需同时发生的，两项费用之和不得高于本规定的项目建设管理费限额。

（二）在建工程的核算

1. 核算内容。

本科目核算单位在建的建设工程的实际成本。涉及单位的新建、改建、扩建以及技术改造、设备更新等资本性支出，均应通过本科目核算。

2. 明细科目设置（见表2－23）。

表2－23　事业单位在建工程科目表

序号	科目编码	科目名称	科目类别	辅助要素
1	1613	在建工程	资产类	部门项目核算
2	161301	建筑安装工程投资	资产类	部门项目核算
3	16130101	建筑工程	资产类	部门项目核算
4	16130102	安装工程	资产类	部门项目核算
5	161302	设备投资	资产类	部门项目核算
6	161303	待摊投资	资产类	部门项目核算
7	16130301	勘察费	资产类	部门项目核算
8	16130302	设计费	资产类	部门项目核算
9	16130303	研究试验费	资产类	部门项目核算
10	16130304	可行性研究费	资产类	部门项目核算
11	16130305	其他前期费用	资产类	部门项目核算
12	16130306	土地征用及迁移补偿费	资产类	部门项目核算
13	16130307	土地复垦及补偿费	资产类	部门项目核算
14	16130308	森林植被恢复费	资产类	部门项目核算
15	16130309	土地使用权费	资产类	部门项目核算
16	16130310	土地租用权费	资产类	部门项目核算
17	16130311	土地使用税	资产类	部门项目核算

续表

序号	科目编码	科目名称	科目类别	辅助要素
18	16130312	耕地占用税	资产类	部门项目核算
19	16130313	契税	资产类	部门项目核算
20	16130314	车船税	资产类	部门项目核算
21	16130315	印花税	资产类	部门项目核算
22	16130316	其他税费	资产类	部门项目核算
23	16130317	项目建设管理费	资产类	部门项目核算
24	1613031701	工资及相关费用	资产类	部门项目核算
25	1613031702	办公费	资产类	部门项目核算
26	1613031703	办公场地租用费	资产类	部门项目核算
27	1613031704	差旅交通费	资产类	部门项目核算
28	1613031705	劳动保护费	资产类	部门项目核算
29	1613031706	工具用具使用费	资产类	部门项目核算
30	1613031707	固定资产使用费	资产类	部门项目核算
31	1613031708	招募生产工人费	资产类	部门项目核算
32	1613031709	技术图书资料费（含软件）	资产类	部门项目核算
33	1613031710	业务招待费	资产类	部门项目核算
34	1613031711	施工现场津贴	资产类	部门项目核算
35	1613031712	竣工验收费	资产类	部门项目核算
36	16130318	代建管理费	资产类	部门项目核算
37	16130319	临时设施费	资产类	部门项目核算
38	16130320	监理费	资产类	部门项目核算
39	16130321	招投标费	资产类	部门项目核算
40	16130322	社会中介审计（审查）费	资产类	部门项目核算
41	16130323	其他管理费	资产类	部门项目核算
42	16130324	借款利息或融资费	资产类	部门项目核算
43	16130325	工程检测费	资产类	部门项目核算
44	16130326	设备检验费	资产类	部门项目核算
45	16130327	负荷联合试车费	资产类	部门项目核算
46	16130328	其他检验检测类费用	资产类	部门项目核算
47	16130329	固定资产损失	资产类	部门项目核算
48	16130330	器材处理亏损	资产类	部门项目核算
49	16130331	设备盘亏及毁损	资产类	部门项目核算

续表

序号	科目编码	科目名称	科目类别	辅助要素
50	16130332	单项工程或单位工程报废	资产类	部门项目核算
51	16130333	毁损净损失	资产类	部门项目核算
52	16130334	其他损失	资产类	部门项目核算
53	16130335	系统集成等信息工程费	资产类	部门项目核算
54	16130336	其他待摊性质支出	资产类	部门项目核算
55	161304	其他投资	资产类	部门项目核算
56	16130401	房屋购置	资产类	部门项目核算
57	16130402	基本畜禽支出	资产类	部门项目核算
58	16130403	林木支出	资产类	部门项目核算
59	16130404	办公生活用家具、器具购置	资产类	部门项目核算
60	16130405	器具购置	资产类	部门项目核算
61	16130406	可行性研究固定资产购置	资产类	部门项目核算
62	16130407	无形资产	资产类	部门项目核算
63	161305	待核销基建支出（按类别设置明细科目）	资产类	部门项目核算
64	16130501	江河清障	资产类	部门项目核算
65	16130502	航道清淤	资产类	部门项目核算
66	16130503	飞播造林	资产类	部门项目核算
67	16130504	补助群众造林	资产类	部门项目核算
68	16130505	水土保持	资产类	部门项目核算
69	16130506	城市绿化	资产类	部门项目核算
70	16130507	取消项目的可行性研究费	资产类	部门项目核算
71	16130508	项目整体报废	资产类	部门项目核算
72	161306	基建转出投资（按类别设置明细科目）	资产类	部门项目核算

3. 主要账务处理。

（1）在建工程——建筑安装工程投资。基建项目立项时，根据批复的概算及相关的入账通知、零余额账户用款额度或者银行回单，借记“零余额账户用款额度”“银行存款”等科目，贷记“财政拨款收入”等科目。

按照建筑施工合同预付工程款时，借记“预付账款”，贷记“财政拨款收入”“零余额账户用款额度”“银行存款”等科目。

将固定资产等资产转入改建、扩建等时，按照固定资产等资产的账面价值，借记本科目（建筑安装工程投资），按照已计提的折旧或摊销，借记“固定资产累计折旧”等科目，按照固定资产等资产的原值，贷记“固定资产”等科目。

固定资产等资产改建、扩建过程中涉及替换（或拆除）原资产的某些组成部分的，按照被替换（或拆除）部分的账面价值，借记“待处理财产损溢”科目，贷记本科目（建筑安装工程投资）。

单位对于发包建筑安装工程，根据建筑安装工程价款结算账单与施工企业结算工程价款时，按照应承付的工程价款，借记本科目（建筑安装工程投资），按照预付工程款余额，贷记“预付账款”科目，按照其差额，贷记“零余额账户用款额度”“银行存款”“应付账款”等科目。

单位自行施工的小型建筑安装工程，按照发生的各项支出金额，借记本科目（建筑安装工程投资），贷记“工程物资”“零余额账户用款额度”“银行存款”“应付职工薪酬”等科目。

工程竣工，办妥竣工验收交接手续交付使用时，按照建筑安装工程成本（含应分摊的待摊投资），借记“固定资产”等科目，贷记本科目（建筑安装工程投资）。

（2）在建工程——设备投资。购入设备时，按照购入成本，借记本科目（设备投资），贷记“零余额账户用款额度”“银行存款”等科目；采用预付款方式购入设备的，有关预付款的账务处理参照本科目有关“建筑安装工程投资”明细科目的规定。

设备安装完毕，办妥竣工验收交接手续交付使用时，按照设备投资成本（含设备安装工程成本和分摊的待摊投资），借记“固定资产”等科目，贷记本科目（设备投资、建筑安装工程投资——安装工程）。

将不需要安装的设备和达不到固定资产标准的工具、器具交付使用时，按照相关设备、工具、器具的实际成本，借记“固定资产”“库存物品”科目，贷记本科目（设备投资）。

（3）在建工程——待摊投资。建设工程发生的构成建设项目实际支出的、按照规定应当分摊计入有关工程成本和设备成本的各项间接费用和税费支出，先在本明细科目中归集；建设工程办妥竣工验收手续交付使用时，按照合理的分配方法，摊入相关工程成本、在安装设备成本等。

单位发生的构成待摊投资的各类费用，按照实际发生金额，借记本科目

（待摊投资），贷记“零余额账户用款额度”“银行存款”“应付利息”“长期借款”“其他应交税费”“固定资产累计折旧”“无形资产累计摊销”等科目。

对于建设过程中试生产、设备调试等产生的收入，按照取得的收入金额，借记“银行存款”等科目，按照依据有关规定应当冲减建设工程成本的部分，贷记本科目（待摊投资），按照其差额贷记“应缴财政款”或“其他收入”科目。

由于自然灾害、管理不善等原因造成的单项工程或单位工程报废或毁损，扣除残料价值和过失人或保险公司等赔款后的净损失，报经批准后计入继续施工的工程成本的，按照工程成本扣除残料价值和过失人或保险公司等赔款后的净损失，借记本科目（待摊投资），按照残料变价收入、过失人或保险公司赔款等，借记“银行存款”“其他应收款”等科目，按照报废或毁损的工程成本，贷记本科目（建筑安装工程投资）。

工程交付使用时，按照合理的分配方法分配待摊投资，借记本科目（建筑安装工程投资、设备投资），贷记本科目（待摊投资）。

待摊投资的分配方法，可按照下列公式计算：

①按照实际分配率分配。适用于建设工期较短、整个项目的所有单项工程一次竣工的建设项目。

实际分配率＝待摊投资明细科目余额÷（建筑工程明细科目余额＋安装工程明细科目余额＋设备投资明细科目余额）×100%

②按照概算分配率分配。适用于建设工期长、单项工程分期分批建成投入使用的建设项目。

概算分配率＝（概算中各待摊投资项目的合计数－其中可直接分配部分）÷（概算中建筑工程、安装工程和设备投资合计）×100%

某项固定资产应分配的待摊投资＝该项固定资产的建筑工程成本或该项固定资产（设备）的采购成本和安装成本合计×分配率

（4）在建工程——其他投资。单位为建设工程发生的房屋购置支出，基本畜禽、林木等的购置、饲养、培育支出，办公生活用家具、器具购置支出，软件研发和不能计入设备投资的软件购置等支出，按照实际发生金额，借记本科目（其他投资），贷记“零余额账户用款额度”“银行存款”等科目。

工程完成将形成的房屋、基本畜禽、林木等各种财产以及无形资产交付使用时，按照其实际成本，借记“固定资产”“无形资产”等科目，贷记本科目（其他投资）。

（5）在建工程——待核销基建支出。建设项目发生的江河清障、航道清淤、飞播造林、补助群众造林、水土保持、城市绿化等不能形成资产的各类待核销基建支出，按照实际发生金额，借记本科目（待核销基建支出），贷记“零余额账户用款额度”“银行存款”等科目。

取消的建设项目发生的可行性研究费，按照实际发生金额，借记本科目（待核销基建支出），贷记本科目（待摊投资）。

由于自然灾害等原因发生的建设项目整体报废所形成的净损失，报经批准后转入待核销基建支出，按照项目整体报废所形成的净损失，借记本科目（待核销基建支出），按照报废工程回收的残料变价收入、保险公司赔款等，借记“银行存款”“其他应收款”等科目，按照报废的工程成本，贷记本科目（建筑安装工程投资等）。

建设项目竣工验收交付使用时，对发生的待核销基建支出进行冲销，借记“资产处置费用”科目，贷记本科目（待核销基建支出）。

（6）在建工程——基建转出投资。为建设项目配套而建成的、产权不归属本单位的专用设施，在项目竣工验收交付使用时，按照转出的专用设施的成本，借记本科目（基建转出投资），贷记本科目（建筑安装工程投资）；同时，借记“无偿调拨净资产”科目，贷记本科目（基建转出投资）。

（7）关于代建制项目中建设单位的会计处理。

①拨付代建单位工程款时，按照拨付的款项金额，借记“预付账款——预付工程款”科目，贷记“财政拨款收入”“零余额账户用款额度”“银行存款”等科目；同时，在预算会计中借记“事业支出”等科目，贷记“财政拨款预算收入”“资金结存”科目。

②按照工程进度结算工程款或年终代建单位对账确认在建工程成本时，按照确定的金额，借记“在建工程”科目下的“建筑安装工程投资”等明细科目，贷记“预付账款——预付工程款”等科目。

③确认代建管理费时，按照确定的金额，借记“在建工程”科目下的“待摊投资”明细科目，贷记“预付账款——预付工程款”等科目。

④项目完工交付使用资产时，按照代建单位转来在建工程成本中尚未确认入账的金额，借记“在建工程”科目下的“建筑安装工程投资”等明细科目，贷记“预付账款——预付工程款”等科目；同时，按照在建工程成本，借记“固定资产”“公共基础设施”等科目，贷记“在建工程”科目。

工程结算、确认代建费或竣工决算时涉及补付资金的，应当在确认在建工程的同时，按照补付的金额，贷记“财政拨款收入”“零余额账户用款额度”“银行存款”等科目；同时在预算会计中进行相应的账务处理。

(8) 关于代建制项目中代建单位的会计处理。代建单位为事业单位的，应当设置“1615 代建项目”一级科目，并与建设单位相对应，按照工程性质和类型设置“建筑安装工程投资”“设备投资”“待摊投资”“其他投资”“待核销基建支出”“基建转出投资”等明细科目，对所承担的代建项目建设成本进行会计核算，全面反映工程的资金资源消耗情况；同时，在“代建项目”科目下设置“代建项目转出”明细科目，通过工程结算或年终对账确认在建工程成本的方式，将代建项目的成本转出，体现在建设单位相应“在建工程”账上。年末，“代建项目”科目应无余额。有关账务处理规定如下：

①收到建设单位拨付的建设项目资金时，按照收到的款项金额，借记“银行存款”等科目，贷记“预收账款——预收工程款”科目。预算会计不做账务处理。

②工程项目使用资金或发生其他耗费时，按照确定的金额，借记“代建项目”科目下的“建筑安装工程投资”等明细科目，贷记“银行存款”“应付职工薪酬”“工程物资”“累计折旧”等科目。预算会计不做账务处理。

③按工程进度与建设单位结算工程款或年终与建设单位对账确认在建工程成本并转出时，按照确定的金额，借记“代建项目——代建项目转出”科目，贷记“代建项目”科目下的“建筑安装工程投资”等明细科目，同时，借记“预收账款——预收工程款”等科目，贷记“代建项目——代建项目转出”科目。预算会计不做处理。

④确认代建费收入时，按照确定的金额，借记“预收账款——预收工程款”等科目，贷记有关收入科目；同时，在预算会计中借记“资金结存”科目，贷记有关预算收入科目。

⑤项目完工交付使用资产时，按照代建项目未转出的在建工程成本，借记“代建项目——代建项目转出”科目，贷记“代建项目”科目下的“建筑安装工程投资”等明细科目，同时，借记“预收账款——预收工程款”等科目，贷记“代建项目——代建项目转出”科目。

⑥工程竣工决算时收到补付资金的，按照补付的金额，借记“银行存款”等科目，贷记“预收账款——预收工程款”科目。

4. 本科目期末借方余额，反映单位尚未完工的建设项目工程发生的实际成本。

（三）会计实务举例

【例 2-75】某事业单位新建“重点实验室”项目，该项目由实验楼和实验设备组成，作为基本建设项目已经相关部门批准，纳入单位预算，项目实施期 2 年，即 2019 年 1 月 1 日至 2020 年 12 月 31 日，即总概算 70 000 000 元，其中“建设项目”50 000 000 元，“设备项目”20 000 000 元，预算资金分两个年度，2019 年下达预算资金 40 000 000 元，2020 年下达预算资金 30 000 000 元，资金均通过单位零余额账户用款额度收付。2019 年初完成“实验楼项目”相关政府采购手续，项目工程出包给甲建筑公司，双方签订合同总价款是 40 000 000 元，另外，乙监理公司中标监理任务，中标金额是 1 000 000 元，工程设计费 4 000 000 元，工程管理费、税费等 5 000 000 元。相关账务处理如下：

（1）2019 年 1 月 5 日，收到基建项目预算批复和财政集中支付额度入账通知书，金额是 40 000 000 元：

财务会计分录	预算会计分录
借：零余额账户用款额度　40 000 000 　贷：财政拨款收入　40 000 000	借：资金结存——零余额账户用款额度　40 000 000 　贷：财政拨款预算收入　40 000 000

（2）2019 年 3 月 10 日，根据双方签订的合同，预付甲建筑公司工程款 10 000 000 元：

财务会计分录	预算会计分录
借：预付账款——基本建设项目——预付工程款　10 000 000 　贷：零余额账户用款额度　10 000 000	借：事业支出——财政拨款支出——项目支出　10 000 000 　贷：资金结存——零余额账户用款额度　10 000 000

（3）2019 年 3 月 10 日，根据与乙监理公司签订的合同，预付工程监理费 500 000 元：

财务会计分录	预算会计分录
借：预付账款——基本建设项目——其他预付款　500 000 　贷：零余额账户用款额度　500 000	借：事业支出——财政拨款支出——项目支出　500 000 　贷：资金结存——零余额账户用款额度　500 000

（4）2019 年 3 月 10 日，付工程设计费 4 000 000 元：

财务会计分录	预算会计分录
借：在建工程——待摊投资　4 000 000 　贷：零余额账户用款额度　4 000 000	借：事业支出——财政拨款支出——项目支出　4 000 000 　贷：资金结存——零余额账户用款额度　4 000 000

（5）2019 年 12 月 20 日，工程进度达到 50%，根据合同规定，与甲建筑公司办理工程价款结算 20 000 000 元：

财务会计分录	预算会计分录
借：在建工程——建筑安装工程投资　20 000 000 　贷：预付账款——预付工程款　10 000 000 　　零余额账户用款额度　10 000 000	借：事业支出——财政拨款支出——项目支出　10 000 000 　贷：资金结存——零余额账户用款额度　10 000 000

（6）2019 年 12 月 31 日，工程尚未完工，零余额账户资金尚余 15 500 000 元结转下年继续使用：

财务会计分录	预算会计分录
借：财政应返还额度　15 500 000 　贷：零余额账户用款额度　15 500 000	借：资金结存——财政应返还额度　15 500 000 　贷：资金结存——零余额账户用款额度　15 500 000

（7）2020 年 1 月 1 日，恢复零余额账户用款额度：

财务会计分录	预算会计分录
借：零余额账户用款额度　15 500 000 　贷：财政应返还额度　15 500 000	借：资金结存——零余额账户用款额度　15 500 000 　贷：资金结存——财政应返还额度　15 500 000

（8）2020 年 1 月 10 日，收到基建项目预算额度和财政集中支付额度入账

通知书，金额是30 000 000元：

财务会计分录	预算会计分录
借：零余额账户用款额度 30 000 000 贷：财政拨款收入 30 000 000	借：资金结存——零余额账户用款额度 30 000 000 贷：财政拨款预算收入 30 000 000

（9）2020年10月31日，工程进度达到80%，根据合同规定，与甲建筑公司办理工程价款结算12 000 000元：

财务会计分录	预算会计分录
借：在建工程——建筑安装工程投资 12 000 000 贷：零余额账户用款额度 12 000 000	借：事业支出——财政拨款支出——项目支出 12 000 000 贷：资金结存——零余额账户用款额度 12 000 000

（10）2020年12月10日，设备安装到位，支付设备价款20 000 000元：

财务会计分录	预算会计分录
借：在建工程——设备投资 20 000 000 贷：零余额账户用款额度 20 000 000	借：事业支出——财政拨款支出——项目支出 20 000 000 贷：资金结存——零余额账户用款额度 20 000 000

（11）2020年12月31日，结算乙监理公司工程监理费余款5 000 000元：

财务会计分录	预算会计分录
借：在建工程——待摊投资 1 000 000 贷：零余额账户用款额度 500 000 预付账款——其他应付款 500 000	借：事业支出——财政拨款支出——项目支出 500 000 贷：资金结存——零余额账户用款额度 500 000

（12）2020年12日，试验楼建设完工，付甲建筑公司工程尾款8 000 000元：

借：在建工程——建筑安装工程投资 8 000 000 贷：零余额账户用款额度 8 000 000	借：事业支出——财政拨款支出——项目支出 8 000 000 贷：资金结存——零余额账户用款额度 8 000 000

（13）2020年12月31日，付工程管理费、公证费、印花税等款项5 000 000元：

财务会计分录	预算会计分录
借：在建工程——待摊投资　5 000 000 　贷：零余额账户用款额度　5 000 000	借：事业支出——财政拨款支出——项目支出 　5 000 000 　贷：资金结存——零余额账户用款额度 　5 000 000

（14）2020年12月31日，工程完工，待摊费用在实验楼和实验设备之间进行分摊：

财务会计分录	预算会计分录
借：在建工程——建筑安装工程投资 　6 668 000 　在建工程——设备投资　3 332 000 　贷：在建工程——待摊投资　10 000 000	不做账务处理

注：待摊费用分配率 =（400 + 100 + 500）÷（2 000 + 1 200 + 800 + 2 000）= 16.67%
实验楼应分摊的待摊费用 =（2 000 + 1 200 + 800）× 16.67% = 666.8（万元）
实验设备应分摊的待摊费用 = 2 400 × 16.67% = 333.2（万元）

（15）2020年12月31日，2020年12月31日，工程完工，实验楼交付使用：

财务会计分录	预算会计分录
借：固定资产——房屋建筑物　46 668 000 　固定资产——专用设备　23 330 000 　贷：在建工程——建筑安装工程投资 　46 668 000 　　在建工程——设备投资　23 330 000	不做账务处理

【例2－76】2020年3月，某事业单位拟将单位一处科研设施进行改造，该科研设施账面原值2 000 000元，已计提累计折旧1 200 000元，改造过程中拆除部分的账面价值500 000元，科研设施改造和拆除部分已经相关部分批准。相关账务处理如下：

（1）3 月 5 日，将改造的科研设施转入在建工程：

财务会计分录	预算会计分录
借：在建工程——建筑安装工程投资 800 000 固定资产累计折旧 1 200 000 贷：固定资产 2 000 000	不做账务处理

（2）3 月 5 日，拆除部分科研设施：

财务会计分录	预算会计分录
借：待处理财产损溢——待处理财产价值 500 000 贷：在建工程——建筑安装工程投资 500 000	不做账务处理

（3）6 月 30 日，收到有关部门对拆除部分的批复，变价处理收入 50 000 元，银行存款收讫：

财务会计分录	预算会计分录
借：银行存款——基本户 50 000 贷：应缴财政款 50 000 借：资产处置费用——在建工程 50 000 贷：待处理财产损溢——处理净收入 50 000	不做账务处理

（4）11 月 30 日，该科研设施改造完工，工程符合有关政府采购相关程序，根据合同和发票应付工程款金额 2 000 000 元，用银行存款支付：

财务会计分录	预算会计分录
借：在建工程——建筑安装工程投资 2 000 000 贷：银行存款——基本户 2 000 000	借：事业支出——非财政专项资金支出——项目支出 2 000 000 贷：银行存款——基本户 2 000 000

（5）12 月 31 日，科研设施改造完工，验收合格，已通过相关部门评审，转为固定资产：

财务会计分录	预算会计分录
借：固定资产 2 300 000 贷：在建工程——建筑安装工程投资 2 300 000	不做账务处理

【例2－77】2020年4月20日，某事业单位拟构建一套集成（物联网）设备，已经相关部门批准，经费预算8 000 000元已经包含在年初预算里，已收到零余额账户用款额度，设备由10台（套）小设备组装而成，相关账务处理如下：

（1）收到经费额度，同【例2－65】。

（2）2020年8月25日，经过政府采购程序，10台（套）小设备由同一家公司供货，价值7 000 000元，货到付款：

借：在建工程——设备投资　7 000 000 　贷：零余额账户用款额度　7 000 000	借：事业支出——财政拨款支出——项目支出　7 000 000 　贷：资金结存——零余额账户用款额度　7 000 000

（3）12月5日，支付设备组装、调试和培训等费用1 000 000元：

借：在建工程——待摊投资　1 000 000 　贷：零余额账户用款额度　1 000 000	借：事业支出——财政拨款支出——项目支出　1 000 000 　贷：资金结存——零余额账户用款额度　1 000 000

（4）12月10日，设备完成验收手续，投入使用：

借：固定资产　8 000 000 　贷：在建工程——设备投资　7 000 000 　　　　　　——待摊投资　1 000 000	不做账务处理

【例2－78】2020年5月16日，某事业单位将购建A基建项目，前期发生可行性研究费、差旅费等60 000元，已计入“在建工程——待摊投资”科目，后该项目未获批，决定取消不再立项。相关账务处理如下：

（1）发生可行性研究费转出：

财务会计分录	预算会计分录
借：在建工程——待核销基建支出　600 000 　贷：在建工程——待摊投资　600 000	不做账务处理

（2）5 月 31 日，“待核销基建支出”科目需结平：

财务会计分录	预算会计分录
借：资产处置费用——在建工程 600 000 　贷：在建工程——待核销基建支出 600 000	不做账务处理

【例 2－79】9 月 30 日，某事业单位建造的实验楼完工，在办理竣工验收时决定将附属科研设施交付下属研究所使用，产权也归属该研究所，账面价值 800 000 元。相关账务处理如下：

（1）转出“建筑安装工程投资”：

财务会计分录	预算会计分录
借：在建工程——基建转出投资 800 000 　贷：在建工程——建筑安装工程投资 800 000	不做账务处理

（2）同时将“基建转出投资”科目结平：

财务会计分录	预算会计分录
借：无偿调拨净资产 800 000 　贷：在建工程——基建转出投资 800 000	不做账务处理

注：实务中，较常见的做法是先转固定资产再办理划转。

【例 2－80】2020 年初，某行政单位经批准建造一栋办公楼，基建项目总预算 60 000 000 元，项目建设期两年，即 2020 年 1 月 1 日至 2021 年 12 月 31 日，项目委托给下属二级机构（事业单位）代建，前期预付 80% 的工程款，代建完工再付余下的 20% 工程款。相关账务处理如下：

（1）2020 年 4 月 1 日，收到财政资金下达额度：

财务会计分录	预算会计分录
借：零余额账户用款额度 60 000 000 　贷：财政拨款收入 60 000 000	借：资金结存——零余额账户用款额度 60 000 000 　贷：财政拨款预算收入 60 000 000

（2）2020 年 4 月 25 日，预付代建单位 80% 的工程款 48 000 000 元：

财务会计分录	预算会计分录
借：预付账款——基本建设项目——预付工程款 48 000 000 贷：零余额账户用款额度 48 000 000	借：事业支出——财政拨款支出——项目支出 48 000 000 贷：资金结存——零余额账户用款额度 48 000 000

（3）2020 年 12 月 31 日，与代建单位对账，确认在建工程成本 20 000 000 元：

财务会计分录	预算会计分录
借：在建工程——建筑安装工程投资 20 000 000 贷：预付账款——基本建设项目——预付工程款 20 000 000	不做账务处理

（4）2020 年 12 月 31 日，与代建单位对账，确认代建管理费 1 000 000 元：

财务会计分录	预算会计分录
借：在建工程——待摊投资 1 000 000 贷：预付账款——基本建设项目——预付工程款 1 000 000	不做账务处理

（5）2021 年 12 月 20 日，工程完工，与代建单位对账，确认工程成本中尚未确认支出 40 000 000 元：

财务会计分录	预算会计分录
借：在建工程——建筑安装工程投资 40 000 000 贷：预付账款——基本建设项目——预付工程款 40 000 000	不做账务处理

（6）2021 年 12 月 20 日，工程完工，与代建单位对账，确认代建管理费 2 000 000 元：

财务会计分录	预算会计分录
借：在建工程——待摊投资 2 000 000 贷：预付账款——基本建设项目——预付工程款 2 000 000	不做账务处理

（7）2021 年 12 月 20 日，工程结算补付资金 15 000 000 元：

财务会计分录	预算会计分录
借：预付账款——基本建设项目——预付工程款　15 000 000 　贷：零余额账户用款额度　12 000 000 　　银行存款——基本户　3 000 000	借：事业支出——财政拨款支出——项目支出　12 000 000 　事业支出——非财政拨款支出——项目支出　3 000 000 　贷：资金结存——零余额账户用款额度　12 000 000 　　资金结存——货币资金　3 000 000

（8）2021 年 12 月 25 日，工程完工交付使用，确认工程成本 63 000 000 元，在建工程转固定资产：

财务会计分录	预算会计分录
借：固定资产　63 000 000 　贷：在建工程——建筑安装工程投资　60 000 000 　　——待摊投资　3 000 000	不做账务处理

【例 2－81】 接上例，代建单位相关账务处理如下：

（1）2020 年 4 月 25 日，收到建设单位拨付的工程款 48 000 000 元：

财务会计分录	预算会计分录
借：银行存款——基本户　48 000 000 　贷：预收账款——预收工程款　48 000 000	不做账务处理

（2）2020 年，工程建设过程中，发生建设费支出 20 000 000 元：

财务会计分录	预算会计分录
借：代建项目——建筑安装工程投资　20 000 000 　贷：银行存款等　20 000 000	不做账务处理

（3）2020 年 12 月 31 日，与建设单位对账转出在建工程成本 20 000 000 元：

财务会计分录	预算会计分录
借：代建项目——代建项目转出　20 000 000 　贷：代建项目——建筑安装工程投资　20 000 000 借：预收账款——预收工程款　20 000 000 　贷：代建项目——代建项目转出　20 000 000	不做账务处理

（4）2020年12月31日，与建设单位对账，确认代建费收入1 000 000元：

财务会计分录	预算会计分录
借：预收账款——预收工程款　1 000 000 　贷：事业收入　1 000 000	借：资金结存——货币资金　1 000 000 　贷：事业预算收入　1 000 000

（5）2021年，工程建设过程中，发生建设费支出40 000 000元：

财务会计分录	预算会计分录
借：代建项目——建筑安装工程投资　40 000 000 　贷：银行存款等　40 000 000	不做账务处理

（6）2021年12月20日，工程完工，与建设单位对账，转出工程成本40 000 000元：

财务会计分录	预算会计分录
借：代建项目——代建项目转出　40 000 000 　贷：代建项目——建筑安装工程投资　40 000 000 借：预收账款——预收工程款　40 000 000 　贷：代建项目——代建项目转出　40 000 000	不做账务处理

（7）2021年12月20日，工程完工，与建设单位对账，确认代建费收入2 000 000元：

财务会计分录	预算会计分录
借：预收账款——预收工程款　2 000 000 　贷：事业收入　2 000 000	借：资金结存——货币资金　2 000 000 　贷：事业预算收入　2 000 000

（8）2021年12月20日，工程结算收到补付资金15 000 000元：

财务会计分录	预算会计分录
借：银行存款——基本户　15 000 000 　贷：预收账款——预收工程款　15 000 000	不做账务处理

（四）常见及疑难问题解释参考

1. 关于基本建设项目的明细科目或辅助核算。应当通过在有关会计科目下设置与基本建设项目相关的明细科目或增加标记，或设置基建项目辅助账等方式，满足基本建设项目竣工决算报表编制的需要。

2. 构建房屋及建筑物时，如果是在新购置的土地上建的，则新购建的土地形成的土地使用权计入房屋及建筑物的成本，及计入固定资产，如果是在原来无偿划拨的土地上构建的，则取得的土地使用权计入无形资产，不计入固定资产成本。

3. 建设项目竣工验收交付使用时，按规定先转入建设单位、再无偿划拨给其他会计主体的，建设单位应当按照《政府会计制度》规定，先将在建工程转入“固定资产”“公共基础设施”等科目，再按照无偿调拨资产相关规定进行账务处理。

4. 建设单位与资产调入方应当按规定做好资产核算工作的衔接和相关会计资料的交接，确保交付使用资产在记账上不重复、不遗漏。

5. 固定资产改建、扩建应区别于固定资产的修缮，修缮一般不会改变固定资产的使用效能，也不会延长其使用年限，且费用较少周期短。

6. 政府设立（或授权）、政府招标产生的代建制项目，代建管理费由同级财政部门根据代建内容和要求，按照不高于本规定项目建设管理费标准核定，计入项目建设成本。

7. 代建单位为企业的，按照企业类会计准则制度相关规定进行账务处理。

第八节　无形资产的核算

一、无形资产

（一）无形资产业务概述

无形资产也属于国有资产的范畴，无形资产的购买、使用及处置等应当符合国有资产管理相关规定。

1. 无形资产的定义。

无形资产，是指单位控制的没有实物形态的可辨认非货币性资产，如专利权、商标权、著作权、土地使用权、非专利技术等。资产满足下列条件之一的，符合无形资产定义中的可辨认性标准：

（1）能够从单位分离或者划分出来，并能单独或者与相关合同、资产或负债一起，用于出售、转移、授予许可、租赁或者交换。

（2）源自合同性权利或其他法定权利，无论这些权利是否可以从政府会计主体或其他权利和义务中转移或者分离。

2. 无形资产的种类。

（1）专利权，是发明创造人或其权利受让人对特定的发明创造在一定期限内依法享有的独占实施权，是知识产权的一种。即事业单位在某一产品的造型、配方、结构、制造工艺或程序的发明上给予制造使用和出售等方面的专门权利。专利权受法律保护。

（2）土地使用权，是指事业单位依法取得的在一定期间内开发、利用、经营国有土地的权利。在我国，土地归国家所有，任何单位或个人只有使用权，没有土地所有权。

（3）非专利技术，又称专有技术、技术秘密、技术诀窍、它是指发明者未申请专利或不够申请专利条件的而未经公开的先进技术，包括先进经验、技术设计资料、原料配方等。如事业单位在组织事业收入或经营收入过程中取得的在生产、经营和管理等方面未获得专利权的知识、经验和技巧等。非专利技术不需要到有关管理机关登记注册，不受法律保护只能靠保密方式维持其独占权，但确是一种事实上的专利权，可以进行转让和投资。

（4）著作权，又称版权，是指文学、艺术和科学作品等著作人依法对其作品所拥有的权利，一般包括发表权、署名权、修改权、保护作品完整权、使用权和获得报酬权等。著作权受国家法律保护。

（5）商标权，是指事业单位专门在某类指定的商品或产品上使用特定的名称或图案的权利。商标一经注册，即受法律保护。

3. 无形资产的确认。

无形资产同时满足下列条件的，应当予以确认：

（1）与该无形资产相关的服务潜力很可能实现或者经济利益很可能流入政府会计主体；

（2）该无形资产的成本或者价值能够可靠地计量。单位在判断无形资产的服务潜力或经济利益是否很可能实现或流入时，应当对无形资产在预计使用年限内可能存在的各种社会、经济、科技因素做出合理估计，并且应当有确凿的证据支持。

单位购入的不构成相关硬件不可缺少组成部分的软件，应当确认为无形资产。

单位自行研究开发项目的支出，应当区分研究阶段支出与开发阶段支出。研究是指为获取并理解新的科学或技术知识而进行的独创性的有计划调查。开发是指在进行生产或使用前，将研究成果或其他知识应用于某项计划或设计，以生产出新的或具有实质性改进的材料、装置、产品等。

单位自行研究开发项目研究阶段的支出，应当于发生时计入当期费用。单位自行研究开发项目开发阶段的支出，先按合理方法进行归集，如果最终形成无形资产的，应当确认为无形资产；如果最终未形成无形资产的，应当计入当期费用。单位自行研究开发项目尚未进入开发阶段，或者确实无法区分研究阶段支出和开发阶段支出，但按法律程序已申请取得无形资产的，应当将依法取得时发生的注册费、聘请律师费等费用确认为无形资产。

单位自创商誉及内部产生的品牌、报刊名等，不应确认为无形资产。

与无形资产有关的后续支出，符合确认条件的，应当计入无形资产成本；不符合确认条件的，应当在发生时计入当期费用或者相关资产成本。

无形资产的初始计量：即无形资产在取得时应当按照成本进行初始计量。

(1) 单位外购的无形资产，其成本包括购买价款、相关税费以及可归属于该项资产达到预定用途前所发生的其他支出。单位委托软件公司开发的软件，视同外购无形资产确定其成本。

(2) 单位自行开发的无形资产，其成本包括自该项目进入开发阶段后至达到预定用途前所发生的支出总额。

(3) 单位通过置换取得的无形资产，其成本按照换出资产的评估价值加上支付的补价或减去收到的补价，加上换入无形资产发生的其他相关支出确定。

(4) 单位接受捐赠的无形资产，其成本按照有关凭据注明的金额加上相关税费确定；没有相关凭据可供取得，但按规定经过资产评估的，其成本按照评估价值加上相关税费确定；没有相关凭据可供取得、也未经资产评估的，其成本比照同类或类似资产的市场价格加上相关税费确定；没有相关凭据且未经资产评估、同类或类似资产的市场价格也无法可靠取得的，按照名义金额入账，相关税费计入当期费用。确定接受捐赠无形资产的初始入账成本时，应当考虑该项资产尚可为政府会计主体带来服务潜力或经济利益的能力。

(5) 单位无偿调入的无形资产，其成本按照调出方账面价值加上相关税费确定。

单位应当按月对使用年限有限的无形资产进行摊销，并根据用途计入当期费用或者相关资产成本。单位应当采用年限平均法或者工作量法对无形资产进行摊销，应摊销金额为其成本，不考虑预计残值。

因发生后续支出而增加无形资产成本的，对于使用年限有限的无形资产，应当按照重新确定的无形资产成本以及重新确定的摊销年限计算摊销额。

4. 无形资产的处置。

（1）单位按规定报经批准出售无形资产，应当将无形资产账面价值转销计入当期费用，并将处置收入大于相关处置税费后的差额按规定计入当期收入或者做应缴款项处理，将处置收入小于相关处置税费后的差额计入当期费用。

（2）单位按规定报经批准对外捐赠、无偿调出无形资产的，应当将无形资产的账面价值予以转销，对外捐赠、无偿调出中发生的归属于捐出方、调出方的相关费用应当计入当期费用。

（3）单位按规定报经批准以无形资产对外投资的，应当将该无形资产的账面价值予以转销，并将无形资产在对外投资时的评估价值与其账面价值的差额计入当期收入或费用。

（4）无形资产预期不能为单位带来服务潜力或者经济利益的，应当在报经批准后将该无形资产的账面价值予以转销。

5. 无形资产的披露。

单位应当按照无形资产的类别在附注中披露与无形资产有关的下列信息：

（1）无形资产账面余额、累计摊销额、账面价值的期初、期末数及其本期变动情况。

（2）自行开发无形资产的名称、数量，以及账面余额和累计摊销额的变动情况。

（3）以名义金额计量的无形资产名称、数量，以及以名义金额计量的理由。

（4）接受捐赠、无偿调入无形资产的名称、数量等情况。

（5）使用年限有限的无形资产，其使用年限的估计情况；使用年限不确定的无形资产，其使用年限不确定的确定依据。

（6）无形资产出售、对外投资等重要资产处置的情况。

（二）无形资产的核算

1. 核算内容。

本科目核算单位无形资产的原值。

2. 明细科目设置设置。

本科目应当按照无形资产的类别、项目等进行明细核算（见表2－24）。

表2－24　　事业单位无形资产科目表

序号	科目编码	科目名称	科目类别	辅助要素
1	1701	无形资产	资产类	资产大类、经费性质

3. 主要账务处理。

（1）无形资产在取得时，应当按照成本进行初始计量。

①外购的无形资产，按照确定的成本，借记本科目，贷记“财政拨款收入”“零余额账户用款额度”“应付账款”“银行存款”等科目。

②委托软件公司开发软件，视同外购无形资产进行处理。

合同中约定预付开发费用的，按照预付金额，借记“预付账款”科目，贷记“财政拨款收入”“零余额账户用款额度”“银行存款”等科目。

软件开发完成交付使用并支付剩余或全部软件开发费用时，按照软件开发费用总额，借记本科目，按照相关预付账款金额，贷记“预付账款”科目，按照支付的剩余金额，贷记“财政拨款收入”“零余额账户用款额度”“银行存款”等科目。

③自行研究开发形成的无形资产，按照研究开发项目进入开发阶段后至达到预定用途前所发生的支出总额，借记本科目，贷记“研发支出——开发支出”科目。

自行研究开发项目尚未进入开发阶段，或者确实无法区分研究阶段支出和开发阶段支出，但按照法律程序已申请取得无形资产的，按照依法取得时发生的注册费、聘请律师费等费用，借记本科目，贷记“财政拨款收入”“零余额账户用款额度”“银行存款”等科目；按照依法取得前所发生的研究开发支出，借记“业务活动费用”等科目，贷记“研发支出”科目。

④接受捐赠的无形资产，按照确定的无形资产成本，借记本科目，按照发生的相关税费等，贷记“零余额账户用款额度”“银行存款”等科目，按照其差额，贷记“捐赠收入”科目。

接受捐赠的无形资产按照名义金额入账的，按照名义金额，借记本科目，贷记“捐赠收入”科目；同时，按照发生的相关税费等，借记“其他费用”科目，贷记“零余额账户用款额度”“银行存款”等科目。

⑤无偿调入的无形资产，按照确定的无形资产成本，借记本科目，按照发生的相关税费等，贷记“零余额账户用款额度”“银行存款”等科目，按照其差额，贷记“无偿调拨净资产”科目。

⑥置换取得的无形资产，参照“库存物品”科目中置换取得库存物品的相关规定进行账务处理。

无形资产取得时涉及增值税业务的，相关账务处理参见“应交增值税”科目。

（2）与无形资产有关的后续支出。

①符合无形资产确认条件的后续支出。为增加无形资产的使用效能对其进行升级改造或扩展其功能时，如需暂停对无形资产进行摊销的，按照无形资产的账面价值，借记“在建工程”科目，按照无形资产已摊销金额，借记“无形资产累计摊销”科目，按照无形资产的账面余额，贷记本科目。

无形资产后续支出符合无形资产确认条件的，按照支出的金额，借记本科目（无需暂停摊销的）或“在建工程”科目（需暂停摊销的），贷记“财政拨款收入”“零余额账户用款额度”“银行存款”等科目。

暂停摊销的无形资产升级改造或扩展功能等完成交付使用时，按照在建工程成本，借记本科目，贷记“在建工程”科目。

②不符合无形资产确认条件的后续支出。为保证无形资产正常使用发生的日常维护等支出，借记“业务活动费用”“单位管理费用”等科目，贷记“财政拨款收入”“零余额账户用款额度”“银行存款”等科目。

（3）按照规定报经批准处置无形资产，应当分别以下情况处理：

①报经批准出售、转让无形资产，按照被出售、转让无形资产的账面价值，借记“资产处置费用”科目，按照无形资产已计提的摊销，借记“无形资产累计摊销”科目，按照无形资产账面余额，贷记本科目；同时，按照收到的价款，借记“银行存款”等科目，按照处置过程中发生的相关费用，贷记“银行存款”等科目，按照其差额，贷记“应缴财政款”（按照规定应上缴无形资产转让净收入的）或“其他收入”（按照规定将无形资产转让收入纳入本单位预算管理的）科目。

②报经批准对外捐赠无形资产，按照无形资产已计提的摊销，借记“无形资产累计摊销”科目，按照被处置无形资产账面余额，贷记本科目，按照捐赠过程中发生的归属于捐出方的相关费用，贷记“银行存款”等科目，按照其差额，借记“资产处置费用”科目。

③报经批准无偿调出无形资产，按照无形资产已计提的摊销，借记“无形资产累计摊销”科目，按照被处置无形资产账面余额，贷记本科目，按照其差额，借记“无偿调拨净资产”科目；同时，按照无偿调出过程中发生的归属于调出方的相关费用，借记“资产处置费用”科目，贷记“银行存款”等科目。

④报经批准置换换出无形资产，参照“库存物品”科目中置换换入库存物品的规定进行账务处理。

⑤无形资产预期不能为单位带来服务潜力或经济利益，按照规定报经批准核销时，按照待核销无形资产的账面价值，借记“资产处置费用”科目，按照已计提摊销，借记“无形资产累计摊销”科目，按照无形资产的账面余额，贷记本科目。

无形资产处置时涉及增值税业务的，相关账务处理参见“应交增值税”科目。

（4）单位应当定期对无形资产进行清查盘点，每年至少盘点一次。单位资产清查盘点过程中发现的无形资产盘盈、盘亏等，参照“固定资产”科目相关规定进行账务处理。

4. 本科目期末借方余额，反映单位无形资产的成本。

（三）会计实务举例

【例 2－82】某事业单位 2020 年 5 月 15 日外购一套信息化软件，价值是 800 000 元，相关税费是 20 000 元，全部以零余额账户支付，相关账务处理如下：

财务会计分录	预算会计分录
借：无形资产——软件 820 000 贷：零余额账户用款额度 820 000	借：事业支出——财政拨款支出——项目支出 820 000 贷：资金结存——零余额账户用款额度 820 000

【例 2－83】某事业单位 2020 年 3 月 1 日至 2020 年 10 月 31 日，委托甲信息科技公司开发一套应用软件，该项目已经批复并纳入预算，资金到达单位零余额账户，项目执行符合政府采购有关规定，2020 年 2 月 10 日签订委托开发合同金额 1 200 000 元，按合同规定预付 30% 开发费，2020 年 10 月 20 日，应

用软件开发完成投入使用，结算开发费用并留 5% 的质量保金一年以后再付。相关账务处理如下：

（1）2 月 10 日，预付开发费 360 000 元：

财务会计分录	预算会计分录
借：预付账款——其他　360 000 　贷：零余额账户用款额度　360 000	借：事业支出——财政拨款支出——项目支出　360 000 　贷：资金结存——零余额账户用款额度　360 000

（2）10 月 20 日，应用软件开发完成，结算价款 1 200 000 元，预留保证金 60 000 元：

财务会计分录	预算会计分录
借：无形资产——软件　1 200 000 　贷：零余额账户用款额度　780 000 　　预付账款　360 000 　　其他应付款　60 000	借：事业支出——财政拨款支出——项目支出　780 000 　贷：资金结存——零余额账户用款额度　780 000

【例 2－84】某事业单位 2020 年 1 月 1 日至 2020 年 12 月 31 日，自筹资金自行研究开发一项新产品专利，2020 年 1 月 1 日至 2020 年 8 月 31 日为研究阶段，发生材料费 600 000 元，发生人工工资 500 000 元，发生差旅费、咨询费、检验费等 300 000 元。2020 年 9 月 1 日至 2020 年 12 月 31 日为开发阶段，发生材料费 300 000 元，发生人工工资 200 000 元，发生差旅费、测试费等 100 000 元，发生专用设备折旧费等 100 000 元。年末，新产品专利开发完成，达到预定可使用状态并投入使用，全部以银行存款支付。相关账务处理如下：

（1）1—8 月，支付研发阶段的相关费用：

财务会计分录	预算会计分录
借：研发支出——研究支出　1 400 000 　贷：银行存款——基本户　300 000 　　应付职工薪酬——其他个人收入　500 000 　　库存物品　600 000	借：事业支出——非财政拨款支出——项目支出　300 000 　贷：资金结存——货币资金　300 000

（2）9—12 月，支付开发阶段相关费用：

财务会计分录	预算会计分录
借：研发支出——开发支出 700 000 贷：银行存款——基本户 100 000 应付职工薪酬——其他个人收入 200 000 库存物品 300 000 固定资产累计折旧 100 000	借：事业支出——非财政拨款支出——项目支出 100 000 贷：资金结存——货币资金 100 000

（3）12 月 31 日，研究阶段支出转入当期费用：

财务会计分录	预算会计分录
借：业务活动费用——商品和服务费用 1 400 000 贷：研发支出——研究支出 1 400 000	不做账务处理

（4）12 月 31 日，开发支出转入无形资产：

财务会计分录	预算会计分录
借：无形资产——专利权 700 000 贷：研发支出——开发支出 700 000	不做账务处理

【例 2 -85】2020 年 3 月 10 日，某事业单位与某开发公司签订捐赠协议，接受开发公司捐赠一项土地使用权和一项专利权，土地使用权评估价 12 000 000 元，发生相关税费 10 000 元，银行存款支付；专利权没有相关凭据，同类或类似无形资产的市场价格和评估价格也无法取得，该专利权按名义金额入账，发生相关税费 20 000 元。相关账务处理如下：

（1）3 月 10 日，土地使用权入账并支付相关税费：

财务会计分录	预算会计分录
借：无形资产——土地使用权 12 010 000 贷：捐赠收入 12 000 000 银行存款——基本户 10 000	借：其他支出——其他资金支出 10 000 贷：资金结存——货币资金 10 000

（2）3月10日，专利权入账并支付相关税费：

财务会计分录	预算会计分录
借：无形资产——专利权　1 其他费用　20 000 贷：捐赠收入　1 银行存款——基本户　20 000	借：其他支出——其他资金支出　20 000 贷：资金结存——货币资金　20 000

【例2－86】2020年9月20日，某事业单位因科研需要与另一家事业单位（乙事业单位）签订资产置换协议，以其持有的对某科技公司的长期股权投资交换乙事业单位拥有的一项专利技术，交换日9月30日，该长期股权投资账面余额1 600 000元，该投资采用成本法核算，评估价是4 000 000，发生相关费用20 000元，以银行存款支付；乙事业单位专利技术无账面价值，评估价是5 000 000元，发生相关税费10 000元，银行存款支付；需支付补价1 000 000元。账务处理如下：

财务会计分录	预算会计分录
借：无形资产——专利权　5 020 000 贷：长期股权投资——成本法　1 600 000 银行存款——基本户　1 020 000 其他收入　2 400 000	借：其他支出——其他资金支出　1 020 000 贷：资金结存——货币资金　1 020 000

【例2－87】2020年12月30日，某事业单位根据主管部门批准，从兄弟单位无偿调入一项非专利技术，该非专利技术账面余额80 000元，累计摊销30 000元，支付相关税费5 000元，用零余额账户资金支付，相关账务处理如下：

财务会计分录	预算会计分录
借：无形资产——非专利技术　55 000 贷：零余额账户用款额度　5 000 无偿调拨净资产　50 000	借：其他支出——财政拨款支出　5 000 贷：资金结存——零余额账户用款额度 5 000

【例2－88】2020年3月1日，某事业单位对一套正在使用的信息化系统进行升级改造，该系统系已使用6年，原预计使用10年，账面原值800 000

元，已摊销480 000元，改造需要3个月时间，期间暂停摊销，根据合同8月31日改造完成并投入使用，改造费用600 000元，以零余额账户资金支付。账务处理如下：

（1）3月1日，将升级改造的信息化系统转入在建工程：

财务会计分录	预算会计分录
借：在建工程——其他投资——无形资产　320 000 　无形资产累计摊销　480 000 　贷：无形资产　800 000	不做账务处理

（2）8月31日，支付改造费用：

财务会计分录	预算会计分录
借：在建工程——其他投资——无形资产　600 000 　贷：零余额账户用款额度　600 000	借：事业支出——财政拨款支出——项目支出　600 000 　贷：资金结存——零余额账户用款额度　600 000

（3）8月31日，信息化系统投入使用：

财务会计分录	预算会计分录
借：无形资产　920 000 　贷：在建工程——其他投资——无形资产　920 000	不做账务处理

【例2-89】2020年9月30日，某事业单位对正在使用的财务软件进行常规维护，支付维护费20 000元，以零余额账户资金支付，相关账务处理如下：

财务会计分录	预算会计分录
借：业务活动费用——商品与服务费用　20 000 　贷：零余额账户用款额度　20 000	借：事业支出——财政拨款支出——项目支出　20 000 　贷：资金结存——零余额账户用款额度　20 000

【例2-90】2020年9月30日，某事业单位为增值税小规模纳税人，对其

拥有的一套软件著作权进行转让，该著作权账面价值 60 000 元，已累计摊销 10 000 元，转让所得价款 600 000 元，以银行存款收讫，缴纳增值税 40 000 元，假设无其他相关税费。相关账务处理如下：

（1）9 月 30 日，假设转让所得价款按规定纳入本单位预算管理：

财务会计分录	预算会计分录
借：资产处置费用——无形资产 50 000 无形资产累计摊销 10 000 银行存款——基本户 600 000 贷：无形资产——著作权 60 000 应交增值税——简易计税 40 000 其他收入 560 000	借：资金结存——货币资金 600 000 贷：其他预算收入——其他预算收入 600 000

（2）9 月 30 日，假设转让所得价款按规定上交财政专户：

财务会计分录	预算会计分录
借：资产处置费用 50 000 无形资产累计摊销 10 000 银行存款——基本户 600 000 贷：无形资产——著作权 60 000 应缴财政款——应交国库款 600 000	不做账务处理

【例 2－91】2020 年 2 月 20 日，某事业单位将一套教学软件捐赠给对口扶贫村的小学，该软件账面价值 150 000 元，已计提摊销 60 000 元，支付相关税费 10 000 元，以银行存款付讫，相关账务处理如下：

财务会计分录	预算会计分录
借：无形资产累计摊销 60 000 资产处置费用——无形资产 100 000 贷：无形资产——软件 150 000 银行存款——基本户 10 000	借：其他支出——其他资金支出 10 000 贷：资金结存——货币资金 10 000

【例 2－92】2020 年 10 月 20 日，某事业单位将一项专利权无偿调拨给附属二级机构，该专利权账面价值 30 000 元，已计提摊销 15 000 元，支付相关

税费5 000元，以银行存款支付，相关账务处理如下：

财务会计分录	预算会计分录
借：无偿调拨净资产 15 000 　　无形资产累计摊销 15 000 　　资产处置费用——无形资产 5 000 　　贷：无形资产——专利权 30 000 　　　　银行存款——基本户 5 000	借：其他支出——其他资金支出 5 000 　　贷：资金结存——货币资金 5 000

【例2－93】2020年12月31日，某事业单位根据财政部门的清产核资批复，核销一项非专利技术，该非专利技术因技术进步已被淘汰，账面价值45 000元，已计提摊销40 000元，相关账务处理如下：

财务会计分录	预算会计分录
借：无形资产累计摊销 40 000 　　资产处置费用 5 000 　　贷：无形资产——非专利技术 45 000	不做账务处理

（四）常见及疑难问题解释参考

1. 大多数行政事业单位是通过行政划拨取得的土地，单位拥有土地使用权，但该使用权不完整，不能转让、处置等，不应确认为无形资产。单位在购建房屋及构筑物时，取得了土地使用权，该使用权能够单独计量且取得了土地使用权证的，可确认为无形资产；该使用权不能从房屋建筑物中分离并单独计量的，应当和房屋建筑物一起确认为固定资产。

2. 资产无法取得相关凭据，也无法可靠取得同类或类似资产的市场价格的，经批准可按名义金额入账。

3. 单位构建房屋及建筑物时不能分清购建成本中的房屋及构筑物部分与土地使用权部分的，应当全部确认为固定资产，能够分清购建成本中的房屋及构筑物部分与土地使用权部分的，应当将其中的房屋及构筑物确部分认为固定资产，将其中的土地使用权部分确认为无形资产。

二、无形资产累计摊销

（一）无形资产累计摊销业务概述

1. 推销内容。

摊销是指在无形资产使用年限内，按照确定的方法对应摊销金额进行系统分摊。

单位应当于取得或形成无形资产时合理确定其使用年限。无形资产的使用年限为有限的，应当估计该使用年限。无法预见无形资产为单位提供服务潜力或者带来经济利益期限的，应当视为使用年限不确定的无形资产。

单位应当对使用年限有限的无形资产进行摊销，但已摊销完毕仍继续使用的无形资产和以名义金额计量的无形资产除外。摊销是指在无形资产使用年限内，按照确定的方法对应摊销金额进行系统分摊。

对于使用年限有限的无形资产，单位应当按照以下原则确定无形资产的摊销年限：

（1）法律规定了有效年限的，按照法律规定的有效年限作为摊销年限；

（2）法律没有规定有效年限的，按照相关合同或单位申请书中的受益年限作为摊销年限；

（3）法律没有规定有效年限、相关合同或单位申请书也没有规定受益年限的，应当根据无形资产为政府会计主体带来服务潜力或经济利益的实际情况，预计其使用年限；

（4）非大批量购入、单价小于1 000元的无形资产，可以于购买的当期将其成本一次性全部转销。

使用年限不确定的无形资产不应摊销。

2. 摊销方法。

（1）年限平均法。又称直线法，是将无形资产的应摊销金额均衡地分配于每一会计期间的一种方法。其计算公式如下：

无形资产年摊销额 = 无形资产应计摊销额 ÷ 使用年限

无形资产月摊销额 = 无形资产年摊销额 ÷ 12

（2）工作量法。工作量法是指按照无形资产实际完成的工作总量计算摊销额的一种方法。采用这种方法，每期计提的摊销额随当期无形资产提供工作量的多少而变动，计算公式如下：

单位摊销额 = 无形资产原值 ÷ 预计总工作量

当期摊销额 = 当期工作量 × 单位摊销额

不考虑预计残值。因发生后续支出而增加无形资产成本的，应当按照重新确定的无形资产成本以及重新确定的摊销年限计算摊销额。

（二）无形资产累计摊销的核算

1. 核算内容。

本科目核算单位对使用年限有限的无形资产计提的累计摊销。

2. 明细科目设置（见表 2－25）。

表 2－25　　事业单位无形资产累计摊销科目表

序号	科目编码	科目名称	科目类别	辅助要素
1	1702	无形资产累计摊销	资产类	资产大类

3. 主要账务处理。

（1）按月对无形资产进行摊销时，按照应摊销金额，借记“业务活动费用”“单位管理费用”“加工物品”“在建工程”等科目，贷记本科目。

（2）经批准处置无形资产时，按照所处置无形资产的账面价值，借记“资产处置费用”“无偿调拨净资产”“待处理财产损溢”等科目，按照已计提摊销，借记本科目，按照无形资产的账面余额，贷记“无形资产”科目。

4. 本科目期末贷方余额，反映单位计提的无形资产累计摊销累计数。

（三）会计实务举例

【例 2－94】接前面【例 2－82】2020 年 5 月 30 日，某事业单位对购入的信息化软件计提累计摊销，按合同规定该软件使用 10 年，相关账务处理如下：

财务会计分录	预算会计分录
借：业务活动费用　6 833.33 　贷：无形资产累计摊销　6 833.33	不做账务处理

注：软件月摊销额 = 820 000 ÷ 10 ÷ 12 = 6 833.33（元）。

（四）常见及疑难问题解释参考

下列情形下，无形资产不应摊销：（1）使用年限不确定的无形资产；（2）已摊销完毕继续使用的无形资产；（3）以名义价值计量的无形资产。

三、研发支出

（一）研发支出业务概述

单位自行研究开发的项目，发生的相关费用先通过此科目进行归集，期（年）末，如果项目研发可以形成无形资产，则确认为无形资产，如果不能达到预期用途，则将本科目金额转入当期费用。

（二）研发支出的核算

1. 核算内容。

本科目核算单位自行研究开发项目研究阶段和开发阶段发生的各项支出。

建设项目中的软件研发支出，应当通过“在建工程”科目核算，不通过本科目核算。

2. 明细科目设置。

本科目应当按照自行研究开发项目，分别就“研究支出”“开发支出”进行明细核算（见表2－26）。

表2－26　　事业单位研发支出科目表

序号	科目编码	科目名称	科目类别	辅助要素
1	1703	研发支出	资产类	
2	170301	研究支出	资产类	
3	170302	开发支出	资产类	

3. 主要账务处理。

（1）自行研究开发项目研究阶段的支出，应当先在本科目归集。按照从事研究及其辅助活动人员计提的薪酬，研究活动领用的库存物品，发生的与研究活动相关的管理费、间接费和其他各项费用，借记本科目（研究支出），贷记“应付职工薪酬”“库存物品”“财政拨款收入”“零余额账户用款额度”“固定资产累计折旧”“银行存款”等科目。

期（月）末，应当将本科目归集的研究阶段的支出金额转入当期费用，借记“业务活动费用”等科目，贷记本科目（研究支出）。

（2）自行研究开发项目开发阶段的支出，先通过本科目进行归集。按照从事开发及其辅助活动人员计提的薪酬，开发活动领用的库存物品，发生的与开发活动相关的管理费、间接费和其他各项费用，借记本科目（开发支出），贷记“应付职工薪酬”“库存物品”“财政拨款收入”“零余额账户用款额度”“固定资产累计折旧”“银行存款”等科目。自行研究开发项目完成，达到预定用途形成无形资产的，按照本科目归集的开发阶段的支出金额，借记“无形资产”科目，贷记本科目（开发支出）。

单位应于每年年度终了评估研究开发项目是否能达到预定用途，如预计不能达到预定用途（如无法最终完成开发项目并形成无形资产的），应当将已发生的开发支出金额全部转入当期费用，借记“业务活动费用”等科目，贷记本科目（开发支出）。

自行研究开发项目时涉及增值税业务的，相关账务处理参见“应交增值税”科目。

4. 本科目期末借方余额，反映单位预计能达到预定用途的研究开发项目在开发阶段发生的累计支出数。

（三）会计实务举例

【例 2-95】 自 2020 年 1 月起，某事业单位自行研究开发一套应用软件，研发过程中发生人员工资 200 000 元，领用办公用品价值 30 000 元，使用的固定资产折旧额 10 000 元，其他费用 10 000 元，以银行存款支付，总计 250 000 元。其中符合资本化条件的费用 240 000 元。年末该套软件已达到预定用途，假定不考虑相关税费。

（1）自行研发应用软件发生的人员工资，相关账务处理如下：

财务会计分录	预算会计分录
借：研发支出——开发支出 200 000 贷：应付职工薪酬——基本工资等 200 000	不做账务处理

（2）自行研发应用软件领用的办公用品，相关账务处理如下：

财务会计分录	预算会计分录
借：研发支出——开发支出 30 000 贷：库存物品 30 000	不做账务处理

（3）自行研发应用软件计提的固定资产折旧，相关账务处理如下：

财务会计分录	预算会计分录
借：研发支出——开发支出　10 000 　贷：固定资产累计折旧　10 000	不做账务处理

（4）自行研发应用软件发生的其他费用，相关账务处理如下：

财务会计分录	预算会计分录
借：研发支出——研究支出　10 000 　贷：银行存款——基本户　10 000	借：事业支出——其他资金支出　10 000 　贷：资金结存——货币资金　10 000

（5）年末自行研发应用软件达到预定用途，相关账务处理如下：

财务会计分录	预算会计分录
借：业务活动费用——商品和服务费用　10 000 　无形资产（应用软件）　240 000 　贷：研发支出——研究支出　10 000 　　研发支出——开发支出　240 000	不做账务处理

（四）常见及疑难问题解释参考

如何区分研究阶段和开发阶段的支出？

从研究活动的特点看，其研究是否能在未来形成成果，即通过开发后是否会形成无形资产有很大的不确定性，因此研究阶段的有关支出在发生时应当费用化计入当期损益。进入开发阶段的研发项目往往形成成果的可能性比较大。此时如果能够证明满足无形资产的定义及相关确认条件，所发生的开发支出可资本化，确认无形资产的成本。开发阶段的支出，应按合理方法进行归集，如果最终形成无形资产的，应当确认为无形资产；如果最终未形成无形资产的，应当计入当期费用。

第九节 经管资产的核算

一、公共基础设施

（一）公共基础设施业务概述

1. 公共基础设施的定义。

公共基础设施是指政府会计主体为满足社会公共需求而控制的，同时具有以下特征的有形资产：

（1）是一个有形资产系统或网络的组成部分；

（2）具有特定用途；

（3）一般不可移动。

2. 公共基础设施的分类。

公共基础设施主要包括市政基础设施（如城市道路、桥梁、隧道、公共场站、路灯、广场、公园绿地、室外公共健身器材，以及环卫、排水、供水、供电、供气、供热、污水处理、垃圾处理系统等）、交通基础设施（如公路、航道、港口等）、水利基础设施（如大坝、堤防、水闸、泵站、渠道等）和其他公共基础设施。

3. 特殊情况。

（1）独立于公共基础设施、不构成公共基础设施使用不可缺少组成部分的管理维护用房屋建筑物、设备、车辆等，适用《政府会计准则第3号——固定资产》。

（2）属于文物文化资产的公共基础设施，适用其他相关政府会计准则。

（3）采用政府和社会资本合作模式（即PPP模式）形成的公共基础设施的确认和初始计量，适用其他相关政府会计准则。

4. 公共基础设施的确认。

公共基础设施同时满足下列条件的，应当予以确认：

（1）与该公共基础设施相关的服务潜力很可能实现或者经济利益很可能流入单位。

（2）该公共基础设施的成本或者价值能够可靠计量。

通常情况下，符合条件以上条件的公共基础设施，应当由按规定对其负有管理维护职责的单位予以确认。

多个单位共同管理维护的公共基础设施，应当由该资产负有主要管理维护职责或者承担后续主要支出责任的单位予以确认。

分为多个组成部门由不同单位通过政府购买服务方式委托企业或其他会计主体代为管理维护公共基础设施的，该公共基础设施应当由委托方予以确认。

对于自建或外购的公共基础设施，单位应当在该项公共基础设施验收合格并交付使用时确认；对于无偿调入、接受捐赠的公共基础设施，单位应当在开始承担该项公共基础设施管理维护职责时确认。

单位应当根据公共基础设施提供公共产品或服务的性质或功能特征对其进行分类确认。

公共基础设施的各组成部分具有不同使用年限或者以不同方式提供公共产品或服务，适用不同折旧率或折旧方法且可以分别确定各自原价的，应当分别将各组成部分确认为该类公共基础设施的一个单项公共基础设施。

单位在购建公共基础设施时，能够分清购建成本中的构筑物部分与土地使用权部分的，应当将其中的构筑物部分和土地使用权部分分别确认为公共基础设施；不能分清购建成本中的构筑物部分和土地使用权部分的，应该整体确认为公共基础设施。

公共基础设施在使用过程中发生的后续支出，符合其确认条件的，应当计入公共基础设施成本；不符合其确认条件的，应当在发生时计入当期费用。

通常情况下，为增加公共基础设施使用效能或延长其使用年限而发生的改建、扩建等后续支出，应当计入公共基础设施成本；为维护公共基础设施的正常使用而发生的日常维修、养护等后续支出，应当计入当期费用。

5. 公共基础设施的初始计量。

公共基础设施在取得时应当按照成本进行初始计量。

（1）单位自行建造的公共基础设施，其成本包括完成批准的建设内容所发生的全部必要支出，包括建筑安装工程投资支出、设备投资支出、待摊投资支出和其他投资支出。在原有公共基础设施基础上进行改建、扩建等建造活动后的公共基础设施，其成本按照原公共基础设施账面价值加上改建、扩建等建造活动发生的支出，再扣除公共基础设施被替换部分的账面价值后的金额确定。为建造公共基础设施借入的专门借款的利息，属于建设期间发生的，计入该公共基础设施在建工程成本；不属于建设期间发生的，计入当期费用。已交付使用但尚未办理竣工决算手续的公共基础设施，应当按照估计价值入账，待办理竣工决算后再按照实际成本调整原来的暂估价值。

（2）单位接受其他会计主体无偿调入的公共基础设施，其成本按照该项公共基础设施在调出方的账面价值加上归属于调入方的相关费用确定。

（3）单位接受捐赠的公共基础设施，其成本按照有关凭据注明的金额加上相关费用确定；没有相关凭据可供取得，但按规定经过资产评估的，其成本按照评估价值加上相关费用确定；没有相关凭据可供取得、也未经资产评估的，其成本比照同类或类似资产的市场价格加上相关费用确定。如受赠的系旧的公共基础设施，在确定其初始入账成本时应当考虑该项资产的新旧程度。

（4）单位外购的公共基础设施，其成本包括购买价款、相关税费以及公共基础设施交付使用前所发生的可归属于该项资产的运输费、装卸费、安装费和专业人员服务费等。

（5）对于包括不同组成部分的公共基础设施，其只有总成本、没有单项组成部分成本的，单位可以按照各单项组成部分同类或类似资产的成本或市场价格比例对总成本进行分配，分别确定公共基础设施中各单项组成部分的成本。

6. 公共基础设施的折旧或摊销。

单位应当对公共基础设施计提折旧，但单位持续进行良好的维护使得其性能得到永久维持的公共基础设施和确认为公共基础设施的单独计价入账的土地使用权除外。公共基础设施应计提的折旧总额为其成本，计提公共基础设施折旧时不考虑预计净残值。单位应当对暂估入账的公共基础设施计提折旧，实际成本确定后不需调整原已计提的折旧额。

单位应当根据公共基础设施的性质和使用情况，合理确定公共基础设施的折旧年限。单位确定公共基础设施折旧年限，应当考虑下列因素：

（1）设计使用年限或设计基准期；

（2）预计实现服务潜力或提供经济利益的期限；

（3）预计有形损耗和无形损耗；

（4）法律或者类似规定对资产使用的限制。公共基础设施的折旧年限一经确定，不得随意变更。对于单位接受无偿调入、捐赠的公共基础设施，应当考虑该项资产的新旧程度，按照其尚可使用的年限计提折旧。

单位一般应当采用年限平均法或者工作量法计提公共基础设施折旧。在确定公共基础设施的折旧方法时，应当考虑与公共基础设施相关的服务潜力或经济利益的预期实现方式。公共基础设施折旧方法一经确定，不得随意变更。

公共基础设施应当按月计提折旧，并计入当期费用。当月增加的公共基础设施，当月开始计提折旧；当月减少的公共基础设施，当月不再计提折旧。

处于改建、扩建等建造活动期间的公共基础设施，应当暂停计提折旧。因改建、扩建等原因而延长公共基础设施使用年限的，应当按照重新确定的公共基础设施的成本和重新确定的折旧年限计算折旧额，不需调整原已计提的折旧额。

公共基础设施提足折旧后，无论能否继续使用，均不再计提折旧；已提足折旧的公共基础设施，可以继续使用的，应当继续使用，并规范实物管理。提前报废的公共基础设施，不再补提折旧。

对于确认为公共基础设施的单独计价入账的土地使用权，政府会计主体应当按照《政府会计准则第 4 号——无形资产》的相关规定进行摊销。

7. 公共基础设施的处置。

（1）单位按规定报经批准无偿调出、对外捐赠公共基础设施的，应当将公共基础设施的账面价值予以转销，无偿调出、对外捐赠中发生的归属于调出方、捐出方的相关费用应当计入当期费用。

（2）公共基础设施报废或遭受重大毁损的，单位应当在报经批准后将公共基础设施账面价值予以转销，并将报废、毁损过程中取得的残值变价收入扣除相关费用后的差额按规定进行应缴款项处理（差额为净收益时）或计入当期费用（差额为净损失时）。

8. 公共基础设施的披露。

单位应当在附注中披露与公共基础设施有关的下列信息：

（1）公共基础设施的分类和折旧方法。

（2）各类公共基础设施的折旧年限及其确定依据。

（3）各类公共基础设施账面余额、累计折旧额（或摊销额）、账面价值的期初、期末数及其本期变动情况。

（4）各类公共基础设施的实物量。

（5）公共基础设施在建工程的期初、期末金额及其增减变动情况。

（6）确认为公共基础设施的单独计价入账的土地使用权的账面余额、累计摊销额及其变动情况。

（7）已提足折旧继续使用的公共基础设施的名称、数量等情况。

（8）暂估入账的公共基础设施账面价值变动情况。

(9) 无偿调入、接受捐赠的公共基础设施名称、数量等情况（包括未按照本准则第十二条和第十三条规定计量并确认入账的公共基础设施的具体情况）。

(10) 公共基础设施对外捐赠、无偿调出、报废、重大毁损等处置情况。

(11) 公共基础设施年度维护费用和其他后续支出情况。

（二）公共基础设施的核算

1. 核算内容。

本科目核算单位控制的公共基础设施的原值。

2. 明细科目设置。

本科目应当按照公共基础设施的类别、项目等进行明细核算。

单位应当根据行业主管部门对公共基础设施的分类规定，制定适合于本单位管理的公共基础设施目录、分类方法，作为进行公共基础设施核算的依据（见表2－27）。

表2－27　　事业单位公共基础设施科目表

序号	科目编码	科目名称	科目类别	辅助要素
1	1801	公共基础设施	资产类	资产大类

3. 主要账务处理。

(1) 公共基础设施在取得时，应当按照其成本入账。

①自行建造的公共基础设施完工交付使用时，按照在建工程的成本，借记本科目，贷记“在建工程”科目。

已交付使用但尚未办理竣工决算手续的公共基础设施，按照估计价值入账，待办理竣工决算后再按照实际成本调整原来的暂估价值。

②接受其他单位无偿调入的公共基础设施，按照确定的成本，借记本科目，按照发生的归属于调入方的相关费用，贷记“财政拨款收入”“零余额账户用款额度”“银行存款”等科目，按照其差额，贷记“无偿调拨净资产”科目。

无偿调入的公共基础设施成本无法可靠取得的，按照发生的相关税费、运输费等金额，借记“其他费用”科目，贷记“财政拨款收入”“零余额账户用款额度”“银行存款”等科目。

③接受捐赠的公共基础设施，按照确定的成本，借记本科目，按照发生的相关费用，贷记“财政拨款收入”“零余额账户用款额度”“银行存款”等科

目，按照其差额，贷记“捐赠收入”科目。

接受捐赠的公共基础设施成本无法可靠取得的，按照发生的相关税费等金额，借记“其他费用”科目，贷记“财政拨款收入”“零余额账户用款额度”“银行存款”等科目。

④外购的公共基础设施，按照确定的成本，借记本科目，贷记“财政拨款收入”“零余额账户用款额度”“银行存款”等科目。

⑤对于成本无法可靠取得的公共基础设施，单位应当设置备查簿进行登记，待成本能够可靠确定后按照规定及时入账。

（2）与公共基础设施有关的后续支出。将公共基础设施转入改建、扩建时，按照公共基础设施的账面价值，借记“在建工程”科目，按照公共基础设施已计提折旧，借记“公共基础设施累计折旧（摊销）”科目，按照公共基础设施的账面余额，贷记本科目。

为增加公共基础设施使用效能或延长其使用年限而发生的改建、扩建等后续支出，借记“在建工程”科目，贷记“财政拨款收入”“零余额账户用款额度”“银行存款”等科目。

公共基础设施改建、扩建完成，竣工验收交付使用时，按照在建工程成本，借记本科目，贷记“在建工程”科目。

为保证公共基础设施正常使用发生的日常维修等支出，借记“业务活动费用”“单位管理费用”等科目，贷记“财政拨款收入”“零余额账户用款额度”“银行存款”等科目。

（3）按照规定报经批准处置公共基础设施，分别以下情况处理：

①报经批准对外捐赠公共基础设施，按照公共基础设施已计提的折旧或摊销，借记“公共基础设施累计折旧（摊销）”科目，按照被处置公共基础设施账面余额，贷记本科目，按照捐赠过程中发生的归属于捐出方的相关费用，贷记“银行存款”等科目，按照其差额，借记“资产处置费用”科目。

②报经批准无偿调出公共基础设施，按照公共基础设施已计提的折旧或摊销，借记“公共基础设施累计折旧（摊销）”科目，按照被处置公共基础设施账面余额，贷记本科目，按照其差额，借记“无偿调拨净资产”科目；同时，按照无偿调出过程中发生的归属于调出方的相关费用，借记“资产处置费用”科目，贷记“银行存款”等科目。

（4）单位应当定期对公共基础设施进行清查盘点。对于发生的公共基础设施盘盈、盘亏、毁损或报废，应当先记入“待处理财产损溢”科目，按照规定报经批准后及时进行后续账务处理。

①盘盈的公共基础设施，其成本按照有关凭据注明的金额确定；没有相关凭据、但按照规定经过资产评估的，其成本按照评估价值确定；没有相关凭据、也未经过评估的，其成本按照重置成本确定。盘盈的公共基础设施成本无法可靠取得的，单位应当设置备查簿进行登记，待成本确定后按照规定及时入账。

盘盈的公共基础设施，按照确定的入账成本，借记本科目，贷记“待处理财产损溢”科目。

②盘亏、毁损或报废的公共基础设施，按照待处置公共基础设施的账面价值，借记“待处理财产损溢”科目，按照已计提折旧或摊销，借记“公共基础设施累计折旧（摊销）”科目，按照公共基础设施的账面余额，贷记本科目。

4. 本科目期末借方余额，反映公共基础设施的原值。

（三）会计实务举例

【例 2-96】 某事业单位一涵闸工程于 2020 年 6 月 25 日完工交付使用，但尚未办理竣工结算，暂时按照“在建工程”账面价值 7 560 000 元入账，并按 30 年年限计提折旧。2020 年 12 月 3 日竣工决算完成，工程竣工结算价 7 740 000 元，以项目资金国库集中支付方式支付项目余款 180 000 元，账务处理如下：

（1）6 月 25 日涵闸交付使用时：

财务会计分录	预算会计分录
借：公共基础设施——涵闸 7 560 000 贷：在建工程——涵闸 7 560 000	不做账务处理

（2）6—11 月每月计提折旧，账务处理如下：

财务会计分录	预算会计分录
借：业务活动费用——公共基础设施折旧（摊销）费用 21 000 贷：公共基础设施累计折旧——涵闸 21 000	不做账务处理

（3）12 月 3 日竣工决算完成，按竣工结算价调整金额：

财务会计分录	预算会计分录
借：公共基础设施——涵闸　180 000 　贷：零余额账户用款额度　180 000	借：事业支出——财政拨款支出——项目支出（资本性支出）　180 000 　贷：资金结存——零余额账户用款额度　180 000

（4）2020 年 12 月计提折旧：

财务会计分录	预算会计分录
借：业务活动费用——公共基础设施折旧（摊销）费用　21 500 　贷：公共基础设施累计折旧——涵闸　21 500	不做账务处理

【例 2－97】 2020 年 7 月 1 日，甲事业单位从同一系统内乙事业单位无偿调入一批室外公共健身器材归其维护管理，乙单位账面记载该批器材价值 260 000 元，不考虑相关税费，账务处理如下：

财务会计分录	预算会计分录
借：公共基础设施——室外健身器材　260 000 　贷：无偿调拨净资产　260 000	不做账务处理

【例 2－98】 2020 年 8 月 1 日，某事业单位接受乙企业捐赠一块绿地，乙企业账面记载该绿地价值 360 000 元，同时发生相关税费 10 980 元，账务处理如下：

财务会计分录	预算会计分录
借：公共基础设施——绿地　370 980 　贷：捐赠收入　360 000 　　银行存款——基本户　10 980	借：其他支出——其他资金支出（税金及附加费用）　10 980 　贷：资金结存——货币资金　10 980

【例 2－99】 2020 年 4 月 15 日，某事业单位将所属 A 大坝进行加固改建，

大坝账面原值 12 000 000 元，累计折旧 6 000 000 元，2020 年 9 月 10 日以财政授权支付方式支付加固改建过程中发生的支出 5 500 000 元。2020 年 12 月 20 日项目完成竣工验收，交付使用，相关账务处理如下：

（1）4 月 15 日加固改建大坝：

财务会计分录	预算会计分录
借：在建工程——大坝 6 000 000 公共基础设施累计折旧——大坝 6 000 000 贷：公共基础设施——大坝 12 000 000	不做账务处理

（2）9 月 10 日支付加固改建支出 5 500 000 元：

财务会计分录	预算会计分录
借：在建工程——大坝 5 500 000 贷：零余额账户用款额度 5 500 000	借：事业支出——财政拨款支出——项目支出（基础设施建设） 5 500 000 贷：资金结存——零余额账户用款额度 5 500 000

（3）12 月 20 日竣工验收交付使用：

财务会计分录	预算会计分录
借：公共基础设施——大坝 11 500 000 贷：在建工程——大坝 11 500 000	不做账务处理

【例 2－100】 2020 年 3 月 25 日，某事业单位发生堤防日常养护费用 32 000 元，以财政授权方式支付，账务处理如下：

财务会计分录	预算会计分录
借：业务活动费用——商品和服务费用 32 000 贷：零余额账户用款额度 32 000	借：事业支出——财政拨款支出——项目支出（维修费） 32 000 贷：资金结存——零余额账户用款额度 32 000

【例 2－101】 2020 年末，某事业单位将一废弃的泵站报废，账面价值

1 800 000 元，已计提折旧 1 740 000 元，账务处理如下：

财务会计分录	预算会计分录
借：待处理财产损溢　60 000 　公共基础设施累计折旧——泵站　1 740 000 　贷：公共基础设施——泵站　1 800 000	不做账务处理

（四）常见及疑难问题解释参考

公共基础设施首次入账时应如何处理？

1. 对于应当确认为公共基础设施、但已确认为固定资产的资产，政府会计主体应当在公共基础设施准则首次执行日将该资产按其账面价值重分类为公共基础设施。

2. 对于应当确认但尚未入账的存量公共基础设施，政府会计主体应当在公共基础设施准则首次执行日按照以下原则确定其初始入账成本：

（1）可以取得相关原始凭据的，其成本按照有关原始凭据注明的金额减去应计提的累计折旧后的金额确定；

（2）没有相关凭据可供取得，但按规定经过资产评估的，其成本按照评估价值确定；

（3）没有相关凭据可供取得、也未经资产评估的，其成本按照重置成本确定。

3. 首次执行日以后，政府会计主体应当对存量公共基础设施按其在首次执行日确定的成本和剩余折旧年限计提折旧。

二、公共基础设施累计折旧（摊销）

（一）公共基础设施累计折旧（摊销）业务概述

1. 计提范围。

一般情况下，公共基础设施都需要计提折旧，不得计提折旧的公共基础设施包括：

（1）单位持续进行良好的维护使其性能得到永久维持的公共基础设施；

（2）确认为公共基础设施的单独计价入账的土地使用权；

（3）已经提足折旧的公共基础设施；

（4）提前报废的公共基础设施。

2. 折旧方法。

平均年限法或工作量法，不考虑预计净残值。折旧方法一经确定，不得变更。

3. 折旧年限。

确定折旧年限应考虑的因素如下：

（1）设计使用年限或设计基准期；

（2）预计实现服务潜力或提供经济利益的期限；

（3）预计有形损耗和无形损耗；

（4）法律或者类似规定对资产使用的限制；

（5）对于政府会计主体接受无偿调入、捐赠的公共基础设施，应当考虑该项资产的新旧程度，按照其尚可使用的年限计提折旧。

（二）公共基础设施累计折旧（摊销）的核算

1. 核算内容。

本科目核算单位计提的公共基础设施累计折旧和累计摊销。

2. 明细科目的设置。

本科目应当按照所对应公共基础设施的明细分类进行明细核算（见表2－28）。

表2－28　　事业单位公共基础设施累计折旧（摊销）科目表

序号	科目编码	科目名称	科目类别	辅助要素
1	1802	公共基础设施累计折旧（摊销）	资产类	资产大类

3. 主要账务处理如下：

（1）按月计提公共基础设施折旧时，按照应计提的折旧额，借记“业务活动费用”科目，贷记本科目。

（2）按月对确认为公共基础设施的单独计价入账的土地使用权进行摊销时，按照应计提的摊销额，借记“业务活动费用”科目，贷记本科目。

（3）处置公共基础设施时，按照所处置公共基础设施的账面价值，借记“资产处置费用”“无偿调拨净资产”“待处理财产损溢”等科目，按照已提取的折旧和摊销，借记本科目，按照公共基础设施账面余额，贷记“公共基础设施”科目。

4. 本科目期末贷方余额，反映单位提取的公共基础设施折旧和摊销的累计数。

（三）会计实务举例

【例2－102】 2020年12月5日，某事业单位购入一块公园绿地，单独计价入账，价值2 800 000元，发生相关税费85 400元，均以财政授权方式支付。折旧年限为30年，当月计提折旧8 015元，相关账务处理如下：

（1）12月5日购入绿地：

财务会计分录	预算会计分录
借：公共基础设施——公园绿地　2 885 400 　贷：零余额账户用款额度　2 885 400	借：事业支出——财政拨款支出——项目支出（基础设施建设）　2 885 400 　贷：资金结存——零余额账户用款额度　2 885 400

（2）12月计提折旧：

财务会计分录	预算会计分录
借：业务活动费——公共基础设施折旧（摊销）费　8 015 　贷：公共基础设施累计摊销——公园绿地　8 015	不做账务处理

（四）常见及疑难问题解释参考

公共基础设施需要计提折旧吗？

政府会计主体应当对公共基础设施计提折旧，但政府会计主体持续进行良好的维护使其性能得到永久维持的公共基础设施和确认为公共基础设施的单独计价入账的土地使用权除外。根据《财政部关于进一步做好政府会计准则制度新旧衔接和加强行政事业单位资产核算的通知》（财会［2018］34号）规定，在国务院财政部门对公共基础设施折旧摊销年限做出规定之前，单位在公共基础设施首次入账时暂不考虑补提折旧（摊销），初始入账后也暂不计折旧（摊销）。单位在2019年1月1日之前已经核算公共基础设施且计提折旧（摊销）的，在新旧衔接时以及执行政府会计准则制度后可继续沿用之前的折旧（摊销）政策。

三、政府储备物资

（一）政府储备物资业务概述

1. 定义。

政府储备物资，是指单位为满足实施国家安全与发展战略、进行抗灾救灾、应对公共突发事件等特定公共需求而控制的，同时具有下列特征的有形资产：

（1）在应对可能发生的特定事件或情形时动用；

（2）其购入、存储保管、更新（轮换）、动用等由政府及相关部门发布的专门管理制度规范。

2. 分类。

政府储备物资包括战略及能源物资、抢险抗灾救灾物资、农产品、医药物资和其他重要商品物资，通常情况下由单位委托承储单位存储。

企业以及纳入企业财务管理体系的事业单位接受政府委托收储并按企业会计准则核算的储备物资，不适用《政府会计准则第6号——政府储备物资》。

3. 政府储备物资的确认。

政府储备物资，应当由按规定对其负有行政管理职责的单位予以确认。行政管理职责主要指提出或拟订收储计划、更新（轮换）计划、动用方案等。相关行政管理职责由不同单位行使的政府储备物资，由负责提出收储计划的政府会计主体予以确认。对政府储备物资不负有行政管理职责但接受委托具体负责执行其存储保管等工作的政府会计主体，应当将受托代储的政府储备物资作为受托代理资产核算。

政府储备物资同时满足下列条件的，应当予以确认：

（1）与该政府储备物资相关的服务潜力很可能实现或者经济利益很可能流入政府会计主体；

（2）该政府储备物资的成本或者价值能够可靠地计量。

4. 政府储备物资的初始计量。

政府储备物资在取得时应当按照成本进行初始计量。

（1）单位购入的政府储备物资，其成本包括购买价款和单位承担的相关税费、运输费、装卸费、保险费、检测费以及使政府储备物资达到目前场所和状态所发生的归属于政府储备物资成本的其他支出。

（2）单位委托加工的政府储备物资，其成本包括委托加工前物料成本、委托加工的成本（如委托加工费以及按规定应计入委托加工政府储备物资成本的相关税费等）以及单位承担的使政府储备物资达到目前场所和状态所发生的归属于政府储备物资成本的其他支出。

（3）单位接受捐赠的政府储备物资，其成本按照有关凭据注明的金额加上单位承担的相关税费、运输费等确定；没有相关凭据可供取得，但按规定经过资产评估的，其成本按照评估价值加上单位承担的相关税费、运输费等确定；没有相关凭据可供取得、也未经资产评估的，其成本比照同类或类似资产的市场价格加上单位承担的相关税费、运输费等确定。

（4）单位接受无偿调入的政府储备物资，其成本按照调出方账面价值加上归属于单位的相关税费、运输费等确定。

下列各项不计入政府储备物资成本：

①仓储费用；

②日常维护费用；

③不能归属于使政府储备物资达到目前场所和状态所发生的其他支出。

（5）单位盘盈的政府储备物资，其成本按照有关凭据注明的金额确定；没有相关凭据，但按规定经过资产评估的，其成本按照评估价值确定；没有相关凭据、也未经资产评估的，其成本按照重置成本确定。

5. 政府储备物资的后续计量。

（1）单位应当根据实际情况采用先进先出法、加权平均法或者个别计价法确定政府储备物资发出的成本。计价方法一经确定，不得随意变更。

对于性质和用途相似的政府储备物资，单位应当采用相同的成本计价方法确定发出物资的成本。

对于不能替代使用的政府储备物资、为特定项目专门购入或加工的政府储备物资，单位通常应采用个别计价法确定发出物资的成本。

（2）因动用而发出无须收回的政府储备物资的，单位应当在发出物资时将其账面余额予以转销，计入当期费用。

（3）因动用而发出需要收回或者预期可能收回的政府储备物资的，单位应当在按规定的质量验收标准收回物资时，将未收回物资的账面余额予以转销，计入当期费用。

（4）因行政管理主体变动等原因而将政府储备物资调拨给其他主体的，单位应当在发出物资时将其账面余额予以转销。

（5）单位对外销售政府储备物资的，应当在发出物资时将其账面余额转销计入当期费用，并按规定确认相关销售收入或将销售取得的价款大于所承担的相关税费后的差额做应缴款项处理。

(6) 单位采取销售采购方式对政府储备物资进行更新（轮换）的，应当将物资轮出视为物资销售，按照准则第十八条规定处理；将物资轮入视为物资采购，按照准则第八条规定处理。

(7) 政府储备物资报废、毁损的，单位应当按规定报经批准后将报废、毁损的政府储备物资的账面余额予以转销，确认应收款项（确定追究相关赔偿责任的）或计入当期费用（因储存年限到期报废或非人为因素致使报废、毁损的）；同时，将报废、毁损过程中取得的残值变价收入扣除单位承担的相关费用后的差额按规定作应缴款项处理（差额为净收益时）或计入当期费用（差额为净损失时）。

(8) 政府储备物资盘亏的，单位应当按规定报经批准后将盘亏的政府储备物资的账面余额予以转销，确定追究相关赔偿责任的，确认应收款项；属于正常耗费或不可抗力因素造成的，计入当期费用。

6. 政府储备物资的披露。

单位应当在附注中披露与政府储备物资有关的下列信息：

(1) 各类政府储备物资的期初和期末账面余额。

(2) 因动用而发出需要收回或者预期可能收回，但期末尚未收回的政府储备物资的账面余额。

(3) 确定发出政府储备物资成本所采用的方法。

(4) 其他有关政府储备物资变动的重要信息。

（二）政府储备物资的核算

1. 核算内容。

本科目核算单位控制的政府储备物资的成本。

对政府储备物资不负有行政管理职责但接受委托具体负责执行存储保管等工作的单位，其受托代储的政府储备物资应当通过“受托代理资产”科目核算，不通过本科目核算。

2. 明细科目的设置。

本科目应当按照政府储备物资的种类、品种、存放地点等进行明细核算。单位根据需要，可在本科目下设置“在库”“发出”等明细科目进行明细核算（见表2－29）。

表 2－29　　事业单位政府储备物资科目表

序号	科目编码	科目名称	科目类别	辅助要素
1	1811	政府储备物资	资产类	
2	181101	战略及能源物资	资产类	
3	181102	抢险抗灾救灾物资	资产类	
4	181103	农产品	资产类	
5	181104	医药物资	资产类	
6	181199	其他重要商品物资	资产类	

3. 主要账务处理。

（1）政府储备物资取得时，应当按照其成本入账。

购入的政府储备物资验收入库，按照确定的成本，借记本科目，贷记“财政拨款收入”“零余额账户用款额度”“银行存款”等科目。

涉及委托加工政府储备物资业务的，相关账务处理参照“加工物品”科目。

接受捐赠的政府储备物资验收入库，按照确定的成本，借记本科目，按照单位承担的相关税费、运输费等，贷记“零余额账户用款额度”“银行存款”等科目，按照其差额，贷记“捐赠收入”科目。

接受无偿调入的政府储备物资验收入库，按照确定的成本，借记本科目，按照单位承担的相关税费、运输费等，贷记“零余额账户用款额度”“银行存款”等科目，按照其差额，贷记“无偿调拨净资产”科目。

（2）政府储备物资发出时，分别就以下情况进行处理：

因动用而发出无须收回的政府储备物资的，按照发出物资的账面余额，借记“业务活动费用”科目，贷记本科目。

因动用而发出需要收回或者预期可能收回的政府储备物资的，在发出物资时，按照发出物资的账面余额，借记本科目（发出），贷记本科目（在库）；按照规定的质量验收标准收回物资时，按照收回物资原账面余额，借记本科目（在库），按照未收回物资的原账面余额，借记“业务活动费用”科目，按照物资发出时登记在本科目所属“发出”明细科目中的余额，贷记本科目（发出）。

因行政管理主体变动等原因而将政府储备物资调拨给其他主体的，按照无偿调出政府储备物资的账面余额，借记“无偿调拨净资产”科目，贷记本科目。

对外销售政府储备物资并将销售收入纳入单位预算统一管理的，发出物资时，按照发出物资的账面余额，借记“业务活动费用”科目，贷记本科目；实现销售收入时，按照确认的收入金额，借记“银行存款”“应收账款”等科目，贷记“事业收入”等科目。

对外销售政府储备物资并按照规定将销售净收入上缴财政的，发出物资时，按照发出物资的账面余额，借记“资产处置费用”科目，贷记本科目；取得销售价款时，按照实际收到的款项金额，借记“银行存款”等科目，按照发生的相关税费，贷记“银行存款”等科目，按照销售价款大于所承担的相关税费后的差额，贷记“应缴财政款”科目。

（3）单位应当定期对政府储备物资进行清查盘点，每年至少盘点一次。对于发生的政府储备物资盘盈、盘亏或者报废、毁损，应当先记入“待处理财产损溢”科目，按照规定报经批准后及时进行后续账务处理。

盘盈的政府储备物资，按照确定的入账成本，借记本科目，贷记“待处理财产损溢”科目。

盘亏或者毁损、报废的政府储备物资，按照待处理政府储备物资的账面余额，借记“待处理财产损溢”科目，贷记本科目。

4. 本科目期末借方余额，反映政府储备物资的成本。

（三）会计实务举例

【例 2 - 103】 2020 年 1 月 3 日，某事业单位以专项资金购入一批医药物资，已经验收入库，零余额账户支付货款 1 500 000 元及相关运费等 5 600 元。2 月 5 日因疫情调出一批医药物资，价值 1 200 000 元，不再收回。3 月 8 日，收到捐赠的医疗物资一批，已验收入库，市场上同类物资价值 80 000 元，并以银行存款支付相关运费等 720 元。7 月 25 日，接受上级无偿调入的医疗物资一批，已验收入库，市场上同类物资价值 1 050 000 元，并以银行存款支付相关运费等 4 800 元，相关账务处理如下：

（1）1 月 3 日购入医药物资 1 500 000 元：

财务会计分录	预算会计分录
借：政府储备物资——医药物资　1 505 600 　贷：零余额账户用款额度　　1 505 600	借：事业支出——财政拨款支出——项目支出 　　　　　　　　　　　　1 505 600 　贷：资金结存——零余额账户用款额度 　　　　　　　　　　　　　1 505 600

（2）2月5日调出医药物资1 200 000元：

财务会计分录	预算会计分录
借：业务活动费用——商品和服务费用 1 200 000 贷：政府储备物资——医药物资 1 200 000	不做账务处理

（3）3月8日接受捐赠医疗物资80 000元入库：

财务会计分录	预算会计分录
借：政府储备物资——医药物资 80 720 贷：捐赠收入 80 000 银行存款——基本户 720	借：其他支出——其他资金支出 720 贷：资金结存——货币资金 720

（4）7月25日接受无偿调入医疗物资1 050 000元入库：

财务会计分录	预算会计分录
借：政府储备物资——医药物资 1 054 800 贷：银行存款——基本户 4 800 无偿调拨净资产 1 050 000	借：其他支出——其他资金支出 4 800 贷：资金结存——货币资金 4 800

【例2－104】某事业单位因支持防汛抗洪抢险救援，于2020年7月14日发出一批储备编织袋，价值230 000元，无须收回；发出储备冲锋舟5台，价值750 000元，预计救援后可收回2台。11月12日收回3台冲锋舟，价值450 000元。12月20日，年终资产清查盘亏一批编织布，价值80 000元，相关账务处理如下：

（1）7月17日发出编织袋230 000元，发出冲锋舟750 000元：

财务会计分录	预算会计分录
借：业务活动费用——商品和服务费用 230 000 贷：政府储备物资——抢险抗灾救灾物资（编织袋） 230 000	不做账务处理
借：政府储备物资——抢险抗灾救灾物资（发出冲锋舟） 750 000 贷：政府储备物资——抢险抗灾救灾物资（在库冲锋舟） 750 000	不做账务处理

(2) 11 月 12 日收回 3 台冲锋舟 450 000 元：

财务会计分录	预算会计分录
借：政府储备物资——抢险抗灾救灾物资（在库冲锋舟） 450 000 业务活动费用——商品和服务费用 300 000 贷：政府储备物资——抢险抗灾救灾物资（发出冲锋舟） 750 000	不做账务处理

(3) 12 月 4 日报废编织布 80 000 元：

财务会计分录	预算会计分录
借：待处理财政损溢 80 000 贷：政府储备物资——抢险抗灾救灾物资（编织布） 80 000	不做账务处理

(四) 常见及疑难问题解释参考

政府储备物资与存货有何不同？

政府储备物资与存货在物质形态上具有相似性，但在功能作用、管理方式、资金来源、业务流程和环节上有所不同。政府储备物资是指政府会计主体为满足实施国家安全与发展战略、进行抗灾救灾、应对公共突发事件等特定公共需求而控制的，同时具有以下特征的有形资产：在应对可能发生的特定事件或情形时动用；其购入、存储保管、更新（轮换）、动用等由政府及相关部门发布的专门管理制度规范。存货是政府会计主体在开展日常性活动中为自身耗用或出售而储存的物资，根据自身存储需要进行管理。

四、文物文化资产

(一) 文物文化资产业务概述

文物文化资产是指用于展览、教育或研究等目的的历史文物、艺术品及其他具有文化或历史价值并作长期或永久保存的典藏等。

(二) 文物文化资产的核算

1. 核算内容。

本科目核算单位为满足社会公共需求而控制的文物文化资产的成本。单位为满足自身开展业务活动或其他活动需要而控制的文物和陈列品，应当通过

“固定资产”科目核算，不通过本科目核算。

2. 明细科目设置。

本科目应当按照文物文化资产的类别、项目等进行明细核算（见表2－30）。

表2－30　　事业单位文物文化资产科目表

序号	科目编码	科目名称	科目类别	辅助要素
1	1821	文物文化资产	资产类	

3. 主要账务处理。

（1）文物文化资产在取得时，应当按照其成本入账。

①外购的文物文化资产，其成本包括购买价款、相关税费以及可归属于该项资产达到预定用途前所发生的其他支出（如运输费、安装费、装卸费等）。

外购的文物文化资产，按照确定的成本，借记本科目，贷记“财政拨款收入”“零余额账户用款额度”“银行存款”等科目。

②接受其他单位无偿调入的文物文化资产，其成本按照该项资产在调出方的账面价值加上归属于调入方的相关费用确定。

调入的文物文化资产，按照确定的成本，借记本科目，按照发生的归属于调入方的相关费用，贷记“零余额账户用款额度”“银行存款”等科目，按照其差额，贷记“无偿调拨净资产”科目。

无偿调入的文物文化资产成本无法可靠取得的，按照发生的归属于调入方的相关费用，借记“其他费用”科目，贷记“零余额账户用款额度”“银行存款”等科目。

③接受捐赠的文物文化资产，其成本按照有关凭据注明的金额加上相关费用确定；没有相关凭据可供取得，但按照规定经过资产评估的，其成本按照评估价值加上相关费用确定；没有相关凭据可供取得、也未经评估的，其成本比照同类或类似资产的市场价格加上相关费用确定。

接受捐赠的文物文化资产，按照确定的成本，借记本科目，按照发生的相关税费、运输费等金额，贷记“零余额账户用款额度”“银行存款”等科目，按照其差额，贷记“捐赠收入”科目。

接受捐赠的文物文化资产成本无法可靠取得的，按照发生的相关税费、运输费等金额，借记“其他费用”科目，贷记“零余额账户用款额度”“银行存款”等科目。

④对于成本无法可靠取得的文物文化资产，单位应当设置备查簿进行登

记，待成本能够可靠确定后按照规定及时入账。

（2）与文物文化资产有关的后续支出，参照“公共基础设施”科目相关规定进行处理。

（3）按照规定报经批准处置文物文化资产，应当分别以下情况处理：

①报经批准对外捐赠文物文化资产，按照被处置文物文化资产账面余额和捐赠过程中发生的归属于捐出方的相关费用合计数，借记“资产处置费用”科目，按照被处置文物文化资产账面余额，贷记本科目，按照捐赠过程中发生的归属于捐出方的相关费用，贷记“银行存款”等科目。

②报经批准无偿调出文物文化资产，按照被处置文物文化资产账面余额，借记“无偿调拨净资产”科目，贷记本科目；同时，按照无偿调出过程中发生的归属于调出方的相关费用，借记“资产处置费用”科目，贷记“银行存款”等科目。

（4）单位应当定期对文物文化资产进行清查盘点，每年至少盘点一次。对于发生的文物文化资产盘盈、盘亏、毁损或报废等，参照“公共基础设施”科目相关规定进行账务处理。

4. 本科目期末借方余额，反映文物文化资产的成本。

（三）会计实务举例

【例 2－105】 2020 年 1 月 10 日，甲事业单位购入一批文化资产，价值 34 000 元，发生运杂费 560 元，均以财政授权方式支付。2020 年 7 月 20 日，从乙单位调入一批文化资产，对方账面记载价值 87 000 元，发生运杂费 800 元，以银行存款支付。2020 年 9 月 14 日，将一批文化资产对外无偿捐赠给丙公司，账载金额 62 000 元，发生运杂费 720 元，以银行存款支付。12 月 12 日将一批文化资产对外无偿调出给乙单位，账载金额 79 800 元，发生税费 1 100 元，相关账务处理：

（1）1 月 10 日购入一批文化资产 34 000 元：

财务会计分录	预算会计分录
借：文物文化资产 34 560 　贷：零余额账户用款额度 34 560	借：事业支出——财政拨款支出——项目支出（文物和陈列品购置） 34 560 　贷：资金结存——零余额账户用款额度 34 560

（2）7月20日调入一批文化资产87 000元：

财务会计分录	预算会计分录
借：文物文化资产　87 800 　贷：无偿调拨净资产　87 000 　　银行存款——基本户　800	借：其他支出——其他资金支出　800 　贷：资金结存——货币资金　800

（3）9月14日对外捐赠一批文化资产62 000元：

财务会计分录	预算会计分录
借：资产处置费用　62 720 　贷：文物文化资产　62 000 　　银行存款——基本户　720	借：其他支出——其他资金支出　720 　贷：资金结存——货币资金　720

（4）12月12日调出一批文化资产79 800元：

财务会计分录	预算会计分录
借：无偿调拨净资产　79 800 　贷：文物文化资产　79 800 借：资产处置费用　1 100 　贷：银行存款——基本户　1 100	借：其他支出——其他资金支出（税金及附加费用）　1 100 　贷：资金结存——货币资金　1 100

【例2－106】 2020年5月10日，某事业单位接受张三捐赠一批文物资产，资产评估价值为140 000元，运杂费2 300元，以银行存款支付。2020年11月12日接受李四捐赠一批文物资产，成本无法可靠取得，发生运杂费460元，以银行存款支付，账务处理如下：

（1）5月10日接受捐赠一批文物资产140 000元：

财务会计分录	预算会计分录
借：文物文化资产　142 300 　贷：捐赠收入　140 000 　　银行存款——基本户　2 300	借：其他支出——其他资金支出　2 300 　贷：资金结存——货币资金　2 300

（2）11 月 12 日接受成本无法可靠取得的文物资产，支付运杂费：

财务会计分录	预算会计分录
借：其他费用——其他相关费用　460 　贷：银行存款——基本户　460	借：其他支出——其他资金支出　460 　贷：资金结存——货币资金　460

（四）常见及疑难问题解释参考

如何判断文物资产是属于文物文化资产还是文物和陈列品？

文物类资产会计核算的判断前提是政府会计主体控制的目的，即看是满足自身开展业务活动或其他活动需要还是满足社会公共需求目的。单位用于自身开展教育、展览、研究等业务活动和只能运转需要而控制的，并在日常进行管理和维护，具有排他性、竞争性，在会计核算上列为“固定资产——文物和陈列品”。为满足社会公共需要而控制的文物类资产则适合纳入“文物文化资产”科目核算。

五、保障性住房

（一）保障性住房业务概述

保障性住房主要是指地方政府住房保障主管部门持有全部或部分产权份额、纳入城镇住房保障规划和年度计划、向符合条件的保障对象提供的住房。

（二）保障性住房的核算

1. 核算内容。

本科目核算单位为满足社会公共需求而控制的保障性住房的原值。

2. 明细科目的设置。

本科目应当按照保障性住房的类别、项目等进行明细核算（见表 2－31）。

表 2－31　　事业单位保障性住房科目表

序号	科目编码	科目名称	科目类别	辅助要素
1	1831	保障性住房	资产类	资产大类

3. 主要的账务处理。

（1）保障性住房在取得时，应当按其成本入账。

外购的保障性住房，其成本包括购买价款、相关税费以及可归属于该项资产达到预定用途前所发生的其他支出。

外购的保障性住房，按照确定的成本，借记本科目，贷记“财政拨款收入”“零余额账户用款额度”“银行存款”等科目。

自行建造的保障性住房交付使用时，按照在建工程成本，借记本科目，贷记“在建工程”科目。

已交付使用但尚未办理竣工决算手续的保障性住房，按照估计价值入账，待办理竣工决算后再按照实际成本调整原来的暂估价值。

接受其他单位无偿调入的保障性住房，其成本按照该项资产在调出方的账面价值加上归属于调入方的相关费用确定。

无偿调入的保障性住房，按照确定的成本，借记本科目，按照发生的归属于调入方的相关费用，贷记“零余额账户用款额度”“银行存款”等科目，按照其差额，贷记“无偿调拨净资产”科目。

接受捐赠、融资租赁取得的保障性住房，参照“固定资产”科目相关规定进行处理。

（2）与保障性住房有关的后续支出，参照“固定资产”科目相关规定进行处理。

（3）按照规定出租保障性住房并将出租收入上缴同级财政，按照收取的租金金额，借“银行存款”等科目，贷记“应缴财政款”科目。

（4）按照规定报经批准处置保障性住房，应当分别以下情况处理：

①报经批准无偿调出保障性住房，按照保障性住房已计提的折旧，借记“保障性住房累计折旧”科目，按照被处置保障性住房账面余额，贷记本科目，按照其差额，借记“无偿调拨净资产”科目；同时，按照无偿调出过程中发生的归属于调出方的相关费用，借记“资产处置费用”科目，贷记“银行存款”等科目。

②报经批准出售保障性住房，按照被出售保障性住房的账面价值，借记“资产处置费用”科目，按照保障性住房已计提的折旧，借记“保障性住房累计折旧”科目，按照保障性住房账面余额，贷记本科目；同时，按照收到的价款，借记“银行存款”等科目，按照出售过程中发生的相关费用，贷记“银行存款”等科目，按照其差额，贷记“应缴财政款”科目。

（5）单位应当定期对保障性住房进行清查盘点。对于发生的保障性住房盘盈、盘亏、毁损或报废等，参照“固定资产”科目相关规定进行账务处理。

4. 本科目期末借方余额，反映保障性住房的原值。

（三）会计实务举例

【例 2－107】 2020 年 1 月 15 日，某事业单位购入 150 套保障性住房，每套价格 150 000 元，采用财政直接支付方式支付。2 月 1 日起，出租其中 100 套，每月租金 800 元，以银行存款方式收讫，相关账务处理：

（1）1 月 15 日购入 150 套保障性住房：

财务会计分录	预算会计分录
借：保障性住房 22 500 000 贷：财政拨款收入——一般公共预算财政拨款 22 500 000	借：事业支出——财政拨款支出——项目支出 22 500 000 贷：财政拨款预算收入——项目支出 22 500 000

（2）2 月 1 日起出租 100 套保障性住房：

财务会计分录	预算会计分录
借：银行存款——基本户 80 000 贷：应缴财政款——应缴国库款 80 000	不做账务处理

【例 2－108】 2020 年 12 月 15 日，某事业单位经批准出售一批保障性住房，账面原值 20 000 000 元，已计提折旧 15 000 000 元，售价 25 000 000 元，以银行存款方式收讫。发生销售费用 1 000 000 元，不考虑相关税费，相关账务处理如下：

（1）12 月 15 日，经批准出售保障性住房一批：

财务会计分录	预算会计分录
借：资产处置费用 5 000 000 保障性住房累计折旧 15 000 000 贷：保障性住房 20 000 000	不做账务处理

（2）收到售房款，支付销售费用：

财务会计分录	预算会计分录
借：银行存款——基本户 25 000 000 贷：应缴财政款——应缴国库款 24 000 000 银行存款——基本户 1 000 000	不做账务处理

（四）常见及疑难问题解释参考

公租房是否属于保障性住房？

公租房属于单位为满足社会公共需要而控制的保障性住房，公租房是保障性住房的一种形式。

六、保障性住房累计折旧

（一）保障性住房累计折旧业务概述

保障性住房累计折是指在保障性住房的预计使用年限内，按照确定的方法对应计的折旧额进行系统分摊。单位应当参照《政府会计准则第 3 号——固定资产》及其应用指南的相关规定，按月对其控制的保障性住房计提折旧。

（二）保障性住房累计折旧的核算

1. 核算内容。

本科目核算单位计提的保障性住房的累计折旧。

2. 明细科目的设置。

本科目应当按照所对应保障性住房的类别进行明细核算（见表 2 - 32）。

表 2 - 32　　事业单位保障性住房累计折旧科目表

序号	科目编码	科目名称	科目类别	辅助要素
1	1832	保障性住房累计折旧	资产类	资产大类

3. 主要的账务处理。

（1）按月计提保障性住房折旧时，按照应计提的折旧额，借记“业务活动费用”科目，贷记本科目。

（2）报经批准处置保障性住房时，按照所处置保障性住房的账面价值，借记“资产处置费用”“无偿调拨净资产”“待处理财产损溢”等科目，按照已计提折旧，借记本科目，按照保障性住房的账面余额，贷记“保障性住房”科目。

4. 本科目期末贷方余额，反映单位计提的保障性住房折旧累计数。

（三）会计实务举例

【例 2 - 109】 从 2020 年 1 月起，某事业单位对账面原值 22 500 000 元的

保障性住房，按照 50 年计提折旧。每月计提折旧账务处理如下：

财务会计分录	预算会计分录
借：业务活动费用——保障性住房累计折旧 37 500 贷：保障性住房累计折旧 37 500	不做账务处理

【例 2－110】某事业单位 2020 年 12 月 1 日无偿调出 50 套保障性住房，账面价值 7 500 000 元，已计提折旧 137 500 元，另支付相关税费 7 500 元。相关账务处理如下：

财务会计分录	预算会计分录
借：无偿调拨净资产 7 362 500 保障性住房累计折旧 137 500 贷：保障性住房 7 500 000	不做账务处理
借：资产处置费用 7 500 贷：银行存款——基本户 7 500	借：其他支出——其他资金支出 7 500 贷：资金结存——货币资金 7 500

七、受托代理资产

（一）受托代理资产业务概述

受托代理资产是指单位接收委托方委托管理的各项资产。在受托代理交易过程中，单位通常只是从委托方收到受托资产，并按照委托人的意愿将资产转赠给指定的其他组织或个人，或者按照有关规定将资产转交给指定的其他组织或个人，单位本身并不拥有受托资产的所有权和使用权，它只是在交易过程中起中介作用。

（二）受托代理资产的核算

1. 核算内容。

本科目核算单位接受委托方委托管理的各项资产，包括受托指定转赠的物资、受托存储保管的物资等的成本。

单位管理的罚没物资也应当通过本科目核算。

单位收到的受托代理资产为现金和银行存款的，不通过本科目核算，应当通过“库存现金”“银行存款”科目进行核算。

2. 明细科目设置。

本科目应当按照资产的种类和委托人进行明细核算；属于转赠资产的，还应当按照受赠人进行明细核算（见表2－33）。

表2－33　　　　事业单位受托代理资产科目表

序号	科目编码	科目名称	科目类别	辅助要素
1	1891	受托代理资产	资产类	
2	189101	受托转赠物资	资产类	
3	189102	受托存储保管物资	资产类	
4	18903	罚没物资	资产类	
5	189199	其他	资产类	

3. 主要账务处理。

（1）受托转赠物资。

①接受委托人委托需要转赠给受赠人的物资，其成本按照有关凭据注明的金额确定。接受委托转赠的物资验收入库，按照确定的成本，借记本科目，贷记“受托代理负债”科目。

受托协议约定由受托方承担相关税费、运输费等的，还应当按照实际支付的相关税费、运输费等金额，借记“其他费用”科目，贷记“银行存款”等科目。

②将受托转赠物资交付受赠人时，按照转赠物资的成本，借记“受托代理负债”科目，贷记本科目。

③转赠物资的委托人取消了对捐赠物资的转赠要求，且不再收回捐赠物资的，应当将转赠物资转为单位的存货、固定资产等。按照转赠物资的成本，借记“受托代理负债”科目，贷记本科目；同时，借记“库存物品”“固定资产”等科目，贷记“其他收入”科目。

（2）受托存储保管物资。

①接受委托人委托存储保管的物资，其成本按照有关凭据注明的金额确定。接受委托储存的物资验收入库，按照确定的成本，借记本科目，贷记“受托代理负债”科目。

②发生由受托单位承担的与受托存储保管的物资相关的运输费、保管费等费用时，按照实际发生的费用金额，借记“其他费用”等科目，贷记“银行

存款”等科目。

③根据委托人要求交付或发出受托存储保管的物资时，按照发出物资的成本，借记“受托代理负债”科目，贷记本科目。

（3）罚没物资。

①取得罚没物资时，其成本按照有关凭据注明的金额确定。罚没物资验收（入库），按照确定的成本，借记本科目，贷记“受托代理负债”科目。罚没物资成本无法可靠确定的，单位应当设置备查簿进行登记。

②按照规定处置或移交罚没物资时，按照罚没物资的成本，借记“受托代理负债”科目，贷记本科目。处置时取得款项的，按照实际取得的款项金额，借记“银行存款”等科目，贷记“应缴财政款”等科目。

（4）单位受托代理的其他实物资产，参照本科目有关受托转赠物资、受托存储保管物资的规定进行账务处理。

4. 本科目期末借方余额，反映单位受托代理实物资产的成本。

（三）会计实务举例

【例 2－111】 2020 年 3 月 10 日，某事业单位受某慈善组织委托接收一批幼儿生活用品，转赠给某幼儿园，委托单位提供的凭据显示该批生活用品价值 100 000 元，已于当日验收入库，产生运杂费 1 000 元，由改事业单位承担，以银行存款支付。4 月 1 日，该事业单位将该批生活用品的一半转赠给某幼儿园，剩余一半根据委托人的要求不再转赠，同时委托人也不再收回，相关账务处理如下：

（1）3 月 10 日收到受托转赠物资：

财务会计分录	预算会计分录
借：受托代理资产——受托转赠物资　　100 000 　贷：受托代理负债　　100 000	不做账务处理

（2）3 月 10 日支付运杂费：

财务会计分录	预算会计分录
借：其他费用——其他相关费用　　1 000 　贷：银行存款——基本户　　1 000	借：其他支出——其他资金支出　　1 000 　贷：资金结存——货币资金　　1 000

（3）4 月 1 日转赠某幼儿园生活用品：

财务会计分录	预算会计分录
借：受托代理负债 50 000 贷：受托代理资产——受托转赠物资 50 000	不做账务处理

（4）4 月 1 日不再转赠剩余物资：

财务会计分录	预算会计分录
借：受托代理负债 50 000 贷：受托代理资产——受托转赠物资 50 000 借：库存物品 50 000 贷：其他收入 50 000	不做账务处理

【例 2－112】 2020 年 5 月 7 日，某事业单位接受上级单位增加委托储备的防汛物资一批，根据上级委托单位提供的凭据该批物资价值 12 800 000 元，物资于当日验收入库。7 月 13 日接到上级单位通知要求调出一批委托储备的防汛物资送往受灾地区，根据调拨清单该批物资价值 7 500 000 元，运杂费由该事业单位承担。2020 年 7 月 14 日完成出库手续，发生运费 48 500 元，相关账务处理如下：

（1）5 月 7 日防汛物资 12 800 000 元入库，账务处理如下：

财务会计分录	预算会计分录
借：受托代理资产——受托储存保管物资 12 800 000 贷：受托代理负债 12 800 000	不做账务处理

（2）7 月 14 日发出防汛物资 7 500 000 元：

财务会计分录	预算会计分录
借：受托代理负债 7 500 000 贷：受托代理资产——受托储存保管物资 7 500 000	不做账务处理

（3）7 月 14 日支付运杂费 48 500 元：

财务会计分录	预算会计分录
借：其他费用 48 500 贷：银行存款——基本户 48 500	借：其他支出——其他资金支出 48 500 贷：资金结存——货币资金 48 500

【例2－113】2020年6月10日，某事业单位罚没一批物资，根据对方单位提供的凭据，该批物资价值50 000元，已于当日验收入库。按照有关规定对该批物资进行处置，8月20日完成处置并取得处置收益30 000元，相关账务处理如下：

（1）6月10日罚没物资入库：

财务会计分录	预算会计分录
借：受托代理资产——罚没物资 50 000 　　贷：受托代理负债 50 000	不做账务处理

（2）8月20日处置罚没物资并取得处置收益：

财务会计分录	预算会计分录
借：受托代理负债 50 000 　　贷：受托代理资产——罚没物资 50 000 借：银行存款——基本户 30 000 　　贷：应缴财政款——应缴国库款 30 000	不做账务处理

（四）常见及疑难问题解释参考

单位代为保管的政府储备物资，是通过“政府储备物资”科目核算？还是通过“受托代理资产”科目核算？

应通过“受托代理资产”科目核算。依据《政府会计准则第6号——政府储备物资》规定，对政府储备物资不负有行政管理职责但接受委托具体负责执行其存储保管等工作的政府会计主体，应当将受托代储的政府储备物资作为受托代理资产核算。

第十节 其他资产的核算

一、待摊费用

（一）待摊费用业务概述

单位在运营过程中有些费用是跨期的，比如保险费、书报费、取暖费等，这些费用在某月支付，但受益期是以后的多个月或全年，按照权责发生制要求，应将费用计入各自归属期，分月摊入各月的成本费用。

单位应建立备查簿，每期结账前查阅记录，以免漏记多记。

（二）待摊费用的核算

1. 核算内容。

本科目核算单位已经支付，但应当由本期和以后各期分别负担的分摊期在1年以内（含1年）的各项费用，如预付航空保险费、预付租金等。

摊销期限在1年以上的租入固定资产改良支出和其他费用，应当通过“长期待摊费用”科目核算，不通过本科目核算。

待摊费用应当在其受益期限内分期平均摊销，如预付航空保险费应在保险期的有效期内、预付租金应在租赁期内分期平均摊销，计入当期费用。

2. 明细科目设置。

本科目应当按照待摊费用种类进行明细核算（见表2-34）。

表2-34　　事业单位待摊费用科目表

序号	科目编码	科目名称	科目类别	辅助要素
1	1401	待摊费用	资产类	

3. 主要账务处理。

（1）发生待摊费用时，按照实际预付的金额，借记本科目，贷记“财政拨款收入”“零余额账户用款额度”“银行存款”等科目。

（2）按照受益期限分期平均摊销时，按照摊销金额，借记“业务活动费用”“单位管理费用”“经营费用”等科目，贷记本科目。

（3）如果某项待摊费用已经不能使单位受益，应当将其摊余金额一次全部转入当期费用。按照摊销金额，借记“业务活动费用”“单位管理费用”“经营费用”等科目，贷记本科目。

4. 本科目期末借方余额，反映单位各种已支付但尚未摊销的分摊期在1年以内（含1年）的费用。

（三）会计实务举例

【例2-114】2020年1月1日，某事业单位为存储防疫物资临时租赁了一处仓库，租期从2020年1月1日至2020年12月31日，1月1日以财政授权方式支付预付了全年的房屋租金 120 000 元。11 月 1 日，物资下发完毕，仓库停止使用，将其剩余租金一次性摊销完毕，相关账务处理如下：

（1）1 月 1 日预付全年租金：

财务会计分录	预算会计分录
借：待摊费用——预付租金 120 000 贷：零余额账户用款额度 120 000	借：事业支出——财政拨款支出——项目支出（租赁费） 120 000 贷：资金结存——零余额账户用款额度 120 000

（2）1—10 月每月末分摊租金（120 000 ÷ 12 = 10 000 元），账务处理如下：

财务会计分录	预算会计分录
借：业务活动费用——商品和服务费用 10 000 贷：待摊费用——预付租金 10 000	不做账务处理

（3）11 月 1 日，仓库停止使用，一次性摊销剩余资金（120 000 - 100 000 = 20 000 元），账务处理如下：

财务会计分录	预算会计分录
借：业务活动费用——商品和服务费用 20 000 贷：待摊费用——预付租金 20 000	不做账务处理

（四）常见及疑难问题解释参考

金额比较小的跨期费用，如零星的书报费等，是否也需按照待摊费用处理？

有些费用收益期限虽然超过 1 个月，但费用金额不大，对当期盈余影响较小，按照重要性原则，为了简化核算工作，可不作为待摊费用处理，直接计入支付月份的费用。

二、长期待摊费用

（一）长期待摊费用业务概述

单位运营中，有些费用是跨年的，这些费用在本年支付，但是受益期是以后的多年，由于这些费用所产生的服务潜力或者带来的经济利益未来才会产生，但是这些费用支出数额较大，若将全部费用计入支出年度，则不能正确反映当期的财务状况和运行情况，需要对这些费用进行分期摊销处理。

单位应建立备查簿，每年结账前查阅记录，以免漏记多记。

（二）长期待摊费用的核算

1. 核算内容。

本科目核算单位已经支出，但应由本期和以后各期负担的分摊期限在 1 年以上（不含 1 年）的各项费用，如以经营租赁方式租入的固定资产发生的改良支出等。

2. 明细科目设置。

本科目应当按照费用项目进行明细核算（见表 2－35）。

表 2－35　　事业单位长期待摊费用科目表

序号	科目编码	科目名称	科目类别	辅助要素
1	1901	长期待摊费用	资产类	

3. 主要账务处理。

（1）发生长期待摊费用时，按照支出金额，借记本科目，贷记“财政拨款收入”“零余额账户用款额度”“银行存款”等科目。

（2）按照受益期间摊销长期待摊费用时，按照摊销金额，借记“业务活动费用”“单位管理费用”“经营费用”等科目，贷记本科目。

（3）如果某项长期待摊费用已经不能使单位受益，应当将其摊余金额一次全部转入当期费用。按照摊销金额，借记“业务活动费用”“单位管理费用”“经营费用”等科目，贷记本科目。

4. 本科目期末借方余额，反映单位尚未摊销完毕的长期待摊费用。

（三）会计实务举例

【例 2－115】 2019 年 1 月 1 日，某事业单位因试验业务需要，对租入的大型设备进行维修改造，当日以财政授权支付方式支付改造款 60 000 元。该设备租赁期至 2023 年 12 月 31 日。2021 年 12 月 31 日，因改变试验方式，不再租赁该设备，将其剩余改造款一次摊销完毕，相关账务处理如下：

（1）1 月 1 日支付改造款：

财务会计分录	预算会计分录
借：长期待摊费用——改造费　60 000 　贷：零余额账户用款额度　60 000	借：事业支出——财政拨款支出——项目支出［维修（护）费］　60 000 　贷：资金结存——零余额账户用款额度　60 000

（2）2019 年 1 月—2021 年 12 月每年末分摊改造款（60 000 ÷ 5 ÷ 12 = 1 000 元）：

财务会计分录	预算会计分录
借：业务活动费用——商品和服务费用　1 000 　贷：长期待摊费用——改造费　1 000	不做账务处理

（3）2021 年 12 月，一次性摊销剩余资金（60 000 - 360 000 = 24 000 元），账务处理如下：

财务会计分录	预算会计分录
借：业务活动费用——商品和服务费用　24 000 　贷：长期待摊费用——改造费　24 000	不做账务处理

（四）常见及疑难问题解释参考

待摊费用、长期待摊费用与预提费用的区别是什么？

三个科目的对方科目都和费用有关。区别在于会计要素归属不同。待摊费用、长期待摊费用属于资产类科目，核算单位已经支付，但应由本期和以后各期分别负担的各项费用。预提费用属于负债类科目，是核算单位预先提取的已经发生但尚未支付的费用。

三、待处理财产损溢

（一）待处理财产损溢业务概述

单位持有的各类资产发生以下情形，应作为待处理财产损溢处理：自然损耗、意外灾害造成的毁损；管理不善或责任者的过失造成的毁损；因手续不健全或制度不严密而发生的资产盘盈或盘亏；由于计量或检验不准确，造成多收多付等。待处理财产损溢应及时查明原因，按照规定程序报批处理。

单位资产清查中查明的资产盘盈、盘亏、报废和毁损，一般应当先记入本科目，按照规定报经批准后及时进行账务处理。年末结账前一般应处理完毕。

（二）待处理财产损溢的核算

1. 核算内容。

本科目核算单位在资产清查过程中查明的各种资产盘盈、盘亏和报废、毁损的价值。

2. 明细科目设置。

本科目应当按照待处理的资产项目进行明细核算；对于在资产处理过程中取得收入或发生相关费用的项目，还应当设置“待处理财产价值”“处理净收入”明细科目，进行明细核算（见表 2－36）。

表 2－36　　事业单位待处理财产损溢科目表

序号	科目编码	科目名称	科目类别	辅助要素
1	1902	待处理财产损溢	资产类	
2	190201	待处理财产价值	资产类	
3	190202	处理净收入	资产类	

3. 主要账务处理。

（1）账款核对时发现的库存现金短缺或溢余。

①每日账款核对中发现现金短缺或溢余，属于现金短缺，按照实际短缺的金额，借记本科目，贷记“库存现金”科目；属于现金溢余，按照实际溢余的金额，借记“库存现金”科目，贷记本科目。

②如为现金短缺，属于应由责任人赔偿或向有关人员追回的，借记“其他应收款”科目，贷记本科目；属于无法查明原因的，报经批准核销时，借记“资产处置费用”科目，贷记本科目。

③如为现金溢余，属于应支付给有关人员或单位的，借记本科目，贷记“其他应付款”科目；属于无法查明原因的，报经批准后，借记本科目，贷记“其他收入”科目。

（2）资产清查过程中发现的存货、固定资产、无形资产、公共基础设施、政府储备物资、文物文化资产、保障性住房等各种资产盘盈、盘亏或报废、毁损

①盘盈的各类资产。转入待处理资产时，按照确定的成本，借记“库存物品”“固定资产”“无形资产”“公共基础设施”“政府储备物资”“文物文化资产”“保障性住房”等科目，贷记本科目。

按照规定报经批准后处理时，对于盘盈的流动资产，借记本科目，贷记“单位管理费用”（事业单位）或“业务活动费用”（行政单位）科目。对于盘盈的非流动资产，如属于本年度取得的，按照当年新取得相关资产进行账务处理；如属于以前年度取得的，按照前期差错处理，借记本科目，贷记“以前年度盈余调整”科目。

②盘亏或者毁损、报废的各类资产。转入待处理资产时，借记本科目（待处理财产价值）［盘亏、毁损、报废固定资产、无形资产、公共基础设施、保障性住房的］，还应借记“固定资产累计折旧”“无形资产累计摊销”“公共基础设施累计折旧（摊销）”“保障性住房累计折旧”科目，贷记“库存物品”“固定资产”“无形资产”“公共基础设施”“政府储备物资”“文物文化资产”“保障性住房”“在建工程”等科目。涉及增值税业务的，相关账务处理参见“应交增值税”科目。

报经批准处理时，借记“资产处置费用”科目，贷记本科目（待处理财产价值）。

处理毁损、报废实物资产过程中取得的残值或残值变价收入、保险理赔和过失人赔偿等，借记“库存现金”“银行存款”“库存物品”“其他应收款”等科目，贷记本科目（处理净收入）；处理毁损、报废实物资产过程中发生的相关费用，借记本科目（处理净收入），贷记“库存现金”“银行存款”等科目。

处理收支结清，如果处理收入大于相关费用的，按照处理收入减去相关费用后的净收入，借记本科目（处理净收入），贷记“应缴财政款”等科目；如果处理收入小于相关费用的，按照相关费用减去处理收入后的净支出，借记“资产处置费用”科目，贷记本科目（处理净收入）。

4. 本科目期末如为借方余额，反映尚未处理完毕的各种资产的净损失；期末如为贷方余额，反映尚未处理完毕的各种资产净溢余。年末，经批准处理后，本科目一般应无余额。

（三）会计实务举例

【例2－116】2020年3月15日，某事业单位进行现金盘点，盘盈现金500元，经核查，其中300元为应退乙单位的押金，剩余200元无法查明原因。3月16日，将乙单位押金退回，相关账务处理如下：

（1）3月15日发现现金实际数比账面余额多500元：

财务会计分录	预算会计分录
借：库存现金——库存现金　500 　贷：待处理财产损溢——待处理财产价值　500	借：资金结存——货币资金　500 　贷：其他预算收入——其他预算收入　500

（2）经核查，其中300元为应退乙单位的押金：

财务会计分录	预算会计分录
借：待处理财产损溢——待处理财产价值　300 　贷：其他应付款（乙单位）　300	不做账务处理

（3）经核查，其中200元现金盈余无法查明原因：

财务会计分录	预算会计分录
借：待处理财产损溢——待处理财产价值　200 　贷：其他收入　200	不做账务处理

（4）3月16日，退回乙单位押金：

财务会计分录	预算会计分录
借：其他应付款（乙单位）　300 　贷：库存现金——库存现金　300	借：其他预算收入——其他预算收入　300 　贷：资金结存——货币资金　300

【例2－117】2020年6月30日，某事业单位进行现金盘点，盘亏现金200元，经核查，其中100元应由责任人小李赔偿，剩余100元无法查明原因。7月1日，小李上交赔偿款100元，相关账务处理如下：

（1）6 月 30 日发现现金实际数比账面余额短缺 200 元：

财务会计分录	预算会计分录
借：待处理财产损溢——待处理财产价值 200 贷：库存现金——库存现金 200	借：其他支出——其他资金支出 200 贷：其他预算收入——其他预算收入 200

（2）经核查，责任人小李需赔偿 100 元现金：

财务会计分录	预算会计分录
借：其他应收款（小李） 100 贷：待处理财产损溢——待处理财产价值 100	不做账务处理

（3）经核查，其中 100 元现金盘亏无法查明原因：

财务会计分录	预算会计分录
借：资产处置费用 100 贷：待处理财产损溢——待处理财产价值 100	不做账务处理

（4）7 月 1 日，责任人小李上交赔偿款 100 元：

财务会计分录	预算会计分录
借：库存现金——库存现金 100 贷：其他应收款（小李） 100	借：资金结存——货币资金 100 贷：其他支出——其他资金支出 100

【例 2－118】 2020 年 12 月 1 日，某事业单位进行资产清查，盘盈一批办公用品，价值 10 000 元，盘盈一台电脑，价值 5 000 元，均为以前年度取得。12 月 30 日，经过省财政厅批准，按盘盈资产处理，相关账务处理如下：

（1）12 月 1 日，资产清查盘盈办公用品一批：

财务会计分录	预算会计分录
借：库存物品（办公用品） 10 000 贷：待处理财产损溢——待处理财产价值 10 000	不做账务处理

（2）12 月 1 日，资产清查盘盈电脑一台，账务处理如下：

财务会计分录	预算会计分录
借：固定资产（通用设备） 5 000 贷：待处理财产损溢——待处理财产价值 5 000	不做账务处理

（3）12 月 30 日，经批准按照盘盈资产处理，账务处理如下：

财务会计分录	预算会计分录
借：待处理财产损溢——待处理财产价值 15 000 贷：单位管理费用——商品和服务费用 10 000 以前年度盈余调整 5 000	不做账务处理

【例 2－119】2020 年 12 月 1 日，某事业单位进行资产清查，发现有一台专用设备已无法正常使用，价值 25 000 元，已提折旧 20 000 元。12 月 30 日经省财政厅批准报废，处置时发生运输费 100 元，以现金支付，收到处置收入 200 元，相关账务处理如下：

（1）12 月 1 日资产清查发现一台专用设备已严重损坏，无法正常使用：

财务会计分录	预算会计分录
借：待处理财产损溢——待处理财产价值 5 000 固定资产累计折旧（专用设备） 20 000 贷：固定资产（专用设备） 25 000	不做账务处理

（2）12 月 30 日该设备经批准报废：

财务会计分录	预算会计分录
借：资产处置费用 5 000 贷：待处理财产损溢——待处理财产价值 5 000	不做账务处理

（3）处置时发生运费 100 元：

财务会计分录	预算会计分录
借：待处理财产损溢——处理净收入 100 贷：库存现金——库存现金 100	不做账务处理

（4）收到处置收入 200 元：

财务会计分录	预算会计分录
借：库存现金——库存现金　200 　贷：待处理财产损溢——处理净收入　200 借：待处理财产损溢——处理净收入　100 　贷：应缴财政款——应缴国库款　100	不做账务处理

（四）常见及疑难问题解释参考

国有资产处置有哪些规定？

国有资产处置是指单位对其占有、使用的国有资产，进行产权转移或核销的行为。处置类别包括：无偿转让、有偿转让、置换、报废、报损等。资产处置应当严格履行审批手续。未履行审批手续的，不得处置。资产处置事项的批复和单位内部审批文件，是编制资产配置预算的重要依据。资产处置批复、单位内部审批文件及处置交易凭证，是单位进行相关资产和会计账务处理、相关部门办理资产产权变更和登记手续的依据。

按照政府会计制度要求，资产处置核算范围分为两大类：一类是通过“待处理财产损溢”科目核算的，包括资产盘亏、报废、毁损；第二类是不通过“待处理财产损溢”科目核算的，包括无偿调拨、出售、出让、转让、置换、对外捐赠。

第三章　负　债

第一节　负债概述

一、负债的概念

《基本准则》第三十三条规定："负债是指政府会计主体过去的经济业务或者事项形成的，预期会导致经济资源流出政府会计主体的现时义务。现时义务是指政府会计主体在现行条件下已承担的义务。未来发生的经济业务或者事项形成的义务不属于现时义务，不应当确认为负债。"

现时义务包括法定义务和推定义务。法定义务，是指因合同、法律法规或其他司法解释等产生的义务。推定义务，是指根据政府会计主体以往的习惯做法、已公布的政策或者已公开的承诺或声明，政府会计主体向其他方表明其将承担并且其他方也合理预期政府会计主体将履行的相关义务。

二、负债的分类

政府会计主体的负债按照流动性，分为流动负债和非流动负债。

（一）流动负债

流动负债是指预计在1年内（含1年）偿还的负债，包括应付及预收款项、应付职工薪酬、应缴款项等。

1. 短期借款是指事业单位经批准向银行或其他金融机构等借入的期限在1年内（含1年）的各种借款。

2. 应交增值税是指单位按照税法规定计算应交纳的增值税。

3. 其他应交税费是指单位按照税法等规定计算应交纳的除增值税以外的各种税费，包括城市维护建设税、教育费附加、地方教育费附加、车船税、房产税、城镇土地使用税和企业所得税等。

4. 应缴财政款是指单位取得或应收的按照规定应当上缴财政的款项，包括应缴国库的款项和应缴财政专户的款项。

单位按照国家税法等有关规定应当缴纳的各种税费，通过“应交增值税”“其他应交税费”科目核算，不通过“应缴财政款”核算。

5. 应付职工薪酬是指单位按照有关规定应付给职工（含长期聘用人员）及为职工支付的各种薪酬，包括基本工资、国家统一规定的津贴补贴、规范津贴补贴（绩效工资）、改革性补贴、社会保险费（如职工基本养老保险费、职业年金、基本医疗保险费等）、住房公积金等。

6. 应付票据是指事业单位因购买材料、物资等而开出、承兑的商业汇票，包括银行承兑汇票和商业承兑汇票。

7. 应付账款是指单位因购买物资、接受服务、开展工程建设等而应付的偿还期限在 1 年以内（含 1 年）的款项。

8. 应付利息是指事业单位按照合同约定应支付的借款利息，包括短期借款、分期付息到期还本的长期借款等应支付的利息。

9. 预收账款是指事业单位预先收取但尚未结算的款项。

10. 其他应付款是指单位除应交增值税、其他应交税费、应缴财政款、应付职工薪酬、应付票据、应付账款、应付政府补贴款、应付利息、预收账款以外，其他各项偿还期限在 1 年内（含 1 年）的应付及暂收款项，如收取的押金、存入保证金、已经报销但尚未偿还银行的本单位公务卡欠款等。

同级政府财政部门预拨的下期预算款和没有纳入预算的暂付款项，以及采用实拨资金方式通过本单位转拨给下属单位的财政拨款，也通过“其他应付款”核算。

11. 预提费用是指单位预先提取的已经发生但尚未支付的费用，如预提租金费用等。事业单位按规定从科研项目收入中提取的项目间接费用或管理费，也通过“预提费用”核算。

事业单位计提的借款利息费用，通过“应付利息”“长期借款”科目核算，不通过“预提费用”核算。

（二）非流动负债

非流动负债是指流动负债以外的负债，包括长期应付款、应付政府债券和政府依法担保形成的债务等。

1. 长期借款是指事业单位经批准向银行或其他金融机构等借入的期限超过1年（不含1年）的各种借款本息。

2. 长期应付款是指单位发生的偿还期限超过1年（不含1年）的应付款项，如以融资租赁方式取得固定资产应付的租赁费等。

3. 预计负债是指单位对因或有事项所产生的现时义务而确认的负债，如对未决诉讼等确认的负债。

4. 受托代理负债是指单位接受委托取得受托代理资产时形成的负债。

三、负债的确认和计量

（一）负债的确认

《基本准则》第三十五条规定：符合负债定义的义务，在同时满足以下条件时，确认为负债：

1. 履行该义务很可能导致含有服务潜力或者经济利益的经济资源流出政府会计主体。

2. 该义务的金额能够可靠地计量。

（二）负债的计量

《基本准则》第三十六条规定：负债的计量属性主要包括历史成本、现值和公允价值。

1. 在历史成本计量下，负债按照因承担现时义务而实际收到的款项或者资产的金额，或者承担现时义务的合同金额，或者按照为偿还负债预期需要支付的现金计量。

2. 在现值计量下，负债按照预计期限内需要偿还的未来净现金流出量的折现金额计量。

3. 在公允价值计量下，负债按照市场参与者在计量日发生的有序交易中，转移负债所需支付的价格计量。

政府会计主体在对负债进行计量时，一般应当采用历史成本。采用现值、公允价值计量的，应当保证所确定的负债金额能够持续、可靠计量。

符合负债定义和负债确认条件的项目，应当列入资产负债表。

四、负债管理相关政策规定

根据《事业单位财务规则》（财政部令第108号），事业单位应当对不同性质的负债分类管理，及时清理并按照规定办理结算，保证各项负债在规定期限内偿还。

事业单位应当建立健全财务风险预警和控制机制，规范和加强借入款项管理，如实反映依法举借债务情况，严格执行审批程序，不得违反规定融资或者提供担保。

第二节　流动负债的核算

一、短期借款

（一）短期借款业务概述

短期借款一般是事业单位为了满足经营活动或者是为了抵偿某项债务而借入的。本科目期末贷方余额，反映事业单位尚未偿还的短期借款本金。

（二）短期借款的核算

1. 核算内容。

短期借款是核算事业单位经批准向银行或其他金融机构等借入的期限在1年内（含1年）的各种借款。

2. 明细科目设置。

短期借款科目应当按照债权人和借款种类进行明细核算（见表3-1）。

表3-1　　事业单位短期借款科目表

序号	科目编码	科目名称	科目类别	辅助要素
1	2001	短期借款	负债类	资金往来对象类别，往来

3. 主要账务处理。

（1）借入各种短期借款时，按照实际借入的金额，借记“银行存款”科目，贷记本科目。

（2）银行承兑汇票到期，本单位无力支付票款的，按照应付票据的账面余额，借记“应付票据”科目，贷记本科目。

（3）归还短期借款时，借记本科目，贷记“银行存款”科目。

（三）会计实务举例

【例3-1】2020年1月5日，某事业单位向银行借入3 500 000元，以备垫付工程建设款，期限3个月，年利率6%，该借款到期后一次还本付息，利息分月计提。相关账务处理如下：

（1）1月5日从银行借入3 500 000元：

财务会计分录	预算会计分录
借：银行存款——基本户　3 500 000 　贷：短期借款（A项目；办公费） 　　3 500 000	借：资金结存——货币资金　3 500 000 　贷：债务预算收入——非专项资金收入 　　3 500 000

（2）1月底、2月底、3月底分别按月计提短期借款利息，计提应付利息等于：3 500 000×6%÷12=17 500（元）。

财务会计分录	预算会计分录
借：其他费用——利息费用　17 500 　贷：应付利息　17 500	不做账务处理

（3）3月31日偿还短期借款本金及利息：

财务会计分录	预算会计分录
借：短期借款　3 500 000 　应付利息　52 500 　贷：银行存款——基本户　3 552 500	借：债务还本支出　3 500 000 　其他支出——其他资金支出　52 500 　贷：资金结存——货币资金　3 552 500

【例3-2】2020年4月30日，某事业单位开出一张金额为20 000元的银行承兑汇票到期，单位无力支付票款，银行代为付款，按照银行承兑汇票的票面金额，转为短期借款。相关账务处理如下：

财务会计分录	预算会计分录
借：应付票据　20 000 　贷：短期借款　20 000	借：经营支出　20 000 　贷：债务预算收入——非专项资金收入 　　20 000

（四）常见及疑难问题解释参考

政府举借债务借款利息费用化还是资本化？

根据《政府会计准则第 8 号——负债》规定，政府举借债务的主体包括政府和事业单位，政府举借的债务的利息是不允许资本化的，只能费用化。事业单位为购建符合资本化条件资产而专门借入的款项，可以资本化，事业单位的非专门借款所发生的借款费用，应当计入当期费用，不允许资本化。专门借款和非专门借款是通过贷款合同的用途来划分的，如合同用途是流动资金贷款，就属于非专门借款，所产生的借款费用不能资本化，而应当费用化处理。

二、应交增值税

（一）应交增值税业务概述

事业单位在一定时期内取得经营收入或发生特定经营行为，要按照税法规定交纳各种税费，如增值税、城市维护建设税、教育费附加等。这些应交的税费，应按照权责发生制的原则确认，在尚未交纳之前，形成政府会计主体的一项负债。

增值税是以商品（含货物、加工修理修配劳务、应税服务、无形资产或不动产，以下统称商品）在流转过程中产生的增值额为计税依据而征收的一种流转税。按照我国现行增值税制度的规定，在我国境内销售货物、加工修理修配劳务、应税服务、无形资产和不动产以及进口货物的单位和个人为增值税的纳税人。其中，“单位”是指企业、行政单位、事业单位、军事单位、社会团体及其他单位；“服务”是指提供交通运输服务、建筑服务、现代服务等。根据经营规模大小及会计核算水平的健全程度，增值税纳税人分为一般纳税人和小规模纳税人。计算增值税的方法分为一般计税方法和简易计税方法。

1. 一般计税方法。

增值税的一般计税方法，是先按当期销售额和适用的税率计算出联额，然后以该销项税额对当期购进项目支付的税款（即进项税额）行和从而间接算出当期的应纳税额。

应纳税额的计算公式为应纳税额 = 当期销项税额 - 当期进项税额

“当期销项税额”是指一般纳税人当期销售货物、加工修理修配劳务、应税服务、无形资产和不动产时，按照销售额和增值税税率计算并收取的增值税税额。“当期进项税额”是指一般纳税人当期购进货物、加工修理修配劳务、应税服务、无形资产和不动产，支付或者负担的增值税税额。

当期销项税额小于当期进项税额不足抵扣时，其不足部分可以结转下期继续抵扣。

2. 简易计税方法。

增值税的简易计税方法，是按照销售额与征收率的乘积计算应纳税额不得抵扣进项税额，应纳税额的计算公式为：

应纳税额 = 销售额 × 征收率

公式中的“销售额”不包括其应纳税额，如果纳税人采用销售额和应纳税额合并定价方法的，应按照公式“销售额 = 含税销售额 ÷（1 + 征收率）”还原为不含税销售额计算。

采用简易计税方法的增值税征收率为3%，财政部和国家税务总局另有规定的除外。

增值税一般纳税人计算增值税大多数采用一般计税方法，小规模纳税人一般采用简易计税方法。

本科目期末贷方余额，反映单位应交未交的增值税；期末如为借方余额，反映单位尚未抵扣或多交的增值税。

（二）应交增值税的核算

1. 核算内容。

应交增值税是核算事业单位按照税法规定计算应交纳的增值税。

2. 明细科目设置。

应交增值税科目设置“应交税金”“未交税金”“预交税金”“待抵扣进项税额”“待认证进项税额”“待转销销项税额”“简易计税”“转让金融商品应交增值税”“代扣代交增值税”等二级明细科目；其中，“应交税金”明细科目下应当设置“进项税额”“已交税金”“转出未交增值税”“减免税款”“销项税额”“进项税额转出”“转出多交增值税”三级明细科目（见表3－2）。

表 3-2 事业单位应交增值税科目表

序号	科目编码	科目名称	科目类别	辅助要素
1	2101	应交增值税	负债类	
2	210101	应交税金	负债类	
3	21010101	进项税额	负债类	
4	21010102	已交税金	负债类	
5	21010103	转出未交增值税	负债类	
6	21010104	减免税款	负债类	
7	21010105	销项税额	负债类	
8	21010106	进项税额转出	负债类	
9	21010107	转出多交增值税	负债类	
10	210102	未交税金	负债类	
11	210103	预交税金	负债类	
12	210104	待抵扣进项税额	负债类	
13	210105	待认证进项税额	负债类	
14	210106	待转销项税额	负债类	
15	210107	简易计税	负债类	
16	210108	转让金融商品应交增值税	负债类	
17	210109	代扣代交增值税	负债类	

3. 主要账务处理（以增值税一般纳税人举例介绍）。

（1）取得资产或者接受劳务等业务。

①采购等业务进项税额允许抵扣情形。按照应计入相关成本费用或资产的金额处理如下：借记“业务活动费用”“在途物品”“库存物品”“工程物资”“在建工程”“固定资产”“无形资产”等科目，按照当月已认证的可抵扣增值税额，借记应交增值税——应交税金（进项税额），按照当月未认证的可抵扣增值税额，借记应交增值税——待认证进项税额，按照应付或者实际支付金额，贷记“应付账款”“应付票据”“银行存款”“零余额账户用款额度”等科目。

②采购等业务进项税额不得抵扣情形。

a. 单位购进资产或服务等，用于简易计税方法计税项目、免征增值税项目、集体福利或个人消费等，其进项税额按照现行增值税制度规定不得从销项税额中抵扣的，取得增值税专用发票时，应按照增值税发票注明的金额。借记

“业务活动费用”“库存物品”等，按照待认证的增值税进项税额，借记本科目，按照实际支付或应付的金额，贷记“银行存款”“应付账款”“零余额账户用款额度”等科目。

b. 经税务机关认证为不可抵扣进项税时，借记本科目，贷记本科目，同时，将进项税额转出，借记相关成本费用科目，贷记本科目。

③购进不动产或不动产在建工程按照规定进项税额分年抵扣。单位取得应税项目不动产或不动产在建工程，其进项税额按照现行增值税制度规定自取得之日起分两年从销项税额中抵扣的，分三种情形：

a. 按照当期可抵扣的增值税额。按照取得的成本借记“固定资产”“在建工程”等科目，借记本科目，按照应付或实际支付的金额，贷记“应付账款”“应付票据”“银行存款”“零余额账户用款额度”等科目。

b. 按照以后期间可抵扣的增值税额。按照取得成本借记“固定资产”“在建工程”等科目，借记本科目，按照应付或实际支付的金额，贷记“应付账款”“应付票据”“银行存款”“零余额账户用款额度”等科目。

c. 尚未抵扣的进项税额待以后期间允许抵扣时，按照允许抵扣的金额。借记“应交增值税”科目，贷记本科目。

④进项税额抵扣情况发生改变。

a. 单位因发生非正常损失或改变用途等，原已计入进项税额、待抵扣进项税额或待认证进项税额，但按照现行增值税制度规定不得从销项税额中抵扣的。借记“待处理财产损溢”“固定资产”“无形资产”等科目，贷记本科目。

b. 原不得抵扣且未抵扣进项税额的固定资产、无形资产等，因改变用途等用于允许抵扣进项税额的应税项目的，应按照允许抵扣的进项税额。借记本科目，贷记“固定资产”“无形资产”等科目（注：固定资产、无形资产等经上述调整后，应按照调整后的账面价值在剩余尚可使用年限内计提折旧或推销）。

c. 单位购进时已全额计入进项税额的货物或服务等转用于不动产在建工程的，对于结转以后期间的进项税额。借记本科目，贷记本科目。

⑤购买方作为扣缴义务人。

a. 按照现行增值税制度规定，境外单位或个人在境内发生应税行为，在境内未设有经营机构的，以购买方为增值税扣缴义务人。

事业单位如为一般纳税人购进服务或资产时，按照应计入相关成本费用或资产的金额，借记“业务活动费用”“在途物品”“库存物品”“工程物资”

“在建工程”“固定资产”“无形资产”等科目，按照可抵扣的增值税额，借记本科目，按照应付或实际支付的金额，贷记“银行存款”“应付账款”等科目，按照应代扣代缴的增值税额，贷记本科目。

b. 实际缴纳代扣代缴增值税时，按照代扣代缴的增值税额。借记本科目，贷记“银行存款”“零余额账户用款额度”等科目。

（2）销售资产或提供服务等业务。

①销售资产或提供服务业务。

a. 销售货物或提供服务：事业单位如为一般纳税人销售货物或提供服务，应当按照应收或已收的金额，借记“应收账款”“应收票据”“银行存款”等科目，按照确认的收入金额，贷记“经营收入”“事业收入”等科目，按照现行增值税制度规定计算的销项税额，贷记“应交增值税——应交税金——销项税额”或“应交增值税——简易计税”。

b. 按照政府会计制度及相关政府会计准则确认收入的时点早于按照增值税制度确认增值税纳税义务发生时点的。借记“应交增值税——待转销项税额”科目，待实际发生纳税义务时再转入“应交增值税——应交税金——销项税额”或“应交增值税——简易计税”科目。

c. 按照增值税制度确认增值税纳税义务发生时点早于按照政府会计制度及相关政府会计准则确认收入的时点的，应按照应纳增值税额。借记“应收账款”，贷记“应交增值税——应交税金——销项税额”或“应交增值税——简易计税”科目。

②金融商品转让按照规定以盈亏相抵后的余额作为销售额。

a. 金融商品实际转让月末，如产生转让收益，则按照应纳税额。借记“投资收益”科目，贷记“应交增值税——转让金融商品应交增值税”。

b. 如产生转让损失，则按照可结转下月抵扣税额。借记“应交增值税——转让金融商品应交增值税”，贷记“投资收益”

c. 交纳增值税时。应借记“应交增值税——转让金融商品应交增值税”，贷记“银行存款”等。

d. 年末处理。“应交增值税——转让金融商品应交增值税”科目如有借方余额，则借记“投资收益”，贷记“应交增值税——转让金融商品应交增值税”。

（3）月末转出多交增值税和未交增值税。月度终了，单位应当将当月未交或多交的增值税自“应交税金”明细科目转入“未交税金”明细科目。

①对于当月应交未交的增值税。借记“应交增值税——应交税金——转出未交增值税”、贷记“应交增值税——未交税金”。

②对于当月多交增值税。借记“应交增值税——未交税金”，贷记“应交增值税——应交税金——转出未交增值税”。

（4）交纳增值税业务。

①交纳当月应交增值税。事业单位如为增值税一般纳税人，交纳当月应交的增值税。借记“应交增值税——应交税金——已交税金”，贷记“银行存款”等科目。

②交纳以前期间未交增值税。事业单位如为增值税一般纳税人，单位交纳以前期间未交的增值税。借记“应交增值税——未交税金”，贷记“银行存款”等科目。

③预交增值税，单位预交增值税时。借记“应交增值税——预交税金”，贷记“银行存款”等科目。月末，单位应将“预交税金”明细科目余额转入“未交税金”明细科目，借记“应交增值税——未交税金”，贷记“应交增值税——未预交税金”。

④减免增值税。对于当期直接减免的增值税。借记“应交增值税——应交税金——减免税款”，贷记“业务活动费用”“经营费用”等科目。

（三）会计实务举例

一般纳税人的账务处理：

1. 取得资产、接受劳务。

（1）单位购买用于增值税应税项目的资产或服务等。

【例3-3】2020年3月3日，某事业单位（为增值税一般纳税人）开展非独立核算经营活动，购买所用物资一批，取得的增值税专用发票上注明的物资价款为50 000元，增值税税额为6 500元，款项以银行存款支付，当日收到物资，已验收入库。相关账务处理如下：

财务会计分录	预算会计分录
借：库存物品　50 000 　应交增值税——应交税金（进项税额）　6 500 　贷：银行存款——基本户　56 500	借：经营支出　56 500 　贷：资金结存——货币资金　56 500

【例3－4】2020年3月8日，某事业单位（为增值税一般纳税人）开展非独立核算经营活动，以银行存款支付经营业务咨询费，取得的增值税专用发票上注明的价款为3 000元，增值税税额为180元。相关账务处理如下：

财务会计分录	预算会计分录
借：经营费用 3 000 应交增值税——应交税金（进项税额） 180 贷：银行存款——基本户 3 180	借：经营支出 3 180 贷：资金结存——货币资金 3 180

（2）单位因发生非正常损失或改变用途等。

【例3－5】2020年4月，某事业单位（为增值税一般纳税人）开展非独立核算经营活动，发生有关业务及相关账务处理如下：

①10日，用于经营活动的库存A物品因管理不善发生火灾损失。该物品的实际成本为50 000元，相关增值税专用发票上注明的增值税税额为6 500元。

财务会计分录	预算会计分录
借：待处理财产损溢 56 500 贷：库存物品——A物品 50 000 应交增值税——应交增值税（进项税额转出） 6 500	不做账务处理

②15日，领用上月为经营活动购入的一批B物品，用于仓库工程建设项目。该批物品的实际成本为100 000元，相关增值税专用发票上注明的增值税税额为13 000元。

财务会计分录	预算会计分录
借：在建工程——仓库 100 000 应交税费——待抵扣进项税额 13 000 贷：库存物品——B物品 100 000 应交增值税——应交税金（进项税额转出） 13 000	不做账务处理

③按照现行增值税制度规定，境外单位或个人在境内发生应税行为，在境内未设有经营机构的，以购买方为增值税扣缴义务人。

【例3－6】2020年4月，某事业单位（为增值税一般纳税人）开展非独立核算经营活动，向一境外单位进行业务咨询，发生咨询费42 400元。该境外单位在境内未设有经营机构，由该事业单位代扣代缴增值税税款，合同约定税款由境外单位承担，该单位适用的增值税征收率为6%。假定不考虑其他税费。相关账务处理如下：

（1）计算应代扣代缴增值税：42 400÷（1+6%）×6%=2 400（元）

实际支付给境外单位款项=42 400-2 400=40 000（元）

（2）发生业务咨询费。

财务会计分录	预算会计分录
借：经营费用　42 400 　贷：其他应付款　42 400	不做账务处理

（3）代扣增值税，账务处理如下：

财务会计分录	预算会计分录
借：其他应付款　2 400 　贷：应交增值税——代扣代交增值税　2 400	不做账务处理

（4）缴纳代扣增值税，账务处理如下：

财务会计分录	预算会计分录
借：应交增值税——代扣代交增值税　2 400 　贷：银行存款——基本户　2 400	借：应交增值税——应交增值税（进项税额） 　2 400 　贷：经营费用　2 400

2. 销售资产、提供服务。

（1）单位销售资产或提供服务。

【例3-7】2020年4月，某事业单位（为增值税一般纳税人）开展非独立核算经营活动，发生有关业务及相关账务处理如下：

①10日，对外提供培训服务，开具的增值税专用发票上注明的价款为10 000元，增值税税额为600元。服务已提供，款项当日收到并存入银行。

财务会计分录	预算会计分录
借：银行存款——基本户　10 600 　贷：经营收入　10 000 　　应交增值税——应交税金（销项税额）　600	借：资金结存——货币资金　10 600 　贷：经营预算收入　10 600

②18日，对外销售一批物品，开具的增值税专用发票上注明的价款为15 000元，增值税税额为1 950元，提货单和增值税专用发票已交给买方，约定款项下月支付。该批物品的实际成本为12 000元。

财务会计分录	预算会计分录
借：应收账款 16 950 　贷：经营收入 15 000 　　应交增值税——应交税金（销项税额） 1 950 借：经营费用 12 000 　贷：库存物品 12 000	不做账务处理

（2）金融商品转让按照规定以盈亏相抵后的余额作为销售额。

【例3-8】 2020年3月1日，某事业单位开展非独立核算经营活动，以100 000元出售持有的一项短期投资，出售价款当日收存银行。该项投资实际取得成本为84 100元，该单位适用的增值税征收率为6%。不考虑其他因素。相关账务处理如下：

出售该项投资应纳增值税 =（100 000 - 84 100）÷（1 + 6%）× 6% = 900（元）：

财务会计分录	预算会计分录
借：银行存款——基本户 100 000 　贷：短期投资 84 100 　　投资收益 15 900 借：投资收益 900 　贷：应交增值税——转让金融商品应交增值税 900	借：资金结存——货币资金 100 000 　贷：投资支出 84 100 　　投资预算收益 15 900

3. 月末转出多交增值税和未交增值税。

【例3-9】 2020年4月30日，某事业单位（为增值税一般纳税人）将尚未交纳的增值税税款3 000元进行转出。不考虑其他因素。相关账务处理如下：

财务会计分录	预算会计分录
借：应交增值税——应交税金（转出未交增值税） 3 000 　贷：应交增值税——未交税金 3 000	不做账务处理

4. 交纳增值税。

【例 3－10】 2020 年 4 月，某事业单位（为增值税一般纳税人）当月的增值税销项税额合计为 12 000 元，增值税进项税额转出合计为 1 600 元，增值税进项税额合计为 8 000 元。30 日，该单位用银行存款交纳当月增值税税款 2 000 元。相关账务处理如下：

该单位当月应交增值税 = 12 000 + 1 600 － 8 000 = 5 600（元）：

财务会计分录	预算会计分录
借：应交增值税——应交税金（已交税金） 2 000 贷：银行存款——基本户 2 000	借：经营支出 2 000 贷：资金结存——货币资金 2 000

【例 3－11】 承【例 3－9】2020 年 5 月，该事业单位交纳 4 月未交增值税 3 000 元。相关账务处理如下：

财务会计分录	预算会计分录
借：应交增值税——未交税金 3 000 贷：银行存款——基本户 3 000	借：经营支出 3 000 贷：资金结存——货币资金 3 000

【例 3－12】 2020 年 4 月，某事业单位因开展非独立核算经营活动，申请为增值税一般纳税人，初次购买增值税税控系统专用设备作为固定资产核算，取得的增值税专用发票上注明的价款为 35 000 元，增值税税额为 4 550 元，价款和税款以银行存款支付。相关账务处理如下：

（1）取得设备，支付价款和税款：

财务会计分录	预算会计分录
借：固定资产——通用设备 39 550 贷：银行存款——基本户 39 550	借：经营支出 39 550 贷：资金结存——货币资金 39 550

（2）按规定抵减增值税应纳税额：

财务会计分录	预算会计分录
借：应交增值税——应交税金（减免税款） 39 550 贷：经营费用 39 550	不做账务处理

小规模纳税人的账务处理：

【例 3－13】 2020 年 5 月，某事业单位（为增值税小规模纳税人）开展非独立核算经营活动，发生的有关业务及相关账务处理如下：

（1）10 日，购入材料一批，取得的增值税专用发票上注明的价款为 10 000 元，增值税税额为 1 300 元，款项以银行存款支付，材料已验收入库。

财务会计分录	预算会计分录
借：库存物品 11 300 　贷：银行存款——基本户 11 300	借：经营支出 11 300 　贷：资金结存——货币资金 11 300

（2）20 日，销售物品一批，开具的增值税普通发票价税款合计为 16 480 元，款项已存入银行。该批物品的实际成本为 12 000 元。该单位适用的增值税征收率为 3%。

计算应交增值税：16 480 ÷（1 +3%）×3% =480（元）：

财务会计分录	预算会计分录
借：银行存款——基本户 16 480 　贷：经营收入 16 000 　　应交增值税——简易计税 480 借：经营费用 12 000 　贷：库存物品 12 000	借：资金结存——货币资金 16 480 　贷：经营预算收入 16 480

（3）31 日，用银行存款交纳增值税 480 元：

财务会计分录	预算会计分录
借：应交增值税——简易计税 480 　贷：银行存款——基本户 480	借：经营支出 480 　贷：资金结存——货币资金 480

（四）常见及疑难问题解释参考

1. 事业单位对购进的不动产或不动产在建工程分年抵扣进项税额时，如何进行税款抵扣处理？

根据《财政部 税务总局 海关总署关于深化增值税改革有关政策的公告》（财政部 国家税务总局 海关总署公告 2019 年第 39 号）规定，自 2019 年 4 月

1日起，纳税人取得不动产或者不动产在建工程的进项税额不再分2年抵扣。此前按照国家税务总局公告2016年第15号规定纳税人取得不动产或者不动产在建工程的进项税额分2年抵扣，尚未抵扣完毕的待抵扣进项税额，可自2019年4月税款所属期起从销项税额中抵扣。取得的不动产，包括以直接购买、接受捐赠、接受投资入股以及抵债等各种形式取得的不动产。纳税人新建、改建、扩建、修缮、装饰不动产，属于不动产在建工程。

【例3-14】某事业单位2018年10月取得不动产增值税专用发票，已经过税务机关认证，可抵扣进项税额2 000万元。2018年11月申报期内抵扣1 200万元，未抵扣进项税额800万元，可在2019年4月税款所属期起从销项税额中抵扣，即在2019年5月纳税申报期内抵扣。

2. 单位在取得进项税额不允许抵扣的资产或服务时如何进行账务处理？

当单位购进用于简易计税方法计税、免征增值税或用于集体福利或个人消费的资产或服务，以及小规模纳税人购买资产或服务时，发生的进项税额不得从销项税额中抵扣，应计入资产成本或相关成本费用。

【例3-15】某事业单位为增值税一般纳税人，2020年8月购入一批用于集体福利的物资并验收入库，款项用银行存款支付，且取得增值税专用发票。货物价款为20 000元，增值税额1 200元。9月经税务机关认证为不可抵扣进项税额。相关账务处理如下：

（1）7月购入物资并支付款项时：

财务会计分录	预算会计分录
借：库存物品　　20 000 　应交增值税——待认证进项税额　　1 200 　贷：银行存款——基本户　　21 200	借：事业支出　　21 200 　贷：资金结存——货币资金　　21 200

（2）8月转销待认证进项税额：

财务会计分录	预算会计分录
借：应交增值税——应交税金（进项税额）　　1 200 　贷：应交增值税——待认证进项税额　　1 200 借：库存物品　　1 200 　贷：应交增值税——应交税金（进项税额）　　1 200	不做账务处理

三、其他应交税费

（一）其他应交税费业务概述

本科目期末贷方余额，反映单位应交未交的除增值税以外的税费金额；期末如为借方余额，反映单位多交纳的除增值税以外的税费金额。

（二）其他应交税费的核算

1. 核算内容。

其他应交税费核算单位按照税法等规定计算应交纳的除增值税以外的各种税费，包括城市维护建设税、教育费附加、地方教育费附加、车船税、房产税、城镇土地使用税和企业所得税等。

单位代扣代缴的个人所得税，也通过本科目核算。

单位应交纳的印花税不需要预提应交税费，直接通过“业务活动费用”“单位管理费用”“经营费用”等科目核算，不通过本科目核算。

2. 明细科目设置。

其他应交税费科目应当按照应交纳的税费种类进行明细核算（见表3－3）。

表3－3　　行政事业单位其他应交税费科目表

序号	科目编码	科目名称	科目类别	辅助要素
1	2102	其他应交税费	负债类	
2	210201	个人所得税	负债类	
3	210202	城市维护建设税	负债类	
4	210203	教育费附加	负债类	
5	210204	地方教育费附加	负债类	
6	210205	车船税	负债类	
7	210206	房产税	负债类	
8	210207	城镇土地使用税	负债类	
9	210208	企业所得税	负债类	

3. 主要账务处理。

（1）发生城市维护建设税、教育费附加、地方教育费附加、车船税、房产税、城镇土地使用税等纳税义务的，按照税法规定计算的应缴税费金额，借记“业务活动费用”“单位管理费用”“经营费用”等科目，贷记本科目（应交城市维护建设税、应交教育费附加、应交地方教育费附加、应交车船税、应交房产税、应交城镇土地使用税等）。

（2）按照税法规定计算应代扣代缴职工（含长期聘用人员）的个人所得税，借记“应付职工薪酬”科目，贷记本科目（应交个人所得税）。

按照税法规定计算应代扣代缴支付给职工（含长期聘用人员）以外人员劳务费的个人所得税，借记“业务活动费用”“单位管理费用”等科目，贷记本科目（应交个人所得税）。

（3）发生企业所得税纳税义务的，按照税法规定计算的应交所得税额，借记“所得税费用”科目，贷记本科目（单位应交所得税）。

（4）单位实际交纳上述各种税费时，借记本科目（应交城市维护建设税、应交教育费附加、应交地方教育费附加、应交车船税、应交房产税、应交城镇土地使用税、应交个人所得税、单位应交所得税等），贷记“财政拨款收入”“零余额账户用款额度”“银行存款”等科目。

（5）本科目期末贷方余额，反映单位应交未交的除增值税以外的税费金额；期末如为借方余额，反映单位多交纳的除增值税以外的税费金额。

（三）会计实务举例

【例 3－16】某事业单位属于增值税一般纳税人，2020 年 3 月因开展专业业务活动产生增值税 60 000 元，适用的城市维护建设税率为 7%，教育费附加为 3%，地方教育费附加为 2%。3 月末计提增值税附加税，4 月初以银行存款上交应交税费。相关账务处理如下：

（1）3 月末，计提应交纳的城市维护建设税、教育费附加和地方教育费附加分别为：60 000 × 7% ＝4 200（元），60 000 × 3% ＝1 800（元），60 000 × 2% ＝1 200（元）。

财务会计分录	预算会计分录
借：业务活动费用——商品和服务费用　4 200 ——商品和服务费用　1 800 ——商品和服务费用　1 200 贷：其他应交税费——应交城市维护建设税　4 200 ——应交教育费附加　1 800 ——应交地方教育费附加　1 200	不做账务处理

（2）4 月初，交纳增值税附加税。

财务会计分录	预算会计分录
借：其他应交税费——应交城市维护建设税 4 200 ——应交教育费附加 1 800 ——应交地方教育费附加 1 200 贷：银行存款——基本户 7 200	借：事业支出——其他资金支出（城市维护建税） 4 200 ——其他资金支出（教育费附加） 1 800 ——其他资金支出（地方教育费加） 1 200 贷：资金结存——货币资金 7 200

【例 3－17】 2020 年某事业单位业务用车交纳车船税 1 500 元，以银行转账方式支付。相关账务处理如下：

（1）计提车船税时：

财务会计分录	预算会计分录
借：业务活动费用——商品和服务费用 1 500 贷：其他应交税费——应交车船税 3 000	不做账务处理

（2）交纳车船税时：

财务会计分录	预算会计分录
借：其他应交税费——应交车船税 1 500 贷：银行存款——基本户 1 500	借：事业支出——其他资金支出 1 500 贷：资金结存——货币资金 1 500

【例 3－18】 2020 年末某事业单位需要交纳经营用房的房产税 3 000 元，以银行转账方式支付。相关账务处理如下：

（1）计提房产税时：

财务会计分录	预算会计分录
借：经营费用 3 000 贷：其他应交税费——应交房产税 3 000	不做账务处理

（2）交纳房产税时：

财务会计分录	预算会计分录
借：其他应交税费——应交房产税 3 000 贷：银行存款——基本户 3 000	借：经营支出 3 000 贷：资金结存——货币资金 3 000

【例3-19】2020年12月某事业单位根据规定计算出当年应交纳企业所得税11 000元，2021年1月汇算清缴11 000元并以银行存款支付给相关部门。相关账务处理如下：

（1）2020年12月计算应交纳所得税时：

财务会计分录	预算会计分录
借：所得税费用　11 000 　贷：其他应交税费——单位应交所得税　11 000	不做账务处理

（2）2021年1月实际交纳所得税时：

财务会计分录	预算会计分录
借：其他应交税费——单位应交所得税 　11 000 　贷：银行存款——基本户　11 000	借：非财政拨款结余——企业所得税 　11 000 　贷：资金结存——货币资金　11 000

【例3-20】2020年4月某事业单位为职工代扣代缴个人所得税应为39 000元，5月以财政直接支付方式支付。相关账务处理如下：

（1）4月代扣个人所得税时：

财务会计分录	预算会计分录
借：应付职工薪酬　39 000 　贷：其他应交税费——个人所得税　39 000	不做账务处理

（2）5月交纳个人所得税时：

财务会计分录	预算会计分录
借：其他应交税费——个人所得税　39 000 　贷：财政拨款收入　39 000	借：事业支出——财政拨款支出——基本支出 　39 000 　贷：财政拨款预算收入　39 000

（四）常见及疑难问题解释参考

单位付外部人员讲课费、劳务费等，代扣个人所得税应怎么做账务处理？

《个人所得税法》第八条规定，个人所得税，以所得人为纳税义务人，以支付所得的单位或者个人为扣缴义务人。单位作为扣缴义务人向个人支付应税所得时，不论其是否属于本单位人员、支付的应税所得是否达到纳税标准，扣缴义务人应当在代扣税款的次月内向主管税务机关报送其支付应税所得个人的基本信息、支付所得项目和数额、扣缴税款数额以及其他相关涉税信息。

【例 3-21】 某事业单位 5 月组织部门内部培训，聘请外部讲师进行授课，以财政授权方式支付授课费 5 000 元，单位为其代扣代缴个人所得税 800 元。6 月，单位去当地税局为老师代开劳务费发票并用培训资金支付相关税费。相关账务处理如下：

（1）5 月支付讲师授课费：

财务会计分录	预算会计分录
借：业务活动费用——商品和服务费用 5 800 贷：零余额账户用款额度 5 000 其他应交税费——代扣个人所得税 800	借：事业支出——财政拨款支出——基本支出（培训费） 5 000 贷：资金结存——零余额账户用款额度 5 000

（2）6 月代缴个人所得税：

财务会计分录	预算会计分录
借：其他应交税费——代扣个人所得税 800 贷：银行存款——基本户 800	借：事业支出——财政拨款支出——基本支出（培训费） 800 贷：资金结存——货币资金 800

四、应缴财政款

（一）应缴财政款业务概述

单位应当设置“应缴财政款”科目，核算应缴入国库和应缴入财政专户的各类款项。该科目贷方登记应缴国库款和应缴财政专户款的增加，借方登记实际缴纳的金额，期末贷方余额反映单位应缴入国库和应缴入财政专户但尚未缴纳的款项。该科目按照应缴财政款项的类别进行明细核算；年终清缴后，一般应无余额。

（二）应缴财政款的核算

1. 核算内容。

本科目核算行政和事业单位取得或应收的按规定应当上缴财政的款项，包括应缴国库的款项和应缴财政专户的款项。单位按照国家税法等有关规定应当缴纳的各种税费，通过“应交增值税”“其他应交税费”科目核算，不通过本科目核算。

2. 明细科目设置。

本科目应当按照应缴财政款项的类别进行明细核算（见表3－4）。

表3－4　　事业单位应缴财政款科目表

序号	科目编码	科目名称	科目类别	辅助要素
1	2103	应缴财政款	负债类	
2	210301	应缴国库款	负债类	
3	210302	应缴专户款	负债类	

3. 主要账务处理。

（1）单位取得或应收按照规定应缴财政的款项时，借记“银行存款”“应收账款”等科目，贷记本科目。

（2）单位处置资产取得的应上缴财政的处置净收入的账务处理，参见“待处理财产损溢”等科目。

（3）单位上缴应缴财政的款项时，按照实际上缴的金额，借记本科目，贷记“银行存款”科目。

（三）会计实务举例

【例3－22】某事业单位实行集中汇缴方式，2021年3月1日，收到本部门负责收取的行政事业性收费20 000元，银行账户已到账，并于当天上缴。相关账务处理如下：

（1）收到行政事业性收费时：

财务会计分录	预算会计分录
借：银行存款——基本户　20 000 　贷：应缴财政款——应缴国库款　20 000	不做账务处理

（2）上缴款项时：

财务会计分录	预算会计分录
借：应缴财政款——应缴国库款 20 000 　贷：银行存款——基本户 20 000	不做账务处理

【例3-23】2021年3月10日，某事业单位经有关部门批准处置一台报废设备，该设备原价为100 000元，已经计提折旧80 000元；按照评估价格出售，获得出售价款40 000元，银行已到账；支付有关运杂费3 000元，将出售该设备的净收入上缴国库。不考虑税费问题。相关账务处理如下：

（1）将设备账面余额注销：

财务会计分录	预算会计分录
借：资产处置费用 20 000 　固定资产累计折旧 80 000 　贷：固定资产——通用设备 100 000	不做账务处理

（2）收到出售设备收入：

财务会计分录	预算会计分录
借：银行存款——基本户 40 000 　贷：应缴财政款——应缴国库款 40 000	不做账务处理

（3）支付运杂费：

财务会计分录	预算会计分录
借：应缴财政款 3 000 　贷：银行存款 3 000	不做账务处理

（4）将出售设备净收入上缴国库：

财务会计分录	预算会计分录
借：应缴财政款——应缴国库款 37 000 　贷：银行存款——基本户 37 000	不做账务处理

（四）常见及疑难问题解释参考

事业单位需要向同级财政上缴专项债券对应项目专项收入时如何进行账务处理？

根据《政府会计准则第8号——负债》第七条规定，政府发行的政府债券属于政府举借的债务。

《政府会计准则制度解释第3号》列示：单位需要向同级财政上缴专项债券对应项目专项收入的，取得专项收入时，应当借记“银行存款”等科目，贷记“应缴财政款”科目；实际上缴时，借记“应缴财政款”科目，贷记“银行存款”等科目。预算会计不做处理。

五、应付职工薪酬

（一）应付职工薪酬业务概述

1. 职工薪酬内容解释：

（1）基本工资（含离退休费）：包括公务员的职务和级别工资、机关工人的岗位和技术等级工资、事业人员的岗位和薪级工资、离退休费等；（对应2020年支出经济分类科目中的部门预算支出经济分类科目：30101 基本工资、30301 离休费、30302 退休费）。

（2）国家统一规定的津贴补贴：经国务院或人事部、财政部批准设立的津贴补贴，主要包括地区津贴、特殊岗位津贴、艰苦边远地区津贴、公务员（参公）的年终一次性奖金；（对应部门预算支出经济分类科目：30102 津贴补贴、30103 奖金）。

（3）规范津贴补贴（绩效工资）：包括规范合并后的公务员工作性津贴、生活性补贴、离退休人员补贴、事业人员绩效工资（含基础性绩效工资和奖励性绩效工资）等；（对应部门预算支出经济分类科目：30102 津贴补贴、30107 绩效工资、30301 离休费、30302 退休费）。

（4）改革性补贴：指通过转化原用于干部职工职务消费和福利待遇的资金，直接发放的货币补贴），如购房补贴、提租补贴、采暖补贴、物业服务补贴、公务交通补贴等（对应部门预算支出经济分类科目：30102 津贴补贴、30239 其他交通费用）。

（5）社会保险费：指单位按国家规定为个人（含长期聘用人员）缴纳的

基本养老、职工年金、基本医疗、生育保险、失业保险、工伤保险等（对应部门预算支出经济分类科目：30108 机关事业单位基本养老缴费、30109 职业年金缴费、30110 职工基本医疗保险缴费、30111 公务员医疗补助缴费、30112 其他社会保险缴费、30199 其他工贸福利支出），《政府会计制度》明确单位从职工工资中代扣代缴的社会保险费也在本明细科目核算。

（6）住房公积金：指单位按国家规定比例为职工缴纳的住房公积金（对应部门预算支出经济分类科目：30113 住房公积金），《政府会计制度》明确单位从职工工资中代扣代缴的住房公积金也在本明细科目核算。

（7）其他个人收入：除上述项目以外的其他各类收入，包括福利、工作考核性奖金、按规定允许发放的值加班工资、编制外长期聘用人员劳动报酬等（对应部门预算支出经济分类科目：30103 奖金、30199 其他工资福利支出等）。

2. 本科目期末贷方余额，反映单位应付未付的职工薪酬。

（二）应付职工薪酬的核算

1. 核算内容。

应付职工薪酬是核算单位按照有关规定应付给职工（含长期聘用人员）及为职工支付的各种薪酬，包括基本工资、国家统一规定的津贴补贴、规范津贴补贴（绩效工资）、改革性补贴、社会保险费（如职工基本养老保险费、职业年金、基本医疗保险费等）、住房公积金等。

2. 明细科目设置。

本科目应当根据国家有关规定按照“基本工资”（含离退休费）、“国家统一规定的津贴补贴”“规范津贴补贴（绩效工资）”“改革性补贴”“社会保险费”“住房公积金”“其他个人收入”等进行明细核算。其中，“社会保险费”“住房公积金”明细科目核算内容包括单位从职工工资中代扣代缴的社会保险费、住房公积金，以及单位为职工计算缴纳的社会保险费、住房公积金（见表 3 – 5）。

表 3 – 5　　事业单位短期借款科目表

序号	科目编码	科目名称	科目类别	辅助要素
1	2201	应付职工薪酬	负债类	
2	220101	基本工资（含离退休费）	负债类	
3	220102	国家统一规定的津贴补贴	负债类	

续表

序号	科目编码	科目名称	科目类别	辅助要素
4	220103	规范津贴补贴（绩效工资）	负债类	
5	220104	改革性补贴	负债类	
6	220105	社会保险费	负债类	
7	22010501	单位部分	负债类	
8	2201050101	养老保险	负债类	
9	2201050102	医疗保险	负债类	
10	2201050103	工伤保险	负债类	
11	2201050104	生育保险	负债类	
12	2201050105	失业保险	负债类	
13	2201050106	职业年金	负债类	
14	22010502	个人部分	负债类	
15	2201050201	养老保险	负债类	
16	2201050202	医疗保险	负债类	
17	2201050203	失业保险	负债类	
18	2201050204	职业年金	负债类	
19	220106	住房公积金	负债类	
20	22010601	单位部分	负债类	
21	22010602	个人部分	负债类	
22	220107	其他个人收入	负债类	

3. 主要账务处理。

（1）计算确认当期应付职工薪酬（含单位为职工计算缴纳的社会保险费、住房公积金）。

计提从事专业及其辅助活动人员的职工薪酬，借记“业务活动费用”“单位管理费用”科目，贷记本科目。

计提应由在建工程、加工物品、自行研发无形资产负担的职工薪酬，借记“在建工程”“加工物品”“研发支出”等科目，贷记本科目。

计提从事专业及其辅助活动之外的经营活动人员的职工薪酬，借记“经营费用”科目，贷记本科目。

因解除与职工的劳动关系而给予的补偿，借记“单位管理费用”等科目，贷记本科目。

(2) 向职工支付工资、津贴补贴等薪酬时,按照实际支付的金额,借记本科目,贷记"财政拨款收入""零余额账户用款额度""银行存款"等科目。

(3) 按照税法规定代扣职工个人所得税时,借记本科目(基本工资),贷记"其他应交税费——应交个人所得税"科目。

从应付职工薪酬中代扣为职工垫付的水电费、房租等费用时,按照实际扣除的金额,借记本科目(基本工资),贷记"其他应收款"等科目。

从应付职工薪酬中代扣社会保险费和住房公积金,按照代扣的金额,借记本科目(基本工资),贷记本科目(社会保险费、住房公积金)。

(4) 按照国家有关规定缴纳职工社会保险费和住房公积金时,按照实际支付的金额,借记本科目(社会保险费、住房公积金),贷记"财政拨款收入""零余额账户用款额度""银行存款"等科目。

(5) 从应付职工薪酬中支付的其他款项,借记本科目,贷记"零余额账户用款额度""银行存款"等科目。

(三) 会计实务举例

【例 3-24】 某事业单位采用财政直接支付方式(或者财政授权支付方式)发放职工工资,2020 年 1 月应发的工资总额为 200 000 元,均为专业业务活动人员工资。其中基本工资为 120 000 元,国家统一规定的津贴补贴 60 000 元,规范津贴补贴(绩效工资)20 000 元。代扣职工个人部分社会保险费 12 000 元(养老保险 4 000 元、医疗保险 6 000 元、失业保险 2 000 元),代扣个人部分住房公积金 10 000 元,代扣个人部分职业年金 3 000 元,代扣个人所得税 1 000 元。单位应承担社会保险费 13 000 元(养老保险 5 000 元,医疗保险 5 000 元,生育保险 1 000 元,工伤保险 1 000 元,失业保险 1 000 元),单位承担住房公积金 10 000 元。相关账务处理如下:

(1) 计提 1 月工资:

财务会计分录			预算会计分录
借:业务活动费用——工资福利费用	200 000		不做账务处理
贷:应付职工薪酬——基本工资(含离退休费)		120 000	
应付职工薪酬——国家统一规定的津贴补贴		60 000	
应付职工薪酬——规范津贴补贴(绩效工资)		20 000	

（2）计提1月代扣个人部分社会保险费、住房公积金、职业年金、个人所得税。

财务会计分录	预算会计分录
借：应付职工薪酬——基本工资（含离退休费） 26 000 贷：应付职工薪酬——社会保险费——个人部分——养老保险 4 000 ——社会保险费——个人部分——医疗保险 6 000 ——社会保险费——个人部分——失业保险 2 000 ——社会保险费——个人部分——职业年金 3 000 ——住房公积金——个人部分 10 000 其他应交税费——应交个人所得税 1 000	不做账务处理

（3）计提1月单位承担的部分社保费、住房公积金。

财务会计分录	预算会计分录
借：业务活动费用——工资福利费用 23 000 贷：应付职工薪酬——社会保险费——单位部分——养老保险 5 000 ——社会保险费——单位部分——医疗保险 5 000 ——社会保险费——单位部分——失业保险 1 000 ——社会保险费——单位部分——生育保险 1 000 ——社会保险费——单位部分——失业保险 1 000 ——住房公积金——单位部分 10 000	不做账务处理

（4）支付1月职工工资：

财务会计分录	预算会计分录
借：应付职工薪酬——基本工资（含离退休费） 94 000 ——国家统一规定的津贴补贴 60 000 ——规范津贴补贴（绩效工资） 20 000 贷：财政拨款收入——一般公共预算财政拨款——基本支出——人员经费支出/零余额账户用款额度 174 000	借：事业支出——财政拨款支出——基本支出——人员经费 174 000 贷：财政拨款预算收入——基本支出——人员经费——零余额账户用款额度 174 000

（5）缴纳1月职工社保费、住房公积金、职业年金和个人所得税。

财务会计分录	预算会计分录
借：应付职工薪酬——社会保险费——个人部分——养老保险 4 000 ——医疗保险 6 000 ——失业保险 2 000 ——职业年金 3 000 ——住房公积金——个人部分 10 000 ——应交个人所得税 1 000 ——社会保险费——单位部分——养老保险 5 000 ——医疗保险 5 000 ——失业保险 1 000 ——生育保险 1 000 ——失业保险 1 000 ——10 000 贷：财政拨款收入——一般公共预算财政拨款——基本支出——人员经费支出——零余额账户用款额度 49 000	借：事业支出——财政拨款支出——基本支出——人员经费 49 000 贷：财政拨款预算收入——基本支出——人员经费——零余额账户用款额度 49 000

如果有发生单位代扣代缴其他费用，如水电物业费等，也可以通过应付职工薪酬——代扣水电——物业费进行核算。

（四）常见及疑难问题解释参考

单位以直接支付方式支付下月工资，如何进行账务处理？

发生时，财务会计借记“应付职工薪酬”，贷记“财政拨款收入”；预算会计借记“事业支出——财政拨款支出——基本支出——人员经费”，贷记“财政拨款预算收入——基本支出——人员经费”。下月财务会计借记“业务活动费用——工资福利费用”，贷记“应付职工薪酬”；预算会计不做账务处理。

六、应付票据

（一）应付票据业务概述

事业单位应当设置“应付票据备查簿”，详细登记每一应付票据的种类、数量、出票日期、到期日、票面金额、交易合同号、收款人姓名或单位名称，以及付款日期和金额等资料。应付票据到期结清票款后，上述内容应当在备簿内逐笔注销。

我国商业汇票的付款期限不超过6个月，单位应将应付票据作为流动负债管理和核算。

本科目期末贷方余额，反映事业单位开出、承兑的尚未到期的应付票据金额。

（二）应付票据的核算

1. 核算内容。

应付票据科目核算事业单位因购买材料、物资等而开出、承兑的商业汇票，包括银行承兑汇票和商业承兑汇票。

应付票据科目仅为事业单位使用，行政单位不涉及此类业务。

2. 明细科目设置。

本科目可根据债权人的不同设置明细科目，以便于账户核算负债金额（见表3-6）。

表3-6　　事业单位应付票据科目表

序号	科目编码	科目名称	科目类别	辅助要素
1	2301	应付票据	负债类	资金往来对象类别，往来

3. 主要账务处理。

（1）开出、承兑商业汇票时，借记“库存物品”“固定资产”等科目，贷记本科目。涉及增值税业务的，相关账务处理参见“应交增值税”科目。

以商业汇票抵付应付账款时，借记“应付账款”科目，贷记本科目。

（2）支付银行承兑汇票的手续费时，借记“业务活动费用”“经营费用”等科目，贷记“银行存款”“零余额账户用款额度”等科目。

（3）商业汇票到期时，应当分别以下情况处理：

收到银行支付到期票据的付款通知时，借记本科目，贷记“银行存款”科目。

银行承兑汇票到期，单位无力支付票款的，按照应付票据账面余额，借记本科目，贷记“短期借款”科目。

商业承兑汇票到期，单位无力支付票款的，按照应付票据账面余额，借记本科目，贷记“应付账款”科目。

（三）会计实务举例

【例3－25】 2020年3月13日，某事业单位为开展专业业务活动向A公司购入一批原材料，价款为50 000元，增值税款为8 000元。同日，该单位开出并经银行承兑的不带息商业汇票一张，面值58 000元，期限为3个月。交纳银行承兑手续费68.4元。6月13日，该单位通知其开户银行以银行存款支付票款。假定该单位为增值税一般纳税人单位。相关账务处理如下：

（1）3月13日，开出商业汇票购入材料。

财务会计分录	预算会计分录
借：库存物品——原材料 50 000 应交税费——应交增值税（进项税额） 8 000 贷：应付票据——商业承兑汇票 58 000	不做账务处理

（2）3月13日，该事业单位支付商业承兑汇票的手续费。

财务会计分录	预算会计分录
借：经营费用——手续费 68.40 贷：银行存款——基本户 68.40	借：经营支出 68.40 贷：资金结存——货币资金 68.40

（3）6月13日，收到银行支付到期票据的付款通知，支付商业承兑汇票款。

财务会计分录	预算会计分录
借：应付票据——商业承兑汇票 58 000 贷：银行存款 58 000	借：经营支出 58 000 贷：资金结存——货币资金 58 000

【例3－26】 接【例3－25】，假设上述银行承兑汇票到期时该单位无力支付票款，银行代为付款，按照银行承兑汇票的票面金额，转为短期借款，相关

账务处理如下：

财务会计分录	预算会计分录
借：应付票据——商业承兑汇票 58 000 贷：短期借款 58 000	借：经营支出 58 000 贷：债务预算收入 58 000

【例3－27】接【例3－25】，假设上述业务该事业单位开具的是商业承兑汇票，票据到期，但本单位无力支付票款，相关账务处理如下：

财务会计分录	预算会计分录
借：应付票据——商业承兑汇票 58 000 贷：应付账款 58 000	不做账务处理

（四）常见及疑难问题解释参考

事业单位银行承兑汇票到期后，无力支付票款应如何进行账务处理？

银行承兑汇票到期，单位无力支付票款的，因银行为单位支付了款项，形成了单位的预算支出，同时形成了单位对银行的短期借款，且形成了单位债务预算收入。应按照应付票据的账面余额，财务会计借记“应付票据”科目，贷记“短期借款”科目；预算会计借记“经营支出”科目，贷记“债务预算收入”科目。

七、应付账款

（一）应付账款业务概述

单位应当设置“应付账款”科目，核算应付账款的发生、偿还、核销等情况。该科目贷方登记单位购买物资受服务等而发生的应付联款，借方登记偿还的款项、或开出商业汇票抵付应付账款的款项、或核销无法支付的应付账款，期末贷方余额反映单位尚未支付的应付账款。

（二）应付账款的核算

1. 核算内容。

应付账款科目核算单位因购买物资、接受服务、开展工程建设等而应付的偿还期限在1年以内（含1年）的款项。

2. 明细科目设置。

本科目应当按照债权人进行明细核算。对于建设项目，还应设置“应付器材款”“应付工程款”等明细科目，并按照具体项目进行明细核算（见表3－7）。

表3－7　　事业单位应付账款科目表

序号	科目编码	科目名称	科目类别	辅助要素
1	2302	应付账款	负债类	
2	230201	基本建设项目	负债类	预算项目，资金往来对象类别，往来
3	23020101	应付器材款	负债类	预算项目，资金往来对象类别，往来
4	23020102	应付工程款	负债类	预算项目，资金往来对象类别，往来
5	230299	其他	负债类	资金往来对象类别，往来

3. 主要账务处理。

（1）收到所购材料、物资、设备或服务以及确认完成工程进度但尚未付款时，根据发票及账单等有关凭证，按照应付未付款项的金额，借记“库存物品”“固定资产”“在建工程”等科目，贷记本科目。涉及增值税业务的，相关账务处理参见“应交增值税”科目。

（2）偿付应付账款时，按照实际支付的金额，借记本科目，贷记“财政拨款收入”“零余额账户用款额度”“银行存款”等科目。

（3）开出、承兑商业汇票抵付应付账款时，借记本科目，贷记“应付票据”科目。

（4）无法偿付或债权人豁免偿还的应付账款，应当按照规定报经批准后进行账务处理。经批准核销时，借记本科目，贷记“其他收入”科目。

核销的应付账款应在备查簿中保留登记。

（三）会计实务举例

【例3－28】某事业单位为小规模纳税人，发生以下有关的业务：

（1）2020年3月6日购入A材料一批，取得的增值税普通发票价税款合计为价款为41 600元；该材料已入库，款项未付，相关账务处理如下：

财务会计分录	预算会计分录
借：库存商品——原材料　41 600 　贷：应付账款　41 600	不做账务处理

（2）2020 年 4 月 16 日，该单位通知其开户银行以银行存款支付上月欠款，付清款项，相关账务处理如下：

财务会计分录	预算会计分录
借：应付账款 41 600 贷：银行存款——基本户 41 600	借：事业支出——其他资金支出 41 600 贷：资金结存——货币资金 41 600

（3）2020 年 4 月 20 日，该事业单位购买 B 材料，以商业汇票的形式抵付购买 B 材料的应付账款 73 000 元，相关账务处理如下：

财务会计分录	预算会计分录
借：应付账款 73 000 贷：应付票据——商业承兑汇票 73 000	不做账务处理

（4）2020 年 5 月 6 日，该单位确认一笔应付货款 16 800 元无法支付，向有关部门报经批准后予以核销。相关账务处理如下：

财务会计分录	预算会计分录
借：应付账款 16 800 贷：其他收入 16 800	不做账务处理

八、应付利息

（一）应付利息业务概述

事业单位应当设置“应付利息”科目，核算应付利息的发生、支付情况。该科目贷方登记按照合同约定计算的应付利息，借方登记实际支付的利息，期末贷方余额反映事业单位应付未付的利息。

（二）应付利息的核算

1. 核算内容。

应付利息科目核算事业单位按照合同约定应支付的借款利息，包括短期借款、分期付息到期还本的长期借款等应支付的利息。

2. 明细科目设置。

应付利息科目应当按照债权人等进行明细核算（见表3－8）。

表3－8　　事业单位应付利息科目表

序号	科目编码	科目名称	科目类别	辅助要素
1	2304	应付利息	负债类	
2	230401	短期借款	负债类	
3	230402	长期借款	负债类	

3. 主要账务处理。

（1）为建造固定资产、公共基础设施等借入的专门借款的利息，属于建设期间发生的，按期计提利息费用时，按照计算确定的金额，借记“在建工程”科目，贷记本科目；不属于建设期间发生的，按期计提利息费用时，按照计算确定的金额，借记“其他费用”科目，贷记本科目。

（2）对于其他借款，按期计提利息费用时，按照计算确定的金额，借记“其他费用”科目，贷记本科目。

（3）实际支付应付利息时，按照支付的金额，借记本科目，贷记“银行存款”等科目。

（三）会计实务举例

【例3－29】 2020年5月1日，某事业单位以3.6%的年利率向某银行借入一笔款项，借款本金100 000元，期限为6个月，按季付息。在每月末计提当月应付利息，6月30日支付第一季度利息。相关账务处理如下：

（1）4月1日，借入短期借款。

财务会计分录	预算会计分录
借：银行存款——基本户　100 000 　贷：短期借款　100 000	借：资金结存——货币资金　100 000 　贷：债务预算收入　100 000

（2）4—8月每月末计提当月应付利息：

财务会计分录	预算会计分录
借：其他费用　300 　贷：应付利息　300	不做账务处理

（3）6月30日，第一次支付利息。

财务会计分录	预算会计分录
借：应付利息　900 贷：银行存款——基本户　900	借：其他支出　900 贷：资金结存——货币资金　900

九、预收账款

（一）预收账款业务概述

事业单位应当设置“预收账款”科目，核算预收账款的取得、偿付等情况。该科目贷方登记从付款方预收的款项，借方登记实际结算的款项，期末贷方余额反映事业单位按合同规定预收但尚未结算的款项。

（二）预收账款的核算

1. 核算内容。

预收账款科目核算事业单位预先收取但尚未结算的款项。

2. 明细科目设置。

本科目应当按照债权人进行明细核算（见表3－9）。

表3－9　事业单位预收账款科目表

序号	科目编码	科目名称	科目类别	辅助要素
1	2305	预收账款	负债类	资金往来对象类别，往来

3. 主要账务处理。

（1）从付款方预收款项时，按照实际预收的金额，借记“银行存款”等科目，贷记本科目。

（2）确认有关收入时，按照预收账款账面余额，借记本科目，按照应确认的收入金额，贷记“事业收入”“经营收入”等科目，按照付款方补付或退回付款方的金额，借记或贷记“银行存款”等科目。涉及增值税业务的，相关账务处理参见“应交增值税”科目。

（3）无法偿付或债权人豁免偿还的预收账款，应当按照规定报经批准后进行账务处理。经批准核销时，借记本科目，贷记“其他收入”科目。

核销的预收账款应在备查簿中保留登记。

（三）会计实务举例

【例 3-30】 事业单位为小规模纳税人，2020 年 3 月 25 日，开展非独立核算经营活动，与乙公司签订合同，向乙公司销售一批物品，价税款合计 97 500 元；乙公司在合同签订后 1 周内向甲单位预付货款 56 000 元，剩余货款在交货后付清。2020 年 4 月 2 日，甲单位收到乙公司预付货款 56 000 元存入银行，4 月 12 日甲单位将货物发运到乙公司，并让主管税务机关代开增值税专用发票，价款 90 000 元，增值税税额 7 500 元，乙公司验收货物后付清剩余货款。相关账务处理如下：

（1）4 月 2 日，收到乙公司预付的货款。

财务会计分录	预算会计分录
借：银行存款——基本户 56 000 　贷：预收账款 56 000	借：资金结存——货币资金 56 000 　贷：经营预算收入 56 000

（2）4 月 12 日，向乙公司发货并收到其补付的货款。

财务会计分录	预算会计分录
借：预收账款 56 000 　银行存款——基本户 41 500 　贷：经营收入 90 000 　　应交增值税 7 500	借：资金结存——货币资金 41 500 　贷：经营预算收入 41 500

十、其他应付款

（一）其他应付款业务概述

单位应当设置“其他应付款”科目，核算其他应付款的增减变动及其结存情况。该科目贷方登记其他应付款的增加，借方登记实际支付的款项，期末贷方余额反映单位尚未支付的其他应付款。

（二）其他应付款的核算

1. 核算内容。

其他应付款科目核算单位除应交增值税、其他应交税费、应缴财政款、应付职工薪酬、应付票据、应付账款、应付政府补贴款、应付利息、预收账款以外，其他各项偿还期限在1年内（含1年）的应付及暂收款项，如收取的押金、存入保证金、已经报销但尚未偿还银行的本单位公务卡欠款等。

同级政府财政部门预拨的下期预算款和没有纳入预算的暂付款项，以及采用实拨资金方式通过本单位转拨给下属单位的财政拨款，也通过本科目核算。

2. 明细科目设置。

本科目应当按照其他应付款的类别以及债权人等进行明细核算（见表3－10）。

表3－10　　事业单位其他应付款科目表

序号	科目编码	科目名称	科目类别	辅助要素
1	2307	其他应付款	负债类	资金往来对象类别，往来

3. 主要账务处理。

（1）发生其他应付及暂收款项时，借记“银行存款”等科目，贷记本科目。支付（或退回）其他应付及暂收款项时，借记本科目，贷记“银行存款”等科目。将暂收款项转为收入时，借记本科目，贷记“事业收入”等科目。

（2）收到同级政府财政部门预拨的下期预算款和没有纳入预算的暂付款项，按照实际收到的金额，借记“银行存款”等科目，贷记本科目；待到下一预算期或批准纳入预算时，借记本科目，贷记“财政拨款收入”科目。

采用实拨资金方式通过本单位转拨给下属单位的财政拨款，按照实际收到的金额，借记“银行存款”科目，贷记本科目；向下属单位转拨财政拨款时，按照转拨的金额，借记本科目，贷记“银行存款”科目。

（3）本单位公务卡持卡人报销时，按照审核报销的金额，借记“业务活动费用”“单位管理费用”等科目，贷记本科目；偿还公务卡欠款时，借记本科目，贷记“零余额账户用款额度”等科目。

（4）涉及质保金形成其他应付款的，相关账务处理参见“固定资产”科目。

（5）无法偿付或债权人豁免偿还的其他应付款项，应当按照规定报经批准后进行账务处理。经批准核销时，借记本科目，贷记“其他收入”科目。

核销的其他应付款应在备查簿中保留登记。

（三）会计实务举例

【例3－31】某事业单位在2020年12月18日收到同级政府财政部门预拨的下年预算款600 000元；2020年12月23日，职工小张报销出差费用3 100

元，职工小张出差时已用公务卡支付了相关费用。2021 年 1 月 12 日，偿还职工小张公务卡欠款 3 100 元。相关账务处理如下：

（1）12 月 18 日，收到同级政府财政部门预拨的下年预算款。

财务会计分录	预算会计分录
借：零余额账户用款额度 600 000 　贷：其他应付款 600 000	不做账务处理

（2）12 月 23 日，职工小张报销差旅费。

财务会计分录	预算会计分录
借：业务活动费用——商品和服务费用 3 100 　贷：其他应付款 3 100	不做账务处理

（3）2021 年 1 月 1 日，预拨的款项到预算期。

财务会计分录	预算会计分录
借：其他应付款 600 000 　贷：财政拨款收入 600 000	借：资金结存——资金结存 600 000 　贷：财政拨款预算收入 600 000

（4）2021 年 1 月 12 日，偿还职工小张公务卡。

财务会计分录	预算会计分录
借：其他应付款 3 100 　贷：零余额账户用款额度 3 100	借：事业支出——财政拨款支出 3 100 　贷：资金结存——零余额账户用款额度 3 100

（四）常见及疑难问题解释参考

1. 关于单位年末暂收暂付非财政资金的会计处理。

《政府会计准则制度解释第 1 号》中列示：单位对于纳入本年度部门预算管理的现金收支业务，在采用财务会计核算的同时应当及时进行预算会计核算。年末结账前，单位应当对暂收暂付款项进行全面清理，并对于纳入本年度部门预算管理的暂收暂付款项进行预算会计处理，确认相关预算收支，确保预算会计信息能够完整反映本年度部门预算收支执行情况。

对于应当纳入下一年度部门预算管理的暂收款项，单位在收到款项时，借记“银行存款”等科目，贷记“其他应付款”科目；本年度不作预算会计处理。待下一年初，单位应当按照上年暂收的款项金额，借记“其他应付款”科目，贷记有关收入科目；同时在预算会计中，按照暂收款项的金额，借记“资金结存”科目，贷记有关预算收入科目。

2. 单位长期挂账的其他应付款，应如何进行账务处理？

单位年末应及时清理往来款项，查明原因后及时处理。无法偿付或债权人豁免偿还的其他应付款项，应当按照规定报经批准核销后进行账务处理。核销的其他应付款应在备查簿中保留登记。

【例 3－32】 某事业单位 2020 年末清理其他应付款，发现一笔多年前收取的质量保证金 6 000 元长期挂账。经查明债权人已注销工商营业执照，单位无法偿还此笔款项，报经批准收予以核销处理。相关账务处理如下：

财务会计分录	预算会计分录
借：其他应付款——质量保证金　6 000 　贷：其他收入——无法偿付的应付及预收款项 　　6 000	借：资金结存——货币资金　6 000 　贷：其他预算收入　6 000

十一、预提费用

（一）预提费用业务概述

单位应当设置“预提费用”科目，核算单位费用的提取、支付情况。该科目贷方登记预先提取的费用，借方登记支付的费用，期末贷方余额反映已预提但尚未支付的各项费用。本科目应当按照预提费用的种类进行明细核算。

（二）预提费用的核算

1. 核算内容。

预提费用科目核算单位预先提取的已经发生但尚未支付的费用，如预提租金费用等。

事业单位按规定从科研项目收入中提取的项目间接费用或管理费，也通过本科目核算。

事业单位计提的借款利息费用，通过“应付利息”“长期借款”科目核算，不通过本科目核算。

2. 明细科目设置。

本科目应当按照预提费用的种类进行明细核算。对于提取的项目间接费用或管理费，应当在本科目下设置“项目间接费用或管理费”明细科目，并按项目进行明细核算（见表3－11）。

表3－11 事业单位其他应付款科目表

序号	科目编码	科目名称	科目类别	辅助要素
1	2401	预提费用	负债类	

3. 主要账务处理。

（1）项目间接费用或管理费。按规定从科研项目收入中提取项目间接费用或管理费时，按照提取的金额，借记“单位管理费用”科目，贷记本科目（项目间接费用或管理费）。

实际使用计提的项目间接费用或管理费时，按照实际支付的金额，借本科目（项目间接费用或管理费），贷记“银行存款”“库存现金”等科目。

（2）其他预提费用。按期预提租金等费用时，按照预提的金额，借记“业务活动费用”“单位管理费用”“经营费用”等科目，贷记本科目。

实际支付款项时，按照支付金额，借记本科目，贷记“零余额账户用款额度”“银行存款”等科目。

（三）会计实务举例

【例3－33】某事业单位2020年3月1日按照规定标准对横向A科研项目收入中提取管理费20 000元。相关账务处理如下：

财务会计分录	预算会计分录
借：单位管理费用——其他 20 000 　贷：预提费用——项目间接费用或管理费 20 000	不做账务处理

【例3－34】接上【例3－33】，2020年3月15日该事业单位使用提取的项目管理费8 000元用于科研管理开支。相关账务处理如下：

财务会计分录	预算会计分录
借：预提费用——项目间接费用或管理费 8 000 　贷：银行存款——基本户 8 000	借：事业支出——财政拨款支出 8 000 　贷：资金结存——货币资金 8 000

【例 3－35】2020 年某事业单位每月预提业务用房房屋租金 10 000 元，下月初支付。相关账务处理如下：

财务会计分录	预算会计分录
借：业务活动费用——商品和服务费用　10 000 　贷：预提费用——其他预提费用　10 000	不做账务处理

【例 3－36】接上【例 3－35】，该单位下月初支付租金。相关账务处理如下：

财务会计分录	预算会计分录
借：预提费用——其他预提费用　10 000 　贷：银行存款——基本户　10 000	借：事业支出——财政拨款支出　10 000 　贷：资金结存——货币资金　10 000

第三节　非流动负债的核算

一、长期借款

（一）长期借款业务概述

事业单位应当设置“长期借款”科目，核算长期借款的取得、偿还等情况。该科目贷方登记实际借入的长期借款本金，借方登记偿还的借款本金，期末贷方余额反映事业单位尚未偿还的长期借款本金。

（二）长期借款的核算

1. 核算内容。

长期借款科目核算事业单位经批准向银行或其他金融机构等借入的期限超过 1 年（不含 1 年）的各种借款本息。

2. 明细科目设置。

本科目应当设置“本金”和“应计利息”明细科目，并按照贷款单位和贷款种类进行明细核算。对于建设项目借款，还应按照具体项目进行明细核算（见表 3－12）。

表 3-12 事业单位长期借款科目表

序号	科目编码	科目名称	科目类别	辅助要素
1	2501	长期借款	负债类	
2	250101	本金	负债类	
3	250102	应计利息	负债类	

3. 主要账务处理。

（1）借入各项长期借款时，按照实际借入的金额，借记“银行存款”科目，贷记本科目（本金）。

（2）为建造固定资产、公共基础设施等应支付的专门借款利息，按期计提利息时，分别以下情况处理：

属于工程项目建设期间发生的利息，计入工程成本，按照计算确定的应支付的利息金额，借记“在建工程”科目，贷记“应付利息”科目。

属于工程项目完工交付使用后发生的利息，计入当期费用，按照计算确定的应支付的利息金额，借记“其他费用”科目，贷记“应付利息”科目。

（3）按期计提其他长期借款的利息时，按照计算确定的应支付的利息金额，借记“其他费用”科目，贷记“应付利息”科目（分期付息、到期还本借款的利息）或本科目（应计利息）（到期一次还本付息借款的利息）。

（4）到期归还长期借款本金、利息时，借记本科目（本金、应计利息），贷记“银行存款”科目。

（三）会计实务举例

【例 3-37】 某事业单位经批准于 2020 年 1 月 1 日从银行取得为期两年的长期借款 6 000 000 元，用于工程建设，长期借款年利息率为 6%，每年 1 月 1 日用银行存款支付长期借款年利息，两年借款期满，该单位用银行存款支付偿还长期借款本金和第二年长期借款年利息（假设该项长期借款取得时即全部投入工程项目建设中，且借款期均属于工程项目建设期）。相关账务处理如下：

（1）借入款项 6 000 000 元时：

财务会计分录	预算会计分录
借：银行存款——基本户 6 000 000 贷：长期借款——本金 6 000 000	借：资金结存——货币资金 6 000 000 贷：债务预算收入 6 000 000

（2）计提期末计息 30 000 元（6 000 000 × 0.06 ÷ 12）时：

财务会计分录	预算会计分录
借：在建工程　30 000 　贷：应付利息　30 000	不做账务处理

（3）2021 年 1 月 1 日支付长期借款利息 360 000（30 000 × 12 元）时：

财务会计分录	预算会计分录
借：应付利息　360 000 　贷：银行存款——基本户　360 000	借：其他支出　360 000 　贷：资金结存——货币资金　360 000

（4）归还贷款本金 6 000 000 元和第二年年利息 360 000 元时：

财务会计分录	预算会计分录
借：长期借款——本金　6 000 000 　应付利息　360 000 　贷：银行存款——基本户　6 360 000	借：债务还本支出　6 000 000 　其他支出　360 000 　贷：资金结存——货币资金　6 360 000

注意：（1）若上例长期借款属于到期一次还本付息的情况，长期借款利息在财务会计核算中应计入“长期借款——应计利息”科目；

（2）若上例中长期借款未全部用于工程建设项目或者有属于工程项目完工交付后发生的借款利息，长期借款利息不计入“在建工程”科目而应计入“其他费用”科目。

（四）常见及疑难问题解释参考

事业单位从银行取得用工程建设，每年支付利息是否都应计入当期费用？

为建造固定资产、公共基础设施等应支付的专门借款利息，按期计提利息时，分别按下列情况处理：

1. 工程项目建设期间（不含工程暂停期间，工程暂停是指工程发生非正常中断时间超过 3 个月）发生的利息，计入工程成本，按照计算确定的应支付的利息金额，借记“在建工程”科目，贷记“应付利息”科目。

2. 工程项目完工交付使用后发生的利息（包括工程暂停期间发生的利息），计入当期费用，按照计算确定的应支付的利息金额，借记“其他费用”

科目，贷记“应付利息”科目。

二、长期应付款

（一）长期应付款业务概述

单位应当设置“长期应付款”科目，核算长期应付款的增加、偿还等情况。该科目贷方登记长期应付款的增加，借方登记实际偿付的款项，期末贷贷方余额，反映事业单位尚未偿还的长期借款本息金额。

（二）长期应付款的核算

1. 核算内容。

长期应付款科目核算单位发生的偿还期限超过1年（不含1年）的应付款项，如以融资租赁方式取得固定资产应付的租赁费等。

2. 明细科目设置。

本科目应当按照长期应付款的类别以及债权人进行明细核算（见表3-13）。

表3-13　　　　事业单位长期应付款科目表

序号	科目编码	科目名称	科目类别	辅助要素
1	2502	长期应付款	负债类	资金往来对象类别，往来

3. 主要账务处理。

（1）发生长期应付款时，借记“固定资产”“在建工程”等科目，贷记本科目。

（2）支付长期应付款时，按照实际支付的金额，借记本科目，贷记“财政拨款收入”“零余额账户用款额度”“银行存款”等科目。涉及增值税业务的，相关账务处理参见“应交增值税”科目。

（3）无法偿付或债权人豁免偿还的长期应付款，应当按照规定报经批准后进行账务处理。经批准核销时，借记本科目，贷记“其他收入”科目。

核销的长期应付款应备查簿中保留登记。

（4）涉及质保金形成长期应付款的，相关账务处理参见“固定资产”科目。

（三）会计实务举例

【例3-38】某事业单位于2020年1月1日购买大型专用设备9 000 000

元，作为固定资产管理，分三年付清，每年年末以财政拨款支付 3 000 000 元，假设不考虑相关税费。该单位编制有关的会计分录如下所示。相关账务处理如下：

财务会计分录	预算会计分录
借：固定资产——专用设备　9 000 000 　贷：长期应付款　9 000 000	不做账务处理

【例 3－39】接上【例 3－38】，该单位未来三年每年年末偿还该笔长期应付款，相关账务处理如下：

财务会计分录	预算会计分录
借：长期应付款　3 000 000 　贷：零余额账户用款额度　3 000 000	借：事业支出——财政拨款支出　3 000 000 　贷：资金结存——零余额账户用款额度 　3 000 000

（四）常见及疑难问题解释参考

单位购买固定资产时，按合同规定扣留的质量保证金应如何进行核算？

购物固定资产扣留质保金的，应当在取得固定资产时，按照确定的固定资产成本，财务会计借记“固定资产”“在建工程”科目，贷记“财政拨款收入”“零余额账户用款额度”“银行存款”等科目，按照实际扣留质保金的数额，贷记“其他应付款”（质保期 1 年内，含 1 年）或“长期应付款”（质保期在 1 年以上）科目；预算会计按照实际支付的金额，借记“事业支出”科目，贷记“资金结存”科目。质保期满支付质保金时，财务会计借记“其他应付款”“长期应付款”科目，贷记“财政拨款收入”“零余额账户用款额度”“银行存款”等科目；预算会计按照支付质保金的数额，借记“事业支出”，贷记“资金结存”科目。

三、预计负债

（一）预计负债业务概述

1. 或有事项的定义。

或有事项是指过去的交易或事项形成的，其结果须由某些未来事项的发生或不发生才能决定的不确定事项，如未决诉讼、债务担保等。单位发生的与或有事项有关的义务同时符合以下三个条件时确认为预计负债：（1）该义务是单位承担的现时义务；（2）履行该义务很可能导致经济资源流出单位；（3）该义务的金额能够可靠地计量。

2. 单位应当设置“预计负债”科目，核算预计负债的形成、支付或冲销等情况。该科目贷方登记预计负债的增加，借方登记支付或冲销的预计负债，期末贷方余额反映单位已确认但尚未支付的预计负债。

（二）预计负债的核算

1. 核算内容。

预计负债科目核算单位对因或有事项所产生的现时义务而确认的负债，如对未决诉讼等确认的负债。

2. 明细科目设置。

本科目应当按照预计负债的项目进行明细核算（见表3－14）。

表3－14　　事业单位预计负债科目表

序号	科目编码	科目名称	科目类别	辅助要素
1	2601	预计负债	负债类	

3. 主要账务处理。

（1）确认预计负债时，按照预计的金额，借记“业务活动费用”“经营费用”“其他费用”等科目，贷记本科目。

（2）实际偿付预计负债时，按照偿付的金额，借记本科目，贷记“银行存款”“零余额账户用款额度”等科目。

（3）根据确凿证据需要对已确认的预计负债账面余额进行调整的，按照调整增加的金额，借记有关科目，贷记本科目；按照调整减少的金额，借记本科目，贷记有关科目。

（三）会计实务举例

【例3－40】2020年9月5日，某事业单位接到法院起诉，单位预计要支付赔偿金额为800 000—1 200 000元的某一金额，而且这个区间内每个金额的可能性都大致相同，假设这是一起因经营引起的案件。相关账务处理如下：

财务会计分录	预算会计分录
借：经营费用　　1 000 000 　贷：预计负债　　1 000 000	不做账务处理

【例3-41】接上【例3-40】，2020年12月10日，单位用银行存款偿付赔偿金1 000 000元。相关账务处理如下：

财务会计分录	预算会计分录
借：预计负债　　1 000 000 　贷：银行存款——基本户　　1 000 000	借：经营支出　　1 000 000 　贷：资金结存——货币资金　　1 000 000

（四）常见及疑难问题解释参考

单位发生预计负债时应如何确定最佳估计数金额？

预计负债在计量时，需要通过计算来确定最佳估计数的金额，最佳估计数是指单位在报告日履行现时义务或将该义务转移给第三方而支出的最合理的金额。如果可能支出的金额是一个连续区间，且在该期内每一点和其他点的可能性相同，最佳估计数应该按照期间内的中间值来确定：最佳估计数 =（上限 + 下限）÷2。如果只涉及一个项目，最佳估计数按最可能发生的金额确定，涉及多个项目时，对各种可能的结果进行加权计算，最佳估计数根据各种可能发生额及其概率计算。

四、受托代理负债

（一）受托代理负债业务概述

单位应当设置“受托代理负债”科目，核算受托代理负债的增加、偿还等情况。该科目贷方登记受托代理负债的增加，借方登记实际交付的款项或资产，期末贷方余额反映单位尚未交付或发出受托代理资产形成的受托代理负债金额。

（二）受托代理负债的核算

1. 核算内容。

受托代理负债科目核算单位接受委托取得受托代理资产时形成的负债。

2. 明细科目设置（见表3－15）。

表3－15 事业单位预计负债科目表

序号	科目编码	科目名称	科目类别	辅助要素
1	2901	受托代理负债	负债类	

3. 主要账务处理。

本科目的账务处理参见“受托代理资产”“库存现金”“银行存款”等科目。

（三）会计实务举例

【例3－42】 2020年2月1日，某事业单位收到某民营企业家委托将一价值500 000的医疗设备转赠给某贫困地区的卫生院，设备验收入库。相关账务处理如下：

财务会计分录	预算会计分录
借：受托代理资产——转赠物资 500 000 贷：受托代理负债 500 000	不做账务处理

【例3－43】 接上【例3－42】，2020年2月20日，该事业单位将此设备转交给指定地区的卫生院。相关账务处理如下：

财务会计分录	预算会计分录
借：受托代理负债 500 000 贷：受托代理资产——转赠物资 500 000	不做账务处理

第四章　收入/预算收入

第一节　收入/预算收入概述

一、收入/预算收入概述

（一）收入概述

《政府会计准则——基本准则》第四十二条：“收入是指报告期内导致政府会计主体净资产增加的、含有服务潜力或者经济利益的经济资源的流入。”

（二）预算收入概述

《政府会计准则——基本准则》第十九条：“预算收入是指政府会计主体在预算年度内依法取得的并纳入预算管理的现金流入。”

二、收入/预算收入的分类

（一）收入的分类

收入是财务会计要素。事业单位的收入根据收入来源分类，主要分为：财政拨款收入、事业收入、上级补助收入、附属单位上缴收入、经营收入、非同级财政拨款收入、投资收益、捐赠收入、利息收入、租金收入和其他收入。

1. 财政拨款收入是指事业单位从同级政府财政部门取得的各类财政拨款。这里的同级政府是指行政事业单位和拨款的财政部门同属一级政府，即本级政府。

2. 事业收入是指事业单位开展相关专业业务活动及其辅助活动取得的收入。

3. 上级补助收入是指事业单位在开展社会服务时从主管部门或上级单位

取得的补助经费。

4. 附属单位上缴收入是指事业单位取得的附属独立核算单位按照有关规定上缴的收入。

5. 经营收入是指事业单位在专业业务活动及其辅助活动之外开展非独立核算经营活动取得的收入。

6. 非同级财政拨款收入是指事业单位从非同级政府财政部门取得的经费拨款。

7. 投资收益是指单位股权投资和债券投资所实现的收益或发生的损失。

8. 捐赠收入是指单位接受其他单位或者个人捐赠取得的收入。

9. 利息收入是指单位取得的银行存款利息收入。

10. 租金收入是指单位经批准利用国有资产出租取得并按照规定纳入本单位预算管理的租金收入。

11. 其他收入是指单位取得的除财政拨款收入、事业收入、上级补助收入、附属单位上缴收入、经营收入、非同级财政拨款收入、投资收益、捐赠收入、利息收入、租金收入以外的各项收入。

（二）预算收入的分类

预算收入是预算会计要素。事业单位一般按构成预算收入的资金来源渠道进行划分，主要分为：财政拨款预算收入、事业预算收入、上级补助预算收入、附属单位上缴预算收入、经营预算收入、债务预算收入、非同级财政拨款预算收入、投资预算收益、其他预算收入。

1. 财政拨款预算收入是指事业单位从同级政府财政部门取得的各类财政拨款。

2. 事业预算收入是指事业单位开展专业业务活动及其辅助活动取得的现金流入。

3. 上级补助预算收入是指事业单位从主管部门或上级单位取得的非财政补助的现金流入。

4. 附属单位上缴预算收入是指事业单位取得的附属独立核算单位根据有关规定上缴的现金流入。

5. 经营预算收入是指事业单位在专业业务活动以及辅助活动之外开展非独立核算营利性活动取得的现金流入。

6. 债务预算收入是指事业单位按照规定从银行和其他金融机构等借入的、

纳入部门预算管理的、不以财政资金作为偿还来源的债务本金。

7. 非同级财政拨款预算收入是指事业单位从非同级政府财政部门取得的财政拨款。

8. 投资预算收益是指事业单位取得的按照规定纳入部门预算管理的属于投资收益性质的现金流入。

9. 其他预算收入是指行政事业单位除财政拨款预算收入、事业预算收入、上级补助预算收入、附属单位上缴预算收入、经营预算收入、债务预算收入、非同级财政拨款预算收入、投资预算收益之外的纳入部门预算管理的现金流入，包括捐赠预算收入、利息预算收入、租金预算收入、现金盘盈收入等。

三、收入/预算收入的确认

（一）收入的确认

1. 收入的确认条件。

《政府会计准则——基本准则》第四十三条规定，收入的确认应当同时满足以下条件：

（1）与收入相关的含有服务潜力或者经济利益的经济资源很可能流入政府会计主体。首先，与收入相关的经济资源必须具有服务潜力或经济利益，能提升政府会计主体有效服务社会的能力，或能够为政府会计主体持续经营、稳步发展提供资金；其次，政府经济资源流入的可能性较大。

（2）含有服务潜力或者经济利益的经济资源流入会导致政府会计主体资产增加或者负债减少。经济资源的流入直接反映为政府会计主体收入的增加，进而影响政府会计主体净资产同方向变动。

（3）流入金额能够可靠地计量。可靠性是指当政府会计主体能取得反映经济资源流入金额的信息，该信息没有重要错误或偏差，且能如实反映其应当反映的情况供政府会计主体作为判断依据。如果信息存在重大问题或偏差，且无法如实反映情况，则政府会计主体不能作为确认收入的依据。

2. 收入的确认时间。

收入的确认时间一般为收入实现时，即应收或者实际收到收入时确认的收入，可以在年度内或一段时间内分期确认，也可以在某一时点一次性确认。

具体情况有：

（1）在年度内或一段时间内分期确认：是指事业单位按照财政部门批复

的年度财政拨款预算，在年度内分期确认收入；或在一段时间内为完成单项合同约定的义务陆续提供服务，在合同约定的期间内分期确认收入。

分期确认的收入一般有：财政拨款收入、事业收入、经营收入、租金收入。如国库集中支付财政拨款收入，在财政授权支付方式下，根据收到的“财政授权支付额度到账通知书”确认收入，财政直接支付收入在支出时根据“财政直接支付入账通知书”确认收入；事业单位开展科研业务活动、提供服务取得的事业收入按合同总收入和合同完成进度分期确认收入；事业单位取得的租金收入应在租赁期间分期确认收入。

（2）在某一时点一次性确认的收入：是指事业单位除了上述分期确认的收入外的收入应在某一时点一次性确认。

一次性确认的收入主要有：财政返还资金、上级补助收入、附属单位上缴收入、非同级财政拨款收入等，以上收入可以在实际收到时确认收入；一次性提供服务的事业收入、经营收入等应在提供服务后收到资金或取得收款权利时确认收入；对外投资收入、接受捐赠收入、其他收入等在享有权益收到资金或取得收款权利时确认收入。

（二）预算收入的确认

1. 预算收入的确认条件。

《政府会计准则——基本准则》第二十条：“预算收入一般在实际收到时予以确认，以实际收到的金额计量。”

2. 预算收入确认时间。

预算收入一般在事业单位实际收到库存现金或银行存款时按收到的库存现金或银行存款金额确认预算收入。

具体情况有：

（1）国库集中支付方式下，通过财政直接支付使用本年预算财政拨款的，在财政直接支付时确认财政拨款预算收入。

（2）国库集中支付方式下，通过财政授权支付使用本年预算财政拨款的，在收到财政部门下达的财政授权支付额度时确认财政拨款预算收入。

（3）在不采用国库集中支付方式的其他方式下取得的预算收入，一般在收到现金（银行存款和库存现金）时，确认预算收入。需要注意的是，以下几种情形不确认预算收入：①收到应计入“其他应付款”的押金等资金；②预收财政部门的列入下年预算的财政拨款，或者收到没有纳入财政预算的财政暂借款项；③收到处置资产、行政事业性收费应计入“应缴财政款”的资金；④收到受托代理的资金；⑤收到直接计入专用基金的资金。

四、收入/预算收入核算的相关政策文件

（一）《国务院关于进一步深化预算管理制度改革的意见》（国发［2021］5号）规定：

1. 强化部门和单位收入统筹管理。各部门和单位要依法依规将取得的各类收入纳入部门或单位预算，未纳入预算的收入不得安排支出。

2. 严禁将政府非税收入与征收单位支出挂钩。

3. 将依托行政权力、国有资源（资产）获取的收入以及特许经营权拍卖收入等按规定全面纳入预算。

4. 政府的全部收入和支出都应当依法纳入预算，执行统一的预算管理制度。

5. 优化国库集中收付管理。对政府全部收入和支出实行国库集中收付管理。

6. 健全地方政府债务限额确定机制，一般债务限额与一般公共预算收入相匹配，专项债务限额与政府性基金预算收入及项目收益相匹配。专项债券项目对应的政府性基金收入、专项收入应当及时足额缴入国库，保障专项债券到期本息偿付。

（二）根据《关于印发科学事业单位执行〈政府会计制度——行政事业单位会计科目和报表〉的补充规定和衔接规定的通知》（财会［2018］23号）文件要求，财务会计应根据业务实质，以合同完成进度确认事业收入，具体可采用成本比率法、工作量法、时间比率法、实际测定法等。成本比率法在发生成本时可以确认事业收入；时间比率法按项目执行年限可以定期确认事业收入；工作量法和实际测定法应由项目管理人员配合，定期上报合同执行进度来确认事业收入。

（三）《政府会计准则制度解释第1号》规定，单位在按照收入来源（支付对象）对有关收入科目（费用科目）进行明细核算的基础上，应当在财务报表附注中按照收入来源（支付对象）分类对有关收入（费用）进行披露。收入来源（支付对象）主要分为本部门内部单位、本部门以外同级政府单位、本部门以外非同级政府单位和其他单位。

第二节　财政拨款收入/财政拨款预算收入的核算

一、财政拨款收入/财政拨款预算收入概述

（一）财政拨款收入概述

财政拨款收入是指事业单位从同级政府财政部门取得的各类财政拨款。

这里的同级政府是指事业单位和拨款的财政部门同属一级政府，即本级政府。

同级政府财政部门预拨的下期预算款和没有纳入预算的暂付款项，以及采用实拨资金方式通过本单位转拨给下属单位的财政拨款，通过“其他应付款”科目核算，不通过本科目核算。

（二）财政拨款预算收入概述

财政拨款预算收入是事业单位从同级政府财政部门取得的各类财政拨款。

同级政府财政部门根据政府预算向作为本级政府财政预算单位的事业单位拨付财政资金，事业单位收到这种财政资金，就形成单位的财政拨款预算收入。《政府会计准则制度解释第 2 号》规定，单位按规定从财政科研项目中计提项目间接费用或管理费的，使用计提的项目间接费用或管理费时，在财务会计下，按照实际支付的金额，借记“预提费用——项目间接费用或管理费”科目，贷记“银行存款”或“零余额账户用款额度”“财政拨款收入”等科目。使用计提的项目间接费用或管理费购买固定资产、无形资产的，按照固定资产、无形资产的成本金额，借记“固定资产”“无形资产”科目，贷记“银行存款”或“零余额账户用款额度”“财政拨款收入”等科目；同时，按照相同的金额，借记“预提费用——项目间接费用或管理费”科目，贷记“累计盈余”科目。同时，在预算会计下，按照实际支付的金额，借记“事业支出”等支出科目下的“财政拨款支出”明细科目，贷记“资金结存”“财政拨款预算收入”科目。

二、财政拨款收入/财政预算拨款收入的核算

（一）核算内容

财政拨款收入核算事业单位从同级政府财政部门取得的各类财政拨款。

财政拨款预算收入核算单位从同级政府财政部门取得的各类财政拨款。《政府会计准则制度解释第2号》规定，单位收到同级财政部门以实拨资金形式预拨的下期预算款，预算会计不做处理，待到下个预算期时，按预收的款项金额，计入“财政拨款预算收入”科目。

“同级财政部门”是指严格根据预算隶属关系从同级财政部门获得的，这里强调的是获取财政资金的财政部门一定是同级的财政部门，具体是：中央级单位对应的是财政部；省、自治区、直辖市属单位对应的是本省（自治区）财政厅或直辖市财政局；设区的市、自治州，县、自治县、不设区的市、市辖区所属单位对应的是本行政辖区财政局；乡、民族乡、镇单位对应的是本行政辖区财政所。

“各类财政拨款”是指全口径的财政拨款，包括政府性基金预算财政拨款和一般公共预算拨款等各类财政拨款，无论何种形式，凡属于同级政府财政部门根据经费领拨关系拨给政府会计主体（行政事业单位）的经费，均应计入财政拨款收入。

需要注意的是：并不是单位取得的所有财政拨款均通过“财政拨款收入”科目核算。单位可依据以下几个判断标准来确认财政拨款收入：一是判断是否属于本期；二是判断是否纳入预算；三是判断取得的资金是否真正属于本单位；四是判断是否同级政府财政部门拨付；五是判断是否按照经费领拨关系拨付。按照上述判断标准，以下五项业务在取得资金时不通过“财政拨款收入”科目核算：

（1）同级政府财政部门预拨的下期预算款。资金属预拨性质，按规定应纳入下一预算期间确认，不确认为本期财政拨款收入。应通过“其他应付款”科目核算。

（2）采用实拨资金方式通过本单位转拨给下属单位的财政拨款。资金不属于本单位，不确认为本单位财政拨款收入，应通过“其他应付款”科目核算。

（3）没有纳入预算的暂付款项。资金属临时性质，不确认为收入，应通

过“其他应付款”科目核算。

（4）本级政府财政部门、主管部门或上级单位以政府购买服务方式拨付的财政拨款。资金未纳入财政部门对账范围，不确认为本单位收入。应据实际情况按资金来源通过“事业收入”“非同级财政拨款收入”科目核算。

（5）非本级政府财政拨款拨付的财政拨款。资金不属于同级政府部门拨付，不确认为财政拨款收入，应通过“非同级财政拨款收入”科目核算。

（二）明细科目设置

1. 财政拨款收入的明细科目设置。

事业单位可根据《中华人民共和国预算法》（修订）第五条规定，“预算包括一般公共预算、政府性基金预算、国有资本经营预算、社会保险基金预算”的四大拨款种类进行财政拨款收入明细核算。

有一般公共预算财政拨款、政府性基金预算财政拨款等两种或两种以上财政拨款的单位，还应当按照财政拨款的种类进行明细核算。

为了和财政拨款预算收入逐一比对，事业单位可根据实际管理需要，在拨款种类下设置“基本支出”和“项目支出”两个明细科目，并按照《政府收支分类科目》中“支出功能分类科目”的项级科目进行明细核算；同时，在“基本支出”明细科目下按照“人员经费”和“日常公用经费”进行明细核算，在“项目支出”明细科目下按具体项目进行明细核算。

2. 财政拨款预算收入的明细科目设置。

根据预算管理的要求，事业单位的财政拨款预算收入首先要与不同的财政预算的预算资金拨款对接，有两种或两种以上财政拨款的事业单位，应在“财政拨款预算收入”总账科目下，按财政预算的种类或财政资金的类别分别设置明细科目进行明细核算，包括“一般公共预算拨款”“政府性基金预算拨款”“财政专用基金拨款”等（见表4－1）。

事业单位按照部门预算的基本支出拨款和项目支出拨款分别设置“基本支出”和“项目支出”两个明细科目，在“基本支出”明细科目下按照“人员经费”和“日常公用经费”进行明细核算，在“项目支出”明细科目下需按具体明细项目进行明细核算；根据编制政府部门决算报表的需要，行政事业单位还应按照《政府收支分类科目》中“支出功能分类科目”的项级科目设置明细科目进行明细核算，若单位只使用一般公共财政预算财政资金拨款，在“财政拨款预算收入”总账科目下直接设置二级明细科目“基本支出”和“项目支出”（见表4－2）。

表4－1　　事业单位财政拨款收入科目表

序号	科目编码	科目名称	科目类别	辅助要素
1	4001	财政拨款收入	收入类	资金性质：末级，差异项：末级，
2	400101	一般公共预算财政拨款	收入类	资金性质：末级，差异项：末级，支出功能分类：末级
3	400102	政府性基金预算财政拨款	收入类	资金性质：末级，差异项：末级，支出功能分类：末级

表4－2　　事业单位财政拨款预算收入科目表

序号	科目编码	科目名称	科目类别	辅助要素
1	6001	财政拨款预算收入	预算收入类	资金性质：末级，差异项：末级
2	600101	基本支出	预算收入类	资金性质：末级，差异项：末级
3	60010101	人员经费	预算收入类	资金性质：末级，支出功能分类：末级，差异项：末级
4	60010102	日常公用经费	预算收入类	资金性质：末级，支出功能分类：末级，差异项：末级
5	600102	项目支出	预算收入类	资金性质：末级，支出功能分类：末级，差异项：末级，预算项目：末级

（三）主要账务处理

1. 财政直接支付方式下，根据收到的“财政直接支付入账通知书”及相关原始凭证，按照通知书中的直接支付入账金额，财务会计借记“库存物品”“固定资产”“业务活动费用”“单位管理费用”“应付职工薪酬”等科目，贷记“财政拨款收入”科目。涉及增值税业务的，相关账务处理参见“应交增值税”科目。预算会计借记“事业支出”等科目，贷记“财政拨款预算收入”科目。

年末，根据本年度财政直接支付预算指标数与当年财政直接支付实际支付数的差额，财务会计借记“财政应返还额度——财政直接支付”科目，贷记“财政拨款收入”科目。预算会计借记“资金结存——财政应返还额度”科目，贷记“财政拨款预算收入”科目。

2. 财政授权支付方式下，根据收到的“财政授权支付额度到账通知书”，按照通知书中的授权支付额度，财务会计借记“零余额账户用款额度”科目，贷记“财政拨款收入”科目。预算会计借记“资金结存——零余额账户用款额度”科目，贷记“财政拨款预算收入”科目。

年末，本年度财政授权支付预算指标数大于零余额账户用款额度下达数的，根据未下达的用款额度，财务会计借记“财政应返还额度——财政授权支付”科目，贷记“财政拨款收入”科目；预算会计借记“资金结存——财政应返还额度”科目，贷记“财政拨款预算收入”科目。

3. 其他方式下收到财政拨款收入时，按照实际收到的金额，财务会计借记“银行存款”等科目，贷记“财政拨款收入”科目；预算会计借记“资金结存——货币资金”等科目，贷记“财政拨款预算收入”科目。单位收到下期预算的财政预拨款，应在下个预算期，按照预收的金额，借记“资金结存——货币资金”等科目，贷记“财政拨款预算收入”科目。本年不做预算会计账务处理。

4. 因差错更正或购货退回等发生国库直接支付款项退回的，属于以前年度支付的款项，按照退回金额，财务会计借记“财政应返还额度——财政直接支付”科目，贷记“以前年度盈余调整”“库存商品”等科目；属于本年度支付的款项，按照退回金额，财务会计借记“财政拨款收入”科目，贷记“业务活动费用”“库存商品”等科目；预算会计借记“财政拨款预算收入”科目，贷记“事业支出”等科目。

5. 期末，将“财政拨款收入”科目本期贷方发生额转入“本期盈余”，借记“财政拨款收入”科目，贷记“本期盈余”科目。将“财政拨款预算收入”科目本期发生额转入财政拨款结转，借记“财政拨款预算收入”科目，贷记“财政拨款结转——本年收支结转”科目。“财政拨款收入”科目和“财政拨款预算收入”科目结转后无余额。

三、会计实务举例

【例 4－1】某事业单位已纳入财政国库集中支付改革。2020 年 1 月 15 日，收到财政授权支付到账通知书，共计 360 000 元，其中，在职人员经费 240 000 元，公用经费 120 000 元，相关账务处理如下：

财务会计分录	预算会计分录
借：零余额账户用款额度 360 000 贷：财政拨款收入——一般公共预算财政拨款 360 000	借：资金结存——零余额账户用款额度 360 000 贷：财政拨款预算收入——基本支出——人员经费 240 000 ——基本支出——日常公用经费 120 000

【例4-2】某事业单位已纳入财政国库集中支付改革。2020年3月1日，收到财政授权支付到账通知书，系条件建设专项资金300 000元，相关账务处理如下：

财务会计分录	预算会计分录
借：零余额账户用款额度 300 000 贷：财政拨款收入——一般公共预算财政拨款 300 000	借：资金结存——零余额账户用款额度 300 000 贷：财政拨款预算收入——项目支出——条件建设专项资金 300 000

【例4-3】某事业单位已纳入财政国库集中支付改革。2020年3月15日，单位以财政直接支付方式购置一批业务活动用材料，价款150 000元。材料于当月全部领用，相关账务处理如下：

财务会计分录	预算会计分录
借：业务活动费用——商品和服务费用 150 000 贷：财政拨款收入——一般公共预算财政拨款 150 000	借：事业支出——财政拨款支出——基本支出 150 000 贷：财政拨款预算收入——基本支出——日常公用经费 150 000

【例4-4】某事业单位为市属预算单位。2020年3月31日，单位收到市属预算单位主管部门转拨的水利专项资金100 000元，资金已拨至该单位基本存款账户，相关账务处理如下：

财务会计分录	预算会计分录
借：银行存款——基本户 100 000 贷：财政拨款收入——一般公共预算拨款 100 000	借：资金结存——货币资金 100 000 贷：财政拨款预算收入——项目支出——水利专项资金 100 000

【例4－5】某事业单位已纳入财政国库集中支付改革。2020年12月31日，单位收到上级主管部门下发的预算指标对账表：2020年某单位财政授权支付预算额度共计8 000 000元，其中：基本支出6 000 000元，已执行完毕；项目支出2 000 000元，已执行1 800 000元，未执行200 000元为条件建设专项资金，相关账务处理如下：

财务会计分录	预算会计分录
借：财政应返还额度——财政授权支付　200 000 　贷：财政拨款收入——一般公共预算拨款　200 000	借：资金结存——财政应返还额度　200 000 　贷：财政拨款预算收入——项目支出——条件建设专项资金　200 000

【例4－6】某事业单位已纳入财政国库集中支付改革。2020年9月1日，单位发现3月15日财政直接支付方式购买的材料部分存在质量问题，将问题材料退回供应商并收到供应商退回材料款50 000元，相关账务处理如下：

财务会计分录	预算会计分录
借：财政拨款收入——一般公共预算拨款　50 000 　贷：库存物品　50 000	借：财政拨款预算收入——基本支出——日常公用经费　50 000 　贷：事业支出——财政拨款支出　50 000

四、常见及疑难问题解释参考

1. 单位通过财政直接支付发放工资，如何账务处理？

根据收到的“财政直接支付入账通知书”及相关原始凭证，财务会计借记“应付职工薪酬”科目，贷记“财政拨款收入”科目；同时预算会计借记“事业支出”科目，贷记“财政拨款预算收入”科目。

2. 单位使用财政资金通过单位基本户缴纳社保、个税等，如何账务处理？

（1）划转资金时，按划转资金金额，财务会计借记“银行存款——财政拨款资金”科目，贷记“零余额账户用款额度”科目，同时预算会计借记“资金结存——货币资金”，贷记“资金结存——零余额账户用款额度”；

（2）将划转的资金用于缴纳社保、个税时，按实际缴纳金额，财务会计借记“应付职工薪酬”“其他应交税费”等科目，贷记“银行存款——财政拨款资金”科目；同时预算会计借记“事业支出——财政拨款支出”等支出科目，贷记“资金结存——货币资金”科目。

3. 单位收到当地财政部门拨入的项目建设征地拆迁补偿款如何账务处理？

该笔款项属于建设征地用款，应纳入单位预算，计入“财政拨款收入”和“财政拨款预算收入”。

4. 某市海事局为国家海事局三级预算单位，从某省海事局（国家海事局的二级预算单位）取得中央财政拨款收入，是否应计入“财政拨款收入”。

因某市海事局属中央预算单位，且为此笔财政拨款的财政资金预算执行单位，应计入“财政拨款收入”和“财政拨款预算收入”。

5. 某事业单位2020年末收到财政部门以实有资金形式提前拨付的下年度项目款，是否应计入2020年财政拨款收入？

同级政府财政部门预拨的下期预算款和没有纳入预算管理的暂付款项，不确认财政拨款收入。因此某事业单位对此项目款不应确认为2020年财政拨款收入。按收到的项目款金额，借记“银行存款”科目，贷记“其他应付款”科目。

6. 某事业单位2020年末收到财政部门以实有资金形式提前拨付的下年度项目款，当月使用该笔资金购买材料款，如何账务处理？

冲抵其他应付款，借记“其他应付款”科目，贷记“银行存款”科目。

7. 某事业单位2020年末收到财政部门以实有资金形式提前拨付的下年度项目款，当月使用该笔资金购买材料款，在2020年和2021年如何账务处理？

2020年末不确认收入，按实际收到的拨款金额，财务会计借记“银行存款”科目，贷记“其他应付款”科目，预算会计不做处理；购买材料借记“其他应收款”科目，贷记“银行存款”科目。

2021年确认财政拨款收入，按实际收到的拨款金额，财务会计应借记“其他应付款”科目，贷记“财政拨款收入——一般财政预算拨款收入”科目，同时预算会计借记“资金结存——货币资金”科目，贷记“财政拨款预算收入”科目。

2021年确认支出，按实际支出的购买材料款，财务会计借记“业务活动费用”科目，贷记“其他应收款”科目，同时预算会计借记“事业支出”科目，贷记“资金结存——货币资金”科目。

8. 某A事业单位2020年底收到财政部门拨付的下属B单位的财政拨款，A单位是否计入财政拨款收入？A单位和B单位如何账务处理？

此款项属实拨资金方式拨款，A单位于收到款项时借记“银行存款”科目，贷记“其他应付款”科目，不确认财政拨款收入。B单位于收到A单位转拨此款项时，确认财政拨款收入和财政拨款预算收入。

9. 单位以前年度采用财政拨款直接支付的支出或货物发生退回，如何账务处理？

按退回的金额，财务会计借记“财政应返还额度——财政直接支付”科目，贷记“库存商品”“以前年度盈余调整”等科目；预算会计借记“资金结存（财政应返还额度、货币资金、零余额账户用款额度）”科目，贷记“财政拨款结转——年初余额调整”或“财政拨款结余——年初余额调整”等科目。

10. 单位收到财政直接支付入账通知书，根据基建项目工程进度支付工程款，如何账务处理？

根据收到的“财政直接支付入账通知书”及相关原始凭证，财务会计借记“在建工程”科目，贷记“财政拨款收入”科目；同时预算会计借记“事业支出”，贷记“财政拨款预算收入”。

11. 单位基建项目当年直接支付额度未用完，年底对剩余额度应如何账务处理？

年末，单位应根据本年度财政直接支付预算指标大于当年财政直接支付实际发生数的差额，借记“财政应返还额度——财政直接支付”科目，贷记“财政拨款收入”科目。

12. 单位以前年度已支付的基建项目工程款由于审查核减，部分资金需要退回财政，如何账务处理？

财务会计借记“累计盈余”科目，贷记“财政应返还额度”科目；预算会计借记“财政拨款结转——累计结转”或“财政拨款结余——累计结余”，贷记“资金结存——财政应返还额度”。

13. 单位在年末以财政直接支付方式发放下年度 1 月职工工资，如何账务处理？

（1）年末，单位应根据收到的“财政直接支付入账通知书”中直接支付的金额，借记“其他应收款”科目，贷记“其他应付款”科目；预算会计不做处理。

（2）下年度 1 月，单位在确认本月职工工资时，借记“业务活动费用”“单位管理费用”等科目，贷记“应付职工薪酬”科目，按上年末已直接支付的金额，借记“应付职工薪酬”科目，贷记“财政拨款收入”科目，并按相同金额借记“其他应付款”科目，贷记“其他应收款”科目；同时预算会计借记“事业支出”等科目，贷记“财政拨款预算收入”科目。

14. 单位处置资产收到的资金，需要确认预算收入吗?

单位处置资产收到的资金因需上缴财政，不确认预算收入。

15. 单位收取的住房维修基金，需确认预算收入吗?

单位收取的住房维修基金因不纳入单位预算管理，不确认预算收入。收到直接计入专用基金。

16. 财务会计的“收入”与预算会计的“预算收入”存在一一对应关系吗? 发生额相等吗?

财务会计的“收入”与预算会计的“预算收入”并不存在一一对应关系。因此发生额并不相等。

第三节　节事业收入/事业预算收入的核算

一、事业收入/事业预算收入概述

事业收入是指事业单位开展相关专业业务活动及其辅助活动取得的收入。各级各类事业单位的资金来源与行政单位不同，有些事业单位并不是全额由各级财政予以保障，而是结合自身设立宗旨和单位发展目标，开展相关专业业务活动及其辅助活动，从而取得一定的资金以维持单位运转。不同行业的政府会计主体开展业务活动的内容不同，事业收入的表现形式也有所不同。

事业预算收入是指事业单位开展专业业务活动及其辅助活动取得的现金流入。

（一）相关管理规定

1. 财政部《关于进一步做好政府会计准则制度新旧衔接和加强行政事业单位资产核算的通知》（财会［2018］34 号），单位以合同完成进度确认事业收入时，应当根据业务实质，选择累计实际发生的合同成本占合同预计总成本的比例、已经完成的合同工作量占合同预计总工作量的比例、已经完成的时间占合同期限的比例、实际测定的完工进度等方法，合理确定合同完成进度。

2. 事业单位对于因开展专业业务活动及其辅助活动取得的非同级财政拨款收入，应当通过“事业收入——非同级财政拨款”科目核算；对于其他非同级财政拨款收入，应当通过“非同级财政拨款收入”科目核算。事业预算收入和非同级财政拨款预算收入的核算口径也比照前款规定处理。

二、事业收入/事业预算收入的核算

（一）核算内容

事业收入核算事业单位开展专业业务活动及辅助活动实现的收入，不包括从同级政府财政部门取得的各类财政拨款。“专业业务活动及辅助活动”是指与事业单位成立宗旨和主要职能相关的活动，是由事业单位主管部门和上级部门用于弥补事业单位因完成特定任务或达到特定目标，所需资金不足而拨付的补助资金。事业单位因开展科研及其辅助活动从非同级政府财政部门取得的经费拨款，应通过“事业收入——非同级财政拨款”科目核算。

事业预算收入核算事业单位开展专业业务活动及其辅助活动取得的现金流入。事业单位因开展科研及其辅助活动从非同级政府财政部门取得的经费拨款，也通过本科目核算。

（二）明细科目设置

1. 事业收入的明细科目设置。

“事业收入”科目应当按照事业收入的类别、来源等进行明细核算。一般可以按收入类别作为一级明细科目，并按收入来源进行辅助核算。类别层级较多的，可设置多层明细科目，例如科研单位与科学研究相关的事业收入可以根据类型，再细分为技术转让、技术开发、技术咨询和技术服务等。

按财务报表附注披露要求，事业收入需分为“来自财政专户管理资金”“本部门内部单位”“本部门以外同级政府单位”和“其他”四种类型。其中，“来自财政专户管理资金”是指单位按照批准的行政事业性收费后，按规定上缴财政并由财政返还的资金；“本部门内部单位”是指有共同主管部门的政府会计主体，例如某省科技厅下属的科研单位，共同隶属于省科技厅，相互可以称为本部门内部单位；“本部门以外同级政府单位”指除本部门内部单位外，与政府会计主体属于同一预算级次的政府部门，如前述的各科研单位，与省环保厅、教育厅等，均属于省级预算单位，这些单位对于科研单位而言就是本部门以外同级政府部门；“其他”是指除前三项以外的所有单位。

事业单位因开展科研及其辅助活动从非同级政府财政部门取得的经费拨款，因编制政府综合财务报告和政府部门财务报告等要求，需要单独归集和反映，一是便于编制政府报告时进行部门内部和跨部门收支、往来业务的抵销；

二是能集中体现国家R&D投入。因此，还需单设“非同级财政拨款”明细科目进行核算。需要注意的是：这里的“非同级财政拨款”是事业收入的明细科目，与第七节“非同级财政拨款”科目核算有所区别。

2. 事业预算收入的明细科目设置。

事业预算收入应按照《政府收支分类科目》中“支出功能分类科目”的项级科目设置明细科目进行明细核算，并设置“非专项资金收入”和“专项资金收入”明细科目。其中，在“非专项资金收入”明细科目下，应按照事业收入的项目进行明细核算，在“专项资金收入”明细科目下，还应当按照每个专项项目进行明细核算（见表4-3）。

对因开展科研及其辅助活动从非同级政府财政部门取得的经费拨款，应当单设“非同级财政拨款”明细科目进行明细核算；事业预算收入中如有专项资金收入，还应按照具体项目进行明细核算（见表4-4）。

表4-3　事业单位事业收入科目表

序号	科目编码	科目名称	科目类别	辅助要素
1	4101	事业收入	收入类	差异项：末级，资金往来对象类别：末级，往来：末级
2	410101	专项资金收入	收入类	差异项：末级，资金往来对象类别：末级，往来：末级
3	410102	非专项资金收入	收入类	差异项：末级，资金往来对象类别：末级，往来：末级
4	410103	非同级财政拨款	收入类	差异项：末级，资金往来对象类别：末级，往来：末级

表4-4　事业单位事业预算收入科目表

序号	科目编码	科目名称	科目类别	辅助要素
1	6101	事业预算收入	预算收入类	资金性质：末级，支出功能分类：末级，差异项：末级
2	610101	专项资金收入	预算收入类	资金性质：末级，支出功能分类：末级，差异项：末级，预算项目：末级
3	610102	非专项资金收入	预算收入类	资金性质：末级，支出功能分类：末级，差异项：末级
4	610103	非同级财政拨款	预算收入类	资金性质：末级，支出功能分类：末级，差异项：末级，预算项目：末级

（三）主要账务处理

1. 采用财政专户返还方式管理的事业收入。

收到应上缴财政专户的事业收入时，按照实际收到或应收的金额，财务会计借记“银行存款”“应收账款”等科目，贷记“应缴财政款”科目；预算会计不做账务处理。

向财政专户上缴款项时，按照实际上缴的款项金额，财务会计借记“应缴财政款”科目，贷记“银行存款”等科目；预算会计不做账务处理。

收到从财政专户返还的事业收入时，按照实际收到的返还金额，财务会计借记“银行存款”或“零余额账户用款额度”等科目，贷记“事业收入”科目；预算会计借记“资金结存——货币资金（零余额账户用款额度）”科目，贷记“事业预算收入”科目。

2. 采用预收款方式确认的事业收入。

实际收到预收款项时，按照收到的款项金额，财务会计借记“银行存款”等科目，贷记“预收账款”科目，如果收款时开具增值税专用发票，还应贷记“应交增值税”科目；预算会计借记“资金结存——货币资金”科目，贷记“事业预算收入”科目。

以合同完成进度确认事业收入时，按照基于合同完成进度计算的金额，财务会计借记“预收账款”科目，贷记“事业收入”科目，已开具增值税专用发票的，还应贷记“应交增值税”；预算会计不做账务处理。

3. 采用应收款方式确认的事业收入。

满足事业收入确认条件但尚未收到款项时，根据应收的金额，财务会计借记“应收账款”科目，根据确认收入的金额，贷记“事业收入”科目；根据应交增值税，贷记“应交增值税”科目；预算会计不做账务处理。

实际收到款项时，财务会计借记“银行存款”等科目，贷记“应收账款”科目。预算会计借记“资金结存——货币资金”科目，贷记“事业预算收入”科目。

4. 其他方式下确认的事业收入。

其他方式下确认的事业收入，按照实际收到的金额，财务会计借记“银行存款”“库存现金”等科目，贷记“事业收入”“应交增值税”科目。预算会计借记“资金结存——货币资金”，贷记“事业预算收入”科目。

5. 期末，将“事业收入”科目本期发生额转入本期盈余，借记“事业收入”科目，贷记“本期盈余”科目；将“事业预算收入”科目本期发生额中的专项资金收入结转至非财政拨款结转，借记“事业预算收入”科目各项目资金收入明细科目，贷记“非财政拨款结转”科目；将“事业预算收入”科目本期发生额中的非项目资金收入结转至其他结余，借记“事业预算收入”科目下各非项目资金收入明细科目，贷记“其他结余”科目。“事业收入”科目和“事业预算收入”科目结转后无余额。

三、会计实务举例

【例4-7】某事业单位为增值税一般纳税人，适用税率6%。2020年7月1日与A公司签订技术服务合同，合同约定由某事业单位2020年12月31日前完成红江三峡一期建设项目的规划编制，合同额共计300 000元，A公司于2020年7月10日预付30%即90 000元，其余合同款于2020年12月31日项目规划交付后支付完毕。2020年7月10日，收到A公司预付合同款90 000元，相关账务处理如下：

财务会计分录	预算会计分录
借：银行存款——基本户　90 000 　贷：预收账款——A公司　90 000	借：资金结存——货币资金　90 000 　贷：事业预算收入——科研收入　90 000

【例4-8】某事业单位2020年7月1日与A公司签订技术服务合同，合同约定由某事业单位2020年12月31日前完成红江三峡一期建设项目的规划编制，合同额共计300 000元，A公司于2020年7月10日预付30%即90 000元，其余合同款于2020年12月31日项目规划交付后支付完毕。2020年12月31日，单位将项目规划交付A公司，收到A公司支付剩余合同款210 000元，单位确认技术服务收入，相关账务处理如下：

财务会计分录	预算会计分录
借：银行存款——基本户　210 000 　　预收账款——A公司　90 000 　贷：事业收入　283 018.87 　　　应交税金——应交增值税——销项税额 　　　16 981.13	借：资金结存——货币资金　210 000 　贷：事业预算收入——专项资金收入 　　　210 000

【例4-9】某事业单位2020年10月15日收到非税收入款50 000元。2020

年10月30日将该非税收入款存入财政专户，10月相关账务处理如下：

财务会计分录	预算会计分录
借：银行存款——基本户 50 000 贷：应缴财政款——应缴财政专户款 50 000 借：应缴财政款——应缴财政专户款 50 000 贷：银行存款——基本户 50 000	不做账务处理

【例4－10】 某事业单位2020年12月1日收到财政专户核拨返还的非税收入50 000元，相关账务处理如下：

财务会计分录	预算会计分录
借：银行存款——基本户 50 000 贷：事业收入——财政专户返还收入 50 000	借：资金结存——货币资金——银行存款 50 000 贷：事业预算收入——财政专户返还收入 50 000

四、常见及疑难问题解释参考

1. 事业单位收到同级政府的其他部门转拨的项目经费，如某研究所收到省科技厅转拨的科研项目经费，应计入事业收入还是非同级财政拨款收入？

事业收入和非同级财政拨款收入来源都是同级政府的其他部门单位或非同级政府的财政部门或业务部门，区别是事业预算收入要求接受资金的行政事业单位为这种拨款提供对等专项服务，非同级财政拨款预算收入则没有对等交换要求，事业单位因开展科研及辅助活动从非同级政府财政部门取得的经费拨款应当通过“事业收入——非同级财政拨款”科目核算。

2. 销售物品、提供服务以外币收取相关款项等，如何进行账务处理？

销售物品、提供服务以外币收取相关款项等，按照收入确认当日的即期汇率将收取的外币或应收取的外币折算为人民币金额，财务会计借记“银行存款”科目，贷记“事业收入”科目；预算会计借记“资金结存——货币资金”科目，贷记“事业预算收入”科目。

3. 对外销售政府储备物资取得销售收入的，如何进行账务处理？

对外销售政府储备物资并将销售收入纳入单位预算统一管理的，实现销售收入时，按照确认的收入金额，财务会计借记“银行存款”“应收账款”等科目，贷记“事业收入”等科目；预算会计借记“资金结存——货币资金”科目，贷记“事业预算收入”科目。

4. 收入实行“收支两条线”管理、差额上缴的事业单位行政事业收费取得的事业收入需全部还是部分确认预算收入？

收入实行“收支两条线”管理、差额上缴的事业单位行政事业收费需部分上缴财政，留归单位使用的部分和财政部门按预算拨回单位时确认预算收入。

第四节　上级补助收入/上级补助预算收入的核算

一、上级补助收入/上级补助预算收入概述

上级补助收入是事业单位在开展社会服务时从主管部门或上级单位取得的补助经费。这些资金一般是事业单位主管部门或上级单位用于弥补事业单位因实现特定目标或完成特殊任务所需资金不足而拨付的补助资金，带有资助性质。

上级补助预算收入是指事业单位从主管部门或上级单位取得的非财政补助的现金流入。

由于行政单位履职所需经费由各级财政予以保障，因此，“上级补助收入”科目仅限事业单位使用。

二、上级补助收入/上级补助预算收入的核算

（一）核算内容

上级补助收入核算事业单位从主管部门和上级单位取得的非财政拨款收入。“主管单位”是指事业单位按照行政隶属关系归属的部门或单位；“上级单位”是指与事业单位无行政隶属关系但发生经费领拨关系的部门或单位；“非财政拨款”是指经费来源是捐赠等社会资金。上级补助收入一般是由事业单位主管部门和上级部门用于弥补事业单位因完成特定任务或达成特定目标，所需资金不足而拨付的补助资金。

上级补助预算收入核算事业单位从主管部门和上级单位取得的非财政补助现金流入。

（二）明细科目设置

“上级补助收入”科目按照发放补助单位、补助项目等设置明细科目。事业单位可以将发放补助单位作为一级明细科目，再根据补助款项的具体内容下设明细科目（见表4－5）。

“上级补助预算收入”科目应当按照发放补助单位、补助项目、《政府收支分类科目》中“支出功能分类科目”的项级科目等进行明细核算。上级补助预算收入中如有专项资金收入和非专项资金收入，还应按照收入的具体项目进行明细核算（见表4－6）。

表4－5　事业单位上级补助收入科目表

序号	科目编码	科目名称	科目类别	辅助要素
1	4201	上级补助收入	收入类	差异项：末级

表4－6　事业单位上级补助预算收入科目表

序号	科目编码	科目名称	科目类别	辅助要素
1	6201	上级补助预算收入	预算收入类	资金性质：末级，支出功能分类：末级，差异项：末级
2	620101	专项资金收入	预算收入类	资金性质：末级，支出功能分类：末级，差异项：末级，预算项目：末级
3	620102	非专项资金收入	预算收入类	资金性质：末级，支出功能分类：末级，差异项：末级

（三）主要账务处理

1. 确认上级补助收入时，按照应收或实际收到的金额，财务会计借记“其他应收款”“银行存款”等科目，贷记“上级补助收入”科目。

实际收到应收的上级补助款时，按照实际收到的金额，财务会计借记“银行存款”等科目，贷记“其他应收款”科目。预算会计借记“资金结存”科目，贷记“上级补助预算收入”科目。

2. 期末，将“上级补助收入”科目本期发生额转入本期盈余，借记“上级补助收入”科目，贷记“本期盈余”科目；将“上级补助预算收入”科目本年发生额中的专项资金收入转入“非财政拨款结转”，借记“上级补助预算收入——专项资金收入”，贷记“非财政拨款结转——本年收支结转”科目；将“上级补助预算收入”科目本年发生额中的非专项资金收入转入其他结余，借记“上级补助预算收入——非专项资金收入”，贷记“其他结余”科目。

“上级补助收入”科目和“上级补助预算收入”科目结转后无余额。

三、会计实务举例

【例 4－11】某事业单位 2020 年 3 月 1 日收到上级主管部门基本户拨款 280 000 元，系 B 类创新团队启动资金，相关账务处理如下：

财务会计分录	预算会计分录
借：银行存款——基本户　280 000 　贷：上级补助收入——专项资金收入 　　280 000	借：资金结存——货币资金　280 000 　贷：上级补助预算收入——专项资金收入 　　——创新团队启动资金　280 000

【例 4－12】某事业单位 2020 年 2 月 10 日收到上级主管部门资金拨款单，应收专项资金收入 100 000 元，非专项资金收入 150 000 元，相关账务处理如下：

财务会计分录	预算会计分录
借：其他应收款——上级补助款　250 000 　贷：上级补助收入——专项资金收入　100 000 　　——非专项资金收入　150 000	不做账务处理

【例 4－13】某事业单位 2020 年 2 月 15 日收到上级主管部门转来专项资金收入 100 000 元，非专项资金收入 150 000 元，相关账务处理如下：

财务会计分录	预算会计分录
借：银行存款——基本户　250 000 　贷：其他应收款——上级补助款　250 000	借：资金结存——货币资金——银行存款 　250 000 　贷：上级补助预算收入——专项资金收入 　　100 000 　　——非专项资金收入 　　150 000

四、常见及疑难问题解释参考

事业单位收到上级主管部门划拨的资金，如何判断是确认“非同级财政拨款收入”还是确认“上级补助收入”?

上级补助收入是事业单位从主管部门和上级单位取得的非财政性资金。非同级财政拨款收入是指核算单位从非同级政府财政部门取得的经费拨款，包括从同级政府其他部门取得的横向转拨财政款，从上级或下级政府财政部门取得的经费拨款等。二者的主要区别在于资金性质，上级补助收入为非财政性资金，非同级财政拨款收入核算的是财政性资金。上级主管部门拨的是财政部门转拨的财政性资金，应确认非同级财政拨款收入；如果是用自有资金拨付的补助款，属非财政性资金，则应确认为上级补助收入。

第五节　附属单位上缴收入/附属单位上缴预算收入

一、附属单位上缴收入/附属单位上缴预算收入概述

附属单位上缴收入是指事业单位取得的附属独立核算单位按照有关规定上缴的收入。

附属单位上缴预算收入是指事业单位取得的附属独立核算单位根据有关规定上缴的现金流入，包括附属单位上缴的收入等。附属单位因偿还事业单位垫支的各种费用而交给事业单位的资金，不能作为附属单位上缴预算收入，其中事业单位已经列入预算支出的，还应冲减事业单位的当年预算支出或调整以前年度预算结余。

相关管理规定

1. 附属单位上缴收入不包括投资收到的股利。

2. 附属单位是指独立核算单位，一般应为法人单位。

3. 附属单位上缴收入是附属单位以协议或合同等形式，按照规定标准或比例缴纳给事业单位的各项收入。事业单位因投资关系取得的被投资企业上缴利润，纳入“投资收益”科目核算，不计入“附属单位上缴收入”。

二、附属单位上缴收入/附属单位上缴预算收入的核算

（一）核算内容

“附属单位上缴收入”科目核算事业单位取得的附属独立核算单位按照有关规定上缴的收入。

“附属单位上缴预算收入”科目核算事业单位取得附属独立核算单位根据有关规定上缴的现金流入。

（二）明细科目设置

“附属单位上缴收入”科目应当按照发放补助单位、缴款项目等进行明细核算。事业单位可以将附属单位作为一级明细科目，再根据缴款项目的具体内容下设明细科目（见表4－7）。

“附属单位上缴预算收入”科目应当按照《政府收支分类科目》中“支出功能分类科目”的项级科目、附属单位、缴款项目、专项资金或非专项资金等设置明细科目进行明细核算。附属单位上缴预算收入中如果有专项资金收入，还应按照具体专项项目进行明细核算（见表4－8）。

表4－7　　事业单位附属单位上缴收入科目表

序号	科目编码	科目名称	科目类别	辅助要素
1	4301	附属单位上缴收入	收入类	差异项：末级

表4－8　　事业单位附属单位上缴预算收入科目表

序号	科目编码	科目名称	科目类别	辅助要素
1	6301	附属单位上缴预算收入	预算收入类	资金性质：末级，支出功能分类：末级，差异项：末级
2	630101	专项资金收入	预算收入类	资金性质：末级，支出功能分类：末级，差异项：末级，预算项目：末级
3	630102	非专项资金收入	预算收入类	资金性质：末级，支出功能分类：末级，差异项：末级

（三）主要账务处理

1. 确认附属单位上缴收入时，按照应收或实际收到的金额，财务会计借记“其他应收款”“银行存款”等科目，贷记“附属单位上缴收入”科目。

实际收到应收附属单位上缴款时，按照实际收到的金额，财务会计借记“银行存款”等科目，贷记“其他应收款”科目；预算会计借记“资金结存——货币资金”科目，贷记“附属单位上缴预算收入”科目。

2. 期末，将“附属单位上缴收入”科目本期发生额转入本期盈余，借记“附属单位上缴收入”科目，贷记“本期盈余”科目；将“附属单位上缴预算收入”科目本年发生额中的专项资金收入转入非财政拨款结转，借记“附属单位上缴预算收入——专项资金收入——项目”科目，贷记“非财政拨款结转——本年收支结转”科目；将本科目本年发生额中的非专项资金收入转入其他结余，借记“附属单位上缴预算收入——非专项资金收入”科目，贷记“其他结余”科目。“附属单位上缴收入”科目和“附属单位上缴预算收入”科目结转后无余额。

三、会计实务举例

【例 4 – 14】 某事业单位 2020 年 9 月 15 日确认应收附属单位 A 单位上缴收入 200 000 元，相关账务处理如下：

财务会计分录	预算会计分录
借：其他应收款——附属单位上缴款　200 000 　贷：附属单位上缴收入——A 单位　200 000	不做账务处理

【例 4 – 15】 接上【例 4 – 14】，某事业单位 2020 年 9 月 20 日收到应收附属单位 A 单位上缴收入 200 000 元，相关账务处理如下：

财务会计分录	预算会计分录
借：银行存款——基本户　200 000 　贷：其他应收款——附属单位上缴款　200 000	借：资金结存——货币资金　200 000 　贷：附属单位上缴预算收入——专项资金收入——甲单位　200 000

第六节　经营收入/经营预算收入

一、经营收入/经营预算收入概述

经营收入是指事业单位在专业业务活动及其辅助活动之外开展非独立核算经营活动取得的收入。

经营预算收入是指事业单位在专业业务活动以及辅助活动之外开展非独立核算营利性活动取得的现金流入。

相关管理规定

1. 经营收入应当在提供服务或发出存货，同时收讫价款或者取得索取价款的凭据时，按照实际收到或应收的金额予以确认。

2. 由于行政单位履职所需经费由各级财政予以保障，因此，“经营收入”科目仅限事业单位使用。

3. 如果事业单位从事经营活动的单位是完全独立核算的单位，那就是独立的会计主体，即使该单位将经营活动取得的收入上缴给事业单位，也不是事业单位自身的经营预算收入。

二、经营收入/经营预算收入的核算

（一）核算内容

“经营收入”科目核算事业单位在专业业务活动及其辅助活动之外开展非独立核算经营活动取得的收入。“专业业务活动及其辅助活动”是指与事业单位成立宗旨和主要职能相关的活动；“非独立核算经营活动”是指事业单位无法独立核算的，消耗物资或款项金额较小的经营活动。

“经营预算收入”科目核算事业单位在专业业务活动及其辅助活动之外开展非独立核算经营活动取得的现金流入。

事业单位的经营活动的目的与事业单位开展的专业业务活动目标不同，一般带有营利性质，需要单独分类确认和反映。

（二）明细科目设置

“经营收入”科目应当按照经营活动类别、项目和收入来源等进行明细核算。事业单位可以按照经营活动类别和具体经营项目、收入来源设置明细科目（见表4－9）。

“经营预算收入”科目应当按照《政府收支分类科目》中“支出功能分类科目”的项级科目、经营活动的类别和经营活动收入的具体项目设置明细科目进行明细核算（见表4－10）。

表4－9　　　　事业单位经营收入科目表

序号	科目编码	科目名称	科目类别	辅助要素
1	4401	经营收入	收入类	差异项：末级

表4－10　　　　事业单位经营预算收入科目表

序号	科目编码	科目名称	科目类别	辅助要素
1	6401	经营预算收入	预算收入类	支出功能分类：末级，差异项：末级，

（三）主要账务处理

1. 实现经营收入时，按照确定的收入金额，财务会计借记“银行存款”“应收账款”“应收票据”等科目，贷记“经营收入”科目。涉及增值税业务的，相关账务处理参见“应交增值税”科目；预算会计借记“资金结存——货币资金”科目，贷记“经营预算收入”科目。

2. 期末，将“经营收入”科目本期发生额转入本期盈余，借记“经营收入”科目，贷记“本期盈余”科目；将“经营预算收入”科目本年发生额转入经营结余，借记“经营预算收入”科目，贷记“经营结余——本年收支结余”科目。“经营收入”科目和“经营预算收入”科目期末结转后无余额。

三、会计实务举例

【例4－16】 某事业单位2020年5月对外提供经营活动，并于5月10日收到经营收入50 000元（不考虑增值税因素），相关账务处理如下：

财务会计分录	预算会计分录
借：银行存款——基本户　　50 000 　贷：经营收入　　50 000	借：资金结存——货币资金　　50 000 　贷：经营预算收入　　50 000

【例4－17】 某事业单非独立核算部门A部门2020年6月对外提供咨询服

务取得含税收入 10 600 元，其中增值税 600 元，并于 6 月 25 日收到全部价款，相关账务处理如下：

财务会计分录	预算会计分录
借：银行存款——基本户　10 600 　贷：经营收入——A 部门　10 000 　　应交增值税——销项税额　600	借：资金结存——货币资金　10 600 　贷：经营预算收入　10 600

第七节　非同级财政拨款收入/非同级财政拨款预算收入

一、非同级财政拨款收入/非同级财政拨款预算收入概述

非同级财政拨款收入是指事业单位从非同级政府财政部门取得的经费拨款。

非同级财政拨款预算收入是指事业单位从非同级政府财政部门取得的财政拨款。

相关管理规定

1.《政府会计准则制度解释第 2 号》规定，享受公费医疗待遇的单位从所在地公费医疗管理机构取得的公费医疗经费，应当在实际取得时计入非同级财政拨款收入（非同级财政拨款预算收入）。

2.《关于进一步做好政府会计准则制度新旧衔接和加强行政事业单位资产核算的通知》（财会［2018］34 号）规定，单位取得的非同级财政拨款收入包括两大类：一类是从同级财政以外的同级政府取得的横向转拨财政款；另一类是从上级或下级政府（包括政府财政和政府部门）取得的各类财政拨款。在具体核算时，事业单位对于因开展科研专业业务活动及其辅助活动取得的非同级财政经费拨款，应当通过“事业收入——非同级财政拨款”科目进行核算；对于其他非同级财政拨款收入，应通过“非同级财政拨款”科目核算。

二、非同级财政拨款收入/非同级财政拨款预算收入的核算

（一）核算内容

“非同级财政拨款收入”科目核算单位从非同级政府财政部门取得的经费

拨款，包括从同级政府其他部门取得的横向转拨财政款、从上级或下级政府财政部门取得的经费拨款等。事业单位因开展科研及辅助活动从非同级政府财政部门取得的经费拨款，应通过“事业收入——非同级财政拨款”科目核算，不通过本科目核算。

“非同级财政拨款预算收入”科目核算事业单位从非同级政府财政部门取得的财政拨款，包括本级横向转拨财政款和非本级财政拨款。

（二）明细科目设置

“非同级财政拨款收入”科目应当按照本级横向转拨财政款和非本级财政拨款进行明细核算，并按照收入来源进行明细核算。本级和非本级是针对单位预算编报关系而言，本级横向是指与本单位预算编报关系一致，且不是本单位上级主管部门的单位；非本级是与本单位预算编报关系不一致的单位（见表4-11）。

“非同级财政拨款收入”科目应当按照非同级财政拨款预算收入的类别、来源、《政府收支分类科目》中“支出功能分类科目”的项级科目等进行明细核算。非同级财政拨款预算收入中如有专项资金收入，还应按照专项资金的具体项目进行明细核算（见表4-12）。

表4-11　　事业单位非同级财政拨款收入科目表

序号	科目编码	科目名称	科目类别	辅助要素
1	4601	非同级财政拨款收入	收入类	差异项：末级，资金往来对象类别：末级，往来：末级
2	460101	本级横向转拨财政款	收入类	差异项：末级，资金往来对象类别：末级，往来：末级
3	460102	非本级财政拨款	收入类	差异项：末级，资金往来对象类别：末级，往来：末级

表4-12　　事业单位非同级财政拨款预算收入科目表

序号	科目编码	科目名称	科目类别	辅助要素
1	6601	非同级财政拨款预算收入	预算收入类	资金性质：末级，支出功能分类：末级，差异项：末级
2	660101	专项资金收入	预算收入类	资金性质：末级，支出功能分类：末级，差异项：末级，预算项目：末级
3	660102	非专项资金收入	预算收入类	资金性质：末级，支出功能分类：末级，差异项：末级

（三）主要账务处理

1. 确认非同级财政拨款收入时，按照应收或实际收到的金额，财务会计借记“其他应收款”“银行存款”等科目，贷记“非同级财政拨款收入”科目；预算会计按实际收到的金额借记“资金结存——货币资金”科目，贷记“非同级财政拨款预算收入”科目。

2. 期末，将“非同级财政拨款收入”科目本期发生额转入本期盈余，借记“非同级财政拨款收入”科目，贷记“本期盈余”科目。年末，将“非同级财政拨款预算收入”科目本年发生额中的专项资金收入转入非财政拨款结转，借记“非同级财政拨款预算收入”科目下各专项资金收入明细科目，贷记“非财政拨款结转——本年收支结转”科目；将“非同级财政拨款预算收入”科目本年发生额中的非专项资金收入转入其他结余，借记“非同级财政拨款预算收入”科目下各非专项资金收入明细科目，贷记“其他结余”科目。“非同级财政拨款收入”科目和“非同级财政拨款预算收入”科目结转后无余额。

三、会计实务举例

【例 4－18】某省级事业单位 2020 年 4 月 15 日收到市财政局的拨款通知单，注明拨付 2020 年某市科技项目费 100 000 元，相关账务处理如下：

财务会计分录	预算会计分录
借：银行存款——基本户　100 000 　贷：非同级财政拨款收入——非本级财政拨款——某市财政局　100 000	借：资金结存——货币资金——银行存款　100 000 　贷：非同级拨款预算收入　100 000

【例 4－19】某省级事业单位享受公费医疗待遇，2020 年 4 月 20 日收到省社保部门转来的公费医疗经费 50 000 元，相关账务处理如下：

财务会计分录	预算会计分录
借：银行存款——基本户　50 000 　贷：非同级财政拨款收入——本级横向财政拨款　50 000	借：资金结存——货币资金　50 000 　贷：非同级拨款预算收入　50 000

四、常见及疑难问题解释参考

1. 某省气象局是中国气象局垂直管理单位，收到该省财政厅拨来的人员经费，应确认什么收入？

某省气象局是中国气象局垂直管理单位，预算级次对应中央级，收到的该省财政厅拨来的经费是地方财政拨款，应确认“非同级财政拨款收入”。

2. 某省科学院收到中国科学院拨来的科研项目经费，应计入非同级财政拨款收入吗？

收到中国科学院转来的科研项目费不应计入“非同级财政拨款收入”，应计入“事业收入——非同级财政拨款收入”。

3. 某省直事业单位A单位代管政府特殊津贴，收到该省人社厅拨来的政府特殊津贴，由A单位再分拨给各直属单位发给个人，A单位和下属单位收到津贴时如何账务处理？

（1）A单位收到津贴时，财务会计借记“银行存款”，贷记“其他应付款”，预算会计不做处理。

（2）A单位将津贴分拨给各直属单位时，财务会计借记“其他应付款”，贷记“银行存款”，预算会计不做处理；下属单位按实际收到的津贴金额，财务会计借记“银行存款”，贷记“非同级财政拨款收入”；预算会计借记“资金结存——货币资金”，贷记“非同级财政拨款预算收入”。

4. 某市气象局为中国气象局的垂直管理单位，从该市财政局取得的项目拨款应记入哪个科目？

某市气象局为中国气象局的垂直管理单位，预算级次为中央级，从本市财政局取得的拨款，属于从非同级财政部门取得的财政性资金，应计入“非同级财政拨款收入”。

第八节　投资收益/投资预算收益

一、投资收益/投资预算收益概述

投资收益是指事业单位股权投资和债券投资所实现的收益或发生的损失。

投资预算收益是指事业单位取得的按照规定纳入部门预算管理的属于投资

收益性质的现金流入。

相关管理规定

1. 按《政府会计准则制度解释第1号》，事业单位处置以科技成果转化形式的长期股权投资，按规定所取得的收入全部留归本单位的，应当按实际取得的价款，借记“银行存款”等科目，按照被处置长期股权投资的账面余额，贷记“长期股权投资”科目，按照尚未领取的现金股利或利润，贷记“应收股利”科目，按照发生的相关税费等支出，贷记“银行存款”等科目，按照借贷方差额，借记或贷记“投资收益”科目；同时，在预算会计中，按照实际取得的价款，借记“资金结存——货币资金”科目，按照处置时确认的投资收益金额，贷记“投资预算收益”科目，按照贷方差额，贷记“其他预算收入”科目。

2. 《政府会计准则制度解释第1号》规定，事业单位按规定应将长期股权投资持有期间取得的投资净收益，以及以现金取得的长期股权投资处置时取得的净收入（处置价款扣除投资本金和相关税费后的净额）上缴本级财政并纳入一般公共预算管理的，在应收或收到上述有关款项时不确认投资收益，应通过“应缴财政款”科目核算。

二、投资收益/投资预算收益的核算

（一）核算内容

“投资收益”科目核算事业单位股权投资和债券投资所实现的收益或发生的损失。

需注意的是：事业单位在股权投资或债券投资持有期间取得的利息、股利或利润，以及按照权益法核算的长期股权投资被投资单位实现的净损益，出售或到期收回的债券投资确认的投资收益或投资损失，按规定报经批准出售或转让的长期股权投资处置时取得的应纳入本单位预算管理的投资收益，均通过“投资收益”科目核算。按规定报经批准出售或转让的长期股权投资处置时取得的价款，按规定应上缴财政的，不纳入单位预算管理，不确认投资收益，通过“应缴财政款”科目核算。

“投资预算收益”科目核算事业单位取得的按照规定纳入部门预算管理的属于投资收益性质的现金流入，包括股权投资收益、出售或收回债券投资所取得的收益和债券投资利息收入。

（二）明细科目设置

“投资收益”科目应当按照投资的种类和被投资单位明细等进行明细核算（见表4－13）。

“投资预算收益”科目应当按照《政府收支分类科目》中“支出功能分类科目”的项级科目及来源等进行明细核算（见表4－14）。

表4－13　　事业单位投资收益科目表

序号	科目编码	科目名称	科目类别	辅助要素
1	4602	投资收益	收入类	差异项：末级
2	460201	股权投资收益	收入类	差异项：末级
3	460202	债券投资收益	收入类	差异项：末级
4	460299	其他投资收益	收入类	差异项：末级

表4－14　　事业单位投资预算收益科目表

序号	科目编码	科目名称	科目类别	辅助要素
1	6602	投资收益	预算收入类	资金性质：末级，支出功能分类：末级，差异项：末级
2	660201	股权投资收益	预算收入类	资金性质：末级，支出功能分类：末级，差异项：末级
3	660202	债券投资收益	预算收入类	资金性质：末级，支出功能分类：末级，差异项：末级
4	660203	债券投资利息收入	预算收入类	资金性质：末级，支出功能分类：末级，差异项：末级

（三）主要账务处理

1. 收到短期投资持有期间的利息，按照实际收到的金额，财务会计借记“银行存款”科目，贷记“投资收益”科目；预算会计借记“资金结存——货币资金”科目，贷记“投资预算收益”科目。

2. 出售或到期收回短期债券本息，按照实际收到的金额，财务会计借记“银行存款”科目，按照出售或收回短期投资的成本，贷记“短期投资”科目，按照其差额，贷记或借记“投资收益”科目。按照实际取得的价款或实际收到的本息金额，预算会计借记“资金结存——货币资金”科目，按照取得债券时“投资支出”科目的发生额，贷记“投资支出”科目，按照其差额，贷记或借记“投资预算收益”科目。涉及增值税业务的，相关账务处理参见“应交增值税”科目。

如果出售或到期收回以前年度取得的短期、长期债券，应调整预算结余，不冲减当年支出，按照实际取得的价款或实际收到的本息金额，预算会计借记“资金结存——货币资金”科目。

3. 持有的分期付息、一次还本的长期债券投资，按期确认利息收入时，按照计算确定的应收未收利息，财务会计借记“应收利息”科目，贷记“投资收益”科目；预算会计不做处理。

实际收到利息时，财务会计借记“银行存款”科目，贷记“应收利息”科目，预算会计借记“资金结存——货币资金”科目，贷记“投资预算收益”科目。

4. 持有的到期一次还本付息的债券投资，按期确认利息收入时，按照计算确定的应收未收利息，财务会计借记“长期债券投资——应计利息”科目，贷记“投资收益”科目；预算会计不做处理。

5. 出售长期债券投资或到期收回长期债券投资本息，财务会计按照实际收到的金额，借记“银行存款”等科目，按照债券初始投资成本和已计未收利息金额，贷记“长期债券投资——成本、应计利息”科目（到期一次还本付息债券）或“长期债券投资”“应收利息”科目（分期付息债券），按照其差额，贷记或借记“投资收益”科目；按照实际取得的价款或实际收到的本息金额，预算会计借记“资金结存——货币资金”科目，按照取得债券时“投资支出”科目的发生额，贷记“其他结余”（以前年度）或“投资支出”科目，按其差额，贷记或借记“投资预算收益”科目。涉及增值税业务的，相关账务处理参见“应交增值税”科目。

6. 采用成本法核算的长期股权投资持有期间，被投资单位宣告分派现金股利或利润时，按照宣告分派的现金股利或利润中属于单位应享有的份额，借记“应收股利”科目，贷记“投资收益”科目；预算会计不做处理。

取得分派的利润或股利，按照实际收到的金额，财务会计借记“银行存款”科目，贷记“投资收益”科目；预算会计借记“资金结存——货币资金”科目，贷记“投资预算收益”科目。

7. 采用权益法核算的长期股权投资持有期间，按照应享有或应分担的被投资单位实现的净损益的份额，财务会计借记或贷记“长期股权投资——损益调整”科目，贷记或借记“投资收益”科目；预算会计不做处理。

收到被投资单位发放的现金股利时，财务会计借记“银行存款”科目，贷记“应收股利”科目；预算会计借记“资金结存——货币资金”科目，贷记“投资预算收益”。

被投资单位发生净亏损，但以后年度又实现净利润的，单位在其收益分享额弥补未确认的亏损分担额等后，恢复确认投资收益，财务会计借记“长期股权投资——损益调整”科目，贷记“投资收益”科目；预算会计不做处理。

需要说明的是：在事业单位编制年度决算报告时，被投资单位大多数未完成年度财务报告审计，在这种情况下，事业单位可先根据被投资单位未经审计的年度财务报告的净损益以及持股比例确认投资收益；待下一年度收到经审计的年度财务报告时，按照应确认的投资收益与原来确认的投资收益的差额，调整“以前年度盈余调整”。

8. 按照规定处置长期股权投资时有关投资收益的账务处理，参见“长期股权投资”科目。

9. 期末，将“投资收益”科目本期发生额转入本期盈余，借记或贷记“投资收益”科目，贷记或借记“本期盈余”科目；将“投资预算收益”科目本年发生额转入其他结余科目，借记或贷记“投资预算收益”科目，贷记或借记“其他结余”科目。“投资收益”科目和“投资预算收益”科目期末结转后无余额。

三、会计实务举例

【例 4－20】某事业单位 2020 年 3 月 31 日到期收回短期投资，其中本金 100 000 元，第一季度利息 2 000 元，相关账务处理如下：

财务会计分录	预算会计分录
借：银行存款——基本户　102 000 　贷：短期投资　100 000 　　投资收益——债券投资——短期投资　2 000	借：资金结存——货币资金　102 000 　贷：投资支出　100 000 　　投资预算收益——债券投资利息收入　2 000

【例 4－21】某事业单位 2020 年 1 月 1 日经批准购入短期国债 200 000 元，期限 6 个月，年利率 4%。3 月 31 日收到第一季度利息 2 000 元，相关账务处

理如下：

财务会计分录	预算会计分录
借：银行存款——基本户 2 000 贷：投资收益——债券投资——短期投资 2 000	借：资金结存——货币资金 2 000 贷：投资预算收益——债券投资利息收入 2 000

【例 4－22】 某事业单位 2020 年 1 月 1 日经批准购入分期付息、到期还本的 3 年期国债 200 000 元，年利率 4%。付息期为每年 1 月 1 日，3 月 31 日该单位按规定确认第一季度利息 2 000 元，相关账务处理如下：

财务会计分录	预算会计分录
借：应收利息 2 000 贷：投资收益——债券投资——长期投资 2 000	不做账务处理

【例 4－23】 某事业单位 2020 年 12 月 31 日出售已持有 3 年的长期国债，取得价款 400 000 元已存入基本存款账户，该笔国债票面金额 300 000 元，期限为 8 年，年利率 6%，到期一次还本付息，已确认应计利息 54 000 元，相关账务处理如下：

财务会计分录	预算会计分录
借：银行存款——基本户 400 000 贷：长期债券投资——本金 300 000 ——应计利息 54 000 投资收益——债券投资——长期投资 46 000	借：资金结存——货币资金 400 000 贷：投资支出 300 000 投资预算收益——债券投资收益 100 000

【例 4－24】 某事业单位持有被投资单位甲公司股份 100 000 股，采用成本法进行核算。2020 年 4 月 15 日收到甲公司发出公告，宣布按每股 0.3 元发放现金股利，相关账务处理如下：

财务会计分录	预算会计分录
借：应收股利 30 000 贷：投资收益——股权投资——甲公司 30 000	不做账务处理

【例 4－25】 接上【例 4－24】，4 月 30 日，该单位收到甲公司发放的现金

股利 30 000 元，相关账务处理如下：

财务会计分录	预算会计分录
借：银行存款——基本户　30 000 　贷：应收股利　30 000	借：资金结存——货币资金　30 000 　贷：投资预算收益——股权投资收益　30 000

【例 4－26】 某事业单位 2020 年 5 月转让一项对乙公司以前年度使用科技创新成果投资的长期股权投资，收回转让价款 300 000 元，存入银行基本户，该投资的现金投资支出为 50 000 元，按规定该投资所得的收入全部纳入单位预算管理，相关账务处理如下：

财务会计分录	预算会计分录
借：银行存款——基本户　300 000 　贷：长期股权投资——乙公司　50 000 　　投资收益——股权投资——乙公司　250 000	借：资金结存——货币资金　300 000 　贷：投资预算收益——股权投资收益　250 000 　　其他结余　50 000

【例 4－27】 丙公司为某事业单位投资 1 000 000 元设立的全资子公司，采取权益法核算。2019 年 12 月，收到丙公司提供的年度财务报告，注明丙公司当年发生亏损 2 000 000 元，累计亏损 3 000 000 元，相关账务处理如下：

财务会计分录	预算会计分录
借：投资收益——股权投资——乙公司　1 000 000 　贷：长期股权投资——损益调整　1 000 000	不做账务处理

【例 4－28】 接上【例 4－27】，2020 年 12 月，某事业单位收到全资子公司丙公司提供的年度财务报告，注明丙公司当年盈利 5 000 000 元，账务处理如下：

财务会计分录	预算会计分录
借：长期股权投资——损益调整　3 000 000 　贷：投资收益——股权投资——乙公司　3 000 000	不做账务处理

第九节　捐赠收入、利息收入、租金收入、其他收入/其他预算收入

一、捐赠收入

（一）捐赠收入概述

捐赠收入是指事业单位接受其他单位或个人的捐赠取得的收入。

相关管理规定：

1. 根据政府会计准则制度，接受捐赠的库存物品、固定资产、无形资产，可以按照名义金额计量。

2. 《政府会计准则制度解释第3号》规定，行政事业单位（以下简称单位）按规定接受捐赠，应当区分以下情况进行会计处理：

（1）单位取得捐赠的货币资金按规定应当上缴财政的，应当按照《政府会计制度——行政事业单位会计科目和报表》（以下简称《政府会计制度》）中“应缴财政款”科目相关规定进行财务会计处理。预算会计不做处理。

（2）单位接受捐赠人委托转赠的资产，应当按照《政府会计制度》中受托代理业务相关规定进行财务会计处理。预算会计不做处理。

（3）除上述两种情况外，单位接受捐赠取得的资产，应当按照《政府会计制度》中“捐赠收入”科目相关规定进行财务会计处理；接受捐赠取得货币资金的，还应当同时按照“其他预算收入”科目相关规定进行预算会计处理。

3. 《政府会计准则制度解释第3号》规定，单位使用、处置受赠资产，应当按照《政府会计制度》相关规定进行会计处理。处置受赠资产取得的净收入（取得价款扣减支付的相关税费后的金额），按规定上缴财政的，应当通过“应缴财政款”科目核算；按规定纳入本单位预算管理的，应当通过“其他（预算）收入”科目核算。

4. 《政府会计准则制度解释第3号》规定，单位接受捐赠的非现金资产的初始入账成本，应当根据《政府会计准则第1号——存货》第十一条、《政府会计准则第3号——固定资产》第十二条、《政府会计准则第4号——无形

资产》第十三条、《政府会计准则第5号——公共基础设施》第十三条、《政府会计准则第6号——政府储备物资》第十条等规定确定。上述准则条款中所称“凭据”，包括发票、报关单、有关协议等。有确凿证据表明凭据上注明的金额高于受赠资产同类或类似资产的市场价格30%或达不到其70%的，则应当以同类或类似资产的市场价格确定成本。“同类或类似资产的市场价格”，一般指取得资产当日捐赠方自产物资的出厂价、所销售物资的销售价、非自产或销售物资在知名大型电商平台同类或类似商品价格等。如果存在政府指导价或政府定价的，应符合其规定。

（二）捐赠收入的核算

1. 核算内容。

“捐赠收入”科目核算单位接受其他单位或者个人捐赠取得的收入。

2. 明细科目设置。

“捐赠收入”科目应当按照捐赠资产的用途和捐赠单位等进行明细核算（见表4－15）。

表4－15　　事业单位捐赠收入科目表

序号	科目编码	科目名称	科目类别	辅助要素
1	4603	捐赠收入	收入类	差异项：末级

3. 捐赠收入的主要账务处理。

（1）接受捐赠的货币资金，按照实际收到的金额，财务会计借记“银行存款”“库存现金”等科目，贷记“捐赠收入”科目；预算会计借记“资金结存——货币资金”科目，贷记“其他预算收入”科目。

（2）接受捐赠的存货、固定资产等非现金资产，按照确定的成本，借记“库存物品”“固定资产”和“无形资产”等科目，按照发生的相关税费、运输费等，贷记“银行存款”等科目，按照其差额，贷记“捐赠收入”科目。

（3）接受捐赠的资产按照名义金额入账的，按照名义金额，借记“库存物品”“固定资产”等科目，贷记“捐赠收入”科目；同时，按照发生的相关税费、运输费等，借记“其他费用”科目，贷记“银行存款”等科目。

（4）期末，将“捐赠收入”科目本期发生额转入本期盈余，借记“捐赠收入”科目，贷记“本期盈余”科目。本科目期末结转后无余额。

（三）会计实务举例

【例4－29】某事业单位接受其他单位实物捐赠，收到20台台式电脑，评估价值160 000元，缴纳相关税费5 000元，已作为固定资产入账，相关账务处理如下：

财务会计分录	预算会计分录
借：固定资产——通用设备 165 000 　贷：捐赠收入 160 000 　　银行存款 5 000	借：其他支出 5 000 　贷：资金结存——货币资金——银行存款 5 000

二、利息收入

（一）利息收入概述

利息收入是指事业单位取得的银行存款利息收入。

（二）利息收入的核算

1. 核算内容。

“利息收入”科目核算单位取得的银行存款利息收入。包括定期存款利息和活期存款利息。

2. 明细科目设置。

“利息收入”科目可按不同开户银行及存款资金的性质进行明细核算（见表4－16）。

表4－16　事业单位利息收入科目表

序号	科目编码	科目名称	科目类别	辅助要素
1	4604	利息收入	收入类	差异项：末级

3. 主要账务处理。

（1）取得银行存款利息时，按照实际收到的金额，财务会计借记“银行存款”科目，贷记“利息收入”科目；预算会计借记“资金结存——货币资金”科目，贷记“其他预算收入”科目。

（2）期末，将本科目本期发生额转入本期盈余，借记“利息收入”科目，贷记“本期盈余”科目。本科目期末结转后无余额。

（三）会计实务举例

【例4－30】 某事业单位2020年6月21日收到银行基本户第二季度利息20 000元，相关账务处理如下：

财务会计分录	预算会计分录
借：银行存款——基本户　20 000 　贷：利息收入　20 000	借：资金结存——货币资金　20 000 　贷：其他预算收入　20 000

三、租金收入

（一）租金概述

租金收入是指事业单位经批准利用国有资产出租取得并按规定纳入本单位预算管理的收入。

相关管理规定：

1.《行政事业性国有资产管理条例》（国务院第738号令）第二十五条规定，行政单位国有资产出租和处置等收入，应当按照政府非税收入和国库集中收缴制度的有关规定管理。

事业单位国有资产使用形成的收入，由本级人民政府财政部门规定具体管理办法。

2.《行政事业性国有资产管理条例》（国务院第738号令）第二十六条规定，各部门及其所属单位应当及时收取各类资产收入，不得违反国家规定，多收、少收、不收、侵占、私分、截留、占用、挪用、隐匿、坐支。

（二）租金收入的核算

1. 核算内容。

“租金收入”科目核算单位经批准利用国有资产出租取得并按照规定纳入本单位预算管理的租金收入。这里的“国有资产”一般是指实物资产；“出租”是指在一定时间内让渡资产使用权给承租人，出租时间可长可短。

事业单位国有资产出租应符合国家相关资产管理规定，并按规定程序批准或备案。

2. 明细科目设置。

“租金收入”科目应当按照出租国有资产类别和收入来源等进行明细核算（见表4－17）。

表4－17　　事业单位租金收入科目表

序号	科目编码	科目名称	科目类别	辅助要素
1	4605	租金收入	收入类	差异项：末级

3. 主要账务处理。

（1）采用预收租金方式的，预收租金时，按照收到的金额，财务会计借记“银行存款”等科目，贷记“预收账款”科目；分期确认租金收入时，按照各期租金金额，借记“预收账款”科目，贷记“租金收入”科目；预算会计借记“资金结存——货币资金”科目，贷记“其他预算收入”科目。

预算收入中未单独设立租金预算收入科目，而是通过“其他预算收入”科目核算。

（2）国有资产出租收入，应当在租赁期内各个期间按照直线法予以确认。

采用后付租金方式的，每期确认租金收入时，按照各期租金金额，借记“应收账款”科目，贷记“租金收入”科目；收到租金时，按照实际收到的金额，财务会计借记“银行存款”等科目，贷记“应收账款”科目；预算会计借记“资金结存——货币资金”科目，贷记“其他预算收入”科目。

采用分期收取租金方式的，每期收取租金时，按照租金金额，财务会计借记“银行存款”等科目，贷记“租金收入”科目；预算会计借记“资金结存——货币资金”科目，贷记“其他预算收入”科目。

涉及增值税业务的，相关账务处理参见“应交增值税”科目。

（3）期末，将本科目本期发生额转入本期盈余，借记“租金收入”科目，贷记“本期盈余”科目。本科目期末结转后无余额。

（三）会计实务举例

【例4－31】某事业单位对外出租房产，每年租金240 000元，采用预收租金方式，年初一次性收取本年租金，假设不考虑增值税因素，相关账务处理如下：

（1）收到预付租金时：

财务会计分录	预算会计分录
借：银行存款——基本户　240 000 　贷：预收账款　240 000	借：资金结存——货币资金　240 000 　贷：其他预算收入　240 000

（2）每月分摊租金，确认收入时：

财务会计分录	预算会计分录
借：预收账款　20 000 　贷：租金收入　20 000	不做账务处理

【例4-32】某事业单位对外出租房产，每年租金240 000元，采用后付租金方式，即每年年底一次性收取本年租金，假设不考虑增值税因素，相关账务处理如下：

（1）每月月末确认租金收入时：

财务会计分录	预算会计分录
借：应收账款　20 000 　贷：租金收入　20 000	不做账务处理

（2）年底收到租金时：

财务会计分录	预算会计分录
借：银行存款——基本户　240 000 　贷：应收账款　220 000 　　租金收入　20 000	借：资金结存——货币资金　240 000 　贷：其他预算收入——租金收入　240 000

【例4-33】某事业单位对外出租房产，每年租金240 000元，采用按月分期收取租金方式，每月月末收取租金20 000元，假设不考虑增值税因素，相关账务处理如下：

财务会计分录	预算会计分录
借：银行存款——基本户　20 000 　贷：租金收入　20 000	借：资金结存——货币资金　20 000 　贷：其他预算收入——租金收入　20 000

四、其他收入/其他预算收入

（一）其他收入/其他预算收入概述

其他收入是指事业单位取得的除财政拨款收入、事业收入、上级补助收入、附属单位上缴收入、经营收入、非同级财政拨款收入、投资收益、捐赠收入、利息收入、租金收入以外的各项收入。

其他预算收入是指行政事业单位除财政拨款预算收入、事业预算收入、上级补助预算收入、附属单位上缴预算收入、经营预算收入、债务预算收入、非同级财政拨款预算收入、投资预算收益之外的纳入部门预算管理的现金流入，包括捐赠预算收入、利息预算收入、租金预算收入、现金盘盈收入等。

相关管理规定：

《政府会计准则制度解释第1号》规定，中央级行政事业单位应当自2019年1月1日起，将归属于本单位的售房款及其利息收入纳入部门预算管理，并按照《政府会计制度》统一进行会计核算。收到售房款项（售房收入扣除按标准计提的住宅专项维修资金）及其利息收入时，借记“银行存款”科目，贷记“其他收入”科目；同时在预算会计中借记“资金结存”科目，贷记“其他预算收入”科目。

（二）其他收入/其他预算收入的核算

1. 核算内容。

“其他收入”科目核算核算单位取得的除财政拨款收入、事业收入、上级补助收入、附属单位上缴收入、经营收入、非同级财政拨款收入、投资收益、捐赠收入、利息收入、租金收入以外的各项收入，包括现金盘盈收入、按照规定纳入单位预算管理的科技成果转化收入、行政事业单位收回已核销的其他应收款、无法偿付的应付及预收款项、置换换出资产评估增值等。

需要注意的是：事业单位对于超过规定年限，确认无法收回的应收账款、其他应收款、经批准核销时已按照核销金额计入“坏账准备”，在以后期间又收回时按照收回金额冲回“坏账准备”科目，不通过“其他收入”科目核算。

“其他预算收入”科目核算单位除财政拨款预算收入、事业预算收入、上级补助预算收入、附属单位上缴预算收入、经营预算收入、债务预算收入、非同级财政拨款预算收入、投资预算收益之外的纳入部门预算管理的现金流入，包括捐赠预算收入、利息预算收入、租金预算收入、现金盘盈收入等。

2. 明细科目设置。

“其他收入”应当按照其他收入的类别、来源等进行明细核算。按照财务报表附注披露要求，收入来源需要分为“本部门内部单位”“本部门以外同级政府部门”“本部门以外非同级政府部门”和“其他”四种类型（见表4－18）。

“其他预算收入”科目应当按照其他收入类别、《政府收支分类科目》中“支出功能分类科目”的项级科目等进行明细核算。其他预算收入中如有专项资金收入，还应按照具体项目进行明细核算。单位发生的捐赠预算收入、利息预算收入、租金预算收入金额较大或业务较多的，可单独设置“捐赠预算收入”“利息预算收入”“租金预算收入”等科目（见表4－19）。

表4－18　　事业单位其他收入科目表

序号	科目编码	科目名称	科目类别	辅助要素
1	4609	其他收入	收入类	差异项：末级，资金往来对象类别：末级，往来：末级

表4－19　　事业单位其他预算收入科目表

序号	科目编码	科目名称	科目类别	辅助要素
1	6609	其他预算收入	预算收入类	差异项：末级，资金性质：末级，支出功能分类科目：末级
2	660901	专项资金收入	预算收入类	差异项：末级，资金性质：末级，支出功能分类科目：末级，预算项目：末级
3	66090101	利息预算收入	预算收入类	差异项：末级，资金性质：末级，支出功能分类科目：末级，预算项目：末级
4	66090102	捐赠预算收入	预算收入类	差异项：末级，资金性质：末级，支出功能分类科目：末级，预算项目：末级
5	66090103	租金预算收入	预算收入类	差异项：末级，资金性质：末级，支出功能分类科目：末级，预算项目：末级
6	66090199	其他预算收入	预算收入类	差异项：末级，资金性质：末级，支出功能分类科目：末级，预算项目：末级
7	660902	非专项资金收入	预算收入类	差异项：末级，资金性质：末级，支出功能分类科目：末级

续表

序号	科目编码	科目名称	科目类别	辅助要素
8	66090201	利息预算收入	预算收入类	差异项：末级，资金性质：末级，支出功能分类科目：末级
9	66090202	捐赠预算收入	预算收入类	差异项：末级，资金性质：末级，支出功能分类科目：末级
10	66090203	租金预算收入	预算收入类	差异项：末级，资金性质：末级，支出功能分类科目：末级
11	66090299	其他预算收入	预算收入类	差异项：末级，资金性质：末级，支出功能分类科目：末级

3. 主要账务处理。

（1）现金盘盈收入：每日现金账款核对中发现的现金溢余，属于无法查明原因的部分，报经批准后，财务会计借记“待处理财产损溢”科目，贷记“其他收入”科目；预算会计借记“资金结存——货币资金”科目，贷记“其他预算收入”科目。

（2）科技成果转化收入：单位科技成果转化所取得的收入，按照规定留归本单位的，按照所取得收入扣除相关费用之后的净收益，财务会计借记“银行存款”等科目，贷记“其他收入”科目；预算会计借记“资金结存——货币资金”科目，贷记“其他预算收入”科目。

（3）收回已核销的其他应收款。事业单位已核销的其他应收款在以后期间收回的，按照实际收回的金额，财务会计借记“银行存款”等科目，贷记“其他收入”科目；预算会计借记“资金结存——货币资金”科目，贷记“其他预算收入”科目。

（4）无法偿付的应付及预收款项。无法偿付或债权人豁免偿还的应付账款、预收账款、其他应付款及长期应付款，借记“应付账款”“预收账款”“其他应付款”“长期应付款”等科目，贷记“其他收入”科目；预算会计不做处理。

（5）置换换出资产评估增值。资产置换过程中，换出资产评估增值的，按照评估价值高于资产账面价值或账面余额的金额，借记有关科目，贷记“其他收入”科目。具体账务处理参见“库存物品”等科目。

以未入账的无形资产取得的长期股权投资，按照评估价值加相关税费作为投资成本，借记“长期股权投资”科目，按照发生的相关税费，贷记“银行存款”“其他应交税费”等科目，按其差额，贷记“其他收入”科目。

（6）确认（1）至（5）以外的其他收入时，按照应收或实际收到的金额，借记“其他应收款”“银行存款”“库存现金”等科目，贷记“其他收入”科目。预算会计借记“资金结存——货币资金”科目，贷记“其他预算收入”科目。涉及增值税业务的，相关账务处理参见“应交增值税”科目。

（7）期末，将“其他收入”科目本期发生额转入本期盈余，借记“其他收入”科目，贷记“本期盈余”科目。年末，将“其他预算收入”科目本年发生额中的专项资金收入转入非财政拨款结转，借记“其他预算收入——各专项资金收入”科目，贷记“非财政拨款结转——本年收支结转”科目；将本科目本年发生额中的非专项资金收入转入其他结余，借记“其他预算收入”科目下各非专项资金收入明细科目，贷记“其他结余”科目。“其他收入”科目和“其他预算收入”科目结转后无余额。

（三）会计实务举例

【例4-34】某事业单位为增值税一般纳税人（适用增值税率6%），2020年收到上年度个人所得税代扣代缴手续费返还款31 800元，相关账务处理如下：

财务会计分录	预算会计分录
借：银行存款——基本户　31 800 　贷：其他收入　30 000 　　应交增值税——销项税额　1 800	借：资金结存——货币资金　31 800 　贷：其他预算收入——其他收入　31 800

【例4-35】某事业单位转让其所有的一项专利权，转让价格1 000 000元，该专利权账面价值20 000元，累计摊销5 000元，发生与转让相关的税费25 000元，2020年8月1日收到转让款存入基本户，相关账务处理如下：

财务会计分录	预算会计分录
借：银行存款——基本户　1 000 000 　无形资产累计摊销　5 000 　贷：无形资产　20 000 　　银行存款——基本户　25 000 　　其他收入　960 000	借：资金结存——货币资金　1 000 000 　贷：资金结存——货币资金　25 000 　　其他预算收入——其他收入　975 000

【例4-36】 某事业单位2020年9月30日对往来款项进行检查清理，发现应付未付A公司质保金10 000元，经查，A公司已办理注销手续，此质保金确实无法支付，相关账务处理如下：

财务会计分录	预算会计分录
借：应付账款　10 000 　贷：其他收入　10 000	不做账务处理

【例4-37】 某事业单位2020年10月15日收到B公司返还订金10 000元，该款项已在以前年度核销，并在单位备查簿中保留登记，相关账务处理如下：

财务会计分录	预算会计分录
借：银行存款——基本户　10 000 　贷：其他收入　10 000	借：资金结存——货币资金　10 000 　贷：其他预算收入　10 000

【例4-38】 某事业单位2020年10月20日经批准与C公司签订投资协议，约定以该事业单位持有的一项专利技术进行投资，评估价为2 000 000元，该事业单位从银行基本户支付相关税费20 000元，相关账务处理如下：

财务会计分录	预算会计分录
借：长期股权投资　2 020 000 　贷：银行存款——基本户　20 000 　　其他收入　2 000 000	借：其他支出　20 000 　贷：资金结存——货币资金　20 000

【例4-39】 某事业单位2020年9月30日现金盘点时发生现金盘盈200元，经核实后属于无法查明原因的溢余，10月10日报经批准后，相关账务处理如下：

（1）9月30日发生现金溢余时：

财务会计分录	预算会计分录
借：库存现金　200 　贷：待处理财产损溢　200	借：资金结存——货币资金　200 　贷：其他预算收入——其他收入　200

（2）10 月 10 日报经批准后：

财务会计分录	预算会计分录
借：待处理财产损溢　　200 　贷：其他收入　　200	不做账务处理

【例 4－40】某事业单位与 D 事业单位同属 E 主管部门，2020 年 11 月 12 日双方签订置换协议，约定以该事业单位一台价值 500 000 元的专用设备置换入 D 事业单位的一批专用物资。专用设备评估价值 250 000 元，已计提折旧 300 000 元。该事业单位已收到专用物资并验收入库，支付运杂费 10 000 元，相关账务处理如下：

财务会计分录	预算会计分录
借：库存物品　　250 000 　固定资产累计折旧　　300 000 　贷：固定资产——专用设备　　500 000 　　银行存款——基本户　　10 000 　　其他收入　　40 000	借：其他支出　　10 000 　贷：资金结存——货币资金　　10 000

第十节　债务预算收入

一、债务预算收入概述

债务预算收入是指事业单位按照规定从银行和其他金融机构等借入的、纳入部门预算管理的、不以财政资金作为偿还来源的债务本金。

相关管理规定：

《政府会计制度——行政事业单位会计科目和报表》规定，事业单位发生借款时，在财务会计中确认为负债，在预算会计中确认为预算收入，通过“债务预算收入”科目进行核算。

二、债务预算收入的核算

（一）核算内容

“债务预算收入”科目核算事业单位按照规定从银行和其他金融机构等借

入的、纳入部门预算管理的、不以财政资金作为偿还来源的债务本金。

（二）明细科目设置

“债务预算收入”科目应当按照贷款单位、贷款种类、《政府收支分类科目》中“支出功能分类科目”的项级科目等进行明细核算。债务预算收入中如有专项资金收入，还应按照具体项目进行明细核算。

需要注意的是，为满足事业单位专项资金单独核算的要求，应将事业单位借款按资金用途区分为专项资金和非专项资金，并将专项资金按具体项目进行明细核算。在年末，应将具有专项用途的债务预算收入按项目转入非财政拨款结转，而将非专项用途的债务预算收入转入其他结余（见表4－20）。

表4－20　事业单位债务预算收入科目表

序号	科目编码	科目名称	科目类别	辅助要素
1	6501	债务预算收入	预算收入类	差异项：末级，资金性质：末级，支出功能分类科目：末级
2	650101	专项资金收入	预算收入类	差异项：末级，资金性质：末级，支出功能分类科目：末级，预算项目：末级
3	650102	非专项资金收入	预算收入类	差异项：末级，资金性质：末级，支出功能分类科目：末级

（三）主要账务处理

1. 借入各项短期或长期借款时，按照实际借入的金额，借记“资金结存——货币资金”科目，贷记“债务预算收入”科目。

2. 年末，将“债务预算收入”科目本年发生额中的专项资金收入转入非财政拨款结转，借记“债务预算收入——各专项资金收入”科目，贷记“非财政拨款结转——本年收支结转”科目；将本科目本年发生额中的非专项资金收入转入其他结余，借记“债务预算收入——各非专项资金收入”科目，贷记“其他结余”科目。本科目期末结转后无余额。

三、会计实务举例

【例4－41】某事业单位2020年10月10日，为发展业务需要向农业银行借款5 000 000元，期限为9个月，已存入基本户，相关账务处理如下：

财务会计分录	预算会计分录
借：银行存款——基本户　5 000 000 　贷：短期借款——农业银行　5 000 000	借：资金结存——货币资金　5 000 000 　贷：债务预算收入——专项资金收入 　　5 000 000

【例 4－42】某事业单位于 2020 年 7 月 1 日，向建设银行借入期限为两年的贷款 1 000 000 元用于试验基地工程建设，贷款年利率为 6%，每年 7 月 1 日支付利息，到期一次还本付息，相关账务处理如下：

（1）收到借款时：

财务会计分录	预算会计分录
借：银行存款——基本户　1 000 000 　贷：长期借款——本金　1 000 000	借：资金结存——货币资金　1 000 000 　贷：债务预算收入——专项资金收入 　　1 000 000

（2）每月末计提利息时：

财务会计分录	预算会计分录
借：在建工程　5 000 　贷：应付利息　5 000	不做账务处理

（3）7 月 1 日支付借款利息时：

财务会计分录	预算会计分录
借：应付利息　60 000 　贷：银行存款——基本户　60 000	借：其他支出　60 000 　贷：资金结存——货币资金　60 000

（4）到期日归还利息和本金时：

财务会计分录	预算会计分录
借：长期借款　1 000 000 　　应付利息　60 000 　贷：银行存款——基本户　1 060 000	借：债务还本支出　1 000 000 　　其他支出　60 000 　贷：资金结存——货币资金　1 060 000

第五章　费用和预算支出核算

第一节　费用和预算支出概述

一、费用和预算支出的概念

《政府会计准则——基本准则》第四十五条规定：费用是指报告期内导致政府会计主体净资产减少的、含有服务潜力或者经济利益的经济资源的流出。

《政府会计准则——基本准则》第二十一条规定：预算支出是指政府会计主体在预算年度内依法发生并纳入预算管理的现金流出。

费用是财务会计要素，是政府会计主体经济资源的流出，包括已经发生的各项资产耗费，也包括虽未发生资产耗费但形成了未来将要偿付的债务等；流出的经济资源应含有服务潜力或者经济利益；费用的发生会导致政府会计主体资产减少或者负债增加，从而导致净资产的减少；费用是报告期内的费用。

预算支出是预算会计要素，是政府会计主体现金的流出，是货币资金的消耗或分配；属于预算支出的资金要纳入本年度单位的预算管理。

二、费用和预算支出的分类

（一）费用的分类

《政府会计制度》根据资金耗费或损失的方向即费用的功能分类，共设置了 8 个费用类会计科目：业务活动费用、单位管理费用、经营费用、资产处置费用、上缴上级费用、对附属单位补助费用、所得税费用、其他费用。其中行政单位仅使用业务活动费用、资产处置费用和其他费用 3 个科目。

1. 业务活动费用是指单位为实现其职能目标，依法履职或开展专业业务活动及其辅助活动所发生的各项费用。

2. 单位管理费用是指事业单位本级行政及后勤管理部门开展管理活动发生的各项费用，包括单位行政及后勤管理部门发生的人员经费、公用经费、资产折旧（摊销）等费用，以及由单位统一负担的离退休人员经费、工会经费、诉讼费、中介费等。

3. 经营费用是指事业单位在专业业务活动及其辅助活动之外开展非独立核算经营活动发生的各项费用。

4. 资产处置费用是指单位经批准处置资产时发生的费用，包括转销的被处置资产价值，以及在处置过程中发生的相关费用或者处置收入小于相关费用形成的净支出。资产处置的形式按照规定包括无偿调拨、出售、出让、转让、置换、对外捐赠、报废、毁损以及货币性资产损失核销等。

5. 上缴上级费用是指事业单位按照财政部门和主管部门的规定上缴上级单位款项发生的费用。

6. 对附属单位补助费用是指事业单位用财政拨款收入之外的收入对附属单位补助发生的费用。

7. 所得税费用是指有企业所得税缴纳义务的事业单位按规定缴纳企业所得税所形成的费用。

8. 其他费用是指单位发生的除业务活动费用、单位管理费用、经营费用、资产处置费用、上缴上级费用、附属单位补助费用、所得税费用以外的各项费用，包括利息费用、坏账损失、罚没支出、现金资产捐赠支出以及相关税费、运输费等。

（二）预算支出的分类

《政府会计制度》根据预算资金使用的活动和分配去向，共设置了 8 个预算支出类会计科目：行政支出、事业支出、经营支出、上缴上级支出、对附属单位补助支出、投资支出、债务还本支出、其他支出。其中行政单位仅使用行政支出和其他支出 2 个科目。

1. 行政支出是指行政单位履行其职责实际发生的各项现金流出。

2. 事业支出是指事业单位开展专业业务活动及其辅助活动实际发生的各项现金流出。

3. 经营支出是指事业单位在专业业务活动及其辅助活动之外开展非独立

核算经营活动实际发生的各项现金流出。

4. 上缴上级支出是指事业单位按照财政部门和主管部门的规定上缴上级单位款项发生的现金流出。

5. 对附属单位补助支出是指事业单位用财政拨款预算收入之外的收入对附属单位补助发生的现金流出。

6. 投资支出是指事业单位以货币资金对外投资发生的现金流出。

7. 债务还本支出是指事业单位偿还自身承担的纳入预算管理的从金融机构举借的债务本金的现金流出。

8. 其他支出是指出行政支出、事业支出、经营支出、上缴上级支出、对附属单位补助支出、投资支出、债务还本支出以外的各项现金流出，包括利息支出、对外捐赠现金支出、现金盘亏损失、接受捐赠（调入）和对外捐赠（调出）非现金资产发生的税费支出、资产置换过程中发生的相关税费支出、罚没支出等。

三、费用和预算支出的确认

（一）费用的确认

《政府会计准则——基本准则》第四十六条规定：费用的确认应当同时满足以下条件：

1. 与费用相关的含有服务潜力或者经济利益的经济资源很可能流出政府会计主体。

2. 含有服务潜力或者经济利益的经济资源流出会导致政府会计主体资产减少或者负债增加。

3. 流出金额能够可靠地计量。

费用的确认和计量以权责发生制为基础，费用在同时满足以上三个条件时予以确认。费用的表现形式，可以表现为现金流出，也可以表现为未来会产生现金流出的债务，还可以表现为实物资产的价值损耗。

（二）预算支出的确认

《政府会计准则——基本准则》第二十二条规定：预算支出一般在实际支付时予以确认，以实际支付的金额计量。

预算支出的确认和计量以收付实现制为基础，预算支出一般是在预算年度内政府会计主体依法发生并纳入预算管理的现金流出时确认，预算支出的表现形式仅为现金流出。

（三）费用和预算支出确认的情形

在依据政府会计制度平行记账时，费用和预算支出确认的情形分为三类：

1. 确认费用但不同时确认预算支出。如计提固定资产折旧和无形资产摊销时确认的费用、确认借入款项应计利息时确认的费用等。

2. 确认预算支出但不同时确认费用。如购买固定资产的现金流出、归还借入款项的本金支出等。

3. 既确认费用又同时确认预算支出。这种情形在实际工作中是大量存在的，如单位支付当期消耗的水电费、办公费等。

四、费用和预算支出管理相关政策规定

（一）根据《事业单位财务规则》（财政部令第108号），事业单位应当将各项支出全部纳入单位预算，实行项目库管理，建立健全支出管理制度。

事业单位的支出应当厉行节约，严格执行国家有关财务规章制度规定的开支范围及开支标准；国家有关财务规章制度没有统一规定的，由事业单位规定，报主管部门和财政部门备案。事业单位的规定违反法律制度和国家政策的，主管部门和财政部门应当责令改正。

事业单位从财政部门和主管部门取得的有指定项目和用途的专项资金，应当专款专用、单独核算，并按照规定报送专项资金使用情况的报告，接受财政部门或者主管部门的检查、验收。

事业单位应当加强经济核算，可以根据开展业务活动及其他活动的实际需要，实行成本核算。成本核算的具体办法按照国务院财政部门相关规定执行。

事业单位应当严格执行国库集中支付制度和政府采购制度等有关规定。

事业单位应当依法加强各类票据管理，确保票据来源合法、内容真实、使用正确，不得使用虚假票据。

（二）根据《事业单位成本核算基本指引》，单位应当以权责发生制财务会计数据为基础进行成本核算，财务会计有关明细科目设置和辅助核算应当满足成本核算的需要。

单位应当建立健全成本费用相关原始记录，充分利用现代信息技术，加强和完善成本数据的收集、记录、传递、汇总和整理等基础工作，为成本核算提供必要的数据基础。

单位一般通过“业务活动费用”“单位管理费用”等会计科目，按照成本项目归集实际发生的各种费用，据此计算确定各成本核算对象的成本。

（三）根据《中华人民共和国预算法》，政府收支分类科目，收入分为类、款、项、目；支出按其功能分类分为类、款、项，按其经济性质分类分为类、款。

各级政府、各部门、各单位的支出必须以经批准的预算为依据，未列入预算的不得支出。

一般公共预算支出按照其功能分类，包括一般公共服务支出，外交、公共安全、国防支出，农业、环境保护支出，教育、科技、文化、卫生、体育支出，社会保障及就业支出和其他支出。

一般公共预算支出按照其经济性质分类，包括工资福利支出、商品和服务支出、资本性支出和其他支出。

各级政府上一年预算的结转资金，应当在下一年用于结转项目的支出；连续两年未用完的结转资金，应当作为结余资金管理。

各部门、各单位上一年预算的结转、结余资金按照国务院财政部门的规定办理。

各级政府、各部门、各单位的支出必须按照预算执行，不得虚假列支。

各级政府、各部门、各单位应当对预算支出情况开展绩效评价。

各级预算的收入和支出实行收付实现制。

国家实行国库集中收缴和集中支付制度，对政府全部收入和支出实行国库集中收付管理。

各部门、各单位应当加强对预算收入和支出的管理，不得截留或者动用应当上缴的预算收入，不得擅自改变预算支出的用途。

各部门、各单位的预算支出应当按照预算科目执行。严格控制不同预算科目、预算级次或者项目间的预算资金的调剂，确需调剂使用的，按照国务院财政部门的规定办理。

根据《中华人民共和国预算法实施条例》，各部门预算支出为与部门预算收入相对应的支出，包括基本支出和项目支出。

所称基本支出，是指各部门、各单位为保障其机构正常运转、完成日常工作任务所发生的支出，包括人员经费和公用经费；所称项目支出，是指各部门、各单位为完成其特定的工作任务和事业发展目标所发生的支出。

预算收入和预算支出以人民币元为计算单位。预算收支以人民币以外的货币收纳和支付的，应当折合成人民币计算。

各级政府、各部门、各单位应当加强对预算支出的管理，严格执行预算，遵守财政制度，强化预算约束，不得擅自扩大支出范围、提高开支标准；严格按照预算规定的支出用途使用资金，合理安排支出进度。

第二节 业务活动费用、单位管理费用和事业支出的核算

一、业务活动费用

（一）业务活动费用相关管理规定

事业单位的业务部门开展专业业务活动及其辅助活动发生的各项费用均记入业务活动费用科目。

为了成本核算需要，单位内直接开展专业业务活动的业务部门所发生的业务活动费用，如直接开展专业业务活动人员的工资福利费用、开展专业业务活动领用的库存物品成本、业务部门所使用资产的折旧（摊销）费用等，应当区分直接费用和间接费用，归集、分配计入各类业务活动等成本核算对象。

单位内为业务部门提供服务或产品的辅助部门所发生的业务活动费用，应当采用合理的标准或方法分配计入各类业务活动等成本核算对象。

辅助部门之间互相提供的服务、产品成本，应当采用合理的方法，进行交互分配。互相提供服务、产品的成本较少的，可以不进行交互分配，直接分配计入各类业务活动等成本核算对象。

实行财政统发工资的事业单位，每月 25 日前向财政提交发放工资信息时，应计提工资薪酬，包括应发、代扣和实发工资，下月初实际发放工资、缴纳社保、个税时，冲销计提工资薪酬。

事业单位按规定在缴纳税金前，应先和税务机关、开户银行签订委托银行代缴税款三方协议。

（二）业务活动费用的核算

1. 核算内容。

业务活动费用核算单位为实现其职能目标，依法履职或开展专业业务活动及其辅助活动所发生的各项费用。

这里的“单位”是指政府会计主体，既包括行政单位，也包括事业单位。

2. 明细科目设置。

（1）业务活动费用应当按照项目、服务或者业务类别、支付对象等进行明细核算。

（2）为了满足成本核算需要，本科目下还可按照“工资福利费用”“商品和服务费用”“对个人和家庭的补助费用”“对企业补助费用”“固定资产折旧费”“无形资产摊销费”“公共基础设施折旧（摊销）费”“保障性住房折旧费”“计提专用基金”等成本项目设置明细科目，归集能够直接计入业务活动或采用一定方法计算后计入业务活动的费用。业务活动费用不强制要求按照经济分类设置明细科目，可根据成本核算等需要视情况设置（见表5－1）。

表5－1　　　　事业单位业务活动费用科目表

序号	科目编码	科目名称	科目类别	辅助要素
1	5001	业务活动费用	费用类	
2	500101	工资福利费用	费用类	
3	500102	商品和服务费用	费用类	资金往来对象类别，往来
4	500103	对个人和家庭的补助费用	费用类	
5	500104	对企业补助费用	费用类	
6	500105	固定资产折旧费	费用类	
7	500106	无形资产摊销费	费用类	
8	500107	公共基础设施折旧（摊销）费	费用类	
9	500108	保障性住房折旧费	费用类	
10	500109	计提专用基金	费用类	
11	500199	其他	费用类	

3. 主要账务处理。

（1）为履职或开展业务活动人员计提的薪酬，按照计算确定的金额，借记本科目，贷记“应付职工薪酬”科目。

（2）为履职或开展业务活动发生的外部人员劳务费，按照计算确定的金额，借记本科目，按照代扣代缴个人所得税的金额，贷记“其他应交税费——应交个人所得税”科目，按照扣税后应付或实际支付的金额，贷记“其他应付款”“财政拨款收入”“零余额账户用款额度”“银行存款”等科目。

（3）为履职或开展业务活动领用库存物品，以及动用发出相关政府储备物资，按照领用库存物品或发出相关政府储备物资的账面余额，借记本科目，贷记“库存物品”“政府储备物资”科目。

（4）为履职或开展业务活动所使用的固定资产、无形资产以及为所控制的公共基础设施、保障性住房计提的折旧、摊销，按照计提金额，借记本科目，贷记“固定资产累计折旧”“无形资产累计摊销”“公共基础设施累计折旧（摊销）”“保障性住房累计折旧”科目。

（5）为履职或开展业务活动发生的城市维护建设税、教育费附加、地方教育费附加、车船税、房产税、城镇土地使用税等，按照计算确定应交纳的金额，借记本科目，贷记“其他应交税费”等科目。

（6）为履职或开展业务活动发生其他各项费用时，按照费用确认金额，借记本科目，贷记“财政拨款收入”“零余额账户用款额度”“银行存款”“应付账款”“其他应付款”“其他应收款”等科目。

（7）按照规定从收入中提取专用基金并计入费用的，一般按照预算会计下基于预算收入计算提取的金额，借记本科目，贷记“专用基金”科目。国家另有规定的，从其规定。

（8）发生当年购货退回等业务，对于已计入本年业务活动费用的，按照收回或应收的金额，借记“财政拨款收入”“零余额账户用款额度”“银行存款”“其他应收款”等科目，贷记本科目。

（9）期末，将本科目本期发生额转入本期盈余，借记“本期盈余”科目，贷记本科目。

期末结转后，本科目应无余额。

二、单位管理费用

（一）单位管理费用相关管理规定

单位管理费用科目仅适用于事业单位会计核算，不适用于行政单位。事业单位本级行政及后勤管理部门发生的各项费用以及由单位统一负担的费用记入单位管理费用科目。

事业单位因规模较小或业务单一等原因难以拆分业务活动费用和单位管理费用的，可以不单独设置单位管理费用科目，单位管理费用科目规定的核算内容一并在业务活动费用科目核算。

为了成本核算需要，事业单位本级行政及后勤管理部门开展管理活动发生的单位管理费用，如单位行政及后勤管理部门发生的人员经费、公用经费、资产折旧（摊销）等费用，以及由单位统一负担的费用，可以根据成本信息需求，采用合理的标准或方法分配记入相关成本核算对象。

（二）单位管理费用的核算

1. 核算内容。

单位管理费用核算事业单位本级行政及后勤管理部门开展管理活动发生的各项费用，包括单位行政及后勤管理部门发生的人员经费、公用经费、资产折旧（摊销）等费用，以及由单位统一负担的离退休人员经费、工会经费、诉讼费、中介费等。

2. 明细科目设置。

（1）单位管理费用应当按照项目、费用类别、支付对象等进行明细核算。

（2）为了满足成本核算需要，本科目下还可按照“工资福利费用”“商品和服务费用”“对个人和家庭的补助费用”“固定资产折旧费”“无形资产摊销费”等成本项目设置明细科目，归集能够直接计入单位管理活动或采用一定方法计算后计入单位管理活动的费用（见表5－2）。

表5－2　　事业单位管理费用科目表

序号	科目编码	科目名称	科目类别	辅助要素
1	5101	单位管理费用	费用类	
2	510101	工资福利费用	费用类	
3	510102	商品和服务费用	费用类	资金往来对象类别，往来
4	510103	对个人和家庭的补助费用	费用类	
5	510104	固定资产折旧费	费用类	
6	510105	无形资产摊销费	费用类	
7	510199	其他	费用类	

3. 主要账务处理。

(1) 为管理活动人员计提的薪酬，按照计算确定的金额，借记本科目，贷记“应付职工薪酬”科目。

(2) 为开展管理活动发生的外部人员劳务费，按照计算确定的费用金额，借记本科目，按照代扣代缴个人所得税的金额，贷记“其他应交税费——应交个人所得税”科目，按照扣税后应付或实际支付的金额，贷记“其他应付款”“财政拨款收入”“零余额账户用款额度”“银行存款”等科目。

(3) 开展管理活动内部领用库存物品，按照领用物品实际成本，借记本科目，贷记“库存物品”科目。

(4) 为管理活动所使用固定资产、无形资产计提的折旧、摊销，按照应提折旧、摊销额，借记本科目，贷记“固定资产累计折旧”“无形资产累计摊销”科目。

(5) 为开展管理活动发生城市维护建设税、教育费附加、地方教育费附加、车船税、房产税、城镇土地使用税等，按照计算确定应交纳的金额，借记本科目，贷记“其他应交税费”等科目。

(6) 为开展管理活动发生的其他各项费用，按照费用确认金额，借记本科目，贷记“财政拨款收入”“零余额账户用款额度”“银行存款”“其他应付款”“其他应收款”等科目。

(7) 发生当年购货退回等业务，对于已计入本年单位管理费用的，按照收回或应收的金额，借记“财政拨款收入”“零余额账户用款额度”“银行存款”“其他应收款”等科目，贷记本科目。

(8) 期末，将本科目本期发生额转入本期盈余，借记“本期盈余”科目，贷记本科目。

期末结转后，本科目应无余额。

三、事业支出

(一) 事业支出相关管理规定

事业支出，即事业单位开展专业业务活动及其辅助活动发生的基本支出和项目支出。基本支出是指事业单位为了保障其正常运转、完成日常工作任务而发生的人员支出和公用支出。项目支出是指事业单位为了完成特定工作任务和事业发展目标，在基本支出之外所发生的支出。

事业单位设置“事业支出”总账科目，“事业支出”科目的借方余额，反映单位事业支出的本年累计数。

年终结转后，本科目应无余额。

（二）事业支出的核算

1. 核算内容。

事业支出核算事业单位开展专业业务活动及其辅助活动实际发生的各项现金流出。

2. 明细科目设置。

（1）事业单位发生教育、科研、医疗、行政管理、后勤保障等活动的，可在本科目下设置相应的明细科目进行核算，或单设“7201 教育支出”“7202 科研支出”“7203 医疗支出”“7204 行政管理支出”“7205 后勤保障支出”等一级会计科目进行核算。

（2）行政支出和事业支出应当分别按照“财政拨款支出”“非财政专项资金支出”和“其他资金支出”，“基本支出”和“项目支出”等进行明细核算，并按照《政府收支分类科目》中“支出功能分类科目”的项级科目进行明细核算；“基本支出”和“项目支出”明细科目下应当按照《政府收支分类科目》中“部门预算支出经济分类科目”的款级科目进行明细核算，同时在“项目支出”明细科目下按照具体项目进行明细核算。

有一般公共预算财政拨款、政府性基金预算财政拨款等两种或两种以上财政拨款的事业单位，还应当在“财政拨款支出”明细科目下按照财政拨款的种类进行明细核算。

对于预付款项，可通过在本科目下设置“待处理”明细科目进行明细核算，待确认具体支出项目后再转入本科目下相关明细科目。年末结账前，应将本科目“待处理”明细科目余额全部转入本科目下相关明细科目（见表 5－3）。

表 5－3　事业单位事业支出科目表

序号	科目编码	科目名称	科目类别	辅助要素
1	7201	事业支出	预算支出类	资金性质
2	720101	财政拨款支出	预算支出类	资金性质
3	72010101	基本支出	预算支出类	资金性质，支出功能分类，经济分类
4	7201010101	人员经费	预算支出类	资金性质，支出功能分类，经济分类

续表

序号	科目编码	科目名称	科目类别	辅助要素
5	7201010102	日常公用经费	预算支出类	资金性质，支出功能分类，经济分类
6	72010102	项目支出	预算支出类	资金性质，支出功能分类，经济分类，预算项目
7	720102	非财政专项资金支出	预算支出类	资金性质，支出功能分类，经济分类，预算项目
8	720103	其他资金支出	预算支出类	资金性质，支出功能分类，经济分类
9	720104	待处理	预算支出类	

3. 主要账务处理。

（1）支付单位职工（经营部门职工除外）薪酬，向单位职工个人支付薪酬时，按照实际支付的数额，借记本科目，贷记“财政拨款预算收入”“资金结存”科目。

按照规定代扣代缴个人所得税以及代扣代缴或为职工缴纳职工社会保险费、住房公积金等时，按照实际缴纳的金额，借记本科目，贷记“财政拨款预算收入”“资金结存”科目。

（2）为专业业务活动及其辅助活动支付外部人员劳务费，按照实际支付给外部人员个人的金额，借记本科目，贷记“财政拨款预算收入”“资金结存”科目。

按照规定代扣代缴个人所得税时，按照实际缴纳的金额，借记本科目，贷记“财政拨款预算收入”“资金结存”科目。

（3）开展专业业务活动及其辅助活动过程中为购买存货、固定资产、无形资产等以及在建工程支付相关款项时，按照实际支付的金额，借记本科目，贷记“财政拨款预算收入”“资金结存”科目。

（4）开展专业业务活动及其辅助活动过程中发生预付账款时，按照实际支付的金额，借记本科目，贷记“财政拨款预算收入”“资金结存”科目。

对于暂付款项，在支付款项时可不做预算会计处理，待结算或报销时，按照结算或报销的金额，借记本科目，贷记“资金结存”科目。

（5）开展专业业务活动及其辅助活动过程中缴纳的相关税费以及发生的其他各项支出，按照实际支付的金额，借记本科目，贷记“财政拨款预算收入”“资金结存”科目。

（6）开展专业业务活动及其辅助活动过程中因购货退回等发生款项退回，或者发生差错更正的，属于当年支出收回的，按照收回或更正金额，借记“财政拨款预算收入”“资金结存”科目，贷记本科目。

（7）年末，将本科目本年发生额中的财政拨款支出转入财政拨款结转，借记“财政拨款结转——本年收支结转”科目，贷记本科目下各财政拨款支出明细科目；将本科目本年发生额中的非财政专项资金支出转入非财政拨款结转，借记“非财政拨款结转——本年收支结转”科目，贷记本科目下各非财政专项资金支出明细科目；将本科目本年发生额中的其他资金支出（非财政非专项资金支出）转入其他结余，借记“其他结余”科目，贷记本科目下其他资金支出明细科目。

四、会计实务举例

【例 5－1】2020 年 1 月 5 日，某事业单位（非财政统发工资单位）人事部门计算本单位 1 月工资如下：应发在职人员工资合计 800 000 元：其中，业务部门分摊 600 000 元，行政及后勤管理部门分摊 200 000 元；应发离退休人员物业补贴 50 000 元。1 月 6 日实际发放在职人员工资 583 500 元，代扣个人部分 216 500 元，其中养老保险 37 000 元，医疗保险 19 800 元，职业年金 28 000 元，住房公积金 122 200 元，个人所得税 9 500 元；实际发放离退休人员物业补贴 50 000 元。该单位工资发放汇总表（见表 5－4）。

表 5－4　　工资发放汇总表　　单位：元

<table>
<tr><th rowspan="2">部门</th><th colspan="5">应发工资</th><th colspan="6">代扣代缴</th><th rowspan="2">实发工资</th></tr>
<tr><th>基本工资</th><th>津贴补贴</th><th>绩效工资</th><th>物业补贴</th><th>合计</th><th>养老保险</th><th>医疗保险</th><th>职业年金</th><th>住房公积金</th><th>个人所得税</th><th>合计</th></tr>
<tr><td>业务部门</td><td>230 000</td><td>40 000</td><td>330 000</td><td></td><td>600 000</td><td rowspan="2">37 000</td><td rowspan="2">19 800</td><td rowspan="2">28 000</td><td rowspan="2">122 200</td><td rowspan="2">9 500</td><td rowspan="2">216 500</td><td rowspan="2">583 500</td></tr>
<tr><td>行政及后勤管理部门</td><td>70 000</td><td>10 000</td><td>120 000</td><td></td><td>200 000</td></tr>
<tr><td>小计</td><td>300 000</td><td>50 000</td><td>450 000</td><td></td><td>800 000</td><td>37 000</td><td>19 800</td><td>28 000</td><td>122 200</td><td>9 500</td><td>216 500</td><td>583 500</td></tr>
<tr><td>离退休</td><td></td><td></td><td></td><td>50 000</td><td>50 000</td><td></td><td></td><td></td><td></td><td></td><td></td><td>50 000</td></tr>
<tr><td>合计</td><td>300 000</td><td>50 000</td><td>450 000</td><td>50 000</td><td>850 000</td><td>37 000</td><td>19 800</td><td>28 000</td><td>122 200</td><td>9 500</td><td>216 500</td><td>633 500</td></tr>
</table>

相关账务处理如下：

（1）1月5日计提本月应发工资：

财务会计分录	预算会计分录
借：业务活动费用——工资福利费用　600 000 单位管理费用——工资福利费用　200 000 贷：应付职工薪酬——基本工资（含离退休费）　300 000 ——国家统一规定的津贴补贴　50 000 ——规范津贴补贴（绩效工资）　450 000 借：单位管理费用——对个人和家庭的补助费用　50 000 贷：应付职工薪酬——基本工资（含离退休费）　50 000	不做账务处理

（2）1月6日发放工资，代扣个人部分预算会计暂扣基本工资，预算会计基本工资等于：300 000 - 216 500 = 83 500（元）。

财务会计分录	预算会计分录
借：应付职工薪酬——基本工资（含离退休费） 300 000 ——国家统一规定的津贴补贴 50 000 ——规范津贴补贴（绩效工资） 450 000 贷：应付职工薪酬——社会保险费——个人 ——养老保险　37 000 ——社会保险费——个人 ——医疗保险　19 800 ——社会保险费——个人 ——职业年金　28 000 ——住房公积金——个人 122 200 其他应交税费——应交个人所得税 9 500 零余额账户用款额度　583 500 借：应付职工薪酬——基本工资（含离退休费） 50 000 贷：零余额账户用款额度　50 000	借：事业支出——财政拨款支出——基本支出 ——人员经费（基本工资） 83 500 ——财政拨款支出——基本支出 ——人员经费（津贴补贴） 50 000 ——财政拨款支出——基本支出 ——人员经费（绩效工资） 450 000 贷：资金结存——零余额账户用款额度 583 500 借：事业支出——财政拨款支出——基本支出 ——人员经费（退休费） 50 000 贷：资金结存——零余额账户用款额度 50 000

(3) 1月6日，代扣个人所得税由零余额账户转入基本户：

财务会计分录	预算会计分录
借：银行存款——基本户　9 500 　贷：零余额账户用款额度　9 500	借：资金结存——货币资金　9 500 　贷：资金结存——零余额账户用款额度　9 500

【例5-2】接【例5-1】2020年1月10日缴纳养老保险112 000元，其中，单位部分75 000元，个人部分37 000元；缴纳医疗保险61 800元，其中，单位部分42 000元，个人部分19 800元；缴纳职业年金84 000元，其中，单位部分56 000元，个人部分28 000元；缴纳住房公积金244 400元，其中，单位部分122 200元，个人部分122 200元。2月10日缴纳个人所得税9 500元。该单位缴纳社保、职业年金、住房公积金明细表（见表5-5）。

表5-5　缴纳社保、职业年金、住房公积金明细表　单位：元

部门	养老保险		医疗保险		职业年金		住房公积金		合计	
	单位部分	个人部分	单位部分	个人部分	单位部分	个人部分	单位部分	个人部分	单位部分	个人部分
业务部门	52 000	37 000	29 000	19 800	39 000	28 000	85 500	122 200	205 500	207 000
行政及后勤管理部门	23 000		13 000		17 000		36 700		89 700	
合计	75 000	37 000	42 000	19 800	56 000	28 000	122 200	122 200	295 200	207 000

相关账务处理如下：

(1) 1月10日计提社保、职业年金、住房公积金单位部分：

财务会计分录	预算会计分录
借：业务活动费用——工资福利费用　205 500 　单位管理费用——工资福利费用　89 700 　贷：应付职工薪酬——社会保险费——单位——养老保险　75 000 　　——社会保险费——单位——医疗保险　42 000 　　——社会保险费——单位——职业年金　56 000 　　——住房公积金——单位　122 200	不做账务处理

（2）1月10日缴纳社保、职业年金、住房公积金单位和个人部分：

财务会计分录	预算会计分录
借：应付职工薪酬——社会保险费——单位——养老保险　75 000 ——社会保险费——个人——养老保险　37 000 ——社会保险费——单位——医疗保险　42 000 ——社会保险费——个人——医疗保险　19 800 ——社会保险费——单位——职业年金　56 000 ——社会保险费——个人——职业年金　28 000 ——住房公积金——单位　122 200 ——住房公积金——个人　122 200 贷：零余额账户用款额度　502 200	借：事业支出——财政拨款支出——基本支出——人员经费（机关事业单位基本养老保险）　75 000 ——财政拨款支出——基本支出——人员经费（基本工资）　37 000 ——财政拨款支出——基本支出——人员经费（职工基本医疗保险缴费）　42 000 ——财政拨款支出——基本支出——人员经费（基本工资）　9 800 ——财政拨款支出——基本支出——人员经费（职业年金缴费）　56 000 ——财政拨款支出——基本支出——人员经费（基本工资）　8 000 ——财政拨款支出——基本支出——人员经费（住房公积金）　122 200 ——财政拨款支出——基本支出——人员经费（基本工资）　22 200 贷：资金结存——零余额账户用款额度　502 200

（3）2月10日缴纳个人所得税：

财务会计分录	预算会计分录
借：其他应交税费——应交个人所得税　9 500 贷：银行存款——基本户　9 500	借：事业支出——财政拨款支出——基本支出——人员经费（基本工资）　9 500 贷：资金结存——货币资金　9 500

【例5－3】2020年1月11日，某事业单位组织开展A项目的专家评审会，邀请有关专家3人参加，通过零余额账户支付专家评审费各1 000元（税后），代扣个人所得税各50元。2月10日缴纳个人所得税合计150元。相关账务处

理如下：

（1）1月11日支付专家评审费：

财务会计分录	预算会计分录
借：业务活动费用——商品和服务费用（A项目；劳务费） 3 150 贷：零余额账户用款额度 3 000 其他应交税费——应交个人所得税 150 同时： 借：银行存款——基本户 150 贷：零余额账户用款额度 150	借：事业支出——财政拨款支出——项目支出（A项目；劳务费） 3 000 贷：资金结存——零余额账户用款额度 3 000 同时： 借：资金结存——货币资金 150 贷：资金结存——零余额账户用款额度 150

（2）2月10日缴纳个人所得税：

财务会计分录	预算会计分录
借：其他应交税费——应交个人所得税 150 贷：银行存款——基本户 150	借：事业支出——财政拨款支出——项目支出（A项目；劳务费） 150 贷：资金结存——货币资金 150

【例5-4】2020年1月12日，某事业单位组织开展学术交流活动，邀请有关专家讲课，通过零余额账户支付专家讲课费800元。相关账务处理如下：

1月12日，支付学术交流专家讲课费800元：

财务会计分录	预算会计分录
借：单位管理费用——商品和服务费用（公用经费，劳务费） 800 贷：零余额账户用款额度 800	借：事业支出——财政拨款支出——基本支出——日常公用经费（劳务费） 800 贷：资金结存——零余额账户用款额度 800

【例5-5】2020年1月13日，某事业单位使用同级财政拨款资金购买一批材料用于A项目，金额为10 000元，发票已开具，款项已支付，该材料于当日入库。次日，因项目需要领用该材料2 000元。相关账务处理如下：

（1）1月13日，购买材料10 000元：

财务会计分录	预算会计分录
借：库存物品 10 000 贷：零余额账户用款额度 10 000	借：事业支出——财政拨款支出——项目支出（A项目，专用材料费） 10 000 贷：资金结存——零余额账户用款额度 10 000

（2）1月14日，领用材料2 000元：

财务会计分录	预算会计分录
借：业务活动费用——商品和服务费用（A项目，专用材料费） 2 000 贷：库存物品 2 000	不做账务处理

【例5－6】2020年1月14日，某事业单位使用非同级财政拨款资金购买专用设备1台用于B项目，金额30 000元，该设备已验收，发票已开具，款项已支付。相关账务处理如下：

1月14日，购买专用设备30 000元：

财务会计分录	预算会计分录
借：固定资产（专用设备） 30 000 贷：银行存款——基本户 30 000	借：事业支出——非财政专项资金支出（B项目，专用设备购置） 30 000 贷：资金结存——货币资金 30 000

【例5－7】2020年1月14日，某事业单位人事部门经批准报销印刷费2 500元，款项已从零余额账户支付。相关账务处理如下：

1月14日，人事部门报销印刷费2 500元：

财务会计分录	预算会计分录
借：单位管理费用——商品和服务费用（人事部门，印刷费） 2 500 贷：零余额账户用款额度 2 500	借：事业支出——财政拨款支出——基本支出——日常公用经费（印刷费） 2 500 贷：资金结存——零余额账户用款额度 2 500

【例 5－8】 2020 年 1 月 15 日，某事业单位使用非财政非专项资金购入一套办公软件，价值 60 000 元，款项已从基本户支付。相关账务处理如下：

1 月 15 日，购入办公软件 60 000 元：

财务会计分录	预算会计分录
借：无形资产（其他） 60 000 贷：银行存款——基本户 60 000	借：事业支出——其他资金支出（信息网络及软件购置更新） 60 000 贷：资金结存——货币资金 60 000

【例 5－9】 2020 年 1 月 15 日，某事业单位与某公司签订购货合同，以预付款方式购买实验用材料一批用于 A 项目，金额 20 000 元，款项已从零余额账户支付。2 月 5 日货物收到并入库，实际结算时，运杂费增加了 500 元，已从零余额账户支付。相关账务处理如下：

（1）1 月 15 日，预付实验材料费 20 000 元用于 A 项目：

财务会计分录	预算会计分录
借：预付账款——其他（A 项目，某公司） 20 000 贷：零余额账户用款额度 20 000	借：事业支出——财政拨款支出——项目支出（A 项目，专用材料费） 20 000 贷：资金结存——零余额账户用款额度 20 000

（2）2 月 5 日，收到货物并入库，补付材料款 500 元：

财务会计分录	预算会计分录
借：库存物品 20 500 贷：预付账款——其他（A 项目，某公司） 20 000 零余额账户用款额度 500	借：事业支出——财政拨款支出——项目支出（A 项目，专用材料费） 500 贷：资金结存——零余额账户用款额度 500

【例 5－10】 2020 年 1 月 15 日，某事业单位与某公司签订购货合同，以预付款方式购买实验用材料一批，金额 20 000 元，款项已从零余额账户支付。2 月 5 日货物收到并入库。2 月 16 日，A 项目领用 10 000 元。3 月 10 日，C 项目领用 10 000 元。该批材料全部领用完毕。相关账务处理如下：

（1）1月15日，预付实验材料费20 000元：

财务会计分录	预算会计分录
借：预付账款——其他（某公司） 20 000 贷：零余额账户用款额度 20 000	借：事业支出——待处理 20 000 贷：资金结存——零余额账户用款额度 20 000

（2）2月5日，收到货物并入库：

财务会计分录	预算会计分录
借：库存物品 20 000 贷：预付账款——其他（某公司） 20 000	不做账务处理

（3）2月16日，A项目领用10 000元：

财务会计分录	预算会计分录
借：业务活动费用——商品和服务费用（A项目，专用材料费） 10 000 贷：库存物品 10 000	借：事业支出——财政拨款支出——项目支出（A项目，专用材料费） 10 000 贷：事业支出——待处理 10 000

（4）3月10日，C项目领用10 000元：

财务会计分录	预算会计分录
借：业务活动费用——商品和服务费用（C项目，专用材料费） 10 000 贷：库存物品 10 000	借：事业支出——财政拨款支出——项目支出（C项目，专用材料费） 10 000 贷：事业支出——待处理 10 000

【例5－11】2020年1月18日，某事业单位职工小张预借200元现金，暂付某检测机构测试费押金。2月6日，小张实际报销A项目测试费1 000元，剩余款项通过零余额账户支付。相关账务处理如下：

（1）1月18日，小张预借200元现金：

财务会计分录	预算会计分录
借：其他应收款（小张） 200 贷：库存现金 200	不做账务处理

（2）2 月 6 日，小张实际报销 A 项目测试费 1 000 元：

财务会计分录	预算会计分录
借：业务活动费用——商品和服务费用（A 项目，委托业务费） 1 000 贷：其他应收款（小张） 200 零余额账户用款额度 800	借：事业支出——财政拨款支出——项目支出（A 项目，委托业务费） 1 000 贷：资金结存——货币资金 200 资金结存——零余额账户用款额度 800

【例 5－12】2020 年 1 月 20 日，某事业单位后勤部门维修下水道，发生维修费用 800 元，发票已批准报销，款项尚未支付。2 月 2 日，通过零余额账户支付。相关账务处理如下：

（1）1 月 20 日，报销维修费用 800 元，款项尚未支付：

财务会计分录	预算会计分录
借：单位管理费用——商品和服务费用［后勤部门，维修（护）费］ 800 贷：应付账款 800	不做账务处理

（2）2 月 2 日，支付维修费 800 元：

财务会计分录	预算会计分录
借：应付账款 800 贷：零余额账户用款额度 800	借：事业支出——财政拨款支出——基本支出——日常公用经费［维修（护）费］ 800 贷：资金结存——零余额账户用款额度 800

【例 5－13】2020 年 1 月 22 日，某事业单位购买实验试剂 3 500 元，用于 B 项目，采用一次摊销法，款项已通过银行基本户支付。2 月 5 日因该批试剂质量问题退回商家，并收到退回的试剂款 3 500 元。相关账务处理如下：

（1）1 月 22 日，购买实验试剂 3 500 元：

财务会计分录	预算会计分录
借：业务活动费用——商品和服务费用（B 项目，专用材料费） 3 500 贷：银行存款——基本户 3 500	借：事业支出——非财政专项资金支出（B 项目，专用材料费） 3 500 贷：资金结存——货币资金 3 500

（2）2月5日，收到退回试剂款3 500元：

财务会计分录	预算会计分录
借：银行存款——基本户　3 500 　贷：业务活动费用——商品和服务费用（B项目，专用材料费）　3 500	借：资金结存——货币资金　3 500 　贷：事业支出——非财政专项资金支出（B项目，专用材料费）　3 500

【例5－14】某事业单位属于一般纳税人，2020年1月31日，计算1月应交增值税15 545.23元；计提增值税附加合计：1 865.43元，其中，城市维护建设税1 088.17元，教育费附加466.36元，地方教育费附加310.9元。2月10日，缴纳增值税及附加。相关账务处理如下：

（1）1月31日，计提应交增值税附加：

财务会计分录	预算会计分录
借：业务活动费用——商品和服务费用（税金及附加费）　1 865.43 　贷：其他应交税费——城市维护建设税　1 088.17 　　　　　　　　——教育费附加　466.36 　　　　　　　　——地方教育费附加　310.9	不做账务处理

（2）2月10日，缴纳增值税及增值税附加：

财务会计分录	预算会计分录
借：应交增值税——未交税金　15 545.23 　其他应交税费——城市维护建设税　1 088.17 　　　　　　——教育费附加　466.36 　　　　　　——地方教育费附加　310.9 　贷：银行存款——基本户　17 410.66	借：事业支出——其他资金支出（非财政，税金及附加费用）　15 545.23 　　　　　——其他资金支出（非财政，税金及附加费用）　1 088.17 　　　　　——其他资金支出（非财政，税金及附加费用）　466.36 　　　　　——其他资金支出（非财政，税金及附加费用）　310.9 　贷：资金结存——货币资金　17 410.66

【例5－15】2020年1月31日，某事业单位根据固定资产折旧和无形资产摊销明细表见表5－6，计提1月固定资产折旧和无形资产摊销（见表5－6）。

表 5-6　　　　2020 年 1 月折旧摊销明细表

部门	资产大类	本期折旧/摊销金额（元）
行政及后勤管理部门	土地、房屋及构筑物	5 168.63
行政及后勤管理部门	通用设备	15 748.76
业务部门	通用设备	238 898.7
业务部门	专用设备	76 164.78
行政及后勤管理部门	家具、用具、装具及动植物	1 133.88
行政及后勤管理部门	无形资产	2 500.80
合计		339 615.55

相关账务处理如下：

1 月 31 日，计提 1 月固定资产折旧和无形资产摊销：

财务会计分录	预算会计分录
借：单位管理费用——固定资产折旧费　5 168.63 ——固定资产折旧费　15 748.76 ——固定资产折旧费　1 133.88 ——无形资产摊销费　2 500.8 业务活动费用——固定资产折旧费　238 898.7 ——固定资产折旧费　76 164.78 贷：固定资产累计折旧（土地、房屋及构筑物）　5 168.63 （通用设备）　254 647.46 （专用设备）　76 164.78 （家具、用具、装具及动植物）　1 133.88 无形资产累计摊销（其他）　2 500.8	不做账务处理

【例 5-16】2020 年 12 月 31 日，某事业单位按照相关规定，从事业收入中提取科技成果转化基金 250 000 元。相关账务处理如下：

12 月 31 日，计提科技成果转化基金 250 000 元：

财务会计分录	预算会计分录
借：业务活动费用——计提专用基金（科技成果转化基金）　250 000 贷：专用基金——预算收入提取　250 000	不做账务处理

【例 5-17】2020 年 1 月 31 日，某事业单位计算 1 月业务活动费用合计 1 554 440.88 元，其中，工资福利费用 805 500 元，商品和服务费用 433 877.4 元，固定资产折旧费 315 063.48 元；单位管理费用合计 390 867.57 元，其中，

工资福利费 289 700 元，商品和服务费用 26 615.5 元，对个人和家庭的补助费用 50 000 元，固定资产折旧费 22 051.27 元，无形资产摊销费 2 500.8 元。相关账务处理如下：

1 月 31 日，期末费用转盈余：

财务会计分录		预算会计分录
借：本期盈余	1 945 308.45	不做账务处理
贷：业务活动费用——工资福利费用	805 500.00	
——商品和服务费用	433 877.4	
——固定资产折旧费	315 063.48	
单位管理费用——工资福利费用	289 700.00	
——商品和服务费用	26 615.5	
——对个人和家庭的补助费用	50 000.00	
——固定资产折旧费	22 051.27	
——无形资产摊销费	2 500.80	

五、常见及疑难问题解释参考

（一）“业务活动费用”和“单位管理费用”科目的核算范围

根据《政府会计准则制度解释第 1 号》规定，“业务活动费用”科目核算单位为实现其职能目标、依法履职或开展专业业务活动及其辅助活动所发生的各项费用。“单位管理费用”科目核算事业单位本级行政及后勤管理部门开展管理活动发生的各项费用，包括单位行政及后勤管理部门发生的人员经费、公用经费、资产折旧（摊销）等费用，以及由单位统一负担的离退休人员经费、工会经费、诉讼费、中介费等。

按照上述规定，行政单位不使用“单位管理费用”科目，其为实现其职能目标、依法履职发生的各项费用均记入“业务活动费用”科目。事业单位应当同时使用“业务活动费用”和“单位管理费用”科目，其业务部门开展专业业务活动及其辅助活动发生的各项费用记入“业务活动费用”科目，其本级行政及后勤管理部门发生的各项费用以及由单位统一负担的费用记入“单位管理费用”科目。

事业单位应当按照《政府会计制度》的规定，结合本单位实际，确定本单位业务活动费用和单位管理费用划分的具体会计政策。

（二）单位年末暂付款项如何进行会计处理

根据《政府会计准则制度解释第1号》规定，单位对于纳入本年度部门预算管理的现金收支业务，在采用财务会计核算的同时应当及时进行预算会计核算。年末结账前，单位应当对暂收暂付款项进行全面清理，并对于纳入本年度部门预算管理的暂收暂付款项进行预算会计处理，确认相关预算收支，确保预算会计信息能够完整反映本年度部门预算收支执行情况。

1. 关于单位年末暂付财政资金的会计处理。

根据部门预算管理的要求，年末暂付财政资金应当清理完毕，所有的财政预算基本支出应全部执行完毕，不应产生跨年事项。

2. 关于单位年末暂付非财政资金的会计处理。

根据《政府会计准则制度解释第1号》规定：

（1）对于纳入本年度部门预算管理的暂付款项，按照《政府会计制度》规定，单位在支付款项时可不做预算会计处理，待结算或报销时，按照结算或报销的金额，借记相关预算支出科目，贷记“资金结存”科目。但是在年末结账前，对于尚未结算或报销的暂付款项，单位应当按照暂付的金额，借记相关预算支出科目，贷记“资金结存”科目。以后年度，实际结算或报销金额与已计入预算支出的金额不一致的，单位应当通过相关预算结转结余科目“年初余额调整”明细科目进行处理。

（2）对于应当纳入下一年度部门预算管理的暂付款项，单位在付出款项时，借记“其他应收款”科目，贷记“银行存款”等科目，本年度不做预算会计处理。待下一年实际结算或报销时，单位应当按照实际结算或报销的金额，借记有关费用科目，按照之前暂付的款项金额，贷记“其他应收款”科目，按照退回或补付的金额，借记或贷记“银行存款”等科目；同时，在预算会计中，按照实际结算或报销的金额，借记有关支出科目，贷记“资金结存”科目。下一年度内尚未结算或报销的，按照上述（1）中的规定处理。

（3）对于不纳入部门预算管理的暂收暂付款项（如应上缴、应转拨或应退回的资金），单位应当按照《政府会计制度》规定，仅作财务会计处理，不做预算会计处理。

【例5-18】2020年12月15日，某事业单位职工小张预借1 000元，暂付某检测机构测试费押金，银行存款支付。2021年1月6日，小张实际报销B项目测试费800元，退回基本户200元。相关账务处理如下：

（1）12 月 15 日，小张预借 1 000 元：

财务会计分录	预算会计分录
借：其他应收款（B 项目，小张）　1 000 贷：银行存款——基本户　1 000	不做账务处理

（2）12 月 31 日，清理暂付款项：

财务会计分录	预算会计分录
不做账务处理	借：事业支出——非财政专项资金支出（B 项目，委托业务费）　1 000 贷：资金结存——货币资金　1 000

（3）1 月 6 日，小张实际报销 B 项目测试费 800 元：

财务会计分录	预算会计分录
借：业务活动费用——商品和服务费用（B 项目，委托业务费）　800 银行存款——基本户　200 贷：其他应收款（小张）　1 000	借：资金结存——货币资金　200 贷：非财政拨款结转——年初余额调整（非财政，B 项目）　200

（三）关于从财政科研项目中计提项目间接费用或管理费的账务处理

根据《政府会计准则制度解释第 2 号》规定，单位按规定从财政科研项目中计提项目间接费用或管理费的，应当按照以下规定进行账务处理：

1. 从财政科研项目中计提项目间接费用或管理费时，按照计提的金额，借记“业务活动费用”“单位管理费用”等科目，贷记“预提费用——项目间接费用或管理费”科目；预算会计不做处理。

2. 按规定将计提的项目间接费用或管理费从本单位零余额账户划转到实有资金账户的，按照本解释“二、关于从本单位零余额账户向本单位实有资金账户划转资金的账务处理”的相关规定处理。

3. 使用计提的项目间接费用或管理费时，在财务会计下，按照实际支付的金额，借记“预提费用——项目间接费用或管理费”科目，贷记“银行存款”“零余额账户用款额度”“财政拨款收入”等科目。使用计提的项目间接费用或管理费购买固定资产、无形资产的，按照固定资产、无形资产的成本金额，借记“固定资产”“无形资产”科目，贷记“银行存款”“零余额账户用款额度”“财政拨款收入”等科目；同时，按照相同的金额，借记“预提费用——项目间接费用或管理费”科目，贷记“累计盈余”科目。

同时，在预算会计下，按照实际支付的金额，借记“事业支出”等支出科目下的“财政拨款支出”明细科目，贷记“资金结存”“财政拨款预算收入”科目。

【例5－19】2020年4月12日，某事业单位按单位规定的比例5%计提项目管理费，助推科技成果转化项目A项目收到财政拨款300 000元，其中直接费用预算250 000元，无设备费预算，按（直接费用——设备费）×5%计提项目管理费12 500元。2020年5月20日，使用项目管理费支付日常电费600元。2020年6月18日，使用项目管理费购买实验台1 500元。相关账务处理如下：

（1）4月12日，计提项目管理费：

财务会计分录	预算会计分录
借：业务活动费用——商品和服务费用（A项目，项目管理费） 12 500 贷：预提费用 12 500	不做账务处理

（2）4月12日，计提的项目管理费12 500元从零余额账户划转到实有资金账户：

财务会计分录	预算会计分录
借：银行存款——基本户 12 500 贷：零余额账户用款额度 12 500	借：资金结存——货币资金 12 500 贷：资金结存——零余额账户用款额度 12 500

（3）5月20日，使用项目管理费支付日常电费600元：

财务会计分录	预算会计分录
借：预提费用 600 贷：银行存款——基本户 600	借：事业支出——财政拨款支出——项目支出（A项目，电费） 600 贷：资金结存——货币资金 600

（4）6月18日，使用项目管理费购买实验台1 500元：

财务会计分录	预算会计分录
借：固定资产（通用设备） 1 500 贷：银行存款——基本户 1 500 同时： 借：预提费用 1 500 贷：累计盈余 1 500	借：事业支出——财政拨款支出——项目支出（A项目，专用设备购置） 1 500 贷：资金结存——货币资金 1 500

（四）预付账款和其他应收款在发生时，预算支出的确认时点问题

1. 预付账款在发生预付款项时，同时确认预算支出。

根据《政府会计制度》，预付账款是指单位按照购货、服务合同或协议规定预付给供应单位（或个人）的款项，以及按照合同规定向承包工程的施工企业预付的备料款和工程款。预付账款在支付时，已经具有明确的业务用途，预付的款项构成整个货款的一部分，是纳入部门预算管理的现金流出，因此，预付账款应在支付时同时确认预算支出。

具体账务处理如下：（1）根据购货、服务合同或协议规定预付款项时，按照实际支付的金额，财务会计借记“预付账款”，贷记“财政拨款收入”“零余额账户用款额度”“银行存款”科目；预算会计借记“事业支出”等科目，贷记“财政拨款预算收入”“资金结存”科目。（2）收到所购商品或服务时，按照购入资产或服务的成本，财务会计借记“库存物品”“固定资产”“业务活动费用”“单位管理费用”等科目，按照预付账款的账面余额，贷记“预付账款”，按照补付的金额，贷记“财政拨款收入”“零余额账户用款额度”“银行存款”科目；预算会计按照补付的金额，借记“事业支出”等科目，贷记“财政拨款预算收入”“资金结存”科目。

【例5－20】2020年5月20日，某事业单位为购买一批实验耗材用于A项目，与某公司签订了购货合同，合同金额10 000元，合同约定，购买方某事业单位预付货款的70%，货到验收后，支付剩余款项。2020年6月2日，收到货物，并验收使用。某事业单位对于低值易耗品，采用一次摊销法。相关账务处理如下：

（1）5 月 20 日，预付合同款 10 000 × 70% = 7 000（元）：

财务会计分录	预算会计分录
借：预付账款——其他　7 000 　贷：零余额账户用款额度　7 000	借：事业支出——财政拨款支出——项目支出（A 项目，专用材料费）　7 000 　贷：资金结存——零余额账户用款额度　7 000

（2）6 月 2 日，收到货物，支付剩余款项 3 000 元：

财务会计分录	预算会计分录
借：业务活动费用——商品和服务费用（A 项目，专用材料费）　10 000 　贷：预付账款——其他　7 000 　　零余额账户用款额度　3 000	借：事业支出——财政拨款支出——项目支出（A 项目，专用材料费）　3 000 　贷：资金结存——零余额账户用款额度　3 000

2. 其他应收款发生应收、暂付款项时，不确认预算支出，结算或报销时，确认预算支出。

根据《政府会计制度》，其他应收款是指单位除财政应返还额度、应收票据、应收账款、预付账款、应收股利、应收利息以外的其他各项应收及暂付款项，如职工预借的差旅费、已经偿还银行尚未报销的本单位公务卡欠款、拨付给内部有关部门的备用金、应向职工收取的各种垫付款项、支付的可以收回的订金或押金、应收的上级补助和附属单位上缴款项等。其他应收款是暂付款项，资金不一定发生耗费，有可能收回，因此支付款项时，不确认预算支出。

具体账务处理如下：（1）单位在支付款项时，财务会计借记“其他应收款”，贷记“财政拨款收入”“零余额账户用款额度”“银行存款”等科目；预算会计可不做处理。（2）待结算或报销时，按照结算或报销的金额，财务会计借记“业务活动费用”“单位管理费用”等科目，贷记“其他应收款”科目；预算会计借记相关预算支出科目，贷记“资金结存”科目。

【例 5 - 21】 2020 年 5 月 5 日，某事业单位小李预借差旅费 3 000 元用于 B 项目，通过银行存款支付。2020 年 5 月 22 日，小李实际报销差旅费 2 800 元，退回现金 200 元。相关账务处理如下：

（1）5 月 5 日，小李预借差旅费 3 000 元：

财务会计分录	预算会计分录
借：其他应收款（B 项目，小李） 3 000 贷：银行存款——基本户 3 000	不做账务处理

（2）5 月 22 日，小李实际报销差旅费 2 800 元，退回现金 200 元：

财务会计分录	预算会计分录
借：业务活动费用——商品和服务费用（B 项目，差旅费） 2 800 现金 200 贷：其他应收款（B 项目，小李） 3 000	借：事业支出——非财政专项资金支出（B 项目，差旅费） 2 800 贷：资金结存——货币资金 2 800

（五）单位代扣职工个人所得税时，确认被代扣工资预算支出的时点问题

单位代扣职工个人所得税，确认被代扣工资预算支出的时点有两种情况：

1. 代缴个人所得税时，确认被代扣工资的预算支出。

【例 5－22】 2020 年 5 月 6 日，某事业单位工资表中代扣个人所得税 11 892 元，并从零余额账户转入基本户。2020 年 6 月 10 日代缴个人所得税 11 892 元，通过税局三方协议缴款。相关账务处理如下：

（1）5 月 6 日，代扣个人所得税 11 892 元：

财务会计分录	预算会计分录
借：应付职工薪酬——基本工资（含离退休费） 11 892 贷：其他应交税费——应交个人所得税 11 892 借：银行存款——基本户 11 892 贷：零余额账户用款额度 11 892	借：资金结存——银行存款 11 892 贷：资金结存——零余额账户用款额度 11 892

（2）6 月 10 日，代缴个人所得税 11 892 元：

财务会计分录	预算会计分录
借：其他应交税费——应交个人所得税 11 892 贷：银行存款——基本户 11 892	借：事业支出——财政拨款支出——基本支出——人员经费（基本工资） 11 892 贷：资金结存——货币资金 11 892

2. 代扣个人所得税时，确认被代扣工资的预算支出。

【例5－23】2020年12月6日，某事业单位工资表中代扣个人所得税21 556元，并从零余额账户转入基本户。2020年1月10日代缴个人所得税21 556元，通过税局三方协议缴款。相关账务处理如下：

（1）12月6日，代扣个人所得税21 556元：

财务会计分录	预算会计分录
借：应付职工薪酬——基本工资（含离退休费） 21 556 贷：其他应交税费——应交个人所得税 21 556 借：银行存款——基本户 21 556 贷：零余额账户用款额度 21 556	借：事业支出——财政拨款支出——基本支出——人员经费（基本工资） 21 556 贷：资金结存——零余额账户用款额度 21 556

（2）1月10日，代缴个人所得税21 556元：

财务会计分录	预算会计分录
借：其他应交税费——应交个人所得税 21 556 贷：银行存款——基本户 21 556	不做账务处理

这里需要提醒的是，12月的代扣个人所得税需要在第二年的1月代缴，为了和零余额账户的用款额度保持一致，为了决算报表的账表一致性，12月的代扣个人所得税，在代扣时，就要确认被代扣工资的预算支出。

（六）关于单位开展业务活动是否需要按规定计提印花税问题

单位开展业务活动不需要计提印花税，实际缴交时直接通过“业务活动费用”科目核算，财务会计借记“业务活动费用”“单位管理费用”等科目，贷记“银行存款”等科目。预算会计借记“行政支出”“事业支出”等科目，贷记“资金结存”等科目。

【例5－24】2020年5月31日，某事业单位计算5月技术开发收入合计500 000元，应缴纳印花税500 000×0.3‰＝150（元）。2020年6月10日，缴纳印花税150元，通过基本户缴纳。相关账务处理如下：

（1）5月31日，计算应缴印花税150元，不做账务处理。

（2）6 月 10 日，缴纳印花税 150 元：

财务会计分录	预算会计分录
借：业务活动费用——商品和服务费用（税金及附加费用） 150 贷：银行存款——基本户 150	借：事业支出——其他资金支出（税金及附加费用） 150 贷：资金结存——货币资金 150

（七）关于事业单位是否计提应付福利费

事业单位不需要计提应付福利费。根据《关于进一步做好政府会计准则制度新旧衔接和加强行政事业单位资产核算的通知》（财会［2018］34 号），新制度未设置“应付福利费”科目，单位按规定发生福利费开支时，应当在计提标准内据实计入费用（同时计入预算支出）。单位在新旧制度转换时，应当对原账的“应付福利费”科目余额进行分析，在财务会计下，将其中属于职工福利基金的金额转入新账的“专用基金——职工福利基金”科目，将其他余额转入新账的“累计盈余”科目。在预算会计下，对于其中属于从财政拨款中提取的金额，应当在确定新账的“财政拨款结余”科目余额时作为调增项处理，对于其中属于职工福利基金（从非财政拨款结余中提取形成）的金额，应当在确定新账的“专用结余”科目余额时作为调增项处理，对于其他余额，应当在确定新账的“非财政拨款结余”科目余额时作为调增项处理；同时，按照相同的金额登记新账的“资金结存——货币资金”科目借方。

【例 5－25】2020 年 6 月 22 日，某事业单位在“端午节”前为职工购买了粽子等过节慰问品 2 000 元，并通过零余额账户支付商家。相关账务处理如下：

6 月 22 日，购买粽子等过节慰问品：

财务会计分录	预算会计分录
借：单位管理费用——商品和服务费用（福利费） 2 000 贷：零余额账户用款额度 2 000	借：事业支出——财政拨款支出——基本支出——日常公用经费（福利费） 2 000 贷：资金结存——零余额账户用款额度 2 000

（八）事业单位按规定使用售房款发放购房补贴的会计处理

根据《政府会计准则制度解释第1号》，中央级行政事业单位应当自2019年1月1日起，将归属于本单位的售房款及其利息收入纳入部门预算管理，并按照《政府会计制度》统一进行会计核算。收到售房款项（售房收入扣除按标准计提的住宅专项维修资金）及其利息收入时，借记“银行存款”科目，贷记“其他收入”科目；同时在预算会计中借记“资金结存”科目，贷记“其他预算收入”科目。按规定使用售房款发放购房补贴的，计提购房补贴费用时，借记“业务活动费用”“单位管理费用”等科目，贷记“应付职工薪酬”科目的相关明细科目；发放购房补贴时，借记“应付职工薪酬”科目的相关明细科目，贷记“银行存款”等科目，同时在预算会计中借记“行政支出”“事业支出”等科目，贷记“资金结存”科目。

【例5－26】2020年6月6日，某中央级事业单位按照规定使用售房款发放购房补贴200 000元，其中业务部门人员150 000元，行政及后勤管理部门50 000元。相关账务处理如下：

（1）6月6日，计提购房补贴：

财务会计分录	预算会计分录
借：业务活动费用——工资福利费用　150 000 　　单位管理费用——工资福利费用　50 000 　　贷：应付职工薪酬——国家统一规定的津贴补贴　200 000	不做账务处理

（2）6月6日，发放购房补贴：

财务会计分录	预算会计分录
借：应付职工薪酬——国家统一规定的津贴补贴　200 000 　　贷：银行存款——基本户　200 000	借：事业支出——其他资金支出（津贴补贴）　200 000 　　贷：资金结存——货币资金　200 000

（九）事业单位科研项目发放劳务费代扣个人所得税的会计处理

发放科研项目劳务费时，财务会计按应支付劳务费总额借记“业务活动费用”等科目，按实际发放金额贷记“银行存款”“零余额账户用款额度”等科目，按代扣的个人所得税金额贷记“其他应交税费”科目；预算会计按实际发放金额借记“事业支出”等科目，贷记“资金结存”等科目。实际缴纳个人所得税时，财务会计按实际代缴的个人所得税借记“其他应交税费”，贷记“银行存款”等科目；预算会计按实际代缴的个人所得税借记“事业支出”等科目，贷记“资金结存”等科目。

【例5－27】 2020年1月11日，某事业单位组织开展A项目的专家评审会，邀请有关专家3人参加，通过零余额账户支付专家评审费各1 000元（税后），代扣个人所得税各50元。2月10日缴纳个人所得税合计150元。相关账务处理如下：

（1）1月11日支付专家评审费：

财务会计分录	预算会计分录
借：业务活动费用——商品和服务费用（A项目；劳务费） 3 150 贷：零余额账户用款额度 3 000 其他应交税费——应交个人所得税 150 同时： 借：银行存款——基本户 150 贷：零余额账户用款额度 150	借：事业支出——财政拨款支出——项目支出（A项目；劳务费） 3 000 贷：资金结存——零余额账户用款额度 3 000 同时： 借：资金结存——货币资金 150 贷：资金结存——零余额账户用款额度 150

（2）2月10日缴纳个人所得税：

财务会计分录	预算会计分录
借：其他应交税费——应交个人所得税 150 贷：银行存款——基本户 150	借：事业支出——财政拨款支出——项目支出（A项目；劳务费） 150 贷：资金结存——货币资金 150

（十）事业单位提取专用基金是否都计入费用科目的问题

专用基金是指事业单位按照规定提取或者设置的有专门用途的资金，包括职工福利基金和其他基金等。形成专用基金有三种来源渠道：一是从年度非财政拨款结余或者经营结余中提取的，如职工福利基金；二是从收入中按一定比例提取并计入当期费用的，如科技成果转化基金；三是根据特殊目的按规定设置的，如高校设置的留本基金。因此，只有从收入中提取的专用基金才计入当期费用。

1. 年末，根据有关规定从本年度非财政拨款结余或经营结余中提取专用基金的，按照预算会计下计算的提取金额，财务会计借记“本年盈余分配”科目，贷记“专用基金”科目；预算会计借记“非财政拨款结余分配”科目，贷记“专用结余”科目。

2. 根据有关规定，从收入中提取专用基金并计入费用的，一般按照预算会计下预算收入的一定比例计算提取的金额，财务会计借记“业务活动费用”等科目，贷记“专用基金”科目；预算会计不做账务处理。

3. 根据有关规定设置的其他专用基金，按照实际收到的基金金额，财务会计借记“银行存款”等科目，贷记“专用基金”科目；预算会计不做账务处理。

使用专用基金时，按照使用的金额，财务会计借记“专用基金”等科目，贷记“银行存款”等科目。购置固定资产、无形资产的，财务会计借记“固定资产”“无形资产”科目，贷记“银行存款”等科目，同时，借记“专用基金”科目，贷记“累计盈余”科目；预算会计借记“事业支出”（使用从收入中提取并计入费用的基金）或“专用结余”（使用从非财政拨款结余、经营结余中提取的基金）科目，贷记“资金结存”科目。

【例 5－28】 2020 年 12 月 31 日，某事业单位从非财政拨款结余中按照相关比例提取职工福利基金 80 000 元，从事业收入中提取科技成果转化基金 120 000 元。2021 年 1 月 19 日，使用职工福利基金购买食堂用燃气灶，基本户支付 16 000 元。1 月 29 日，使用科技成果转化基金支付有突出贡献的科研人员奖励 20 000 元。相关账务处理如下：

（1）12 月 31 日，从非财政拨款结余中提取职工福利基金 80 000 元：

财务会计分录	预算会计分录
借：本年盈余分配　　80 000 　贷：专用基金——预算结余提取　　80 000	借：非财政拨款结余分配　　80 000 　贷：专用结余　　80 000

（2）12 月 31 日，从事业收入中提取科技成果转化基金 120 000 元：

财务会计分录	预算会计分录
借：业务活动费用——计提专用基金　　120 000 　贷：专用基金——预算收入提取　　120 000	不做账务处理

（3）1月19日，购买食堂用燃气灶16 000元：

财务会计分录	预算会计分录
借：固定资产（家具、用具、装具及动植物） 16 000 贷：银行存款——基本户 16 000 借：专用基金——预算结余提取 16 000 贷：累计盈余——专用基金 16 000	借：专用结余 16 000 贷：资金结存——货币资金 16 000

（4）1月29日，支付有突出贡献的科研人员奖励20 000元：

财务会计分录	预算会计分录
借：专用基金——预算收入提取 20 000 贷：银行存款——基本户 20 000	借：事业支出——其他资金支出（奖金） 20 000 贷：资金结存——货币资金 20 000

（十一）关于单位的归垫资金账务处理问题

根据《政府会计准则制度解释第2号》规定，行政事业单位（以下简称单位）按规定报经财政部门审核批准，在财政授权支付用款额度或财政直接支付用款计划下达之前，用本单位实有资金账户资金垫付相关支出，再通过财政授权支付方式或财政直接支付方式将资金归还原垫付资金账户的，应当按照以下规定进行账务处理：

1. 用本单位实有资金账户资金垫付相关支出时，按照垫付的资金金额，借记“其他应收款”科目，贷记“银行存款”科目；预算会计不做处理。

2. 通过财政直接支付方式或授权支付方式将资金归还原垫付资金账户时，按照归垫的资金金额，财务会计借记“银行存款”科目，贷记“财政拨款收入”科目，并按照相同的金额，借记“业务活动费用”等科目，贷记“其他应收款”科目；同时，在预算会计中，按照相同的金额，借记“行政支出”“事业支出”等科目，贷记“财政拨款预算收入”科目。

【例5－29】2021年1月5日，某事业单位开展向困难职工送温暖活动，因财政授权支付用款额度未下达，暂用基本户垫付慰问困难职工支出2 000元。2021年2月1日，单位收到财政授权支付用款额度工会经费50 000元，并归还基本户原垫付资金2 000元。相关账务处理如下：

（1）1月5日，暂用基本户垫付慰问困难职工支出2 000元：

财务会计分录	预算会计分录
借：其他应收款（垫付资金，工会经费） 2 000 贷：银行存款——基本户 2 000	不做账务处理

（2）2月1日，收到财政授权支付用款额度工会经费50 000元：

财务会计分录	预算会计分录
借：零余额账户用款额度 50 000 贷：财政拨款收入——一般公共预算财政拨款 50 000	借：资金结存——零余额账户用款额度 50 000 贷：财政拨款预算收入——基本支出——日常公用经费（一般公共预算财政拨款） 50 000

（3）2月1日，归还基本户原垫付资金2 000元：

财务会计分录	预算会计分录
借：银行存款——基本户 2 000 贷：零余额账户用款额度 2 000 同时： 借：单位管理费用——商品和服务费用（工会经费） 2 000 贷：其他应收款（垫付资金，工会经费） 2 000	借：事业支出——财政拨款支出——基本支出——日常公用经费（工会经费） 2 000 贷：资金结存——零余额账户用款额度 2 000

第三节　经营费用与经营支出的核算

一、经营费用

（一）经营费用相关管理规定

经营费用是指事业单位在专业业务活动及其辅助活动之外开展非独立核算经营活动发生的各项费用。

经营费用强调的是专业业务活动之外开展的非独立核算经营活动，与财务会计的经营收入相配比。经营费用与业务活动费用的区别在于是不是专业业务活动。经营费用仅适用事业单位，行政单位不能使用该科目。

经营费用的确认按照权责发生制原则，在满足费用确认条件时予以确认，无须以现实的货币资金流出为前提。

根据《事业单位财务规则》（财政部第68号令），事业单位在开展非独立核算经营活动中，应当正确归集实际发生的各项费用数；不能归集的，应当按照规定的比例合理分摊。

（二）经营费用的核算

1. 核算内容。

经营费用核算事业单位为实现其职能目标，依法履职或开展专业业务活动及其辅助活动之外开展非独立核算经营活动所发生的各项费用。

如果事业单位开展经营活动实行独立财务核算的，不属于本节所说的“经营费用”核算范围。

2. 明细科目设置。

经营费用应当按照经营活动类别、项目、支付对象等进行明细核算。

为了满足成本核算需要，本科目下还可按照“工资福利费用”“商品和服务费用”“对个人和家庭的补助费用”“固定资产折旧费”“无形资产摊销费”等成本项目设置明细科目，归集能够直接计入单位经营活动或采用一定方法计算后计入单位经营活动的费用（见表5-7）。

表5-7　　事业单位经营费用科目表

序号	科目编码	科目名称	科目类别	辅助要素
1	5201	经营费用	费用类	
2	520101	工资福利费用	费用类	
3	520102	商品和服务费用	费用类	资金往来对象类别，往来
4	520103	对个人和家庭的补助费用	费用类	
5	520104	固定资产折旧费	费用类	
6	520105	无形资产摊销费	费用类	
7	520199	其他	费用类	

3. 主要账务处理。

（1）为经营活动人员计提的薪酬，按照计算确定的金额，借记本科目，贷记“应付职工薪酬”科目。

（2）开展经营活动领用或发出库存物品，按照物品实际成本，借记本科目，贷记“库存物品”科目。

（3）为经营活动所使用固定资产、无形资产计提的折旧、摊销，按照应提折旧、摊销额，借记本科目，贷记“固定资产累计折旧”“无形资产累计摊销”科目。

（4）开展经营活动发生城市维护建设税、教育费附加、地方教育费附加、车船税、房产税、城镇土地使用税等，按照计算确定应交纳的金额，借记本科目，贷记“其他应交税费”等科目。

（5）发生与经营活动相关的其他各项费用时，按照费用确认金额，借记本科目，贷记“银行存款”“其他应付款”“其他应收款”等科目。涉及增值税业务的，相关账务处理参见“应交增值税”科目。

（6）发生当年购货退回等业务，对于已计入本年经营费用的，按照收回或应收的金额，借记“银行存款”“其他应收款”等科目，贷记本科目。

（7）期末，将本科目本期发生额转入本期盈余，借记“本期盈余”科目，贷记本科目。

期末结转后，本科目应无余额。

二、经营支出

（一）经营支出相关管理规定

经营支出，即事业单位在专业业务活动及其辅助活动之外开展非独立核算经营活动发生的支出。

经营支出的确认按照收付实现制原则，以现实的货币资金流出为前提。经营支出应当与经营预算收入配比。

“经营支出”的借方余额，反映单位从事经营活动消耗资金的本年累计数，年末结账时，将“经营支出”科目本年发生额转入“经营结余”科目。

（二）经营支出的核算

1. 核算内容。

经营支出核算事业单位在专业业务活动及其辅助活动之外开展非独立核算经营活动实际发生的各项现金流出。

如果事业单位开展经营活动实行独立财务核算的，不属于本节所说的“经营支出”核算范围。

2. 明细科目设置。

经营支出应当按照经营活动类别、项目、《政府收支分类科目》中“支出功能分类科目”的项级科目和“部门预算支出经济分类科目”的款级科目等进行明细核算。

对于预付款项，可通过在本科目下设置“待处理”明细科目进行明细核算，待确认具体支出项目后再转入本科目下相关明细科目。年末结账前，应将本科目“待处理”明细科目余额全部转入本科目下相关明细科目（见表5－8）。

表5－8　事业单位经营支出科目表

序号	科目编码	科目名称	科目类别	辅助要素
1	7301	经营支出	预算支出类	支出功能分类，经济分类

3. 主要账务处理。

（1）支付经营部门职工薪酬。向职工个人支付薪酬时，按照实际的金额，借记本科目，贷记“资金结存”科目。按照规定代扣代缴个人所得税以及代扣代缴或为职工缴纳职工社会保险费、住房公积金时，按照实际缴纳的金额，借记本科目，贷记“资金结存”科目。

（2）为经营活动支付外部人员劳务费。按照实际支付给外部人员个人的金额，借记本科目，贷记“资金结存”科目。按照规定代扣代缴个人所得税时，按照实际缴纳的金额，借记本科目，贷记“资金结存”科目。

（3）开展经营活动过程中为购买存货、固定资产、无形资产等以及在建工程支付相关款项时，按照实际支付的金额，借记本科目，贷记“资金结存”科目。

（4）开展经营活动过程中发生预付账款时，按照实际支付的金额，借记本科目，贷记“资金结存”科目。

对于暂付款项，在支付款项时可不做预算会计处理，待结算或报销时，按照结算或报销的金额，借记本科目，贷记“资金结存”科目。

（5）因开展经营活动缴纳的相关税费以及发生的其他各项支出，按照实际支付的金额，借记本科目，贷记“资金结存”科目。

（6）开展经营活动中因购货退回等发生款项退回，或者发生差错更正的，属于当年支出收回的，按照收回或更正金额，借记“资金结存”科目，贷记本科目。

（7）年末，将本科目本年发生额转入经营结余，借记“经营结余”科目，贷记本科目。

年末结转后，本科目应无余额。

三、会计实务举例

【例5－30】 2020年1月5日，某事业单位人事部门计算本单位1月经营部门应发工资合计80 000元，其中基本工资30 000元，津贴补贴5 000元，绩效工资45 000元。1月6日实际发放经营部门人员工资74 500元，代扣个人部分5 500元：其中养老保险1 600元，医疗保险1 100元，住房公积金1 900元，个人所得税900元。相关账务处理如下：

（1）1月5日计提本月经营部门应发工资：

财务会计分录	预算会计分录
借：经营费用——工资福利费用 80 000 贷：应付职工薪酬——基本工资（含离退休费） 30 000 ——国家统一规定的津贴补贴 5 000 ——规范津贴补贴（绩效工资） 45 000	不做账务处理

（2）1月6日，发放经营部门职工工资：

财务会计分录	预算会计分录
借：应付职工薪酬——基本工资（含离退休费） 30 000 ——国家统一规定的津贴补贴 5 000 ——规范津贴补贴（绩效工资） 45 000 贷：银行存款——基本户 74 500 应付职工薪酬——社会保险费——个人——养老保险 1 600 ——社会保险费——个人——医疗保险 1 100 ——住房公积金——个人 1 900 其他应交税费——应交个人所得税 900	借：经营支出（基本工资） 24 500 （津贴补贴） 5 000 （绩效工资） 45 000 贷：资金结存——货币资金 74 500

（3）1月6日，代扣个人所得税由零余额账户转入基本户：

财务会计分录	预算会计分录
借：银行存款——基本户 900 贷：零余额账户用款额度 900	借：资金结存——货币资金 900 贷：资金结存——零余额账户用款额度 900

【例5-31】2020年1月10日缴纳经营部门职工养老保险4 800元，其中，单位部分3 200元，个人部分1 600元；缴纳医疗保险3 400元，其中，单位部分2 300元，个人部分1 100元；缴纳住房公积金3 800元，其中，单位部分1 900元，个人部分1 900元。2月10日缴纳个人所得税900元。相关账务处理如下：

（1）1月10日计提经营部门职工社保、住房公积金单位部分：

财务会计分录	预算会计分录
借：经营费用——工资福利费用 7 400 贷：应付职工薪酬——社会保险费——单位——养老保险 3 200 ——社会保险费——单位——医疗保险 2 300 ——住房公积金——单位 1 900	不做账务处理

（2）1月10日缴纳社保、住房公积金单位和个人部分：

财务会计分录	预算会计分录
借：应付职工薪酬——社会保险费——单位——养老保险 3 200 ——社会保险费——个人——养老保险 1 600 ——社会保险费——单位——医疗保险 2 300 ——社会保险费——个人——医疗保险 1 100 ——住房公积金——单位 1 900 ——住房公积金——个人 1 900 贷：零余额账户用款额度 12 000	借：经营支出（机关事业单位基本养老保险） 3 200 （基本工资） 1 600 （职工基本医疗保险缴费） 2 300 （基本工资） 1 100 （住房公积金） 1 900 （基本工资） 1 900 贷：资金结存——零余额账户用款额度 12 000

（3）2 月 10 日缴纳个人所得税：

财务会计分录	预算会计分录
借：其他应交税费——应交个人所得税　900 　贷：银行存款——基本户　900	借：经营支出（基本工资）　900 　贷：资金结存——货币资金　900

【例 5－32】2020 年 1 月 12 日，某事业单位购买一批材料用于生产 A 产品，金额为 50 000 元，发票已开具，款项已支付，该材料于当日入库。次日，因生产 A 产品需要领用该材料 1 000 元。相关账务处理如下：

（1）1 月 12 日，购材料 50 000 元用于 A 产品：

财务会计分录	预算会计分录
借：库存物品　50 000 　贷：银行存款——基本户　50 000	借：经营支出（专用材料费）　50 000 　贷：资金结存——货币资金　50 000

（2）1 月 12 日，生产 A 产品领用材料 1 000 元：

财务会计分录	预算会计分录
借：经营费用——商品和服务费用（A 产品，专用材料费）　1 000 　贷：库存物品　1 000	不做账务处理

【例 5－33】2020 年 1 月 13 日，某事业单位经营部门购买反映釜一套，价值 49 000 元，反映釜已安装验收使用，款项已支付。相关账务处理如下：

1 月 13 日，经营部门购反映釜 49 000 元：

财务会计分录	预算会计分录
借：固定资产（专用设备）　49 000 　贷：银行存款——基本户　49 000	借：经营支出（专用设备购置）　49 000 　贷：资金结存——货币资金　49 000

【例 5－34】2020 年 1 月 14 日，某事业单位组织经营部门人员进行技术培训，邀请外单位专家一名进行授课，支付专家培训讲课费 1 000 元（税后）。相关账务处理如下：

1月14日，支付专家培训讲课费800元：

财务会计分录	预算会计分录
借：经营费用——商品和服务费用（劳务费）　800 　贷：银行存款——基本户　800	借：经营支出（劳务费）　800 　贷：资金结存——货币资金　800

【例5-35】2020年1月15日，某事业单位经营部门与A单位签订安装一套生产经营用软件合同，合同约定软件总价款80 000元，合同签订后，预付总价款的70%，软件安装验收后，支付总价款的30%。2021年3月10日，此软件安装验收完毕，支付余款24 000元。相关账务处理如下：

（1）1月15日，预付合同款80 000×70% =56 000（元）：

财务会计分录	预算会计分录
借：预付账款（A单位）　56 000 　贷：银行存款——基本户　56 000	借：经营支出（信息网络及软件购置更新）　56 000 　贷：资金结存——货币资金　56 000

（2）3月10日，支付余款24 000元：

财务会计分录	预算会计分录
借：无形资产（其他）　80 000 　贷：预付账款（A单位）　56 000 　　银行存款——基本户　24 000	借：经营支出（信息网络及软件购置更新）　24 000 　贷：资金结存——货币资金　24 000

【例5-36】2020年3月31日，某事业单位根据房租收入计算经营部门房屋租赁第一季度应交房产税6 025.32元，应交城镇土地使用税226.00元。4月10日，缴纳上述税金。相关账务处理如下：

（1）3月31日，计提应交房产税和城镇土地使用税：

财务会计分录	预算会计分录
借：经营费用——商品和服务费用（税金及附加费）　6 251.32 　贷：其他应交税费——房产税　6 025.32 　　——城镇土地使用税　226.00	不做账务处理

（2）4 月 10 日，缴纳房产税和城镇土地使用税：

财务会计分录	预算会计分录
借：其他应交税费——房产税　6 025.32 ——城镇土地使用税　226.00 贷：银行存款——基本户　6 251.32	借：经营支出（税金及附加费用）　6 025.32 （税金及附加费用）　226.00 贷：资金结存——货币资金　6 251.32

【例 5－37】2020 年 1 月 31 日，某事业单位根据相关规定，应计提经营部门固定资产折旧 39 939.2 元，其中经营活动用房屋折旧 3 210.5 元，通用设备折旧 12 560.78 元，专用设备折旧 24 167.92 元。应计提经营部门无形资产摊销 1 605.86 元。相关账务处理如下：

1 月 31 日，计提 1 月经营部门固定资产折旧和无形资产摊销：

财务会计分录	预算会计分录
借：经营费用——固定资产折旧费　39 939.2 ——无形资产摊销费　1 605.86 贷：固定资产累计折旧（土地、房屋及构筑物）　3 210.5 （通用设备）　12 560.78 （专用设备）　24 167.92 无形资产累计摊销（其他）　1 605.86	不做账务处理

【例 5－38】2020 年 1 月 31 日，某事业单位计算 1 月经营费用合计 255 845.38 元，其中，工资福利费用 87 400.00 元，商品和服务费用 126 900.32 元，固定资产折旧费 39 939.2 元，无形资产摊销 1 605.86 元。相关账务处理如下：

1 月 31 日，期末费用转盈余：

财务会计分录	预算会计分录
借：本期盈余　255 845.38 贷：经营费用——工资福利费用　87 400.00 ——商品和服务费用　126 900.32 ——固定资产折旧费　39 939.2 ——无形资产摊销费　1 605.86	不做账务处理

四、常见及疑难问题解释参考

（一）事业单位为了开展经营活动聘用非在职人员的工资社保等支出的账务处理

事业单位为了开展经营活动聘用非在职人员，一般包括三种情况：签订了正式劳动合同的长期聘用人员、临时聘用的人员、劳务派遣人员。

1. 事业单位为了开展经营活动长期聘用职工，应当与单位签订劳动合同，享受同工同酬待遇，支出以工资表的形式列支。长期聘用职工发生的职工薪酬、代扣住房公积金、养老保险、医疗保险、个人所得税等应归集到“经营费用——工资福利费用”科目核算。为经营活动人员计提的薪酬，按照计算确定的金额，财务会计借记“经营费用——工资福利费用”科目，贷记“应付职工薪酬”科目；预算会计不做账务处理。为经营活动人员支付薪酬时，按照实际支付的金额，预算会计借记“经营支出”科目，贷记“资金结存”科目。按照规定代扣代缴个人所得税或为职工缴纳社会保险费、住房公积金时，按照实际缴纳的金额，预算会计借记“经营支出”科目，贷记“资金结存”科目。

2. 事业单位为了开展经营活动临时聘用人员应与单位签订劳务合同，支出须取得税务发票列支，不允许以工资表形式列支。临时聘用人员发生的职工薪酬等应归集到“经营费用——商品和服务费用（劳务费）”科目核算。为经营活动人员支付薪酬时，按照实际支付的金额，财务会计借记“经营费用——商品和服务费用”科目，贷记“银行存款”科目；预算会计借记“经营支出（劳务费）”科目，贷记“资金结存——货币资金”科目。

3. 事业单位的劳务派遣人员，为事业单位与劳务派遣公司签订合同，支付给劳务派遣公司的费用。劳务派遣人员发生的职工薪酬等应归集到“经营费用——商品和服务费用”科目核算。为经营活动人员支付薪酬时，按照实际支付的金额，财务会计借记“经营费用——商品和服务费用（劳务费）”科目，贷记“银行存款”科目；预算会计借记“经营支出（劳务费）”科目，贷记“资金结存——货币资金”科目。

（二）事业单位开展经营活动发生购货退回的账务处理

1. 事业单位开展经营活动发生当年购货退回，对于已经计入本年经营费用的，按照收回或应收的金额，财务会计借记“银行存款”“其他应收款”等科目，贷记“经营费用”；预算会计借记“资金结存”，贷记“经营支出”。

【例 5－39】 2020 年 3 月 21 日，某事业单位购买一批实验材料用于经营活动，该实验材料价值 50 000 元，款项已支付，并于当月全部领用完毕。在使用过程中，发现该批实验材料存在质量问题，经与供应商协商，4 月 6 日，该批实验材料全部退回，并收到退货款 50 000 元。相关账务处理如下：

（1）3 月 21 日，购入实验材料 50 000 元，全部领用完毕：

财务会计分录	预算会计分录
借：经营费用——商品和服务费用（专用材料费） 50 000 贷：银行存款——基本户 50 000	借：经营支出（专用材料费） 50 000 贷：资金结存——货币资金 50 000

（2）4 月 6 日，退回实验材料 50 000 元：

财务会计分录	预算会计分录
借：银行存款——基本户 50 000 贷：经营费用——商品和服务费用（专用材料费） 50 000	借：资金结存——货币资金 50 000 贷：经营支出（专用材料费） 50 000

2. 事业单位开展经营活动发生以前年度购货退回，对于已经计入以前年度经营费用的，按照收回或应收的金额，财务会计借记“银行存款”“其他应收款”等科目，贷记“以前年度盈余调整”；预算会计借记“资金结存”，贷记“经营结余”。

【例 5－40】 2020 年 12 月 21 日，某事业单位购买一批实验材料用于经营活动，该实验材料价值 50 000 元，款项已支付，并于当月全部领用完毕。在使用过程中，发现该批实验材料存在质量问题，经与供应商协商，2021 年 2 月 6 日，该批实验材料全部退回，并收到退货款 50 000 元。相关账务处理如下：

（1）12 月 21 日，购入实验材料 50 000 元，全部领用完毕，账务处理同【例 5－39】（1）。

（2）2 月 6 日，退回实验材料 50 000 元：

财务会计分录	预算会计分录
借：银行存款——基本户 50 000 贷：以前年度盈余调整 50 000	借：资金结存——货币资金 50 000 贷：经营结余 50 000

第四节 资产处置费用的核算

一、资产处置费用相关管理规定

根据《事业单位财务规则》(财政部令第108号),事业单位资产处置应当遵循公开、公平、公正和竞争、择优的原则,严格履行相关审批程序。

根据《行政事业性国有资产管理条例》(国务院第738号令),各部门及其所属单位应当根据履行职能、事业发展需要和资产使用状况,经集体决策和履行审批程序,依据处置事项批复等相关文件及时处置行政事业性国有资产。

各部门及其所属单位应当对下列资产及时予以报废、报损:(一)因技术原因确需淘汰或者无法维修、无维修价值的资产;(二)涉及盘亏、坏账以及非正常损失的资产;(三)已超过使用年限且无法满足现有工作需要的资产;(四)因自然灾害等不可抗力造成毁损、灭失的资产。

各部门及其所属单位发生分立、合并、改制、撤销、隶属关系改变或者部分职能、业务调整等情形,应当根据国家有关规定办理相关国有资产划转、交接手续。

国家设立的研究开发机构、高等院校对其持有的科技成果的使用和处置,依照《中华人民共和国促进科技成果转化法》《中华人民共和国专利法》和国家有关规定执行。

行政单位国有资产出租和处置等收入,应当按照政府非税收入和国库集中收缴制度的有关规定管理。

除国家另有规定外,事业单位国有资产的处置收入应当按照政府非税收入和国库集中收缴制度的有关规定管理。

各部门及其所属单位处置资产应当及时核销相关资产台账信息,同时进行会计处理。

根据《政府会计准则第3号——固定资产》,政府会计主体按规定报经批准出售、转让固定资产或固定资产报废、毁损的,应当将固定资产账面价值转销计入当期费用,并将处置收入扣除相关处置税费后的差额按规定作应缴款项处理(差额为净收益时)或计入当期费用(差额为净损失时)。

政府会计主体按规定报经批准对外捐赠、无偿调出固定资产的,应当将固定资产的账面价值予以转销，对外捐赠、无偿调出中发生的归属于捐出方、调出方的相关费用应当计入当期费用。

政府会计主体按规定报经批准以固定资产对外投资的，应当将该固定资产的账面价值予以转销，并将固定资产在对外投资时的评估价值与其账面价值的差额计入当期收入或费用。

固定资产盘亏造成的损失，按规定报经批准后应当计入当期费用。

根据《政府会计准则第 4 号——无形资产》，政府会计主体按规定报经批准出售无形资产，应当将无形资产账面价值转销计入当期费用，并将处置收入大于相关处置税费后的差额按规定计入当期收入或者做应缴款项处理，将处置收入小于相关处置税费后的差额计入当期费用。

政府会计主体按规定报经批准对外捐赠、无偿调出无形资产的，应当将无形资产的账面价值予以转销，对外捐赠、无偿调出中发生的归属于捐出方、调出方的相关费用应当计入当期费用。

政府会计主体按规定报经批准以无形资产对外投资的，应当将该无形资产的账面价值予以转销，并将无形资产在对外投资时的评估价值与其账面价值的差额计入当期收入或费用。

无形资产预期不能为政府会计主体带来服务潜力或者经济利益的，应当在报经批准后将该无形资产的账面价值予以转销。

根据《事业单位成本核算基本指引》，成本核算对象为业务活动类型的，与单位开展业务活动耗费无关的费用，如资产处置费用、上缴上级费用、对附属单位补助费用等，一般不计入成本。

二、资产处置费用的核算

（一）核算内容

资产处置费用核算单位经批准处置资产时发生的费用，包括转销的被处置资产价值，以及在处置过程中发生的相关费用或者处置收入小于相关费用形成的净支出。资产处置的形式按照规定包括无偿调拨、出售、出让、转让、置换、对外捐赠、报废、毁损以及货币性资产损失核销等。

单位在资产清查中查明的资产盘亏、毁损以及资产报废等，应当先通过“待处理财产损溢”科目进行核算，再将处理资产价值和处理净支出记入本科目。

短期投资、长期股权投资、长期债券投资的处置，按照相关资产科目的规定进行账务处理。

（二）明细科目设置

资产处置费用应当按照处置资产的类别、资产处置的形式等进行明细核算（见表5－9）。

表5－9　　事业单位资产处置费用科目表

序号	科目编码	科目名称	科目类别	辅助要素
1	5301	资产处置费用	费用类	
2	530101	库存现金	费用类	
3	530102	库存物品	费用类	
4	530103	固定资产	费用类	
5	530104	无形资产	费用类	
6	530105	公共基础设施	费用类	
7	530106	政府储备物资	费用类	
8	530107	文物文化资产	费用类	
9	530108	保障性住房	费用类	
10	530109	其他应收款	费用类	
11	530110	在建工程	费用类	
12	530199	其他	费用类	

（三）主要账务处理

1. 不通过“待处理财产损溢”科目核算的资产处置。

（1）按照规定报经批准处置资产时，按照处置资产的账面价值，借记本科目处置固定资产、无形资产、公共基础设施、保障性住房的，还应借记“固定资产累计折旧”“无形资产累计摊销”“公共基础设施累计折旧（摊销）”“保障性住房累计折旧”科目，按照处置资产的账面余额，贷记“库存物品”“固定资产”“无形资产”“公共基础设施”“政府储备物资”“文物文化资产”“保障性住房”“其他应收款”“在建工程”等科目。

（2）处置资产过程中仅发生相关费用的，按照实际发生金额，借记本科目，贷记“银行存款”“库存现金”等科目。

（3）处置资产过程中取得收入的，按照取得的价款，借记“库存现金”

“银行存款”等科目，按照处置资产过程中发生的相关费用，贷记“银行存款”“库存现金”等科目，按照其差额，借记本科目或贷记“应缴财政款”等科目。涉及增值税业务的，相关账务处理参见“应交增值税”科目。

2. 通过“待处理财产损溢”科目核算的资产处置。

（1）单位账款核对中发现的现金短缺，属于无法查明原因的，报经批准核销时，借记本科目，贷记“待处理财产损溢”科目。

（2）单位资产清查过程中盘亏或者毁损、报废的存货、固定资产、无形资产、公共基础设施、政府储备物资、文物文化资产、保障性住房等，报经批准处理时，按照处理资产价值，借记本科目，贷记“待处理财产损溢——待处理财产价值”科目。处理收支结清时，处理过程中所取得收入小于所发生相关费用的，按照相关费用减去处理收入后的净支出，借记本科目，贷记“待处理财产损溢——处理净收入”科目。

3. 期末，将本科目本期发生额转入本期盈余，借记“本期盈余”科目，贷记本科目。

期末结转后，本科目应无余额。

三、会计实务举例

【例 5－41】 2020 年 5 月 11 日，某事业单位库存一批实验材料，因台风侵袭，无法使用，报经批准处置该批实验材料。该批实验材料成本 200 000 元，发生材料清理费 1 000 元，以银行存款支付。相关账务处理如下：

（1）5 月 11 日，经批准处置实验材料 200 000 元：

财务会计分录	预算会计分录
借：资产处置费用——库存物品　200 000 　贷：库存物品　200 000	不做账务处理

（2）5 月 11 日，支付材料清理费 1 000 元：

财务会计分录	预算会计分录
借：资产处置费用——其他　1 000 　贷：银行存款——基本户　1 000	借：其他支出——其他资金支出（其他商品和服务支出）　1 000 　贷：资金结存——货币资金　1 000

【例 5－42】 2020 年 5 月 16 日，某事业单位经上级主管部门批准，将一台

专用设备无偿调拨给A事业单位，该设备账面原值1 130 000元，已提折旧226 000元，发生运输费用2 000元，调出方以银行存款支付。相关账务处理如下：

（1）5月16日，经批准无偿调拨设备1 130 000元：

财务会计分录	预算会计分录
借：无偿调拨净资产 904 000 固定资产累计折旧（专用设备） 226 000 贷：固定资产（专用设备） 1 130 000	不做账务处理

（2）5月16日，发生运输费用2 000元：

财务会计分录	预算会计分录
借：资产处置费用——其他 2 000 贷：银行存款——基本户 2 000	借：其他支出——其他资金支出（其他商品和服务支出） 1 000 贷：资金结存——货币资金 1 000

【例5－43】 2020年5月19日，某事业单位将一台小型实验设备捐赠给边远山区A学校，用于化学实验教学，该实验设备账面原值120 000元，已提折旧60 000元，发生运输费用1 100元，以银行存款支付。相关账务处理如下：

（1）5月19日，捐赠实验设备120 000元：

财务会计分录	预算会计分录
借：资产处置费用——固定资产 60 000 固定资产累计折旧（通用设备） 60 000 贷：固定资产（通用设备） 120 000	不做账务处理

（2）5月19日，捐赠实验设备支付运输费用1 100元：

财务会计分录	预算会计分录
借：资产处置费用——其他 1 100 贷：银行存款——基本户 1 100	借：其他支出——其他资金支出（其他商品和服务支出） 1 100 贷：资金结存——货币资金 1 100

【例5－44】 2020年5月21日，某事业单位经批准对外出售一批库存实验用原材料，该原材料账面价值30 000元，出售价格（含税价）38 000元，款

项已收到，该事业单位属于小规模纳税人。2020 年 5 月 22 日，该事业单位将出售款上缴财政。相关账务处理如下：

（1）5 月 21 日，出售库存实验原材料 30 000 元：

财务会计分录	预算会计分录
借：资产处置费用——库存物品 30 000 　　贷：库存物品 30 000	不做账务处理

（2）5 月 21 日，取得货款 38 000 元：

财务会计分录	预算会计分录
借：银行存款——基本户 38 000 　　贷：应缴财政款——应缴国库款 37 623.76 　　　　应交增值税 376.24	不做账务处理

（3）5 月 22 日，货款上缴财政：

财务会计分录	预算会计分录
借：应缴财政款——应缴国库款 37 623.76 　　贷：银行存款——基本户 37 623.76	不做账务处理

【例 5－45】2020 年 5 月 22 日，某事业单位出纳人员盘存现金时，发现短款 200 元，经与会计对账，无法查明原因。5 月 24 日，经批准同意核销。相关账务处理如下：

（1）5 月 22 日，现金短款 200 元：

财务会计分录	预算会计分录
借：待处理财产损溢——待处理财产价值 200 　　贷：库存现金 200	借：其他支出——其他资金支出 200 　　贷：资金结存——货币资金 200

（2）5 月 24 日，经批准同意核销：

财务会计分录	预算会计分录
借：资产处置费用——库存现金 200 　　贷：待处理财产损溢——待处理财产价值 200	不做账务处理

【例 5－46】2020 年 5 月 25 日，某事业单位在固定资产清查盘点中，发现遗失了一台笔记本电脑，确认无法查明原因，该电脑账面原值 5 500 元，已提折旧 5 347.22 元。经批准同意核销。7 月 16 日，根据批复结果进行处理。相关账务处理如下：

（1）5 月 25 日，盘亏笔记本电脑：

财务会计分录			预算会计分录
借：待处理财产损溢——待处理财产价值	152.78		不做账务处理
固定资产累计折旧（通用设备）	5 347.22		
贷：固定资产（通用设备）		5 500	

（2）7 月 16 日，根据批复结果进行核销：

财务会计分录			预算会计分录
借：资产处置费用——固定资产	152.78		不做账务处理
贷：待处理财产损溢——待处理财产价值		152.78	

【例 5－47】2020 年 5 月 30 日，某事业单位经批准报废一批通用设备，该批通用设备账面原值 80 000 元，已提折旧 78 000 元，发生清理费用 500 元，以银行存款支付。相关账务处理如下：

（1）5 月 30 日，报废一批通用设备：

财务会计分录			预算会计分录
借：待处理财产损溢——待处理财产价值	2 000		不做账务处理
固定资产累计折旧（通用设备）	78 000		
贷：固定资产（通用设备）		80 000	
借：资产处置费用——固定资产	2 000		
贷：待处理财产损溢——待处理财产价值		2 000	

（2）5 月 30 日，发生清理费用 500 元：

财务会计分录			预算会计分录		
借：资产处置费用——固定资产	500		借：其他支出——其他资金支出	500	
贷：银行存款——基本户		500	贷：资金结存——货币资金		500

四、常见及疑难问题解释参考

（一）单位处置受赠资产如何进行会计处理

1. 根据《政府会计准则制度解释第3号》，单位向非政府会计主体分配受赠的非现金资产，应当按照《政府会计制度》中“资产处置费用”科目相关规定处理。

【例5-48】 2020年5月10日，某事业单位接受外国友好人士捐赠一台全新的实验设备，根据相关凭据记载，该实验设备价值300 000元。5月12日，该事业单位将实验设备分配给A附属企业使用。相关账务处理如下：

（1）5月10日，接受捐赠实验设备300 000元：

财务会计分录	预算会计分录
借：固定资产（专用设备）　300 000 　贷：捐赠收入　300 000	不做账务处理

（2）5月12日，实验设备分配给A附属企业使用：

财务会计分录	预算会计分录
借：资产处置费用——固定资产　300 000 　贷：固定资产（专用设备）　300 000	不做账务处理

2. 根据《政府会计准则制度解释第3号》，单位使用、处置受赠资产，应当按照《政府会计制度》相关规定进行会计处理。处置受赠资产取得的净收入（取得价款扣减支付的相关税费后的金额），按规定上缴财政的，应当通过“应缴财政款”科目核算；按规定纳入本单位预算管理的，应当通过“其他（预算）收入”科目核算。

【例5-49】 2020年5月15日，某事业单位经批准出售一批受赠的电脑，该批电脑账面原值50 000元，已提折旧6944.44元，出售价款43 000元（含税价），款项已收到，该事业单位属于增值税小规模纳税人。5月18日，该收入上缴财政。相关账务处理如下：

（1）5 月 15 日，出售受赠的电脑：

财务会计分录	预算会计分录
借：资产处置费用——固定资产　43 055.56 　　固定资产累计折旧（通用设备）　6 944.44 　　贷：固定资产（通用设备）　50 000 同时： 借：银行存款——基本户　43 000 　　贷：应缴财政款——应缴国库款　42 574.26 　　　　应交增值税　425.74	不做账务处理

（2）5 月 18 日，该收入上缴财政：

财务会计分录	预算会计分录
借：应缴财政款——应缴国库款　42 574.26 　　贷：银行存款——基本户　42 574.26	不做账务处理

【例 5－50】 2020 年 5 月 19 日，某事业单位经批准对外出售受赠的库存材料，该库存材料账面价值 60 000 元，出售价格（含税价）58 000 元，款项已收到，该事业单位属于小规模纳税人。按照规定，某事业单位将该收入纳入本单位预算管理。相关账务处理如下：

财务会计分录	预算会计分录
借：资产处置费用——库存物品　60 000 　　贷：库存物品　60 000 同时： 借：银行存款——基本户　58 000 　　贷：其他收入　57 425.74 　　　　应交增值税　574.26	借：资金结存——货币资金　58 000 　　贷：其他预算收入　58 000

（二）单位报废固定资产发生相关收入、赔偿、费用如何进行会计处理

根据《政府会计制度》，单位报废固定资产时，具体账务处理如下：

1. 对于拟报废固定资产，先转入“待处理财产损溢”科目：财务会计根据固定资产账面原值和已计提折旧分别贷记“固定资产”科目，借记“固定资产累计折旧”科目，根据两者的差额借记“待处理财产损溢”科目。

2. 单位在报废固定资产过程中，发生相关收入、赔偿、费用等，如取得的残值变价收入、保险理赔和过失人赔偿等，财务会计借记“库存现金”“银行存款”“其他应收款”等科目，贷记“待处理财产损溢”科目；发生的相关费用，借记“待处理财产损溢”科目，贷记“库存现金”“银行存款”等科目；预算会计不做账务处理。

3. 处理收支结清时，按照批准处理：如果处置收入大于处置费用，按照处置收入减去处置费用的净收入，财务会计借记“待处理财产损溢”科目，贷记“应缴财政款”等科目；预算会计不做账务处理。如果处置收入小于处置费用，按照处置费用减去处置收入的净支出，财务会计借记“资产处置费用”，贷记“待处理财产损溢”科目；预算会计借记“其他支出”科目，贷记“资金结存”科目。

【例5－51】2020年5月21日，某事业单位经批准报废一台分析仪器，账面原值2 400 000元，该仪器已超过使用年限，并已全额计提折旧，取得变卖收入16 000元，发生清理和运输费用5 000元，以银行存款支付。相关账务处理如下：

（1）5月21日，报废一台分析仪器，转入待处理财产损溢：

财务会计分录	预算会计分录
借：固定资产累计折旧（通用设备）　2 400 000 　贷：固定资产（专用设备）　2 400 000	不做账务处理

（2）5月21日，取得变卖收入16 000元：

财务会计分录	预算会计分录
借：银行存款——基本户　16 000 　贷：待处理财产损溢——处理净收入　16 000	不做账务处理

（3）5月21日，发生清理和运输费用5 000元：

财务会计分录	预算会计分录
借：待处理财产损溢——处理净收入　5 000 　贷：银行存款——基本户　5 000	不做账务处理

（4）5月21日，经批准处理：

财务会计分录	预算会计分录
借：待处理财产损溢——处理净收入 11 000 　贷：应缴财政款——应缴国库款　11 000	不做账务处理

【例5-52】 2020年5月26日，某事业单位经批准报废一批电脑，账面原值180 000元，已提折旧177 500元，发生清理费用和运输费800元，以银行存款支付，取得残值收入600元，款项已收到。相关账务处理如下：

（1）5月26日，报废一批电脑，转入待处理财产损溢：

财务会计分录	预算会计分录
借：待处理财产损溢——待处理财产价值　2 500 　固定资产累计折旧（通用设备）　177 500 　贷：固定资产（通用设备）　180 000	不做账务处理

（2）5月26日，发生清理费用和运输费800元：

财务会计分录	预算会计分录
借：待处理财产损溢——处理净收入　800 　贷：银行存款——基本户　800	不做账务处理

（3）5月26日，取得残值收入600元：

财务会计分录	预算会计分录
借：银行存款——基本户　600 　贷：待处理财产损溢——处理净收入　600	不做账务处理

（4）5月26日，经批准处理：

财务会计分录	预算会计分录
借：资产处置费用——固定资产　2 500 　贷：待处理财产损溢——待处理财产价值　2 500 借：资产处置费用——固定资产　200 　贷：待处理财产损溢——处理净收入　200	借：其他支出——其他资金支出　200 　贷：资金结存——货币资金　200

第五节 上缴上级费用和上缴上级支出的核算

一、上缴上级费用

（一）上缴上级费用相关管理规定

根据《事业单位成本核算基本指引》，成本核算对象为业务活动类型的，与单位开展业务活动耗费无关的费用，如资产处置费用、上缴上级费用、对附属单位补助费用等，一般不计入成本。

（二）上缴上级费用的核算

1. 核算内容。

上缴上级费用核算事业单位按照财政部门和主管部门的规定上缴上级单位款项发生的费用。

2. 明细科目设置。

上缴上级费用应当按照收缴款项单位、缴款项目等进行明细核算（见表5－10）。

表5－10　　事业单位上缴上级费用科目表

序号	科目编码	科目名称	科目类别	辅助要素
1	5401	上缴上级费用	费用类	资金往来对象类别，往来

3. 主要账务处理。

（1）单位发生上缴上级支出的，按照实际上缴的金额或者按照规定计算出应当上缴上级单位的金额，借记本科目，贷记“银行存款”“其他应付款”等科目。

（2）期末，将本科目本期发生额转入本期盈余，借记“本期盈余”科目，贷记本科目。

期末结转后，本科目应无余额。

二、上缴上级支出

（一）上缴上级支出相关管理规定

同上缴上级费用相关管理规定。

（二）上缴上级支出的核算

1. 核算内容。

上缴上级支出核算事业单位按照财政部门和主管部门的规定上缴上级单位款项发生的现金流出。

2. 明细科目设置。

上缴上级支出应当按照收缴款项单位、缴款项目、《政府收支分类科目》中“支出功能分类科目”的项级科目和“部门预算支出经济分类科目”的款级科目等进行明细核算（见表5－11）。

表5－11　　事业单位上缴上级支出科目表

序号	科目编码	科目名称	科目类别	辅助要素
1	7401	上缴上级支出	预算支出类	资金性质，支出功能分类，经济分类
2	740101	专项资金支出	预算支出类	资金性质，支出功能分类，经济分类，预算项目
3	740102	非专项资金支出	预算支出类	资金性质，支出功能分类，经济分类

3. 主要账务处理。

（1）按照规定将款项上缴上级单位的，按照实际上缴的金额，借记本科目，贷记“资金结存”科目。

（2）年末，将本科目本年发生额转入其他结余，借记“其他结余”科目，贷记本科目。

年末结转后，本科目应无余额。

三、会计实务举例

【例5－53】2020年5月6日，某事业单位按照上级主管部门下发的文件，上缴主管部门A项目结余资金60 000元，款项以银行存款支付。相关账务处理如下：

5月6日，上缴主管部门A项目结余资金60 000元：

财务会计分录	预算会计分录
借：上缴上级费用（A项目）　60 000 　贷：银行存款——基本户　60 000	借：上缴上级支出——专项资金支出（A项目）　60 000 　贷：资金结存——货币资金　60 000

【例5－54】2020年5月31日，某事业单位计算5月上缴上级费用发生额合计60 000元，据此编制结转凭证。相关账务处理如下：

财务会计分录	预算会计分录
借：本期盈余　60 000 　贷：上缴上级费用　60 000	不做账务处理

四、常见及疑难问题解释参考

关于事业单位按规定需要上缴上级部门的款项，暂时不上缴时如何进行会计处理？

单位发生应上缴上级支出的，因某种原因暂时不上缴，按照规定计算出应上缴的金额，财务会计借记“上缴上级费用”科目，贷记“其他应付款”科目；预算会计不做账务处理。按照规定将款项上缴上级单位的，按实际上缴的金额，财务会计借记“其他应付款”科目，贷记“银行存款”科目；预算会计借记“上缴上级支出”科目，贷记“资金结存”科目。

【例5－55】2020年12月31日，某事业单位根据上级主管部门的有关文件规定，按照事业收入的5%即100 000元上缴主管部门。因资金紧张，2020年暂时不上缴。2021年1月20日，款项以银行存款支付。相关账务处理如下：

（1）12月31日，根据文件应上缴主管部门100 000元：

财务会计分录	预算会计分录
借：上缴上级费用　100 000 　贷：其他应付款　100 000	不做账务处理

（2）1 月 20 日，以银行存款上缴 100 000 元：

财务会计分录	预算会计分录
借：其他应付款　100 000 　贷：银行存款——基本户　100 000	借：上缴上级支出——非专项资金支出　100 000 　贷：资金结存——货币资金　100 000

第六节　对附属单位补助费用和对附属单位补助支出的核算

一、对附属单位补助费用

（一）对附属单位补助费用相关管理规定

根据《政府会计制度》，对附属单位补助费用是指事业单位用财政拨款收入之外的收入对附属单位补助发生的费用。

从以上规定可以得出：

1. 对附属单位补助费用不得使用财政拨款收入。

2. 这里的附属单位，是指事业单位附属的独立核算单位，一般应为法人单位，包括事业单位和企业单位。

根据《事业单位成本核算基本指引》，成本核算对象为业务活动类型的，与单位开展业务活动耗费无关的费用，如资产处置费用、上缴上级费用、对附属单位补助费用等，一般不计入成本。

根据《政府会计准则制度解释第 3 号》，单位作为主管部门或上级单位向其附属单位分配受赠的货币资金，应当按照《政府会计制度》中“对附属单位补助费用（支出）”科目相关规定处理。

（二）对附属单位补助费用的核算

1. 核算内容。

对附属单位补助费用核算事业单位用财政拨款收入之外的收入对附属单位

补助发生的费用。

2. 明细科目设置。

对附属单位补助费用应当按照接受补助单位、补助项目等进行明细核算（见表5-12）。

表5-12　　事业单位对附属单位补助费用科目表

序号	科目编码	科目名称	科目类别	辅助要素
1	5501	对附属单位补助费用	费用类	资金往来对象类别，往来

3. 主要账务处理。

（1）单位发生对附属单位补助支出的，按照实际补助的金额或者按照规定计算出应当对附属单位补助的金额，借记本科目，贷记“银行存款”“其他应付款”等科目。

（2）期末，将本科目本期发生额转入本期盈余，借记“本期盈余”科目，贷记本科目。

期末结转后，本科目应无余额。

二、对附属单位补助支出

（一）对附属单位补助支出相关管理规定

同对附属单位补助费用相关管理规定。

（二）对附属单位补助支出的核算

1. 核算内容。

对附属单位补助支出核算事业单位用财政拨款预算收入之外的收入对附属单位补助发生的现金流出。

2. 明细科目设置。

对附属单位补助支出应当按照接受补助单位、补助项目、《政府收支分类科目》中“支出功能分类科目”的项级科目和“部门预算支出经济分类科目”的款级科目等进行明细核算（见表5-13）。

表 5－13　　　　事业单位对附属单位补助支出科目表

序号	科目编码	科目名称	科目类别	辅助要素
1	7501	对附属单位补助支出	预算支出类	支出功能分类，经济分类
2	750101	专项资金支出	预算支出类	支出功能分类，经济分类，预算项目
3	750102	非专项资金支出	预算支出类	支出功能分类，经济分类

3. 主要账务处理。

（1）发生对附属单位补助支出的，按照实际补助的金额，借记本科目，贷记“资金结存”科目。

（2）年末，将本科目本年发生额转入其他结余，借记“其他结余”科目，贷记本科目。

年末结转后，本科目应无余额。

三、会计实务举例

【例 5－56】2020 年 4 月 29 日，某事业单位附属 A 企业受疫情影响，导致资金周转紧张，经领导集体决策，使用自有资金对 A 企业一次性补助 200 000 元。5 月 6 日款项已通过银行存款转至 A 企业账户。相关账务处理如下：

（1）5 月 9 日，根据集体决策，应补助 A 企业 200 000 元：

财务会计分录	预算会计分录
借：对附属单位补助费用　200 000 　贷：其他应付款　200 000	不做账务处理

（2）6 月 5 日，通过银行存款转至 A 企业账户 200 000 元：

财务会计分录	预算会计分录
借：其他应付款　200 000 　贷：银行存款——基本户　200 000	借：对附属单位补助支出——非专项资金支出 　200 000 　贷：资金结存——货币资金　200 000

【例 5－57】2020 年 5 月 31 日，某事业单位计算 5 月对附属单位补助费用发生额 200 000 元，据此作结转凭证。相关账务处理如下：

5 月 31 日，结转对附属单位补助费用：

财务会计分录	预算会计分录
借：本期盈余　200 000 　贷：对附属单位补助费用　200 000	不做账务处理

四、常见及疑难问题解释参考

对附属单位补助支出和事业单位长期股权投资核算内容有什么区别

“对附属单位补助支出”不属于“长期股权投资”的核算内容“对附属单位补助支出”属于预算支出类科目，核算事业单位用财政拨款预算收入之外的收入对附属单位补助发生的现金流出。“长期股权投资”属于资产类科目，核算事业单位依法取得的持有时间超过 1 年（不含 1 年）的股权和债权性质的投资。

第七节　所得税费用的核算

一、所得税费用相关管理规定

根据《中华人民共和国企业所得税法》，在中华人民共和国境内，企业和其他取得收入的组织（以下统称企业）为企业所得税的纳税人，依照本法的规定缴纳企业所得税。

企业所得税分月或者分季预缴。

企业应当自月份或者季度终了之日起十五日内，向税务机关报送预缴企业所得税纳税申报表，预缴税款。

企业应当自年度终了之日起五个月内，向税务机关报送年度企业所得税纳税申报表，并汇算清缴，结清应缴应退税款。

因此，事业单位取得非财政拨款收入，扣除相应成本费用后，应按规定计算缴纳企业所得税。企业所得税的征收方式一般是当年预缴，次年汇算清缴。财务会计核算时，应当区分当年预缴和次年汇算清缴的企业所得税分别处理。如需调整上年缴纳的企业所得税费用，应通过“以前年度盈余调整”科目进行。

二、所得税费用的核算

（一）核算内容

所得税费用核算有企业所得税缴纳义务的事业单位按规定缴纳企业所得税所形成的费用。

（二）明细科目设置（见表5－14）

表5－14 事业单位所得税费用科目表

序号	科目编码	科目名称	科目类别	辅助要素
1	5801	所得税费用	费用类	

（三）主要账务处理

1. 发生企业所得税纳税义务的，按照税法规定计算的应交税金数额，借记本科目，贷记“其他应交税费——单位应交所得税”科目。实际缴纳时，按照缴纳金额，借记“其他应交税费——单位应交所得税”科目，贷记“银行存款”科目。

2. 年末，将本科目本年发生额转入本期盈余，借记“本期盈余”科目，贷记本科目。

年末结转后，本科目应无余额。

三、会计实务举例

【例5－58】2020年6月30日，某事业单位按税法规定计算应缴纳企业所得税750元。7月5日，通过网上申报，以银行存款缴纳企业所得税750元。相关账务处理如下：

（1）6月30日，计算应缴纳企业所得税750元：

财务会计分录	预算会计分录
借：所得税费用　750 　贷：其他应交税费——企业所得税　750	不做账务处理

（2）7 月 5 日，缴纳企业所得税 750 元：

财务会计分录	预算会计分录
借：其他应交税费——企业所得税　750 　贷：银行存款——基本户　750	借：非财政拨款结余——累计结余　750 　贷：资金结存——货币资金　750

【例 5－59】 2020 年 6 月 30 日，某事业单位计算本月所得税费用发生额 750 元，据此作结转凭证。相关账务处理如下：

6 月 30 日，结转所得税费用 750 元：

财务会计分录	预算会计分录
借：本期盈余　750 　贷：所得税费用　750	不做账务处理

四、常见及疑难问题解释参考

事业单位企业所得税汇算清缴时，补缴上年企业所得税应如何进行会计处理

事业单位在企业所得税汇算清缴时，需要补缴上年企业所得税，按照应补缴的金额，财务会计借记“以前年度盈余调整”科目，贷记“其他应交税费——企业所得税”科目；预算会计不做账务处理。实际补缴时，按照缴纳的金额，财务会计借记“其他应交税费——企业所得税”科目，贷记“银行存款”科目；预算会计借记“非财政拨款结余——年初余额调整”科目，贷记“资金结存”科目。

【例 5－60】 2020 年 4 月 29 日，某事业单位进行 2019 年度企业所得税申报，通过汇算，2019 年应缴纳企业所得税 12 000 元，实际已预缴企业所得税 11 000 元，需补缴 1 000 元。5 月 6 日，通过银行缴纳了 1 000 元企业所得税。相关账务处理如下：

（1）4 月 29 日，应补缴上年企业所得税 1 000 元：

财务会计分录	预算会计分录
借：以前年度盈余调整　1 000 　贷：其他应交税费——企业所得税　1 000	不做账务处理

（2）5月6日，实际缴纳企业所得税1 000元：

财务会计分录	预算会计分录
借：其他应交税费——企业所得税　1 000 　贷：银行存款——基本户　1 000	借：非财政拨款结余——年初余额调整　1 000 　贷：资金结存——货币资金　1 000

2. 事业单位企业所得税汇算清缴时，退回上年多交企业所得税应如何进行会计处理？

事业单位企业所得税汇算清缴时，对于上年多交的所得税，首先要调整减少以前年度所得税费用，按照应退回的税额，财务会计借记“其他应交税费——企业所得税”科目，贷记“以前年度盈余调整”科目；预算会计不进行账务处理。实际收到退税款时，财务会计借记“银行存款”科目，贷记“其他应交税费——企业所得税”科目；预算会计借记“资金结存”科目，贷记“非财政拨款结余——年初余额调整”科目。

【例5-61】2020年4月29日，某事业单位进行2019年度企业所得税申报，通过汇算，2019年应缴纳企业所得税11 000元，实际已预缴企业所得税12 000元，需退税1 000元。5月6日，收到了1 000元退税。相关账务处理如下：

（1）4月29日，应退税1 000元：

财务会计分录	预算会计分录
借：其他应交税费——企业所得税　1 000 　贷：以前年度盈余调整　1 000	不做账务处理

（2）5月6日，实际收到退税1 000元：

财务会计分录	预算会计分录
借：银行存款——基本户　1 000 　贷：其他应交税费——企业所得税　1 000	借：资金结存——货币资金　1 000 　贷：非财政拨款结余——年初余额调整　1 000

第八节　投资支出的核算

一、投资支出相关管理规定

根据《行政事业性国有资产管理条例》（国务院第738号令），事业单位利用国有资产对外投资应当有利于事业发展和实现国有资产保值增值，符合国家有关规定，经可行性研究和集体决策，按照规定权限和程序进行。

事业单位应当明确对外投资形成的股权及其相关权益管理责任，按照规定将对外投资形成的股权纳入经营性国有资产集中统一监管体系。

根据《事业单位财务规则》（财政部令第108号）对外投资是指事业单位依法利用货币资金、实物、无形资产等方式向其他单位的投资。

事业单位应当严格控制对外投资。利用国有资产对外投资应当有利于事业发展和实现国有资产保值增值，符合国家有关规定，经可行性研究和集体决策，按照规定的权限和程序进行。事业单位不得使用财政拨款及其结余进行对外投资，不得从事股票、期货、基金、企业债券等投资，国家另有规定的除外。

事业单位应当明确对外投资形成的股权及其相关权益管理责任，按照国家有关规定将对外投资形成的股权纳入经营性国有资产集中统一监管体系。

根据《政府会计制度》，投资支出是指事业单位以货币资金对外投资发生的现金流出。这里的投资支出不包括以非货币资金发生的对外投资。

二、投资支出的核算

（一）核算内容

投资支出核算事业单位以货币资金对外投资发生的现金流出。

（二）明细科目设置

投资支出应当按照投资类型、投资对象、《政府收支分类科目》中“支出功能分类科目”的项级科目和“部门预算支出经济分类科目”的款级科目等进行明细核算（见表5-15）。

表5-15　　事业单位投资支出科目表

序号	科目编码	科目名称	科目类别	辅助要素
1	7601	投资支出	预算支出类	资金性质，支出功能分类，经济分类

（三）主要账务处理

1. 以货币资金对外投资时，按照投资金额和所支付的相关税费金额的合计数，借记本科目，贷记“资金结存”科目。

2. 出售、对外转让或到期收回本年度以货币资金取得的对外投资的，如果按规定将投资收益纳入单位预算，按照实际收到的金额，借记“资金结存”科目，按照取得投资时“投资支出”科目的发生额，贷记本科目，按照其差额，贷记或借记“投资预算收益”科目；如果按规定将投资收益上缴财政的，按照取得投资时“投资支出”科目的发生额，借记“资金结存”科目，贷记本科目。出售、对外转让或到期收回以前年度以货币资金取得的对外投资的，如果按规定将投资收益纳入单位预算，按照实际收到的金额，借记“资金结存”科目，按照取得投资时“投资支出”科目的发生额，贷记“其他结余”科目，按照其差额，贷记或借记“投资预算收益”科目；如果按规定将投资收益上缴财政的，按照取得投资时“投资支出”科目的发生额，借记“资金结存”科目，贷记“其他结余”科目。

3. 年末，将本科目本年发生额转入其他结余，借记“其他结余”科目，贷记本科目。

年末结转后，本科目应无余额。

三、会计实务举例

【例 5-62】 2020 年 4 月 29 日，某事业单位经批准使用非财政拨款结余资金 400 000 元对外投资 A 有限责任公司，获得 A 公司 20% 的股权，资金已经转入 A 公司账户，采用成本法核算此项投资。相关账务处理如下：

4 月 29 日，对外投资 A 公司 400 000 元：

财务会计分录	预算会计分录
借：长期股权投资——成本法　　400 000 　贷：银行存款——基本户　　400 000	借：投资支出　　400 000 　贷：资金结存——货币资金　　400 000

【例 5-63】 2020 年 1 月 1 日，某事业单位使用自有资金购买国债 40 000 元，一年期，票面利率 3%，以银行存款支付购买国债相关款项，无相关税费。2020 年 12 月 31 日，购入的国债到期，收到款项合计 41 200 元，包含本

金40 000元和利息1 200元。国债利息留归单位，纳入预算统一管理和使用。相关账务处理如下：

（1）1月1日，购买国债40 000元：

财务会计分录	预算会计分录
借：短期投资　40 000 　贷：银行存款——基本户　40 000	借：投资支出　40 000 　贷：资金结存——货币资金　40 000

（2）12月31日，收回国债本金40 000元和利息1 200元：

财务会计分录	预算会计分录
借：银行存款——基本户　41 200 　贷：短期投资　40 000 　　投资收益——债券投资收益　1 200	借：资金结存——货币资金　41 200 　贷：投资支出　40 000 　　投资预算收益——债券投资利息收入 　　1 200

【例5－64】2020年4月6日，某事业单位用非财政拨款结余资金购买国债100 000元，一年期，票面利率4%，以银行存款支付，另支付相关税费2 000元。2021年4月6日，收到国债本金和利息合计104 000元。相关账务处理如下：

（1）2020年4月6日，购买国债100 000元，支付相关税费2 000元：

财务会计分录	预算会计分录
借：短期投资　102 000 　贷：银行存款——基本户　102 000	借：投资支出　102 000 　贷：资金结存——货币资金　102 000

（2）2021年4月6日，收到国债本金和利息合计104 000元：

财务会计分录	预算会计分录
借：银行存款——基本户　104 000 　贷：短期投资　102 000 　　投资收益——债券投资收益　2 000	借：资金结存——货币资金　104 000 　贷：其他结余　102 000 　　投资预算收益——债券投资利息收入 　　2 000

第九节　债务还本支出的核算

一、债务还本支出相关管理规定

根据《事业单位财务规则》（财政部令第108号），事业单位应当对不同性质的负债分类管理，及时清理并按照规定办理结算，保证各项负债在规定期限内偿还。

事业单位应当建立健全财务风险预警和控制机制，规范和加强借入款项管理，如实反映依法举借债务情况，严格执行审批程序，不得违反规定融资或者提供担保。

二、债务还本支出的核算

（一）核算内容

债务还本支出核算事业单位偿还自身承担的纳入预算管理的从金融机构举借的债务本金的现金流出。

（二）明细科目设置

债务还本支出应当按照贷款单位、贷款种类、《政府收支分类科目》中“支出功能分类科目”的项级科目和“部门预算支出经济分类科目”的款级科目等进行明细核算（见表5-16）。

表5-16　　事业单位债务还本支出科目表

序号	科目编码	科目名称	科目类别	辅助要素
1	7701	债务还本支出	预算支出类	资金性质，支出功能分类，经济分类
2	770101	专项资金支出	预算支出类	支出功能分类，经济分类，预算项目
3	770102	非专项资金支出	预算支出类	支出功能分类，经济分类

（三）主要账务处理

1. 偿还各项短期或长期借款时，按照偿还的借款本金，借记本科目，贷记“资金结存”科目。

2. 年末，将本科目本年发生额转入其他结余，借记“其他结余”科目，贷记本科目。

年末结转后，本科目应无余额。

三、会计实务举例

【例 5－65】2020 年 3 月 9 日，某事业单位经批准向银行贷款 800 000 元，贷款期限 6 个月，年利率 7%，到期一次还本付息，款项已收到。利息按月计提。2020 年 9 月 9 日，该事业单位归还了贷款本金 800 000 元和利息 28 000 元，以银行存款支付。相关账务处理如下：

（1）3 月 9 日，向银行贷款 800 000 元：

财务会计分录	预算会计分录
借：银行存款——基本户　800 000 　贷：短期借款　800 000	借：资金结存——货币资金　800 000 　贷：债务预算收入——非专项资金收入　800 000

（2）每月计提利息：

财务会计分录	预算会计分录
借：其他费用——利息费用　4 666.67 　贷：应付利息——短期借款　4 666.67	不做账务处理

（3）9 月 9 日，归还贷款本金 800 000 元和利息 28 000 元：

财务会计分录	预算会计分录
借：短期借款　800 000 　应付利息——短期借款　28 000 　贷：银行存款——基本户　828 000	借：债务还本支出——非专项资金支出　800 000 　其他支出——其他资金支出　28 000 　贷：资金结存——货币资金　828 000

【例 5－66】2020 年 12 月 31 日，某事业单位进行年终结转，经计算，债务还本支出累计借方余额 800 000 元。相关账务处理如下：

12 月 31 日，债务还本支出年终结转：

财务会计分录	预算会计分录
不做账务处理	借：其他结余——其他资金支出　800 000 　贷：债务还本支出——非专项资金支出　800 000

四、常见及疑难问题解释参考

“债务还本支出”科目的核算范围是什么

事业单位偿还银行借款时，按照偿还的借款本金借记“债务还本支出”科目，偿还债务利息时，应通过“其他支出”科目核算。也就是说，借款本金记入“债务还本支出”科目，借款利息记入“其他支出”科目。

第十节　其他费用和其他支出的核算

一、其他费用

（一）其他费用相关管理规定

根据《政府会计准则第8号——负债》，借款费用，是指政府会计主体因举借债务而发生的利息及其他相关费用，包括借款利息、辅助费用以及因外币借款而发生的汇兑差额等。其中，辅助费用是指政府会计主体在举借债务过程中发生的手续费、佣金等费用。

根据《政府会计准则制度解释第3号》，单位按规定向其附属单位以外的其他单位分配受赠的货币资金，应当按照《政府会计制度》中“其他费用（支出）”科目相关规定处理。

（二）其他费用的核算

1. 核算内容。

其他费用核算单位发生的除业务活动费用、单位管理费用、经营费用、资产处置费用、上缴上级费用、附属单位补助费用、所得税费用以外的各项费用，包括利息费用、坏账损失、罚没支出、现金资产捐赠支出以及相关税费、运输费等。

2. 明细科目设置。

其他费用应当按照其他费用的类别等进行明细核算。单位发生的利息费用较多的，可以单独设置“5090101 利息费用”科目（见表5－17）。

表 5-17　事业单位其他费用科目表

序号	科目编码	科目名称	科目类别	辅助要素
1	5901	其他费用	费用类	
2	590101	利息费用	费用类	
3	590102	坏账损失	费用类	
4	590103	罚没支出	费用类	
5	590104	现金资产捐赠	费用类	
6	590199	其他相关费用	费用类	

3. 主要账务处理。

（1）利息费用。按期计算确认借款利息费用时，按照计算确定的金额，借记“在建工程”科目或本科目，贷记“应付利息”“长期借款——应计利息”科目。

（2）坏账损失。年末，事业单位按照规定对收回后不需上缴财政的应收账款和其他应收款计提坏账准备时，按照计提金额，借记本科目，贷记“坏账准备”科目；冲减多提的坏账准备时，按照冲减金额，借记“坏账准备”科目，贷记本科目。

（3）罚没支出。单位发生罚没支出的，按照实际缴纳或应当缴纳的金额，借记本科目，贷记“银行存款”“库存现金”“其他应付款”等科目。

（4）现金资产捐赠。单位对外捐赠现金资产的，按照实际捐赠的金额，借记本科目，贷记“银行存款”“库存现金”等科目。

（5）其他相关费用。单位接受捐赠（或无偿调入）以名义金额计量的存货、固定资产、无形资产，以及成本无法可靠取得的公共基础设施、文物文化资产等发生的相关税费、运输费等，按照实际支付的金额，借记本科目，贷记“财政拨款收入”“零余额账户用款额度”“银行存款”“库存现金”等科目。

单位发生的与受托代理资产相关的税费、运输费、保管费等，按照实际支付或应付的金额，借记本科目，贷记“零余额账户用款额度”“银行存款”“库存现金”“其他应付款”等科目。

（6）期末，将本科目本期发生额转入本期盈余，借记“本期盈余”科目，贷记本科目。

期末结转后，本科目应无余额。

二、其他支出

（一）其他支出相关管理规定

同其他费用相关管理规定。

（二）其他支出的核算

1. 核算内容。

其他支出核算单位除行政支出、事业支出、经营支出、上缴上级支出、对附属单位补助支出、投资支出、债务还本支出以外的各项现金流出，包括利息支出、对外捐赠现金支出、现金盘亏损失、接受捐赠（调入）和对外捐赠（调出）非现金资产发生的税费支出、资产置换过程中发生的相关税费支出、罚没支出等。

2. 明细科目设置。

其他支出应当按照其他支出的类别，“财政拨款支出”“非财政专项资金支出”和“其他资金支出”，《政府收支分类科目》中“支出功能分类科目”的项级科目和“部门预算支出经济分类科目”的款级科目等进行明细核算。其他支出中如有专项资金支出，还应按照具体项目进行明细核算。

有一般公共预算财政拨款、政府性基金预算财政拨款等两种或两种以上财政拨款的事业单位，还应当在“财政拨款支出”明细科目下按照财政拨款的种类进行明细核算。

单位发生利息支出、捐赠支出等其他支出金额较大或业务较多的，可单独设置“7902 利息支出”“7903 捐赠支出”等科目（见表 5－18）。

表 5－18　　　　　事业单位其他支出科目表

序号	科目编码	科目名称	科目类别	辅助要素
1	7901	其他支出	预算支出类	资金性质，支出功能分类，经济分类
2	790101	财政拨款支出	预算支出类	资金性质，支出功能分类，经济分类
3	79010101	基本支出	预算支出类	资金性质，支出功能分类，经济分类
4	7901010101	人员经费	预算支出类	资金性质，支出功能分类，经济分类
5	7901010102	日常公用经费	预算支出类	资金性质，支出功能分类，经济分类

续表

序号	科目编码	科目名称	科目类别	辅助要素
6	79010102	项目支出	预算支出类	资金性质，支出功能分类，经济分类，预算项目
7	790102	非财政专项资金支出	预算支出类	资金性质，支出功能分类，经济分类，预算项目
8	790103	其他资金支出	预算支出类	资金性质，支出功能分类，经济分类

3. 主要账务处理。

（1）利息支出。支付银行借款利息时，按照实际支付金额，借记本科目，贷记“资金结存”科目。

（2）对外捐赠现金资产。对外捐赠现金资产时，按照捐赠金额，借记本科目，贷记“资金结存——货币资金”科目。

（3）现金盘亏损失。每日现金账款核对中如发现现金短缺，按照短缺的现金金额，借记本科目，贷记“资金结存——货币资金”科目。经核实，属于应当由有关人员赔偿的，按照收到的赔偿金额，借记“资金结存——货币资金”科目，贷记本科目。

（4）接受捐赠（无偿调入）和对外捐赠（无偿调出）。非现金资产发生的税费支出接受捐赠（无偿调入）非现金资产发生的归属于捐入方（调入方）的相关税费、运输费等，以及对外捐赠（无偿调出）非现金资产发生的归属于捐出方（调出方）的相关税费、运输费等，按照实际支付金额，借记本科目，贷记“资金结存”科目。

（5）资产置换过程中发生的相关税费支出。资产置换过程中发生的相关税费，按照实际支付金额，借记本科目，贷记“资金结存”科目。

（6）其他支出发生罚没等其他支出时，按照实际支出金额，借记本科目，贷记“资金结存”科目。

（7）年末，将本科目本年发生额中的财政拨款支出转入财政拨款结转，借记“财政拨款结转——本年收支结转”科目，贷记本科目下各财政拨款支出明细科目；将本科目本年发生额中的非财政专项资金支出转入非财政拨款结转，借记“非财政拨款结转——本年收支结转”科目，贷记本科目下各非财政专项资金支出明细科目；将本科目本年发生额中的其他资金支出（非财政非专项资金支出）转入其他结余，借记“其他结余”科目，贷记本科目下各其他资金支出明细科目。

年末结转后，本科目应无余额。

三、会计实务举例

【例 5－67】2018 年 12 月 1 日，某事业单位经批准向银行办理贷款 300 000 元，贷款期限 2 年，年利率 4%，到期一次还本付息，每月计提利息。2020 年 12 月 1 日，该事业单位向银行归还了本金 300 000 元和利息 24 000 元。相关账务处理如下：

（1）2018 年 12 月 1 日，向银行办理贷款 300 000 元：

财务会计分录	预算会计分录
借：银行存款——基本户　300 000 　贷：长期借款——本金　300 000	借：资金结存——货币资金　300 000 　贷：债务预算收入——非专项资金收入　300 000

（2）2018 年 12 月 1 日至 2020 年 12 月 1 日，每月计提利息：

财务会计分录	预算会计分录
借：其他费用——利息费用　1 000 　贷：长期借款——应计利息　1 000	不做账务处理

（3）12 月 1 日，归还本金 300 000 元和利息 24 000 元：

财务会计分录	预算会计分录
借：长期借款——本金　300 000 　长期借款——应计利息　24 000 　贷：银行存款——基本户　324 000	借：债务还本支出——非专项资金支出　300 000 　其他支出——其他资金支出　24 000 　贷：资金结存——货币资金　324 000

【例 5－68】2020 年 12 月 31 日，某事业单位对收回后无须上缴财政的应收账款进行全面检查，分析其可收回性，发现有一笔应收账款 20 000 元，因对方单位资不抵债可能无法收回，报经批准后，计提坏账准备 20 000 元。相关账务处理如下：

12 月 31 日，计提坏账准备 20 000 元：

财务会计分录	预算会计分录
借：其他费用——坏账损失　20 000 　贷：坏账准备——应收账款　20 000	不做账务处理

【例 5－69】2020 年 12 月 31 日，某事业单位发现对 2019 年已计提坏账准备的其他应收款计提金额有误，经核实多提了 1 000 元。相关账务处理如下：

12 月 31 日冲回多提坏账准备 1 000 元：

财务会计分录	预算会计分录
借：坏账准备——应收账款　　1 000 　贷：以前年度盈余调整　　1 000	不做账务处理

【例 5－70】2020 年 12 月 15 日，某事业单位收到公安局交警大队罚款通知，因违反标志线行驶罚款 200 元。该单位在收到通知书当日，以银行存款支付了罚款。相关账务处理如下：

12 月 15 日，缴纳罚款 200 元：

财务会计分录	预算会计分录
借：其他费用——罚没支出　　200 　贷：银行存款——基本户　　200	借：其他支出——其他资金支出（罚款支出）　　200 　贷：资金结存——货币资金　　200

【例 5－71】2020 年 12 月 16 日，某事业单位在新冠疫情期间，使用非财政非专项资金向红十字会捐赠现金 50 000 元，以支持防疫工作，并通过银行支付了此笔捐款。相关账务处理如下：

12 月 16 日，红十字会捐赠现金 50 000 元：

财务会计分录	预算会计分录
借：其他费用——现金资产捐赠 　　　　50 000 　贷：银行存款——基本户　50 000	借：其他支出——其他资金支出（捐赠支出） 　　　　50 000 　贷：资金结存——货币资金　　50 000

【例 5－72】2020 年 12 月 28 日，某事业单位出纳在盘点现金时，经与会计人员对账，发现现金短缺 50 元。后经查实，是由出纳本人的失误造成的。12 月 31 日经领导批准，出纳偿还了此笔现金。（假设 2021 年 1 月 6 日，出纳偿还了现金）相关账务处理如下：

（1）12 月 28 日，现金短缺 50 元：

财务会计分录	预算会计分录
借：待处理财产损溢——待处理财产价值 50 　贷：银行存款——基本户　　50	借：其他支出——其他资金支出　　50 　贷：资金结存——货币资金　　50

（2）12 月 31 日，出纳偿还现金 50 元：

财务会计分录	预算会计分录
借：银行存款——基本户 50 贷：待处理财产损溢——待处理财产价值 50	借：资金结存——货币资金 50 贷：其他支出——其他资金支出 50

（3）假设 2021 年 1 月 6 日，出纳偿还了现金：

财务会计分录	预算会计分录
借：银行存款——基本户 50 贷：待处理财产损溢——待处理财产价值 50	借：资金结存——货币资金 50 贷：其他结余 50

【例 5－73】2020 年 12 月 28 日，某事业单位与 A 公司签订捐赠协议，协议约定 A 公司捐赠给该单位一台科研实验设备，价值 500 000 元，该单位接受了捐赠，并支付运输费 10 000 元。

2020 年 12 月 28 日，接受捐赠科研实验设备 500 000 元，并支付运输费 10 000 元，账务处理如下：

财务会计分录	预算会计分录
借：固定资产——专用设备 510 000 贷：捐赠收入 500 000 银行存款——基本户 10 000	借：其他支出——其他资金支出（运输费） 10 000 贷：资金结存——货币资金 10 000

【例 5－74】2020 年 12 月 28 日，某事业单位与 A 单位协商，以其拥有的一批实验室耗材和 A 单位拥有的一批实验原材料进行置换，该事业单位的实验室耗材账面价值 200 000 元，评估价值 200 000 元，A 单位的实验用原材料账面价值 200 000 元，评估价值 220 000 元。某事业单位通过银行支付补价 20 000 元，支付相关税费和评估费 12 500 元。

2020 年 12 月 28 日，以实验室耗材置换实验原材料，账务处理如下：

财务会计分录	预算会计分录
借：库存物品 232 500 贷：银行存款 32 500 库存物品 200 000	借：其他支出——其他资金支出 32 500 贷：资金结存——货币资金 32 500

四、常见及疑难问题解释参考

关于事业单位从金融机构取得借款用于工程建设，借款利息应如何进行会计处理

根据《政府会计准则第 8 号——负债》，政府以外的其他政府会计主体为购建固定资产等工程项目借入专门借款的，对于发生的专门借款费用，应当按照借款费用减去尚未动用的借款资金产生的利息收入后的金额，属于工程项目建设期间发生的，计入工程成本；不属于工程项目建设期间发生的，计入当期费用。

工程项目建设期间是指自工程项目开始建造起至交付使用时值的期间。

工程项目建设期间发生非正常中断且中断时间连续超过 3 个月（含 3 个月）的，政府会计主体应当将非正常中断期间的借款费用计入当期费用。如果中断是使工程项目达到交付使用所必需的程序，则中断期间所发生的借款费用仍应计入工程成本。

从以上规定可以得出，为购建固定资产等工程项目的借款利息，按下列两种情况进行处理：

1. 属于工程项目建设期间发生的借款费用，包括工程项目发生非正常中断且中断时间不超过 3 个月的，或中断是使工程项目达到交付使用所必需的程序的，计入工程成本。按期计提利息时，按照计算确定的应支付的利息金额，借记“在建工程”，贷记“应计利息”。

2. 不属于工程项目建设期间发生的，即工程项目交付使用后发生的借款费用，包括工程项目发生非正常中断且中断时间超过 3 个月的，计入当期费用。按期计提利息时，按照计算确定的应支付的利息金额，借记“其他费用”，贷记“应计利息”。

【例 5－75】2018 年 1 月 1 日，某事业单位经批准向银行贷款 5 000 000 元，用于建造一中试车间，贷款期限 3 年，年利率 6%，到期一次还本付息。该项目于 2020 年 12 月 31 日建成验收并交付使用。2021 年 12 月 31 日，该单位以银行存款偿还贷款本金 5 000 000 元和利息 900 000 元。相关账务处理如下：

（1）2018 年 1 月 1 日，向银行贷款 5 000 000 元：

财务会计分录	预算会计分录
借：银行存款——基本户　5 000 000 　贷：长期借款——本金　5 000 000	借：资金结存——货币资金　5 000 000 　贷：债务预算收入——专项预算收入 　　5 000 000

（2）2018 年 1 月 1 日至 2020 年 12 月 31 日，每月计提利息：

财务会计分录	预算会计分录
借：在建工程　25 000 　贷：长期借款——应计利息　25 000	不做账务处理

（3）2021 年 1 月 1 日至 2021 年 12 月 31 日，每月计提利息：

财务会计分录	预算会计分录
借：其他费用——利息费用　25 000 　贷：长期借款——应计利息　25 000	不做账务处理

（4）2021 年 12 月 31 日，偿还贷款本金和利息：

财务会计分录	预算会计分录
借：长期借款——本金　5 000 000 　　　　——应计利息　900 000 　贷：银行存款——基本户　5 900 000	借：债务还本支出　5 000 000 　其他支出——其他资金支出　900 000 　贷：资金结存——货币资金　5 900 000

第六章　净资产

第一节　净资产概述

一、净资产的概念

《政府会计准则——基本准则》第三十九条规定：“净资产是指政府会计主体资产扣除负债后的净额。”

二、净资产的确认

净资产金额取决于资产和负债的计量。

净资产 = 资产 - 负债。

三、净资产的分类

净资产分为累计盈余、专用基金、权益法调整、本期盈余、本年盈余分配、无偿调拨净资产、以前年度盈余调整。

第二节　净资产的核算

一、累计盈余

（一）累计盈余业务概述

单位应当设置“累计盈余”科目，核算历年分配后的盈余（或发生的亏损）以及无偿调入调出资产产生的净资产变动金额，年末余额反映单位未分配盈余（或未弥补亏损）以及无偿调拨净资产变动的累计数。

（二）累计盈余的核算

1. 核算内容。

本科目核算单位历年实现的盈余扣除盈余分配后滚存的金额，以及因无偿调入调出资产产生的净资产变动额。

按照规定上缴、缴回、单位间调剂结转结余资金产生的净资产变动额，以及对以前年度盈余的调整金额，也通过本科目核算。

2. 明细科目设置（见表6－1）。

表6－1　　事业单位累计盈余科目表

序号	科目编码	科目名称	科目类别	辅助要素
1	3001	累计盈余	净资产类	
2	300101	本年盈余	净资产类	
3	300102	无偿调拨净资产	净资产类	
4	300103	以前年度盈余调整	净资产类	
5	300104	归集调整预算结转结余	净资产类	
6	300105	专用基金	净资产类	
7	300199	累计盈余	净资产类	

3. 主要账务处理。

（1）年末，将“本年盈余分配”科目的余额转入累计盈余，借记或贷记“本年盈余分配”科目，贷记或借记本科目。

（2）年末，将“无偿调拨净资产”科目的余额转入累计盈余，借记或贷记“无偿调拨净资产”科目，贷记或借记本科目。

（3）按照规定上缴财政拨款结转结余、缴回非财政拨款结转资金、向其他单位调出财政拨款结转资金时，按照实际上缴、缴回、调出金额，借记本科目，贷记“财政应返还额度”“零余额账户用款额度”“银行存款”等科目。

按照规定从其他单位调入财政拨款结转资金时，按照实际调入金额，借记“零余额账户用款额度”“银行存款”等科目，贷记本科目。

（4）将“以前年度盈余调整”科目的余额转入本科目，借记或贷记“以前年度盈余调整”科目，贷记或借记本科目。

（5）按照规定使用专用基金购置固定资产、无形资产的，按照固定资产、无形资产成本金额，借记“固定资产”“无形资产”科目，贷记“银行存款”等科目；同时，按照专用基金使用金额，借记“专用基金”科目，贷记本科目。

本科目期末余额，反映单位未分配盈余（或未弥补亏损）的累计数以及截至上年末无偿调拨净资产变动的累计数。

4. 本科目年末余额，反映单位未分配盈余（或未弥补亏损）以及无偿调拨净资产变动的累计数。

（三）会计实务举例

【例6-1】2020年12月31日，某事业单位有关净资产科目余额如下：“本年盈余分配”科目贷方余额为500 000元，“无偿调拨净资产”科目贷方余额为100 000元，“以前年度盈余调整”科目借方余额为2 000元。相关账务处理如下：

（1）结转“本年盈余分配”：

财务会计分录	预算会计分录
借：本年盈余分配　500 000 　贷：累计盈余——累计盈余　500 000	不做账务处理

（2）结转“无偿调拨净资产”：

财务会计分录	预算会计分录
借：无偿调拨净资产　100 000 　贷：累计盈余——累计盈余　100 000	不做账务处理

（3）结转“以前年度盈余调整”：

财务会计分录	预算会计分录
借：累计盈余——累计盈余　2 000 　贷：以前年度盈余调整　2 000	不做账务处理

【例6-2】2020年1月10日，某事业单位收到财政部门通知，财政部门将收回该单位上年度未使用完的财政应返还额度50 000元（财政授权支付）。相关账务处理如下：

财务会计分录	预算会计分录
借：累计盈余——累计盈余 50 000 贷：财政应返还额度——财政授权支付 50 000	借：财政拨款结余——归集上缴 50 000 贷：资金结存——财政应返还额度 50 000

【例 6-3】2020 年 5 月 20 日，经财政部门批准，某事业单位从上级主管单位调入财政拨款结余资金 95 000 元，用于弥补本单位的专项支出，当日单位零余额账户额度增加 95 000 元。相关账务处理如下：

财务会计分录	预算会计分录
借：零余额账户用款额度 95 000 贷：累计盈余——累计盈余 95 000	借：资金结存——零余额账户用款额度 95 000 贷：财政拨款结转——归集调入 95 000

【例 6-4】2020 年 6 月 30 日，某科研事业单位对本单位的各个科研课题执行情况进行内审。其中 3 个科研课题已经完成，总共结余资金 30 000 元，现需将结余资金按照规定缴回，当日从零余额账户中上缴该结余资金。相关账务处理如下：

财务会计分录	预算会计分录
借：累计盈余——累计盈余 30 000 贷：零余额账户用款额度 30 000	借：非财政拨款结转——缴回资金 30 000 贷：资金结存——零余额账户用款额度 30 000

【例 6-5】2020 年 3 月 30 日，某事业单位使用单位的专用基金（从非财政拨款结余或经营结余中提取的专用基金）购买一台打印机，支付 9 000 元，相关账务处理如下：

财务会计分录	预算会计分录
借：固定资产——通用设备 9 000 贷：银行存款 9 000 借：专用基金——预算结余提取 9 000 贷：累计盈余——累计盈余 9 000	借：专用结余 9 000 贷：资金结存——货币资金 9 000

二、专用基金

（一）专用基金业务概述

事业单位应当设置“专用基金”科目，核算专用基金的提取、使用等情况。该科目贷方登记提取或设置的专用基金，借方登记实际使用的专用基金，期末贷方余额反映事业单位累计提取或设置的尚未使用的专用基金。

（二）专用基金的核算

1. 核算内容。

本科目核算事业单位按照规定提取或设置的具有专门用途的净资产，主要包括职工福利基金、科技成果转换基金等。

专用基金的来源主要有按规定从本年度非财政拨款结余或经营结余中提取、从收入中提取和按规定设置三个方面。

2. 明细科目设置。

本科目应当按照专用基金的类别进行明细核算（见表6－2）。

表6－2　　事业单位专用基金科目表

序号	科目编码	科目名称	科目类别	辅助要素
1	3101	专用基金	净资产类	
2	310101	预算收入提取	净资产类	
3	310102	预算结余提取	净资产类	
4	310103	设置专用基金	净资产类	

3. 主要账务处理。

（1）年末，根据有关规定从本年度非财政拨款结余或经营结余中提取专用基金的，按照预算会计下计算的提取金额，借记“本年盈余分配”科目，贷记本科目。

（2）根据有关规定从收入中提取专用基金并计入费用的，一般按照预算会计下基于预算收入计算提取的金额，借记“业务活动费用”等科目，贷记本科目。国家另有规定的，从其规定。

（3）根据有关规定设置的其他专用基金，按照实际收到的基金金额，借记“银行存款”等科目，贷记本科目。

（4）按照规定使用提取的专用基金时，借记本科目，贷记“银行存款”等科目。

使用提取的专用基金购置固定资产、无形资产的，按照固定资产、无形资产成本金额，借记“固定资产”“无形资产”科目，贷记“银行存款”等科目；同时，按照专用基金使用金额，借记本科目，贷记“累计盈余”科目。

4. 本科目期末贷方余额，反映事业单位累计提取或设置的尚未使用的专用基金。

（三）会计实务举例

【例 6－6】 某事业单位在 2020 年年末非财政拨款结余期末贷方余额为 1 200 000 元，该单位需要按照结余资金的 40% 提取职工福利基金。相关账务处理如下：

财务会计分录	预算会计分录
借：本年盈余分配　480 000 　贷：专用基金——预算结余提取　480 000	借：非财政拨款结余分配　480 000 　贷：专用结余　480 000

【例 6－7】 某科研事业单位在 2020 年年末对事业收入中的科研课题计提专用基金，科研课题收入一共 2 000 000 元，按照 5% 比例提取。相关账务处理如下：

财务会计分录	预算会计分录
借：业务活动费用——计提专用基金　100 000 　贷：专用基金——预算收入提取　100 000	不做账务处理

【例 6－8】 2020 年 9 月 1 日，某事业单位使用职工福利基金为单位职工解决家属患病医药费困难问题，一共支出 23 000 元。相关账务处理如下：

财务会计分录	预算会计分录
借：固定资产——家具、用具、装具及动植物　23 000 　贷：银行存款　23 000 借：专用基金——预算结余提取　23 000 　贷：累计盈余——累计盈余　23 000	借：专用结余　23 000 　贷：资金结存——货币资金　23 000

三、权益法调整

（一）权益法调整业务概述

事业单位应当设置“权益法调整”科目，核算事业单位持有的长期股权投资采用权益法核算时，按照被投资单位除净损益和利润分配以外的所有者权益变动份额对长期股权投资账面余额的调整，该科目期末贷方（或借方）余额反映事业单位在被投资单位除净损益和利润分配以外的所有者权益变动中累积享有（或分担）的份额。

（二）权益法调整的核算

1. 核算内容。

本科目核算事业单位持有的长期股权投资采用权益法核算时，按照被投资单位除净损益和利润分配以外的所有者权益变动份额调整长期股权投资账面余额而计入净资产的金额。

2. 明细科目设置。

本科目应当按照被投资单位进行明细核算（见表6－3）。

表6－3　事业单位权益法调整科目表

序号	科目编码	科目名称	科目类别	辅助要素
1	3201	权益法调整	净资产类	资金往来对象类别，往来

3. 主要账务处理。

（1）年末，按照被投资单位除净损益和利润分配以外的所有者权益变动应享有（或应分担）的份额，借记或贷记“长期股权投资——其他权益变动”科目，贷记或借记本科目。

（2）采用权益法核算的长期股权投资，因被投资单位除净损益和利润分配以外的所有者权益变动而将应享有（或应分担）的份额计入单位净资产的，处置该项投资时，按照原计入净资产的相应部分金额，借记或贷记本科目，贷记或借记“投资收益”科目。

4. 本科目期末余额，反映事业单位在被投资单位除净损益和利润分配以外的所有者权益变动中累积享有（或分担）的份额。

（三）会计实务举例

【例 6－9】 某事业单位对 A 公司持有 30% 的股份，并对 A 公司能够实施重大影响，采用权益法核算。2020 年 12 月 31 日，A 公司其他综合收益（不属于净损益和利润分配）新增 300 000 元，不考虑其他因素。则该事业单位调整投资账面价值。相关账务处理如下：

财务会计分录	预算会计分录
借：长期股权投资——A 公司——其他权益变动　90 000 　贷：权益法调整　90 000	不做账务处理

【例 6－10】 某事业单位 2020 年 12 月 10 日出售持有 A 公司的全部股份（采用权益法核算）（以现金取得的长期股权投资），取得价款合计 1 650 000 元。出售时，该项长期股权投资的账面价值为 1 350 000 元，其中成本为 1 200 000 元，损益调整为－100 000 元，其他权益变动为 50 000 元。不考虑其他因素。相关账务处理如下：

财务会计分录	预算会计分录
借：银行存款　1 650 000 　长期股权投资——损益调整　100 000 　贷：长期股权投资——成本　1 200 000 　　　　　　　　——其他权益变动　50 000 　　投资收益　500 000 同时： 借：权益法调整　50 000 　贷：投资收益　50 000	借：资金结存——货币资金　1 650 000 　贷：其他结余　1 200 000 　　投资预算收益　450 000

四、本期盈余

（一）本期盈余业务概述

单位应当设置“本期盈余”科目，核算本期实现的盈余（或发生的亏损）。期末，单位将各类收入科目的本期发生额转入本期盈余，借记“财政拨款收入”“事业收入”“上级补助收入”“附属单位上缴收入”“经营收入”“非同级财政拨款收入”“投资收益”“捐赠收入”“利息收入”“租金收入”

“其他收入”科目，贷记“本期盈余”科目；将各类费用科目本期发生额转入本期盈余，借记“本期盈余”科目，贷记“业务活动费用”“单位管理费用”“经营费用”“所得税费用”“资产处置费用”“上缴上级费用”“对附属单位补助费用”“其他费用”科目。本科目如为贷方余额，反映单位自年初至当期期末累计实现的盈余；如为借方余额，反映单位自年初至当期期末累计发生的亏损。年末结账后，本科目应无余额。

（二）本期盈余的核算

1. 核算内容。

本科目核算单位本期各项收入、费用相抵后的余额。

2. 明细科目设置（见表6－6）。

表6－4　事业单位本期盈余科目表

序号	科目编码	科目名称	科目类别	辅助要素
1	3301	本期盈余	净资产类	

3. 主要账务处理。

（1）期末，将各类收入科目的本期发生额转入本期盈余，借记“财政拨款收入”“事业收入”“上级补助收入”“附属单位上缴收入”“经营收入”“非同级财政拨款收入”“投资收益”“捐赠收入”“利息收入”“租金收入”“其他收入”科目，贷记本科目；将各类费用科目本期发生额转入本期盈余，借记本科目，贷记“业务活动费用”“单位管理费用”“经营费用”“所得税费用”“资产处置费用”“上缴上级费用”“对附属单位补助费用”“其他费用”科目。

（2）年末，完成上述结转后，将本科目余额转入“本年盈余分配”科目，借记或贷记本科目，贷记或借记“本年盈余分配”科目。

4. 年末结账后，本科目应无余额。

（三）会计实务举例

【例6－11】2020年1月31日，某事业单位期末账务结转各项收入、费用。

本期收入发生额分别是：财政拨款收入400 000元，非同级财政拨款收入150 000元，捐赠收入150 000元，利息收入34 000元，租金收入39 000元，其他收入1 000元。

本期费用发生额分别是：业务活动费用 210 000 元，单位管理费用 200 000 元，资产处置费用 10 200 元，其他费用 7 500 元。相关账务处理如下：

（1）结转收入至“本期盈余”：

财务会计分录	预算会计分录
借：财政拨款收入　400 000 　非同级财政拨款收入　150 000 　捐赠收入　150 000 　利息收入　34 000 　租金收入　39 000 　其他收入　1 000 　贷：本期盈余　774 000	不做账务处理

（2）结转费用至“本期盈余”：

财务会计分录	预算会计分录
借：本期盈余　427 700 　贷：业务活动费用　210 000 　　单位管理费用　200 000 　　资产处置费用　10 200 　　其他费用　7 500	不做账务处理

【例 6 – 12】 某事业单位 2020 年 12 月 31 日进行年末结转，其中“本期盈余”期末贷方为 2 600 000 元。相关账务处理如下：

财务会计分录	预算会计分录
借：本期盈余　2 600 000 　贷：本年盈余分配　2 600 000	不做账务处理

五、本年盈余分配

（一）本年盈余分配业务概述

单位应当设置“本年盈余分配”科目，核算本年度盈余分配的情况和结果。

（二）本年盈余分配的核算

1. 核算内容。

本科目核算单位本年度盈余分配的情况和结果。

2. 明细科目设置（见表6－5）。

表6－5　　事业单位本年盈余分配科目表

序号	科目编码	科目名称	科目类别	辅助要素
1	3302	本年盈余分配	净资产类	

3. 主要账务处理。

（1）年末，将“本期盈余”科目余额转入本科目，借记或贷记“本期盈余”科目，贷记或借记本科目。

（2）年末，根据有关规定从本年度非财政拨款结余或经营结余中提取专用基金的，按照预算会计下计算的提取金额，借记本科目，贷记“专用基金”科目。

（3）年末，按照规定完成上述（一）、（二）处理后，将本科目余额转入累计盈余，借记或贷记本科目，贷记或借记“累计盈余”科目。

4. 年末结账后，本科目应无余额。

（三）会计实务举例

【例6－13】 2020年12月31日，某事业单位年末账务结转本期盈余贷方金额8 000 000元，结转后按照有关规定从非财政拨款结余中提取专用基金1 000 000元，剩余资金转入累计盈余。相关账务处理如下：

（1）结转本期盈余至“本年盈余分配”：

财务会计分录	预算会计分录
借：本期盈余　8 000 000 　贷：本年盈余分配　8 000 000	不做账务处理

（2）按照相关规定从非财政拨款结余中提取专用基金：

财务会计分录	预算会计分录
借：本年盈余分配　1 000 000 　贷：专用基金　1 000 000	借：非财政拨款结余分配　1 000 000 　贷：专用结余　1 000 000

（3）提取专用基金后剩余金额转入累计盈余：

财务会计分录	预算会计分录
借：本年盈余分配　7 000 000 　贷：累计盈余——累计盈余　7 000 000	不做账务处理

六、无偿调拨净资产

（一）无偿调拨净资产业务概述

单位应当设置“无偿调拨净资产”科目，核算单位无偿调入、调出非现金资产的情况。该科目贷方登记无偿调入的非现金资产和结转调出的非现金资产，借方登记无偿调出的非现金资产和结转调入的非现金资产，年末结转后无余额。

（二）无偿调拨净资产的核算

1. 核算内容。

本科目核算单位无偿调入或调出非现金资产所引起的净资产变动金额。

2. 明细科目设置（见表6－6）。

表6－6　　事业单位无偿调拨净资产科目表

序号	科目编码	科目名称	科目类别	辅助要素
1	3401	无偿调拨净资产	净资产类	

3. 主要账务处理。

（1）按照规定取得无偿调入的存货、长期股权投资、固定资产、无形资产、公共基础设施、政府储备物资、文物文化资产、保障性住房等，按照确定的成本，借记“库存物品”“长期股权投资”“固定资产”“无形资产”“公共基础设施”“政府储备物资”“文物文化资产”“保障性住房”等科目，按照调入过程中发生的归属于调入方的相关费用，贷记“零余额账户用款额度”“银行存款”等科目，按照其差额，贷记本科目。

（2）按照规定经批准无偿调出存货、长期股权投资、固定资产、无形资产、公共基础设施、政府储备物资、文物文化资产、保障性住房等，按照调出资产的账面余额或账面价值，借记本科目，按照固定资产累计折旧、无形资产累计摊销、公共基础设施累计折旧或摊销、保障性住房累计折旧的金额，借记“固定资产累计折旧”“无形资产累计摊销”“公共基础设施累计折旧（摊销）”“保障性住房累计折旧”科目，按照调出资产的账面余额，贷记“库存物品”“长期股权投资”“固定资产”“无形资产”“公共基础设施”“政府储备物资”“文物文化资产”“保障性住房”等科目；同时，按照调出过程中发生的归属于调出方的相关费用，借记“资产处置费用”科目，贷记“零余额账户用款额度”“银行存款”等科目。

（3）年末，将本科目余额转入累计盈余，借记或贷记本科目，贷记或借记“累计盈余”科目。

4. 年末结账后，本科目应无余额。

（三）会计实务举例

【例6－14】2020年10月10日，经相关部门批准，甲事业单位将一台专用设备无偿调拨给乙事业单位，该设备原值100 000元，已计提折旧20 000元，同日乙事业单位收到该设备并投入使用，甲事业单位以银行转账的方式支付运输费500元。相关账务处理如下：

（1）甲事业单位无偿调出时专用设备时：

财务会计分录	预算会计分录
借：无偿调拨净资产　80 000 　　固定资产累计折旧——专用设备　20 000 　　贷：固定资产——专用设备　100 000 借：资产处置费用　500 　　贷：银行存款　500	借：其他支出——其他资金支出　500 　　贷：资金结存——货币资金　500

（2）乙事业单位收到专用设备时：

财务会计分录	预算会计分录
借：固定资产——专用设备　100 000 　　贷：固定资产累计折旧——专用设备　20 000 　　　　无偿调拨净资产　80 000	不做账务处理

七、以前年度盈余调整

（一）以前年度盈余调整业务概述

单位应当设置“以前年度盈余调整”科目，核算单位对以前年度盈余的增减调整情况。该科目贷方登记调整增加的以前年度盈余和结转已调整减少的金额，借方登记调整减少的以前年度盈余和结转已调整增加的金额，年末结转后无余额。

（二）以前年度盈余调整的核算

1. 核算内容。

本科目核算单位本年度发生的调整以前年度盈余的事项，包括本年度发生的重要前期差错更正涉及调整以前年度盈余的事项。

2. 明细科目设置（见表6－7）。

表6－7　　　　事业单位以前年度盈余调整科目表

序号	科目编码	科目名称	科目类别	辅助要素
1	3501	以前年度盈余调整	净资产类	

3. 主要账务处理。

（1）调整增加以前年度收入时，按照调整增加的金额，借记有关科目，贷记本科目。调整减少的，做相反会计分录。

（2）调整增加以前年度费用时，按照调整增加的金额，借记本科目，贷记有关科目。调整减少的，做相反会计分录。

（3）盘盈的各种非流动资产，报经批准后处理时，借记“待处理财产损溢”科目，贷记本科目。

（4）经上述调整后，应将本科目的余额转入累计盈余，借记或贷记“累计盈余”科目，贷记或借记本科目。

4. 本科目结转后应无余额。

（三）会计实务举例

【例6－15】2020年10月，某事业单位进行内部审计，审计部门在审计过程中发现在2018年职工小李违反相关报销规定违规多报销维修费1 500元，审计部门要求单位将收回多报销的费用，职工小李已将该笔款项退回单位基本户。相关账务处理如下：

财务会计分录	预算会计分录
借：银行存款　　1 500 　贷：以前年度盈余调整　　1 500 借：以前年度盈余调整　　1 500 　贷：累计盈余——累计盈余　　1 500	借：资金结存——货币资金　　1 500 　贷：财政拨款结转——年初余额调整——基本支出——日常公用经费　　1 500

【例 6－16】 2020 年 12 月，某事业单位进行年终资产盘点，经盘点，盘盈笔记本电脑 1 台，按照重置成本方法确认资产价值为 1 000 元，待 2021 年 3 月 2 日盘盈资产批准入账。相关账务处理如下：

财务会计分录	预算会计分录
借：待处理财产损溢——固定资产　　1 000 　贷：以前年度盈余调整　　1 000 借：固定资产——通用设备　　1 000 　贷：待处理财产损溢——固定资产　　1 000 借：以前年度盈余调整　　1 000 　贷：累计盈余——累计盈余　　1 000	不做账务处理

（四）常见及疑难问题解释参考

1. 关于报告日后调整事项的会计处理。

《政府会计准则制度解释第 3 号》中列示：对于报告日后调整事项，在发生调整事项的期间进行账务处理：涉及盈余调整的事项，通过“以前年度盈余调整”科目核算。调整增加以前年度收入或调整减少以前年度费用的事项，记入“以前年度盈余调整”科目的贷方；反之，记入“以前年度盈余调整”科目的借方。

2. 关于专用基金——福利费的开支范围。

国家清理规范津补贴后，行政事业单位为在职人员发放的福利，开展体育活动等支出原则上从工会经费中支出，执行《工会会计制度》。根据《国务院关于国家机关工作人员福利费掌管使用的暂行规定的通知》，福利费的使用范围，包括：（一）解决工作人员的家属生活费困难；（二）解决工作人员的家属患病医药费困难；（三）解决工作人员的家属死亡埋葬费困难；（四）解决工作人员的其他特殊困难；（五）补助集体福利事业费用。

财政部、内务部1965年12月15日发布的《国家机关和事业单位工作人员福利费标准问题的通知》文件规定：国家机关和事业单位工作人员福利费按工资总额2.5%提取。国家机关工资总额包括：基础工资、职务工资、级别工资、工龄工资。

第七章　预算结余

第一节　预算结余概述

一、预算结余的概念及分类

《政府会计准则——基本准则》第二十三条规定："预算结余是指政府会计主体预算年度内预算收入扣除预算支出后的资金余额，以及历年滚存的资金余额。"《政府会计准则——基本准则》第二十四条规定："预算结余包括结余资金和结转资金。"

二、预算结余的确认

结余资金是指年度预算执行终了，预算收入实际完成数扣除预算支出和结转资金后剩余的资金。

结转资金是指预算安排项目的支出年终尚未执行完毕或者因故未执行且下年需要按原用途继续使用的资金。

三、预算结余相关政策规定

根据《事业单位财务规则》（财政部令第108号），结转和结余是指事业单位年度收入与支出相抵后的余额。

结转资金是指当年预算已执行但未完成，或者因故未执行，下一年度需要按照原用途继续使用的资金。结余资金是指当年预算工作目标已完成，或者因故终止，当年剩余的资金。经营收支结转和结余应当单独反映。

财政拨款结转和结余的管理，应当按照国家有关规定执行。

非财政拨款结转按照规定结转下一年度继续使用。非财政拨款结余可以按照国家有关规定提取职工福利基金，剩余部分用于弥补以后年度单位收支差额；国家另有规定的，从其规定。

事业单位应当加强非财政拨款结余的管理，盘活存量，统筹安排、合理使用，支出不得超出非财政拨款结余规模。

第二节 预算结余的核算

一、资金结存

（一）资金结存业务概述

资金结存是指纳入预算管理的货币资金。当预算收入发生时，意味着纳入预算管理的资金流入，因此，资金结存增加；当预算支出发生时，意味着纳入预算管理的资金流出，因此，资金结存减少。所以，通常资金结存与预算收入和预算支出的关系可以用公式表示如下：

资金结存期间变动 = 预算收入 - 预算支出

通常情况下，由于预算收入减去预算支出等于本期预算收支差额，因此，预算期间资金结存的变动也就等于本期预算收支差额，进而累积的预算收支差额（即各项结转结余）也就等于累积的资金结存。用公式表示如下：

资金结存(账户为借方余额) = 各项结转结余(账户为贷方额)

如果发生了不记入预算收入或预算支出的各项结转结余的变动（如列入以前年度预算支出的资金退回造成的结转结余增加）等，也会同时发生资金结存的同方向、同金额变化，不影响上述等式“资金结存（账户为借方余额）= 各项结转结余（账户为贷方额）”成立。

根据以上各个公式，可以推导出资金结存、预算收入、预算支出、各项结转结余的相互关系如图 7 - 1 所示。

资金结存	期初资金存量 + 资金流入 - 资金流出 = 期末资金存量	=	期初各项结转结余 + 预算收入 - 预算支出 = 期末各项结转结余

图 7 - 1 资金结存关系

从设置账户和记账的角度划分，资金结存的账户是预算收入类账户、预算支出类账户、各项结转结余账户核算的对应账户。新政府会计制度设置了“资金结存”账户，从而使在预算会计账户之间进行借贷平衡记账得以实现。

（二）资金结存的核算

1. 核算内容。

资金结存核算单位纳入部门预算管理的资金的流入、流出、调整和滚存等情况。

2. 明细科目设置。

本科目应当设置下列明细科目：

（1）零余额账户用款额度：本明细科目核算实行国库集中支付的单位根据财政部门批复的用款计划收到和支用的零余额账户用款额度。

年末结账后，本明细科目应无余额。

（2）货币资金：本明细科目核算单位以库存现金、银行存款、其他货币资金形态存在的资金。

本明细科目年末借方余额，反映单位尚未使用的货币资金。

（3）财政应返还额度：本明细科目核算实行国库集中支付的单位可以使用的以前年度财政直接支付资金额度和财政应返还的财政授权支付资金额度。本明细科目下可设置“财政直接支付”“财政授权支付”两个明细科目进行核算。

本明细科目年末借方余额，反映单位应收财政返还的资金额度（见表7－1）。

表7－1　　事业单位资金结存科目表

序号	科目编码	科目名称	科目类别	辅项要素
1	8001	资金结存	预算结余类	
2	800101	零余额账户用款额度	预算结余类	
3	800102	货币资金	预算结余类	
4	800103	财政应返还额度	预算结余类	
5	80010301	财政直接支付	预算结余类	
6	80010302	财政授权支付	预算结余类	

3. 主要账务处理。

（1）财政授权支付方式下，单位根据代理银行转来的财政授权支付额度到账通知书，按照通知书中的授权支付额度，借记本科目（零余额账户用款额度)，贷记“财政拨款预算收入”科目。

以国库集中支付以外的其他支付方式取得预算收入时，按照实际收到的金额，借记本科目(货币资金)，贷记“财政拨款预算收入”“事业预算收入”“经营预算收入”等科目。

(2)财政授权支付方式下，发生相关支出时，按照实际支付的金额，借记“行政支出”“事业支出”等科目，贷记本科目(零余额账户用款额度)。

从零余额账户提取现金时，借记本科目(货币资金)，贷记本科目(零余额账户用款额度)。退回现金时，做相反会计分录。

使用以前年度财政直接支付额度发生支出时，按照实际支付金额，借记“行政支出”“事业支出”等科目，贷记本科目(财政应返还额度)。

国库集中支付以外的其他支付方式下，发生相关支出时，按照实际支付的金额，借记“事业支出”“经营支出”等科目，贷记本科目(货币资金)。

(3)按照规定上缴财政拨款结转结余资金或注销财政拨款结转结余资金额度的，按照实际上缴资金数额或注销的资金额度数额，借记“财政拨款结转——归集上缴”或“财政拨款结余——归集上缴”科目，贷记本科目(财政应返还额度、零余额账户用款额度、货币资金)。

按规定向原资金拨入单位缴回非财政拨款结转资金的，按照实际缴回资金数额，借记“非财政拨款结转——缴回资金”科目，贷记本科目(货币资金)。

收到从其他单位调入的财政拨款结转资金的，按照实际调入资金数额，借记本科目(财政应返还额度、零余额账户用款额度、货币资金)，贷记“财政拨款结转——归集调入”科目。

(4)按照规定使用专用基金时，按照实际支付金额，借记“专用结余”科目(从非财政拨款结余中提取的专用基金)或“事业支出”等科目(从预算收入中计提的专用基金)，贷记本科目(货币资金)。

(5)因购货退回、发生差错更正等退回国库直接支付、授权支付款项，或者收回货币资金的，属于本年度支付的，借记“财政拨款预算收入”科目或本科目(零余额账户用款额度、货币资金)，贷记相关支出科目；属于以前年度支付的，借记本科目(财政应返还额度、零余额账户用款额度、货币资金)，贷记“财政拨款结转”“财政拨款结余”“非财政拨款结转”“非财政拨款结余”科目。

（6）有企业所得税缴纳义务的事业单位缴纳所得税时，按照实际缴纳金额，借记“非财政拨款结余——累计结余”科目，贷记本科目（货币资金）。

（7）年末，根据本年度财政直接支付预算指标数与当年财政直接支付实际支出数的差额，借记本科目（财政应返还额度），贷记“财政拨款预算收入”科目。

（8）年末，单位依据代理银行提供的对账单作注销额度的相关账务处理，借记本科目（财政应返还额度），贷记本科目（零余额账户用款额度）；本年度财政授权支付预算指标数大于零余额账户用款额度下达数的，根据未下达的用款额度，借记本科目（财政应返还额度），贷记“财政拨款预算收入”科目。

下年初，单位依据代理银行提供的额度恢复到账通知书作恢复额度的相关账务处理，借记本科目（零余额账户用款额度），贷记本科目（财政应返还额度）。单位收到财政部门批复的上年年末下达零余额账户用款额度的，借记本科目（零余额账户用款额度），贷记本科目（财政应返还额度）。

4. 本科目年末借方余额，反映单位预算资金的累计滚存情况。

（三）会计实务举例

【例7-1】2020年2月5日，某事业单位收到代理银行转来的《财政授权支付额度到账通知书》50 000元。相关账务处理如下：

（1）2月5日收到授权支付额度50 000元：

财务会计分录	预算会计分录
借：零余额账户用款额度　　50 000 　贷：财政拨款收入　　　　50 000	借：资金结存——零余额账户用款额度　　50 000 　贷：财政拨款预算收入　　　　　　　50 000

（2）2月10日，某事业单位从零余额账户转入基本户1 000元（零余额账户与基本户不是同一账户），用于支付个人所得税：

财务会计分录	预算会计分录
借：银行存款——基本户　　1 000 　贷：零余额账户用款额度　　1 000	借：资金结存——货币资金　　1 000 　贷：资金结存——零余额账户用款额度　　1 000

（3）2月12日通过基本户缴纳个人所得税（1月已计提个税）1 000元：

财务会计分录	预算会计分录
借：其他应交税费——应交个人所得税 1 000 贷：银行存款——基本账户存款 1 000	借：事业支出——财政拨款支出（基本工资） 1 000 贷：资金结存——货币资金 1 000

【例7-2】2020年年末，某事业单位本年度财政直接支付预算指标数为1 005 000元，当年财政直接支付实际支出数为1 000 000元。相关账务处理如下：

（1）年末确认未下达的财政用款额度5 000元：

财务会计分录	预算会计分录
借：财政应返还额度——财政直接支付 5 000 贷：财政拨款收入 5 000	借：资金结存——财政应返还额度 5 000 贷：财政拨款预算收入 5 000

（2）2021年年初使用上年度财政直接支付额度支付办公费5 000元：

财务会计分录	预算会计分录
借：业务活动费用 5 000 贷：财政应返还额度——财政直接支付 5 000	借：事业支出——财政拨款支出（办公费） 5 000 贷：资金结存——财政应返还额度 5 000

【例7-3】2020年年末，某事业单位本年度收到零余额用款额度数1 005 000元，当年财政授权支付实际支出数为1 000 000元，零余额用款额度剩余5 000元。相关账务处理如下：

（1）年末注销零余额账户用款额度5 000元：

财务会计分录	预算会计分录
借：财政应返还额度——财政授权支付 5 000 贷：零余额账户用款额度 5 000	借：资金结存——财政应返还额度 5 000 贷：资金结存——零余额账户用款额度 5 000

（2）2021年年初恢复上年度零余额用款额度5 000元：

财务会计分录	预算会计分录
借：零余额账户用款额度 5 000 贷：财政应返还额度——财政授权支付 5 000	借：资金结存——零余额账户用款额度 5 000 贷：资金结存——财政应返还额度 5 000

（四）常见及疑难问题解释参考

关于从本单位零余额账户向本单位实有资金账户划转资金的账务处理。

根据现行的国库集中支付规定，原则上行政事业单位不能从本单位零余额账户向本单位实有资金账户划转资金。在特殊情况下，需要有客观原因和理由。根据《政府会计准则制度解释第2号》规定，单位在某些特定情况下按规定从本单位零余额账户向本单位实有资金账户划转资金用于后续相关支出的，可在"银行存款"或"资金结存——货币资金"科目下设置"财政拨款资金"明细科目，或采用辅助核算等形式，核算反映按规定从本单位零余额账户转入实有资金账户的资金金额，并应当按照以下规定进行账务处理：

1. 从本单位零余额账户向实有资金账户划转资金时，按照划转的资金金额，借记"银行存款"科目，贷记"零余额账户用款额度"科目；同时，在预算会计中借记"资金结存——货币资金"科目，贷记"资金结存——零余额账户用款额度"科目。

2. 将本单位实有资金账户中从零余额账户划转的资金用于相关支出时，按照实际支付的金额，借记"应付职工薪酬""其他应交税费"等科目，贷记"银行存款"科目；同时，在预算会计中借记"行政支出""事业支出"等支出科目下的"财政拨款支出"明细科目，贷记"资金结存——货币资金"科目。

二、财政拨款结转

（一）财政拨款结转业务概述

财政拨款结转是指单位当年预算已执行但尚未完成，或因故未执行，下一年度需要按照原用途继续使用的同级财政拨款结转的滚存资金。它包括基本支出结转和项目支出结转。基本支出结转是指用于单位基本预算支出的当期和滚存财政拨款结转；项目支出结转是指用于单位项目预算支出、项目当年已执行但尚未完成形成的当期和滚存财政拨款结转，或项目因故当期未执行，需要推迟到下年执行形成的当期或滚存财政拨款结转。

单位要设置“财政拨款结转”总账科目，核算单位取得的同级财政拨款结转资金的调整、收支结转、调剂和滚存情况。“财政拨款结转”总账科目借方登记财政拨款结转资金的减少，贷方登记财政拨款结转资金的增加，年末余额在贷方，反映财政拨款结转资金年末的累计余额。

（二）财政拨款结转的核算

1. 核算内容。

财政拨款结转核算单位取得的同级财政拨款结转资金的调整、结转和滚存情况。

2. 明细科目设置。

本科目应当设置下列明细科目：

（1）与会计差错更正、以前年度支出收回相关的明细科目。“年初余额调整”：本明细科目核算因发生会计差错更正、以前年度支出收回等原因，需要调整财政拨款结转的金额。

年末结账后，本明细科目应无余额。

（2）与财政拨款调拨业务相关的明细科目。“归集调入”：本明细科目核算按照规定从其他单位调入财政拨款结转资金时，实际调增的额度数额或调入的资金数额。

年末结账后，本明细科目应无余额。

“归集调出”：本明细科目核算按照规定向其他单位调出财政拨款结转资金时，实际调减的额度数额或调出的资金数额。

年末结账后，本明细科目应无余额。

“归集上缴”：本明细科目核算按照规定上缴财政拨款结转资金时，实际核销的额度数额或上缴的资金数额。

年末结账后，本明细科目应无余额。

“单位内部调剂”：本明细科目核算经财政部门批准对财政拨款结余资金改变用途，调整用于本单位其他未完成项目等的调整金额。

年末结账后，本明细科目应无余额。

（3）与年末财政拨款结转业务相关的明细科目。“本年收支结转”：本明细科目核算单位本年度财政拨款收支相抵后的余额。

年末结账后，本明细科目应无余额。

“累计结转”：本明细科目核算单位滚存的财政拨款结转资金。本明细科目年末贷方余额，反映单位财政拨款滚存的结转资金数额。

本科目还应当设置“基本支出结转”“项目支出结转”两个明细科目，并在“基本支出结转”明细科目下按照“人员经费”“日常公用经费”进行明细核算，在“项目支出结转”明细科目下按照具体项目进行明细核算；同时，本科目还应按照《政府收支分类科目》中“支出功能分类科目”的相关科目进行明细核算。

有一般公共预算财政拨款、政府性基金预算财政拨款等两种或两种以上财政拨款的，还应当在本科目下按照财政拨款的种类进行明细核算（见表7－2）。

表7－2　　　　事业单位财政拨款结转科目表

序号	科目编码	科目名称	科目类别	辅助要素
1	8101	财政拨款结转	预算结余类	资金性质
2	810101	年初余额调整	预算结余类	资金性质，支出功能分类
3	81010101	基本支出	预算结余类	资金性质，支出功能分类
4	8102010101	人员经费	预算结余类	资金性质，支出功能分类
5	8101010102	日常公用经费	预算结余类	资金性质，支出功能分类
6	81010102	项目支出	预算结余类	资金性质，支出功能分类，预算项目
7	810102	归集调入	预算结余类	资金性质，支出功能分类
8	81010201	基本支出	预算结余类	资金性质，支出功能分类
9	8101020101	人员经费	预算结余类	资金性质，支出功能分类
10	8101020102	日常公用经费	预算结余类	资金性质，支出功能分类
11	81010202	项目支出	预算结余类	资金性质，支出功能分类，预算项目
12	810103	归集调出	预算结余类	资金性质，支出功能分类
13	81010301	基本支出	预算结余类	资金性质，支出功能分类
14	8101030101	人员经费	预算结余类	资金性质，支出功能分类
15	8101030102	日常公用经费	预算结余类	资金性质，支出功能分类

续表

序号	科目编码	科目名称	科目类别	辅助要素
16	81010302	项目支出	预算结余类	资金性质，支出功能分类，预算项目
17	810104	归集上缴	预算结余类	资金性质，支出功能分类
18	81010401	基本支出	预算结余类	资金性质，支出功能分类
19	8101040101	人员经费	预算结余类	资金性质，支出功能分类
20	8101040102	日常公用经费	预算结余类	资金性质，支出功能分类
21	81010402	项目支出	预算结余类	资金性质，支出功能分类，预算项目
22	810105	单位内部调剂	预算结余类	资金性质，支出功能分类
23	81010501	基本支出	预算结余类	资金性质，支出功能分类
24	8101050101	人员经费	预算结余类	资金性质，支出功能分类
25	8101050102	日常公用经费	预算结余类	资金性质，支出功能分类
26	81010502	项目支出	预算结余类	资金性质，支出功能分类，预算项目
27	810106	本年收支结转	预算结余类	资金性质，支出功能分类
28	81010601	基本支出	预算结余类	资金性质，支出功能分类
29	8101060101	人员经费	预算结余类	资金性质，支出功能分类
30	8101060102	日常公用经费	预算结余类	资金性质，支出功能分类
31	81010602	项目支出	预算结余类	资金性质，支出功能分类，预算项目
32	810107	累计结转	预算结余类	资金性质，支出功能分类
33	81010701	基本支出	预算结余类	资金性质，支出功能分类
34	8101070101	人员经费	预算结余类	资金性质，支出功能分类
35	8101070102	日常公用经费	预算结余类	资金性质，支出功能分类
36	81010702	项目支出	预算结余类	资金性质，支出功能分类，预算项目

3. 主要账务处理。

（1）与会计差错更正、以前年度支出收回相关的账务处理。因发生会计差错更正退回以前年度国库直接支付、授权支付款项或财政性货币资金，或者因发生会计差错更正增加以前年度国库直接支付、授权支付支出或财政性货币资金支出，属于以前年度财政拨款结转资金的，借记或贷记“资金结存——财政应返还额度、零余额账户用款额度、货币资金”科目，贷记或借记本科目（年初余额调整）。

因购货退回、预付款项收回等发生以前年度支出又收回国库直接支付、授权支付款项或收回财政性货币资金，属于以前年度财政拨款结转资金的，借记“资金结存——财政应返还额度、零余额账户用款额度、货币资金”科目，贷记本科目（年初余额调整）。

（2）与财政拨款结转结余资金调整业务相关的账务处理。按照规定从其他单位调入财政拨款结转资金的，按照实际调增的额度数额或调入的资金数额，借记“资金结存——财政应返还额度、零余额账户用款额度、货币资金”科目，贷记本科目（归集调入）。

按照规定向其他单位调出财政拨款结转资金的，按照实际调减的额度数额或调出的资金数额，借记本科目（归集调出），贷记“资金结存——财政应返还额度、零余额账户用款额度、货币资金”科目。

按照规定上缴财政拨款结转资金或注销财政拨款结转资金额度的，按照实际上缴资金数额或注销的资金额度数额，借记本科目（归集上缴），贷记“资金结存——财政应返还额度、零余额账户用款额度、货币资金”科目。

经财政部门批准对财政拨款结余资金改变用途，调整用于本单位基本支出或其他未完成项目支出的，按照批准调剂的金额，借记“财政拨款结余——单位内部调剂”科目，贷记本科目（单位内部调剂）。

（3）与年末财政拨款结转和结余业务相关的账务处理。年末，将财政拨款预算收入本年发生额转入本科目，借记“财政拨款预算收入”科目，贷记本科目（本年收支结转）；将各项支出中财政拨款支出本年发生额转入本科目，借记本科目（本年收支结转），贷记各项支出（财政拨款支出）科目。

年末冲销有关明细科目余额。将本科目（本年收支结转、年初余额调整、归集调入、归集调出、归集上缴、单位内部调剂）余额转入本科目（累计结转）。结转后，本科目除“累计结转”明细科目外，其他明细科目应无余额。

年末完成上述结转后，应当对财政拨款结转各明细项目执行情况进行分析，按照有关规定将符合财政拨款结余性质的项目余额转入财政拨款结余，借记本科目（累计结转），贷记“财政拨款结余——结转转入”科目。

4. 本科目年末贷方余额，反映单位滚存的财政拨款结转资金数额。

（三）会计实务举例

【例7-4】 某事业单位2019年12月用专项资金购买桌椅一批，2020年2

月发现桌椅不符合要求需退回，经协商，商家同意退回，退回款项为 35 000 元。经分析，此事项属于以前年度支出收回事项。相关账务处理如下：

财务会计分录	预算会计分录
借：零余额账户用款额度　35 000 　贷：以前年度盈余调整　35 000	借：资金结存——零余额账户用款额度　35 000 　贷：财政拨款结转——年初余额调整　35 000

【例 7－5】某事业单位因实施计划调整，经财政部门批准收到从其他单位调出的财政拨款结转资金 30 000 元，用于本单位 B 项目的实施。相关账务处理如下：

财务会计分录	预算会计分录
借：零余额账户用款额度　30 000 　贷：累计盈余　30 000	借：资金结存——零余额账户用款额度　30 000 　贷：财政拨款结转——归集调入（B 项目）　30 000

【例 7－6】某事业单位 A 项目实施周期为一年，年度财政预算为 1 000 000 元，当年已使用预算资金 800 000 元，因实施计划调整，经财政部门批准将剩余资金拨付给其他预算单位。相关账务处理如下：

财务会计分录	预算会计分录
借：累计盈余　200 000 　贷：零余额账户用款额度　200 000	借：财政拨款结转——归集调出（A 项目） 　200 000 　贷：资金结存——零余额账户用款额度　200 000

【例 7－7】2020 年，按照财政部门要求，某事业单位将以前年度财政结转资金 100 000 元上缴财政。相关账务处理如下：

财务会计分录	预算会计分录
借：累计盈余　100 000 　贷：零余额账户用款额度　100 000	借：财政拨款结转——归集上缴　100 000 　贷：资金结存——零余额账户用款额度　100 000

【例 7－8】2020 年年初，财政收回上年末财政应返还额度 500 000 元。相关账务处理如下：

财务会计分录	预算会计分录
借：累计盈余 500 000 　贷：财政应返还额度 500 000	借：财政拨款结转——归集上缴 500 000 　贷：资金结存——财政应返还额度 500 000

【例 7 -9】 某事业单位 A 项目完工，项目剩余财政资金 150 000 元尚未使用，经财政部门批准，允许将 A 项目结余资金 150 000 元调整用于该单位未完成的 B 项目。相关账务处理如下：

财务会计分录	预算会计分录
不做账务处理	借：财政拨款结余——单位内部调剂（A 项目） 150 000 　贷：财政拨款结转——单位内部调剂（B 项目） 150 000

【例 7 -10】 某事业单位年末预算会计收支：财政拨款预算收入 300 000 元，事业支出（财政拨款支出部分）200 000 元，年底进行收支结转。相关账务处理如下：

财务会计分录	预算会计分录
不做账务处理	借：财政拨款预算收入 300 000 　贷：财政拨款结转——本年收支结转 300 000 借：财政拨款结转——本年收支结转 200 000 　贷：事业支出——财政拨款支出 200 000

【例 7 -11】 某事业单位 2020 年年末冲销财政拨款结转有关明细科目的余额。

借方余额如下：

财政拨款结转——归集调出　200 000 元

　　　　　　——归集上缴　100 000 元

　　　　　　——本年收支结转　200 000 元

贷方余额如下：

财政拨款结转——年初余额调整　35 000 元

　　　　　　——归集调入　200 000 元

　　　　　　——单位内部调剂　150 000 元

　　　　　　——本年收支结转　300 000 元

相关账务处理如下：

财务会计分录	预算会计分录	
不做账务处理	借：财政拨款结转——累计结转	500 000
	贷：财政拨款结转——归集调出	200 000
	财政拨款结转——归集上缴	100 000
	财政拨款结转——本年收支结转	200 000
	借：财政拨款结转——年初余额调整	35 000
	财政拨款结转——归集调入	200 000
	财政拨款结转——单位内部调剂	150 000
	财政拨款结转——本年收支结转	300 000
	贷：财政拨款结转——累计结转	685 000

（四）常见及疑难问题解释参考

单位违反规定多报销的费用、多发放的津贴补贴，应如何行会计差错更正？

本期发现的与本期相关的重大会计差错，如影响收入、费用或者预算收支的，应当直接调整本期的收入、费用或者预算收支等会计科目。

本期发现的与前期相关的重大会计差错，如影响收入、费用或者预算收支的，应当将其对收入、费用或者预算收支的影响或者累积影响调整发现当期期初的相关净资产项目或者预算结转结余，并调整其他相关项目的期初数的规定。

调减以前年度费用时，按照调整的金额，财务会计借记“以前年度盈余调整”目，贷记“银行存款”等科目，同时，借记“累计盈余”科目，贷记“以前年度盈调整”科目；预算会计借记“财政拨款结转”“财政拨款结余”“非财政拨款结“非财政拨款结余——年初余额调整”科目，贷记“资金结存——财政应返还额”“零余额账户用款额度”“货币资金”等科目。

三、财政拨款结余

（一）财政拨款结余业务概述

财政拨款结余是指支出预算工作目标已完成，或由于受政策变化、计划调整等因素影响工作终止，当年剩余的同级财政拨款结余的滚存资金。能称为财政拨款结余的只有已完成项目但尚未用完的财政拨款资金，或由于受政策变化、计划调整等因素影响，项目中止或撤销形成剩余的财政拨款资金。属于财政拨款结转的项目支出结转资金中，某一预算年度安排的项目支出连续两年仍未使用完形成剩余的财政拨款资金，也视同财政拨款结余资金管理。

单位要设置“财政拨款结余”总账科目，核算单位的同级财政拨款结余资金的调整、转入、调剂和滚存情况。“财政拨款结余”总账科目借方登记财政拨款结余资金的减少，贷方登记财政拨款结余资金的增加，年末余额在贷方，反映财政拨款结余资金年末的累计余额。

（二）财政拨款结余的核算

1. 核算内容。

财政拨款结余是核算单位取得的同级财政拨款项目支出结余资金的调整、结转和滚存情况。

2. 明细科目设置。

本科目应当设置下列明细科目：

（1）与会计差错更正、以前年度支出收回相关的明细科目。“年初余额调整”：本明细科目核算因发生会计差错更正、以前年度支出收回等原因，需要调整财政拨款结余的金额。年末结账后，本明细科目应无余额。

（2）与财政拨款结余资金调整业务相关的明细科目。“归集上缴”：本明细科目核算按照规定上缴财政拨款结余资金时，实际核销的额度数额或上缴的资金数额。年末结账后，本明细科目应无余额。

“单位内部调剂”：本明细科目核算经财政部门批准对财政拨款结余资金改变用途，调整用于本单位其他未完成项目等的调整金额。年末结账后，本明细科目应无余额。

（3）与年末财政拨款结余业务相关的明细科目。“结转转入”：本明细科目核算单位按照规定转入财政拨款结余的财政拨款结转资金。年末结账后，本明细科目应无余额。

“累计结余”：本明细科目核算单位滚存的财政拨款结余资金。本明细科目年末贷方余额，反映单位财政拨款滚存的结余资金数。本科目还应当按照具体项目、《政府收支分类科目》中“支出功能分类科目”的相关科目等进行明细核算。有一般公共预算财政拨款、政府性基金预算财政拨款等两种或两种以上财政拨款的，还应当在本科目下按照财政拨款的种类进行明细核算（见表7－3）。

表 7－3　　　　　　　　事业单位财政拨款结余科目表

序号	科目编码	科目名称	科目类别	辅助要素
1	8102	财政拨款结余	预算结余类	资金性质
2	810201	年初余额调整	预算结余类	资金性质，支出功能分类
3	81020101	基本支出	预算结余类	资金性质，支出功能分类
4	8102010101	人员经费	预算结余类	资金性质，支出功能分类
5	8102010102	日常公用经费	预算结余类	资金性质，支出功能分类
6	81020102	项目支出	预算结余类	资金性质，支出功能分类，预算项目
7	810202	归集上缴	预算结余类	资金性质，支出功能分类
8	81020201	基本支出	预算结余类	资金性质，支出功能分类
9	8102020101	人员经费	预算结余类	资金性质，支出功能分类
10	8102020102	日常公用经费	预算结余类	资金性质，支出功能分类
11	81020202	项目支出	预算结余类	资金性质，支出功能分类，预算项目
12	810203	单位内部调剂	预算结余类	资金性质，支出功能分类
13	81020301	基本支出	预算结余类	资金性质，支出功能分类
14	8102030101	人员经费	预算结余类	资金性质，支出功能分类
15	8102030102	日常公用经费	预算结余类	资金性质，支出功能分类
16	81020302	项目支出	预算结余类	资金性质，支出功能分类，预算项目
17	810204	结转转入	预算结余类	资金性质，支出功能分类
18	81020401	基本支出	预算结余类	资金性质，支出功能分类
19	8102040101	人员经费	预算结余类	资金性质，支出功能分类
20	8102040102	日常公用经费	预算结余类	资金性质，支出功能分类
21	81020402	项目支出	预算结余类	资金性质，支出功能分类，预算项目
22	810205	累计结余	预算结余类	资金性质，支出功能分类
23	81020501	基本支出	预算结余类	资金性质，支出功能分类
24	8102050101	人员经费	预算结余类	资金性质，支出功能分类
25	8102050102	日常公用经费	预算结余类	资金性质，支出功能分类
26	81020502	项目支出	预算结余类	资金性质，支出功能分类，预算项目

3. 主要账务处理。

（1）按照规定从科研项目预算收入中提取项目管理费或间接费时，按照提取金额，借记本科目（项目间接费用或管理费），贷记“非财政拨款结余——项目间接费用或管理费”科目。

（2）因会计差错更正收到或支出非同级财政拨款货币资金，属于非财政拨款结转资金的，按照收到或支出的金额，借记或贷记“资金结存——货币资金”科目，贷记或借记本科目（年初余额调整）。

因收回以前年度支出等收到非同级财政拨款货币资金，属于非财政拨款结转资金的，按照收到的金额，借记“资金结存——货币资金”科目，贷记本科目（年初余额调整）。

（3）按照规定缴回非财政拨款结转资金的，按照实际缴回资金数额，借记本科目（缴回资金），贷记“资金结存——货币资金”科目。

（4）年末，将事业预算收入、上级补助预算收入、附属单位上缴预算收入、非同级财政拨款预算收入、债务预算收入、其他预算收入本年发生额中的专项资金收入转入本科目，借记“事业预算收入”“上级补助预算收入”“附属单位上缴预算收入”“非同级财政拨款预算收入”“债务预算收入”“其他预算收入”科目下各专项资金收入明细科目，贷记本科目（本年收支结转）；将行政支出、事业支出、其他支出本年发生额中的非财政拨款专项资金支出转入本科目，借记本科目（本年收支结转），贷记“行政支出”“事业支出”“其他支出”科目下各非财政拨款专项资金支出明细科目。

（5）年末冲销有关明细科目余额。将本科目（年初余额调整、项目间接费用或管理费、缴回资金、本年收支结转）余额转入本科目（累计结转）。结转后，本科目除“累计结转”明细科目外，其他明细科目应无余额。

（6）年末完成上述结转后，应当对非财政拨款专项结转资金各项目情况进行分析，将留归本单位使用的非财政拨款专项（项目已完成）剩余资金转入非财政拨款结余，借记本科目（累计结转），贷记“非财政拨款结余——结转转入”科目。

4. 本科目年末贷方余额，反映单位滚存的非同级财政拨款专项结转资金数额。

（三）会计实务举例

【例7－12】2020年2月，某事业单位被审计发现，以前年度2019年5月发生的差旅费500元为超标准支付，不符合差旅费报销制度，故要求相关人员退回资金，并退至单位银行存款账户。2020年3月15日相关人员退回500元至零余额账户，相关账务处理如下：

财务会计分录	预算会计分录
借：银行存款　500 　贷：以前年度盈余调整　500	借：资金结存——货币资金　500 　贷：财政拨款结余——年初余额调整　500

【例7－13】2019年3月15日，某事业单位委托第三方开发管理服务平台A项目，当年申请A项目资金为800 000元，该项目周期为2年，已于2020年完工，剩余项目资金80 000元，经批准2021年年初上缴财政。相关账务处理如下：

财务会计分录	预算会计分录
借：累积盈余　80 000 　贷：财政应返还额度——授权支出 　80 000	借：财政拨款结余——归集上缴（A项目） 　80 000 　贷：资金结存——财政应返还额度　80 000

【例7－14】2020年10月15日，某事业单位完成A项目的建设，剩余资金资金为80 000元，经批准调剂至B项目继续使用。相关账务处理如下：

财务会计分录	预算会计分录
财务会计不做账务处理	借：财政拨款结余——单位内部调剂（A项目）　80 000 　贷：财政拨款结转——单位内部调剂（B项目）　80 000

【例7－15】2020年年末，某事业单位A建设项目提前完成，剩余资金为150 000元；由于B项目因为可研报告不充足，计划调整，闲置资金120 000元。相关账务处理如下：

财务会计分录	预算会计分录
不做账务处理	借：财政拨款结转——累计结转（A项目）　150 000 　　　　　　　——累计结转（B项目）　120 000 　贷：财政拨款结余——结转转入　270 000

【例7－16】2020年年末，某事业单位财政拨款结余明细科目余额如下：借方余额如下：

财政拨款结余——年初余额调整	3 000元
——单位内部调剂	50 000元
——归集上缴	150 000元

贷方余额如下：

财政拨款结余——结转转入　　230 000元

相关账务处理如下：

财务会计分录	预算会计分录
不做账务处理	借：财政拨款结余——结转转入　230 000 　贷：财政拨款结余——累计结余　230 000 借：财政拨款结余——累计结余　203 000 　贷：财政拨款结余——年初余额调整　3 000 　　　　——单位内部调剂　50 000 　　　　——归集上缴　150 000

四、非财政拨款结转

（一）非财政拨款结转业务概述

非财政拨款结转，是指行政事业单位同级财政拨款以外的预算资金来源中，具有专项项目限定用途，而项目尚未完成、需要继续用于原指定项目用途的剩余资金。行政事业单位的非财政拨款结转包括单位的事业预算收入上级补助预算收入、附属单位上缴预算收入、非同级财政拨款预算收入、债务预算收入、其他预算收入中有限定项目用途的收入资金，在项目没有完成时的剩余资金。当非财政拨款结转资金使用的项目完成或终止后，有的缴回给项目的出资人，不缴回给出资人的部分留给单位，如不再限定用途，可转为非财政拨款结余。

单位要设置“非财政拨款结转”总账科目，核算单位的非同级财政拨款结转资金的调整、收支转入、转出和滚存情况。“非财政拨款结转”总账科目借方登记非财政拨款结转资金的减少，贷方登记非财政拨款结转资金的增加，年末余额在贷方，反映非财政拨款结转资金年末的累计余额。

（二）非财政拨款结转的核算

1. 核算内容。

非财政拨款结转是核算单位除财政拨款收支、经营收支以外各非同级财政拨款专项资金的调整、结转和滚存情况。

2. 明细科目设置。

本科目应当设置下列明细科目：

（1）“年初余额调整”：本明细科目核算因发生会计差错更正、以前年度支出收回等原因，需要调整非财政拨款结转的资金。

年末结账后，本明细科目应无余额。

（2）“缴回资金”：本明细科目核算按照规定缴回非财政拨款结转资金时，实际缴回的资金数额。

年末结账后，本明细科目应无余额。

（3）“项目间接费用或管理费”：本明细科目核算单位取得的科研项目预算收入中，按照规定计提项目间接费用或管理费的数额。

年末结账后，本明细科目应无余额。

（4）“本年收支结转”：本明细科目核算单位本年度非同级财政拨款专项收支相抵后的余额。

年末结账后，本明细科目应无余额。

（5）“累计结转”：本明细科目核算单位滚存的非同级财政拨款专项结转资金。

本明细科目年末贷方余额，反映单位非同级财政拨款滚存的专项结转资金数额。

本科目还应当按照具体项目、《政府收支分类科目》中“支出功能分类科目”的相关科目等进行明细核算（见表7－4）。

表7－4　　事业单位非财政拨款结转科目表

序号	科目编码	科目名称	科目类别	辅助要素
1	8201	非财政拨款结转	预算结余类	资金性质
2	820101	年初余额调整	预算结余类	资金性质，支出功能分类，预算项目
3	820102	缴回资金	预算结余类	资金性质，支出功能分类，预算项目
4	820103	项目间接费用或管理费	预算结余类	资金性质，支出功能分类，预算项目
5	820104	本年收支结转	预算结余类	资金性质，支出功能分类，预算项目
6	820105	累计结转	预算结余类	资金性质，支出功能分类，预算项目

3. 主要账务处理。

（1）按照规定从科研项目预算收入中提取项目管理费或间接费时，按照提取金额，借记本科目（项目间接费用或管理费），贷记“非财政拨款结余——项目间接费用或管理费”科目。

（2）因会计差错更正收到或支出非同级财政拨款货币资金，属于非财政拨款结转资金的，按照收到或支出的金额，借记或贷记“资金结存——货币资金”科目，贷记或借记本科目（年初余额调整）。

因收回以前年度支出等收到非同级财政拨款货币资金，属于非财政拨款结转资金的，按照收到的金额，借记“资金结存——货币资金”科目，贷记本科目（年初余额调整）。

（3）按照规定缴回非财政拨款结转资金的，按照实际缴回资金数额，借记本科目（缴回资金），贷记“资金结存——货币资金”科目。

（4）年末，将事业预算收入、上级补助预算收入、附属单位上缴预算收入、非同级财政拨款预算收入、债务预算收入、其他预算收入本年发生额中的专项资金收入转入本科目，借记“事业预算收入”“上级补助预算收入”“附属单位上缴预算收入”“非同级财政拨款预算收入”“债务预算收入”“其他预算收入”科目下各专项资金收入明细科目，贷记本科目（本年收支结转）；将行政支出、事业支出、其他支出本年发生额中的非财政拨款专项资金支出转入本科目，借记本科目（本年收支结转），贷记“行政支出”“事业支出”“其他支出”科目下各非财政拨款专项资金支出明细科目。

（5）年末冲销有关明细科目余额。将本科目（年初余额调整、项目间接费用或管理费、缴回资金、本年收支结转）余额转入本科目（累计结转）。结转后，本科目除“累计结转”明细科目外，其他明细科目应无余额。

（6）年末完成上述结转后，应当对非财政拨款专项结转资金各项目情况进行分析，将留归本单位使用的非财政拨款专项（项目已完成）剩余资金转入非财政拨款结余，借记本科目（累计结转），贷记“非财政拨款结余——结转转入”科目。

4. 本科目年末贷方余额，反映单位滚存的非同级财政拨款专项结转资金数额。

（三）会计实务举例

【例 7－17】某事业单位进行财务检查时发现，上年使用科研项目 A 项目资金支付审计费用 23 000 元，但实际审计费用单据上列明的金额为 30 000 元，该项目尚未完工，对上述会计差错进行分析后，需支付资金 7 000 元。相关账务处理如下：

财务会计分录	预算会计分录
借：以前年度盈余调整　7 000 　贷：银行存款　7 000	借：非财政拨款结转——年初余额调整（A 项目） 7 000 　贷：资金结存——货币资金　7 000

【例 7－18】某事业单位当年内部审计发现上年度发放 A 项目补助经费 3 000 元不符合有关经费补助要求，内部审计机构要求追回相关资金，单位已联系相关人员退回此笔资金，并存入单位银行存款账户。相关账务处理如下：

财务会计分录	预算会计分录
借：银行存款——基本账户存款 3 000 　贷：以前年度盈余调整　3 000	借：资金结存——货币资金　3 000 　贷：非财政拨款结转——年初余额调整（A 项目） 3 000

【例 7－19】2020 年年末，某事业单位按规定上缴非财政拨款结转资金 250 000 元。相关账务处理如下：

财务会计分录	预算会计分录
借：累计盈余　250 000 　贷：银行存款——基本户　250 000	借：非财政拨款结转——缴回资金　250 000 　贷：资金结存——货币资金　250 000

【例 7－20】某事业单位非财政拨款专项预算收入为 20 000 元，当年支出 13 000 元，项目已完工，年末收支结转后，该项目非财政补助结转科目贷方余额为 7 000 元，经批准允许归本单位使用。相关账务处理如下：

财务会计分录	预算会计分录
不做账务处理	借：非财政拨款结转——累计结转　7 000 　贷：非财政拨款结余——结转转入　7 000

（四）常见及疑难问题解释参考

政府举借债务借款利息费用化还是资本化？

根据《政府会计准则第 8 号——负债》规定，政府举借债务的主体包括政府和其他政府会计主体，政府举借的债务的利息是不允许资本化的，只能费用化。其他政府会计主体为购建符合资本化条件资产而专门借入的款项，可以资本化，其他政府会计主体的非专门借款所发生的借款费用，应当计入当期费用，不允许资本化。专门借款和非专门借款是通过贷款合同的用途来划分的，如合同用途是流动资金贷款，就属于非专门借款，所产生的借款费用不能资本化，而应当费用化处理。

五、非财政拨款结余

（一）非财政拨款结余相关管理规定

非财政拨款结余是指无限定用途的非同级财政拨款资金的剩余资金。非财政拨款结余由行政事业单位取得事业预算收入、上级补助预算收入、附属单位上缴预算收入、经营预算收入、非同级财政拨款预算收入、债务预算收入、投资预算收益、其他预算收入的资金（扣除其中有限定项目用途的资金），与这些资金使用的支出相抵后的结余累积形成。

行政事业单位每个预算期的非财政拨款、非专项资金的结余，年末都要最终转入“非财政拨款结余”科目中，以反映单位累积的非财政拨款、非专项资金的结余。但是在此之前，行政事业单位需要对非财政拨款、非专项资金进行预算收支转账，核算出本预算期非财政拨款、非专项资金的预算收支结余。其中，事业单位还要对本期结余的非财政拨款、非专项资金进行分配，提取专用结余。在进行预算收支转账和分配完毕后，要将本期的非财政拨款非专项资金结余都转入“非财政拨款结余”科目中。此外，在预算期间，对累积的非财政拨款结余资金发生的变化也要进行核算。例如，对以前年度列支出的预算资金收回、非财政拨款专项资金留归单位、提取专项资金的项目间接费用或管理费等导致累积的非财政拨款结余变动的核算等。

（二）非财政拨款结余的核算

1. 核算内容。

非财政拨款结余是核算单位历年滚存的非限定用途的非同级财政拨款结余资金，主要为非财政拨款结余扣除结余分配后滚存的金额。

2. 明细科目设置。

本科目应当设置下列明细科目：

（1）“年初余额调整”：本明细科目核算因发生会计差错更正、以前年度支出收回等原因，需要调整非财政拨款结余的资金。

年末结账后，本明细科目应无余额。

（2）“项目间接费用或管理费”：本明细科目核算单位取得的科研项目预算收入中，按照规定计提的项目间接费用或管理费数额。

年末结账后，本明细科目应无余额。

（3）“结转转入”：本明细科目核算按照规定留归单位使用，由单位统筹调配，纳入单位非财政拨款结余的非同级财政拨款专项剩余资金。

年末结账后，本明细科目应无余额。

（4）“累计结余”：本明细科目核算单位历年滚存的非同级财政拨款、非专项结余资金。

本明细科目年末贷方余额，反映单位非同级财政拨款滚存的非专项结余资金数额。

本科目还应当按照《政府收支分类科目》中“支出功能分类科目”的相关科目进行明细核算（见表7－5）。

表7－5　　　　事业单位非财政拨款结余科目表

序号	科目编码	科目名称	科目类别	辅助要素
1	8202	非财政拨款结余	预算结余类	资金性质
2	820201	年初余额调整	预算结余类	资金性质，支出功能分类
3	820202	项目间接费用或管理费	预算结余类	资金性质，支出功能分类
4	820103	结转转入	预算结余类	资金性质，支出功能分类
5	820104	企业所得税	预算结余类	资金性质，支出功能分类
6	820105	累计结余	预算结余类	资金性质，支出功能分类

3. 主要账务处理。

（1）有企业所得税缴纳义务的事业单位实际缴纳企业所得税时，按照缴纳金额，借记本科目（累计结余），贷记“资金结存——货币资金”科目。

（2）因会计差错更正收到或支出非同级财政拨款货币资金，属于非财政拨款结余资金的，按照收到或支出的金额，借记或贷记“资金结存——货币资金”科目，贷记或借记本科目（年初余额调整）。

因收回以前年度支出等收到非同级财政拨款货币资金，属于非财政拨款结余资金的，按照收到的金额，借记“资金结存——货币资金”科目，贷记本科目（年初余额调整）。

（3）年末，将留归本单位使用的非财政拨款专项（项目已完成）剩余资金转入本科目，借记“非财政拨款结转——累计结转”科目，贷记本科目（结转转入）。

（4）年末冲销有关明细科目余额。将本科目（年初余额调整、项目间接费用或管理费、结转转入）余额结转入本科目（累计结余）。结转后，本科目除“累计结余”明细科目外，其他明细科目应无余额。

（5）年末，事业单位将“非财政拨款结余分配”科目余额转入非财政拨款结余。“非财政拨款结余分配”科目为借方余额的，借记本科目（累计结余），贷记“非财政拨款结余分配”科目；“非财政拨款结余分配”科目为贷方余额的，借记“非财政拨款结余分配”科目，贷记本科目（累计结余）。

年末，行政单位将“其他结余”科目余额转入非财政拨款结余。“其他结余”科目为借方余额的，借记本科目（累计结余），贷记“其他结余”科目；“其他结余”科目为贷方余额的，借记“其他结余”科目，贷记本科目（累计结余）。

4. 本科目年末贷方余额，反映单位非同级财政拨款结余资金的累计滚存数额。

（三）会计实务举例

【例 7－21】某事业单位使用非限定用途非同级财政拨款资金在 2019 年 10 月支付保洁费 8 000 元，12 月该单位又支付了相同的保洁费 8 000 元，2020 年 2 月发现该笔重复支付，经协商，对方退回多付保洁费 8 000 元。相关账务处理如下：

财务会计分录	预算会计分录
借：银行存款——基本账户存款　8 000 　贷：以前年度盈余调整　　　　8 000	借：资金结存——货币资金——银行存款　8 000 　贷：非财政拨款结余——年初余额调整　8 000

【例 7－22】2020 年 10 月 12 日，某事业单位科研项目 A 项目预算收入为 350 000 元，单位根据相关规定从 A 项目预算收入中提取间接费用、管理费共计 50 000 元。相关账务处理如下：

财务会计分录	预算会计分录
借：单位管理费用　　　　　　　　　　50 000 　贷：预提费用——项目间接费用或管理费　50 000	不做账务处理

【例 7－23】某事业单位科研项目已完工，结余资金 15 000 元，按规定留归本单位使用。相关账务处理如下：

财务会计分录	预算会计分录
不做账务处理	借：非财政拨款结转——累计结转 15 000 贷：非财政拨款结余——结转转入 15 000

【例 7－24】某事业单位 2020 年末进行企业所得税汇算清缴，实际缴纳企业所得税 34 000 元。相关账务处理如下：

财务会计分录	预算会计分录
借：其他应交税费——单位应交所得税 34 000 贷：银行存款 34 000	借：非财政拨款结余——累计结余 34 000 贷：资金结存——货币资金 34 000

【例 7－25】某事业单位 2020 年度非财政拨款结余分配贷方余额为 854 000 元，其他结余贷方为 26 300 元，年底进行结转。相关账务处理如下：

财务会计分录	预算会计分录
不做账务处理	借：非财政拨款结余分配 854 000 其他结余 26 300 贷：非财政拨款结余——累计结余 880 300

（四）常见及疑难问题解释参考

计提科研项目间接费用和管理费如何进行财务核算？

《政府会计制度》规定按照规定从科研项目预算收入中提取项目管理费或间接费时，财务会计借记“单位管理费用”科目，贷记“预提费用——项目间接费用或管理费”科目；预算会计借记“非财政拨款结转——项目间接费用或管理费”科目，贷记“非财政拨款结余——项目间接费用或管理费”科目。《政府会计准则制度解释 2 号》中有了新规定，财务会计处理同上，预算会计不做处理，实务工作中应以解释 2 号要求为准进行核算。

六、专用结余

（一）专用结余业务概述

专用结余是指事业单位按照财务制度规定从非财政拨款结余中提取的具有限定用途的资金，包括职工福利基金，以及其他按照规定设立、从非财政拨款结余中提取的专用基金等。“专用结余”贷方发生额登记专用结余的提取数，借方登记专用结余的使用数，期末余额在贷方，反映事业单位从非财政拨款结余中提取的具有专门用途的资金的滚存数。

（二）专用结余的核算

1. 核算内容。

专用结余是核算事业单位按照规定从非财政拨款结余中提取的具有专门用途的资金的变动和滚存情况。

2. 明细科目设置。

在“专用结余”总账科目下，新制度规定需要按照专用结余类别设置二级明细科目。比如“职工福利基金”等。

该科目贷方发生额登记专用结余的提取数。借方登记专用结余的使用数，期末余额在贷方。

本科目还应当按照《政府收支分类科目》中“支出功能分类科目”的相关科目进行核算（见表7－6）。

表7－6　　事业单位专用结余科目表

序号	科目编码	科目名称	科目类别	辅助要素
1	8301	专用结余	预算结余类	支出功能分类

3. 主要账务处理。

（1）根据有关规定从本年度非财政拨款结余或经营结余中提取基金的，按照提取金额，借记“非财政拨款结余分配”科目，贷记本科目。

（2）根据规定使用从非财政拨款结余或经营结余中提取的专用基金时，按照使用金额，借记本科目，贷记“资金结存——货币资金”科目。

4. 本科目年末贷方余额，反映事业单位从非同级财政拨款结余中提取的专用基金的累计滚存数额。

（三）会计实务举例

【例 7－26】 某事业单位 2020 年非财政拨款结余为 860 000 元，经营结余为 320 000 元，按照 40% 计提职工福利基金。次月，该单位使用从非财政拨款结余中提取的专用基金支付职工福利费 20 000 元。相关账务处理如下：

（1）计提专用基金时：

财务会计分录	预算会计分录
借：本年盈余分配　472 000 　贷：专用基金——职工福利基金　472 000	借：非财政拨款结余分配　472 000 　贷：专用结余——职工福利基金　472 000

（2）使用专用基金支付职工福利费时：

财务会计分录	预算会计分录
借：专用基金——职工福利基金　20 000 　贷：银行存款　20 000	借：专用结余——职工福利基金　20 000 　贷：资金结存——货币资金　20 000

【例 7－27】 某事业单位从预算收入中提取专用基金 40 000 元，并于次月使用该基金购买办公家具 15 000 元。相关账务处理如下：

（1）计提专用基金时：

财务会计分录	预算会计分录
借：业务活动费用——单位管理费用　40 000 　贷：专用基金　40 000	不做账务处理

（2）使用专用基金支付职工福利费时：

财务会计分录	预算会计分录
借：固定资产——家具、用具、装具及动植物　15 000 　贷：银行存款　15 000 借：专用基金　15 000 　贷：累计盈余　15 000	借：事业支出　15 000 　贷：资金结存——货币资金　15 000

（四）常见及疑难问题解释参考

关于 2018 年以前的“应付福利费”科目余额应如何处理？

新制度未设置“应付福利费”科目，单位按规定发生福利费开支时，应当在计提标准内据实计入费用（同时计入预算支出）。单位在新旧制度转换时，应当对原账的“应付福利费”科目余额进行分析。在财务会计下，将其中属于职工福利基金的金额转入新账的“专用基金——职工福利基金”科目，将其他余额转入新账的“累计盈余”科目。在预算会计下，对于其中属于从财政拨款中提取的金额，应当在确定新账的“财政拨款结余”科目余额时作为调增项处理，对于其中属于职工福利基金（从非财政拨款结余中提取形成）的金额，应当在确定新账的“专用结余”科目余额时作为调增项处理，对于其他余额，应当在确定新账的“非财政拨款结余”科目余额时作为调增项处理；同时，按照相同的金额登记新账的“资金结存——货币资金”科目借方。

七、经营结余

（一）经营结余业务概述

有经营活动的事业单位要设置“经营结余”科目，借方登记经营支出的年末结转数，贷方登记经营预算收入的年末结转数。经营预算收支结转后，“经营结余”科目的余额如果在贷方（正结余），反映单位本年度经营预算收入减去经营支出的剩余金额；该科目年末预算收支结转后的余额如果在借方（负结余），反映单位本年度经营预算收入减去经营支出后的余额为“赤字”。

（二）经营结余的核算

1. 核算内容。

经营结余是核算事业单位本年度经营活动收支相抵后余额弥补以前年度经营亏损后的余额。

2. 明细科目设置。

本科目可以按照经营活动类别进行明细核算。比如“差旅费、福利费、委托业务费”等（见表 7－7）。

表 7－7　事业单位经营结余科目表

序号	科目编码	科目名称	科目类别	辅助要素
1	8401	经营结余	预算结余	支出功能分类

3. 主要账务处理。

（1）年末，将经营预算收入本年发生额转入本科目，借记“经营预算收入”科目，贷记本科目；将经营支出本年发生额转入本科目，借记本科目，贷记“经营支出”科目。

（2）年末，完成上述（1）结转后，如本科目为贷方余额，将本科目贷方余额转入“非财政拨款结余分配”科目，借记本科目，贷记“非财政拨款结余分配”科目；如本科目为借方余额，为经营亏损，不予结转。

4. 年末结账后，本科目一般无余额；如为借方余额，反映事业单位累计发生的经营亏损。

（三）会计实务举例

【例 7-28】 某事业单位 2020 年底经营预算收入为 350 000 元，经营支出为 280 000 元，年底进行收支结转。相关账务处理如下：

财务会计分录	预算会计分录
不做账务处理	借：经营预算收入　350 000 　贷：经营结余　350 000
	借：经营结余　280 000 　贷：经营支出　280 000
	借：经营结余　7 000 　贷：非财政拨款结余分配　7 000

八、其他结余

（一）其他结余业务概述

单位应设置“其他结余”科目，借方登记有关预算支出的年末结转数，贷方登记有关预算收入的年末结转数。预算收支结转后，“其他结余”科目的余额如果在贷方（正结余），反映单位本年度非财政拨款、非专项资金的预算收入（不含经营预算收入）减去支出（不含经营支出）的剩余金额；该科目年末预算收支结转后的余额如果在借方（负结余），反映单位本年度非财政拨款、非专项资金的预算收入（不含经营预算收入）减去支出（不含经营支出）后的余额为“赤字”。年末行政单位将其他结余转入“非财政拨款结余”科目、事业单位将其他结余转入“非财政拨款结余分配”科目后，“其他结余”科目应无余额。

（二）其他结余的核算

1. 核算内容。

其他结余是核算单位本年度除财政拨款收支、非同级财政专项资金收支和经营收支以外各项收支相抵后的余额。

2. 明细科目设置。

本科目无明细科目（见表7－8）。

表7－8　事业单位其他结余科目表

序号	科目编码	科目名称	科目类别	辅助要素
1	8501	其他结余	预算结余类	支出功能分类

3. 主要账务处理。

（1）年末，将事业预算收入、上级补助预算收入、附属单位上缴预算收入、非同级财政拨款预算收入、债务预算收入、其他预算收入本年发生额中的非专项资金收入以及投资预算收益本年发生额转入本科目，借记“事业预算收入”“上级补助预算收入”“附属单位上缴预算收入”“非同级财政拨款预算收入”“债务预算收入”“其他预算收入”科目下各非专项资金收入明细科目和“投资预算收益”科目，贷记本科目（“投资预算收益”科目本年发生额为借方净额时，借记本科目，贷记“投资预算收益”科目）；将行政支出、事业支出、其他支出本年发生额中的非同级财政、非专项资金支出，以及上缴上级支出、对附属单位补助支出、投资支出、债务还本支出本年发生额转入本科目，借记本科目，贷记“行政支出”“事业支出”“其他支出”科目下各非同级财政、非专项资金支出明细科目和“上缴上级支出”“对附属单位补助支出”“投资支出”“债务还本支出”科目。

（2）年末，完成上述（1）结转后，行政单位将本科目余额转入“非财政拨款结余——累计结余”科目；事业单位将本科目余额转入“非财政拨款结余分配”科目。当本科目为贷方余额时，借记本科目，贷记“非财政拨款结余——累计结余”或“非财政拨款结余分配”科目；当本科目为借方余额时，借记“非财政拨款结余——累计结余”或“非财政拨款结余分配”科目，贷记本科目。

4. 年末结账后，本科目应无余额。

（三）会计实务举例

【例7－29】 某事业单位2020年年底上级补助预算收入（非限定用途）为300 000元，非同级财政拨款预算收入（非限定用途）为240 000元，其他预算收入570 000元（捐赠收入90 000元、利息收入70 000元、租金收入400 000元、其他收入10 000元）。其他支出180 000元（资产处置费用120 000元、其他支出60 000元），上缴上级支出（非限定用途）150 000元，投资支出100 000元。年末进行收支结转。相关账务处理如下：

财务会计分录	预算会计分录
不做账务处理	借：上级补助预算收入　300 000 　　非同级财政拨款预算收入　240 000 　　其他预算收入——捐赠收入　90 000 　　　　——利息收入　70 000 　　　　——租金收入　400 000 　　　　——其他收入　10 000 　　贷：其他结余　1 110 000 借：其他结余　430 000 　　贷：其他支出——资产处置费用　120 000 　　　　——其他费用　60 000 　　　上缴上级支出　150 000 　　　投资支出　100 000 借：其他结余　680 000 　　贷：非财政拨款结余分配　680 000

九、非财政拨款结余分配

（一）非财政拨款结余分配业务概述

事业单位应设置“非财政拨款结余分配”科目，借方登记本年其他结余（负结余）的转入数，以及提取专用基金的提取数，贷方登记本年其他结余、经营结余（正结余）的转入数。分配后将“非财政拨款结余分配”科目贷方余额或借方余额转入“非财政拨款结余”科目后，“非财政拨款结余分配”科目应无余额。

（二）非财政拨款结余分配的核算

1. 核算内容。

非财政拨款结余分配是核算事业单位本年度非财政拨款结余分配的情况

和结果。

2. 明细科目设置。

本科目无明细科目（见表7-9）。

表7-9　　事业单位非财政拨款结余分配科目表

序号	科目编码	科目名称	科目类别	辅助要素
1	8701	非财政拨款结余分配	预算结余类	支出功能分类

3. 主要账务处理。

（1）年末，将“其他结余”科目余额转入本科目，当“其他结余”科目为贷方余额时，借记“其他结余”科目，贷记本科目；当“其他结余”科目为借方余额时，借记本科目，贷记“其他结余”科目。

年末，将“经营结余”科目贷方余额转入本科目，借记“经营结余”科目，贷记本科目。

（2）根据有关规定提取专用基金的，按照提取的金额，借记本科目，贷记“专用结余”科目。

（3）年末，按照规定完成上述（1）至（2）处理后，将本科目余额转入非财政拨款结余。当本科目为借方余额时，借记“非财政拨款结余——累计结余”科目，贷记本科目；当本科目为贷方余额时，借记本科目，贷记“非财政拨款结余——累计结余”科目。

4. 年末结账后，本科目应无余额。

（三）会计实务举例

【例7-30】某事业单位2020年底非财政拨款结余650 000元，经营结余450 000元，按照40%计提职工福利基金，提取专用结余后的余额转入非财政拨款结余——累计结余。相关账务处理如下：

财务会计分录	预算会计分录
借：本期盈余分配　440 000 　贷：专用基金　440 000	借：经营结余　450 000 　贷：非财政拨款结余分配　450 000 借：非财政拨款结余分配　440 000 　贷：专用结余——职工福利基金　440 000 借：非财政拨款结余分配　660 000 　贷：非财政拨款结余——累计结余　660 000

第八章　政府财务报告和决算报告的编制与列报

第一节　政府财务报告

一、政府财务报告概述

政府会计制度的特点是双功能、双基础、双报告。预算会计以收付实现制为基础，编制决算报告；财务会计以权责发生制为基础，编制财务报告。政府财务报告与决算报告既有区别又有联系、互为补充、有机衔接。

（一）政府财务报告的分类

政府财务报告以权责发生制为基础编制，包括政府部门财务报告和政府综合财务报告。

政府部门财务报告由政府部门编制，主要反映本部门财务状况、运行情况等，为加强政府部门资产负债管理、预算管理、绩效管理等提供信息支撑。

政府综合财务报告由政府财政部门编制，包括本级政府综合财务报告和行政区政府综合财务报告，分别反映本级政府整体和行政区政府整体财务状况、运行情况和财政中长期可持续性等，可作为考核地方政府绩效、开展地方政府信用评级、评估预警地方政府债务风险、编制全国和地方资产负债表以及制定财政中长期规划和其他相关规划的重要依据。

（二）政府部门财务报告的内容

1. 政府部门财务报告的主要内容。

政府部门财务报告应当包括财务报表和财务分析。财务报表包括会计报表和报表附注。

会计报表主要包括资产负债表和收入费用表等。资产负债表重点反映政府部门年末财务状况。资产负债表应当按照资产、负债和净资产分类分项列示。其中，资产应当按照流动性分类分项列示，包括流动资产、非流动资产等；负债应当按照流动性分类分项列示，包括流动负债、非流动负债等。收入费用表重点反映政府部门年度运行情况。收入费用表应当按照收入、费用和盈余分类分项列示。

报表附注重点对财务报表作进一步解释说明，一般应当按照下列顺序披露：①会计报表编制基础；②遵循相关制度规定的声明；③合并范围；④重要会计政策与会计估计变更情况；⑤会计报表重要项目明细信息及说明；⑥需要说明的其他事项。

政府部门财务分析主要包括财务状况分析、运行情况分析、财务管理情况等。

（1）政府部门工作目标完成情况。结合政府部门职能、工作任务、相关政策要求等，说明政府部门年度工作目标计划及执行情况、绩效目标及完成情况。

（2）政府部门财务状况分析。

一是分析政府部门的货币资金、长期投资、固定资产、在建工程、公共基础设施、政府储备物资、保障性住房等重要资产项目的结构特点和变化情况，并评估对政府部门提供公共服务能力的影响。

二是结合短期借款、长期借款等重点负债项目的增减变化情况，分析政府部门债务规模和债务结构等。

三是运用资产负债率、现金比率、流动比率等指标，分析政府部门财务状况。

（3）政府部门运行情况分析。

一是分析政府部门的收入规模、结构及来源分布、重点收入项目的比重和变化趋势，以及经济形势、相关财政政策等对政府部门收入变动的影响。

二是分析政府部门费用规模、构成及变化情况，特别是政府部门控制行政成本的政策、投融资情况及对费用变动的影响等。

三是运用政府部门的收入费用率等指标，分析政府部门收入与费用的比例情况。

（4）政府部门财务管理情况。从部门预算管理、内控管理、资产管理、绩效管理、人才队伍建设等方面反映部门加强财务管理的主要措施和取得成效。

2. 政府综合财务报告的主要内容。

政府综合财务报告应当包括财务报表、财政经济分析和财政财务管理情况等。财务报表包括会计报表和报表附注。

会计报表主要包括资产负债表和收入费用表等。资产负债表重点反映政府整体年末财务状况。资产负债表应当按照资产、负债和净资产分类分项列示。其中，资产应当按照流动性分类分项列示，包括流动资产、非流动资产等；负债应当按照流动性分类分项列示，包括流动负债、非流动负债等。收入费用表重点反映政府整体年度运行情况。收入费用表应当按照收入、费用和盈余分类分项列示。

报表附注重点对会计报表作进一步解释说明，一般应当按照下列顺序披露：①会计报表编制基础；②遵循相关制度规定的声明；③会计报表包含的主体范围；④重要会计政策与会计估计变更情况；⑤会计报表重要项目明细信息及说明；⑥需要说明的其他事项。

政府财政经济分析应当包括财务状况分析、运行情况分析、财政中长期可持续性分析等。

政府财务状况分析主要包括：资产方面，重点分析政府资产的构成及分布，对于货币资金、长期投资、固定资产、在建工程、公共基础设施、政府储备物资、保障性住房等重要项目，分析各资产比重变化趋势以及对于政府偿债能力和公共服务能力的影响。负债方面，重点分析政府债务规模大小、债务结构以及发展趋势。通过政府资产负债率等指标，分析政府当期债务风险情况。

政府运行情况分析主要包括：收入方面，重点分析政府收入规模、结构及来源分布、重点收入项目的比重及变化趋势，特别是宏观经济运行、相关行业发展、税收政策、非税收入政策等对政府收入变动的影响。费用方面，重点按照经济分类分析政府费用规模及构成、重点费用项目的比重及变化趋势，特别是政府投融资情况对政府费用变动的影响。通过收入费用率等指标，分析政府运行效率。财政中长期可持续性分析主要包括：基于当前政府财政财务状况和运行情况，结合本地区经济形势、重点产业发展趋势、财政体制、财税政策、社会保障政策、相关负债占 GDP 比重等，预测财政收支缺口，全面分析政府未来中长期收入支出等变化趋势。

政府财政财务管理情况，主要反映政府财政财务管理的政策要求、主要措施和取得成效等。

二、政府财务报告的编制要求

（一）政府部门财务报告编制要求

1. 政府财务报告内容应当符合政府会计准则制度等规定。对于政府会计准则制度尚未作出规定的经济业务或事项，编制政府财务报告应当按照权责发生制原则和相关报告标准规定执行。政府财务报告按公历年度编制，即每年1月1日至12月31日。政府财务报告应当以人民币作为报告币种，应当以经核对无误的会计账簿数据为基础编制。政府财务报告格式应当符合财政部统一规定。

2. 政府部门财务报告由本部门所属单位按照财务管理关系逐级编制。政府各部门应当严格按照相关财政财务管理制度以及会计制度规定，全面清查核实单位的资产负债，做到账实相符、账证相符、账账相符、账表相符。对代表政府管理的资产，应全面清查核实，完善基础资料，全面、准确、真实、完整地反映。

3. 政府各部门应当对所属各单位财务报表进行合并编制本部门财务报表。编制合并财务报表时，对部门内部单位之间发生的经济业务或事项应当经过确认后抵销，并编制抵销分录，在此基础上分项生成合并财务报表项目。

4. 政府部门财务报表之间、财务报表各项目之间，凡有对应关系的数字，应当相互一致；报表中本期与上期有关的数字应当衔接。

5. 政府部门财务分析应当基于财务报表所反映的信息，结合政府部门职能，重点分析资产状况、债务风险、收入费用、预算管理和绩效管理等方面。

（二）政府综合财务报告编制要求

1. 政府财政部门应当以财政总预算会计报表、部门财务报表、土地储备资金财务报表、物资储备资金会计报表等为基础编制政府综合财务报表。

2. 政府财政部门应当严格按照相关财政管理制度以及会计制度规定，全面清查核实相关资产负债等，做到账实相符、账证相符、账账相符、账表相符。会计账簿相关数据不符合权责发生制原则的，应当按照相关报告标准进行调整，并编制调整分录。数据调整应当符合重要性原则。

3. 政府财政部门应当对本级财政总预算会计报表、部门财务报表、土地储备资金财务报表、物资储备资金会计报表等进行合并，编制本级政府综合财务报表。对于未在财政总预算会计报表中反映的政府股权投资、投资收益等，暂按权益法从国有企业财务会计决算报表中取得相关数据纳入政府综合财务报表。编制本级政府综合财务报表时，应对上述被合并报表之间经济业务或事项进行确认后抵销，并编制抵销分录，在此基础上分项生成合并财务报表项目。县级以上政府财政部门要合并本级政府综合财务报表和下级政府综合财务报表，编制本行政区政府综合财务报表。

4. 政府综合财务报表之间、财务报表各项目之间，凡有对应关系的数字，应当相互一致；报表中本期与上期有关的数字应当衔接。

5. 政府财政经济分析应当基于财务报表所反映的信息，结合经济形势状况和趋势、财政管理政策措施，对政府整体财务状况、运行情况以及财政中长期可持续性进行综合性分析。

三、政府财务报告编制方法

（一）政府部门财务报告的编制范围

1. 部门及部门所属的行政事业单位，不包括企业（集团）下属的事业单位。

2. 与同级财政部门有预算拨款关系的社会团体。

财政部对政府部门财务报告编制范围另有规定的，依照其规定。各单位应当编制本单位财务报告并按照财务管理关系报送上级单位；上级单位除编制本单位财务报告外，还应当对本单位和所属单位财务报表进行合并，编制合并财务报告。主管部门编制的合并财务报告，即部门财务报告。

3. 政府综合财务报告由财政部门负责编制。

（二）政府财务报告编制操作指南

政府部门财务报告编制方法请参考《政府部门财务报告编制操作指南（试行）》（财库［2019］57 号）文件；政府综合财务报告编制方法请参考《政府综合财务报告编制操作指南（试行）》（财库［2019］58 号）文件。因政府综合报告由财政部门负责编制，普通基层单位涉及不到，本书主要介绍政府部门财务报告编制流程及方法。

（三）政府部门财务报告编制流程

政府部门财务报告编制工作分两个阶段，首先应编制单位财务报表，根据报表数据完善文字介绍部分内容，形成单位财务报告。有下属单位的单位除了编制本单位财务报表外，还需要逐级对本单位和所属单位会计报表数据进行合并，即编制合并财务报表。并根据合并财务报表数据生成财务报告。

1. 单位财务报告编制流程（以2020年财报系统为例）。

（1）直接登录内网财报系统或下载单机版财报软件并登录；

（2）在“基础设置”下的“单位基础信息”模块完善单位基础信息；

（3）在“数据填报”模块填写各报表，报表项目具体填报要求详见《政府部门财务报告编制操作指南（试行）》（财库［2019］57号）文件；

（4）在“对账查询”模块查询本单位与部门内部单位之间、统计政府部门之间、财政与部门之间、政府部门与非同级政府财政之间、非同级政府部门之间的抵销事项，如有差额，核实差异产生的原因并纠正数据；

（5）在“审核校验”模块校验数据，校验通过后进行审核；

（6）审核通过后在“报表生成”模块生成报表；

（7）在“报表审核”模块审核报表；

（8）在“报告编辑”模块下载系统初步形成的财务报告并，对报表附注及财务分析部分进行填报，各单位可在“查询分析”模块查询财务结构及财务指标分析表，对单位财务报表数据进行分析；

（9）在“报告上报”模块分别上报本单位财务报表及财务报告。

2. 部门财务报告编制流程（以2020年财报系统为例）。

（1）直接登录内网财报系统或下载单机版财报软件并登录；

（2）在“基础设置”下的“单位基础信息”模块完善部门基础信息；

（3）在“下级报告管理”模块接收下级单位的财务报表及财务报告，如果下级单位报送的是单机版数据，需通过“基础设置”下“单机版数据导入”模块导入下级单位报告数据；

（4）在“抵销分录”模块查询部门内部债权债务及收入费用事项并进行抵销，编制抵销分录和抵销底表；

（5）在“审核校验”模块校验数据，校验通过后进行审核；

（6）审核通过后在“报表生成”模块生成报表；

（7）在“报表审核”模块审核报表；

（8）在“报告编辑”模块下载系统初步形成的财务报告并进行完善，各部门可在“查询分析”模块查询财务结构及财务指标分析表，对部门财务报表数据进行分析；

(9) 在“报告上报”模块分别上报本部门财务报表及财务报告。

(四) 报告编制中的重点问题

部门应对本部门所属单位之间发生的经济业务或事项，确认后予以抵销，并编制抵销分录和抵销工作底表，按照重要性原则，设定10万元抵销阈值。对于单位和单位之间的债权债务事项，年末余额不超过10万元的，可以不进行抵销。对于单位和单位之间的收入费用事项，本年累计发生额不超过10万元的，可以不进行抵销。但是，具备条件的须应抵尽抵，不受阈值限制。

第二节 部门决算报告

一、部门决算制度概述

部门决算是指行政事业单位在年度终了，根据财政部门决算编审要求，在日常会计核算的基础上编制的、综合反映本单位预算执行结果和财务状况的总结性文件。

为了加强部门决算管理工作，提高部门决算信息质量，发挥部门决算在财政财务管理中的作用，财政部于2013年出台了《部门决算管理制度》(财库[2013] 209号)，该制度结合财务规则和会计制度，是对部门决算工作的进一步规范。

(一) 部门决算管理主要内容

部门决算管理主要内容包括：部门决算的工作组织、报表设计、编制审核、汇总报送、批复、信息公开、分析利用、数据质量监督检查、数据资料管理以及对部门决算考核评价等方面。

(二) 部门决算的目的

部门决算的目的是收集汇总行政事业单位财务收支、资金来源与运用、资产与负债、机构、人员与工资等方面的基本数据，全面、真实反映行政事业单位财务状况和预算执行结果，满足国家财政财务会计监管、各项资金管理以及宏观经济决策等信息需要。

（三）部门决算报表体系的构成

部门决算报表体系由四部分组成，具体包括：基础数据表、填报说明、分析表和分析报告。

1. 基础数据表。主要反映部门收支预算执行结果、资产负债、人员机构、资产配置使用以及事业发展成效等信息，包括报表封面、主表、附表和补充资料表。

2. 填报说明。是对基础数据表编报相关情况的说明，包括部门基本情况、数据审核情况、年度主要收支指标增减变动情况以及因重大事项或特殊事项影响决算数据的情况说明等。

3. 分析表。通过设定的表样和自动提数功能，对部门决算重要指标进行分析比较，揭示部门预算执行、会计核算和财务管理等方面的情况和问题。

4. 分析报告。根据分析表中反映的问题和收支增减变动情况进行分析，重点分析部门预算执行情况、资金使用情况、财务状况以及单位主要业务和财务工作开展情况等。

在保持部门决算报表体系连续性和可比性的前提下，财政部每年可根据财政财务管理要求，在上述框架内进行适当调整。

二、部门决算的编制要求

年度终了，行政事业单位应当按照财政部门的工作部署，在规定的时间内编制和报送决算。

（一）编制基本要求

行政事业单位应当在全面清理核实收入、支出、资产、负债并办理年终结账的基础上编制决算。

1. 应当按照行政、事业单位财务会计制度规定及财政部门对部门预算的批复文件，及时清理收支账目、往来款项，核对年度预算收支和各项缴拨款项。各项收支应当按规定要求进行年终结账。

2. 应当按照综合预算管理规定，如实反映年度内全部收支，不得隐匿收入或虚列支出。凡属本年的各项收入应当及时入账，本年的各项应缴国库款和应缴财政专户款应当在年终前全部上缴。属于本年的各项支出，应当按规定的支出渠道如实列报。

3. 应当根据登记完整、核对无误的账簿记录和其他有关会计核算资料编制决算，做到数据真实正确、内容完整，账证相符、账实相符、账表相符、表表相符。

（二）部门决算的审核

各地区、各部门应当认真做好部门决算审核和汇总工作，确保报送数据资料真实、完整、准确。

1. 部门决算的审核内容。

（1）审核编制范围是否完整，是否有漏报和重复编报现象。

（2）审核编制方法是否规范，是否符合财务会计制度及部门决算的编制要求。

（3）审核编制内容是否真实、完整、准确，决算报表表内、表间勾稽关系是否衔接，报表数据与单位会计账簿数据是否相符，是否有漏报、重报、错报项目以及虚报和瞒报等现象，部门决算纸介质数据与电子介质数据、分户数据与汇总数据是否保持一致。

（4）审核决算数据年度间变动是否合理，变动较大事项是否附有相关文件依据。

（5）审核填报说明和分析报告是否符合决算编制规定。

2. 部门决算的审核方式。

部门决算的审核方式可根据实际情况采用自行审核、集中会审、委托审核等多种形式。

（1）自行审核：各部门在报送部门决算前自行将本部门纸质报表、电子介质数据以及相关资料，按规定的审核内容进行逐项审核。

（2）集中会审：各地区、各部门组织专门力量对本地区、本部门行政事业单位编制的决算纸质报表、电子介质数据以及相关资料，按照财政部门的标准及要求集中进行审核。

（3）委托审核：各地区、各部门在遵循有关法律法规的前提下，可委托中介机构对本地区、本部门行政事业单位编制的决算纸质报表、电子介质数据以及相关资料进行审核。

（三）部门决算的汇总与报送

行政事业单位应当按照财务管理关系或预算管理关系，采取自下而上方式，逐级汇总报送。

各部门应当对所属行政事业单位上报的决算报表和部门本级决算报表进行汇总，并对有关收入支出、内部往来项目等汇总虚增进行调整和剔除后，形成本部门汇总决算报表。地方各级财政部门应当对下级财政部门上报的部门决算报表、本级汇总部门决算报表进行汇总，并对有关收入支出、内部往来项目等汇总虚增进行调整和剔除后，形成本地区汇总部门决算报表。

各地区、各部门汇总的部门决算报表应当以所属行政事业单位上报数据为准，不得自行调整单位数据和科目，不得虚报、瞒报和随意结转。

各部门汇总编制的部门决算，应当在本级财政部门规定时间内报送。地方各级财政部门汇总的部门决算，应当在上级财政部门规定时间内逐级上报。

（四）部门决算的批复

各级财政部门应当在本级人民代表大会常务委员会审查批准决算后 30 日内，向本级各部门批复决算。

各部门应当在接到本级财政部门批复的本部门决算后 15 日内，向所属行政事业单位批复决算。

部门决算批复内容应当与部门预算批复相衔接，主要包括部门综合财务收入、支出、结余，财政拨款收入、支出、结余，以及其他相关决算数据。

部门决算批复文件中应当列出在部门财政财务管理工作及决算审核中发现的主要问题，并提出改进意见。

各级人民代表大会常务委员会批准本级决算后，各部门决算数据还需变动的，相关调整事项在下一年度部门决算中予以反映。

（五）部门决算的公开

各部门是部门决算公开的主体。除涉及国家秘密的内容外，各部门应当按照有关规定主动向社会公开本部门决算。

各部门应当自本级财政部门批复决算后 20 个工作日内向社会公开决算。各部门所属行政事业单位决算的公开工作，由本部门负责组织。

各部门应当通过政府网站、政府公报等便于社会公众知晓的方式公开部门决算。

财政部门应当加强对本级各部门决算信息公开工作的协调和业务指导。

各部门应当在规定时间内向本级财政部门报告本部门的决算公开情况。地方各级财政部门应当在规定时间内向上级财政部门报告本地区的部门决算公开情况。

省级财政部门应当在每年 11 月 30 日前向财政部报告本地区部门决算公开工作总结。

三、决算报告编制方法

财政部将于每年年末发布当年的决算报表编制指南及决算报表填报说明、决算分析报告撰写提纲、决算编审问答等文件，各单位编制报表前应先认真学习，按当年新要求进行填报。

（一）部门决算软件的使用

部门决算软件有网络版和单机版两种形式，开通财政内网的单位可直接登录“部门决算网络版管理平台”进行填报；尚未开通的单位一般于每年的 12 月底左右在财政部官网或省财政厅官网下载单机版软件及本省参数，并随着新参数的发布及时更新参数。单机版数据可通过“数据传送”功能生成 JIO 文件并上报。

登录系统后，首先修改完善“封面代码”各项目内容，然后按照系统要点提示，按照系统建议的填表顺序进行填报，每张表每个指标的含义及填报口径等内容可查看当年的《部门决算报告编制指南》。

（二）部门决算报告编制指南

1. 规定当年报表编制范围内，包括单位范围和资金范围。

2. 确定报表编报口径，应当参照“会计科目与部门决算报表对应关系表”设定的口径填报决算。

3. 规定录入级次，预算单位应按照财务管理关系或单位预算级次，逐级汇总建立决算数据的树形结构。树形结构应规范、清晰。地方财政部门应按行政区划建立汇总节点。

4. 规定具体填报要求，包含代编报表的填报方法，报表的审核、汇总、打印报送等。

5. 详细介绍每张报表填报内容及报表中每个指标的填报方法及口径，包含审核公式的逻辑关系等。

（三）填报说明及分析报告

财政部针对财政、部门和单位分别下发了填报说明编写格式及分析报告撰写提纲，各级单位需按要求撰写。基层单位编写格式如下（以 2020 年为例，因篇幅所限，财政汇总版及部门汇总版格式详见当年财政部发布的文件）：

2020 年度部门决算报表填报说明

（基层单位编写格式）

一、决算信息来源说明

本套决算依据本单位登记完整、核对无误的账簿记录和其他有关会计核算资料编制，账证相符、账实相符、账表相符、表表相符，真实、准确、完整地反映了本单位预算执行结果和财务状况。

（一）本套决算主表数据主要依据本单位会计账簿总账及明细账数据填列，预算数据依据本单位预、决算批复文件及预算调整文件填列。

（二）本套决算附表数据主要依据本单位会计账簿、资产、人事台账及相关资料填列。

二、决算编制基本情况

本单位为______（填列一级预算单位名称）所属______级（按封面“单位预算级次”填列）预算单位，单位性质为______单位（按封面“单位基本性质”填列），决算编报类型为______（按封面“报表类型”填列），按照________会计制度填报决算数据（按封面“单位执行会计制度”填列）。

纳入本套决算编制范围的独立核算单位共____个，比上年增减____个，分别是______（如有，可附表反映本套决算包含编制单位清单，包括单位名称和性质）。

三、基础数据核对情况

（一）财政资金对账情况。

1. 财政拨款核对情况。

（1）单位本年度实际收到的一般公共预算财政拨款收入____万元，财政部门拨款对账单____万元，差额____万元。对差额原因进行说明。

（2）单位本年度政府性基金预算财政拨款收入____万元，财政部门拨款对账单____万元，差额____万元。对差额原因进行说明。

（3）单位本年度国有资本经营预算财政拨款收入____万元，财政部门拨款对账单____万元，差额____万元。对差额原因进行说明。

2. 其他需要说明的情况。

（二）与上年指标核对情况。

1. 全口径、一般公共预算财政拨款和政府性基金预算财政拨款的结转和结余资金本年年初数与上年年末数不一致的情况说明，包括会计差错更正、收回以前年度支出、归集调入、归集调出、归集上缴和缴回资金及单位内部调剂等情况。因新旧会计制度转换，按照法定会计政策变更追溯调整形成的差异，在“其他”栏目填列并在备注予以说明。

2. 主要指标上下年变动幅度超过20%，其中机构人员指标上下年有变动的，应具体核实并说明原因。

四、报表审核情况

（一）审核情况。

1. 审核公式。

审核公式共提示×××条。其中：

（1）表间公式共×××条。

A0－×××公式，提示内容××××，保留原因是××××。

……以下逐条列举。

（2）表内公式共×××条。

A×××公式，提示内容××××，保留原因是××××。

……以下逐条列举。

2. 审核模板。

A－×××，提示内容××××，主要情况是××××。

……以下逐模板列举。

单位需按审核模板逐一进行说明。

（二）对报表指标、审核公式和审核模板的设置建议。

1. 对部门决算报表指标设置的建议。

2. 如有不适用的审核公式和模板，请列出并说明修改意见。

3. 单位自行增加的审核公式和模板，请列出并说明设置依据。

五、决算数据其他需要说明的情况

1. “收入决算表”中其他收入的具体构成情况，说明单位从同级财政以外的同级政府部门取得的横向转拨财政款、从上级或下级政府（包括政府财政和政府部门）取得的各类财政款，纳入单位预算管理的投资收益、利息收入、捐赠收入、事业单位固定资产出租收入等情况。

2. 年末结转结余扣除经营亏损后如为负数，按资金性质分别说明情况。

3. “项目支出决算明细表”中列支“工资福利支出”和“对个人和家庭的补助”的依据及说明。

4. “三公”经费总额及分项金额与年初预算数、上年决算数对比变动的原因说明，以及相关的公务用车购置及保有量、因公出国（境）团组数及人数和公务接待批次及人数等情况。动用上年结转用于“三公”经费的情况说明。

5. 行政单位、参照公务员法管理的事业单位机关运行经费支出情况，以及与上年数对比变动原因说明。

6. 政府采购支出情况，包括采购类型、采购规模和授予中小企业合同金额等。

7. 中央单位财政拨款结转和结余情况。

8. 中央单位驻外机构有关情况。

9. “收入支出决算总表”中如调整预算数大于年初预算数，说明单位财政拨款预算和非财政拨款预算调整情况以及经审批或备案的文件依据。

10. 深化党和国家机构改革对决算编报相关方面的影响（涉及机构改革单位说明）。

11. 其他需要说明的问题。

2020年度部门决算分析报告撰写提纲

（基层单位版）

一、单位情况

（一）基本情况。

1. 主要职能。

2. 机构情况，包括当年变动情况及原因。

3. 人员情况，包括当年变动情况及原因。

（二）当年取得的主要事业成效。

概述单位工作开展情况及主要事业成效。

二、收入支出预算执行情况分析

（一）收入支出预算安排情况。

包括单位收入、支出年初预算安排情况，与上年对比情况及增减变动原因（可用柱形图或折线图）。

（二）收入支出预算执行情况。

当年收入支出预算执行基本情况，与上年度对比情况，包括增减绝对值与幅度，增减变动主要原因（可用柱形图或折线图）。

1. 收入支出与预算对比分析。

（1）预、决算差异情况，可分收入支出功能科目、分单位、分收入支出具体项目逐项对比（可列表）。

（2）差异原因分析。差异较大的应分析到具体收入支出功能科目和具体单位。

2. 收入支出结构分析。

（1）各项收入占总收入的比重，各项支出占总支出的比重（可分别制作饼状图）。

（2）收入支出与上年度对比情况及原因分析（可用柱形图或折线图）。

3. 支出按经济分类科目分析。

（1）“三公”经费支出情况：可进行上下年对比、预决算对比，人均支出情况分析（可做表、柱图、折线图）。

（2）会议费支出情况：可进行上下年对比，人均支出情况分析（可做表、柱图、折线图）。

（3）培训费支出情况：可进行上下年对比，人均支出情况分析（可做表、柱图、折线图）。

（4）其他对单位影响较大的支出情况。

（5）重点经济分类支出中存在的问题及改进措施。

4. 财政拨款收入、支出分析。

分析财政拨款收入、支出总体情况，支出要按照基本支出和项目支出分析具体构成及特点。

（三）年末结转和结余情况。

1. 分资金来源、资金性质结转和结余情况，特别是项目经费结转和结余情况。

2. 结转和结余规模较大的原因分析及消化结转和结余的对策。

（四）与预算支出相关的其他指标分析。

对资产、负债信息进行分析，主要分析与上年度对比情况，包括增减绝对值与幅度，增减变动主要原因（可用柱形图或折线图），对预算编制和执行的影响等。

（五）绩效目标完成情况。

1. 概述项目绩效目标完成情况。

2. 概述本单位整体支出绩效目标实现情况（如有）。

（六）当年预算执行及绩效管理中存在问题、原因及改进措施。

三、本年度部门决算等财务工作开展情况

（一）本单位财务管理、绩效管理、决算组织、编报、审核情况。

（二）本单位决算及绩效信息公开工作开展情况。

（三）对单位决算管理及报表设计的意见建议。

（四）对加强部门决算数据分析利用工作的建议。

注：收入支出预算执行情况分析可参考部门决算分析评价表（见软件查询模板）及行政事业单位财务分析指标（附后）。

附：

行政事业单位财务分析指标

一、行政单位财务分析指标

1. 支出增长率，衡量行政单位支出的增长水平。计算公式为：

支出增长率 =（本期支出总额 ÷ 上期支出总额 − 1）× 100%

2. 当年预算支出完成率，衡量行政单位当年支出总预算及分项预算完成的程度。计算公式为：

当年预算支出完成率 = 年终执行数 ÷ 调整预算数 × 100%

年终执行数不含上年结转和结余支出数。

3. 人均开支，衡量行政单位人均年消耗经费水平。计算公式为：

人均开支 = 本期支出数 ÷ 本期平均在职人员数 × 100%

4. 项目支出占总支出的比率，衡量行政单位的支出结构。计算公式为：

项目支出比率＝本期项目支出数÷本期支出总数×100%

5. 人员支出、公用支出占总支出的比率，衡量行政单位的支出结构。计算公式为：

人员支出比率＝本期人员支出数÷本期支出总数×100%

公用支出比率＝本期公用支出数÷本期支出总数×100%

6. 人均办公使用面积，衡量行政单位办公用房配备情况。计算公式为：

人均办公使用面积＝本期末单位办公用房使用面积÷本期末在职人员数

7. 人车比例，衡量行政单位公务用车配备情况。计算公式为：

人车比例＝本期末在职人员数÷本期末公务用车实有数：1

二、事业单位财务分析指标

1. 预算收入和支出完成率，衡量事业单位收入和支出总预算及分项预算完成的程度。计算公式为：

预算收入完成率＝年终执行数÷调整预算数×100%

年终执行数不含上年结转和结余收入数

预算支出完成率＝年终执行数÷调整预算数×100%

年终执行数不含上年结转和结余支出数

2. 人员支出、公用支出占事业支出的比率，衡量事业单位事业支出结构。计算公式为：

人员支出比率＝人员支出÷事业支出×100%

公用支出比率＝公用支出÷事业支出×100%

3. 人均基本支出，衡量事业单位按照实际在编人数平均的基本支出水平。计算公式为：

人均基本支出＝(基本支出－离退休人员支出)÷实际在编人数

此外，行业事业单位还可根据相关财务制度规定和分析需要增加相关分析指标，如：

财政拨款依存度，衡量部门（单位）对财政拨款的依赖程度。

财政拨款依存度＝财政拨款收入÷收入总额×100%

三、部门决算分析评价表

分析评价套表可在报表数据填写完整后由系统导出，包含收入、支出预决算对比分析表、收入支出结构分析表、基本支出财政拨款分析表、项目资金收入支出分析表、收入支出上下年度对比分析表、财政拨款收入支出上下年度对比分析评价表、年末结转结余分析表、人均预算支出分析表、人均财务指标分析表、人员增减变动分析表、量化评价表等。套表可全面反映单位的预算执行情况及财务状况信息，为单位相关决策提供依据。

注意：以本书业务数据为基础编制的财务报告及决算报表因篇幅限制未列出，如果需要，可以和作者联系（电子邮箱：52871681@qq.com）.

第九章　会计调整

第一节　会计调整概述

一、会计调整相关定义

会计调整，是指政府会计主体因按照法律、行政法规和政府会计准则制度的要求，或者在特定情况下对其原采用的会计政策、会计估计，以及发现的会计差错、发生的报告日后事项等所作的调整。

会计政策，是指政府会计主体在会计核算时所遵循的特定原则、基础以及所采用的具体会计处理方法。特定原则，是指政府会计主体按照政府会计准则制度所制定的、适合于本政府会计主体的会计处理原则。具体会计处理方法，是指政府会计主体从政府会计准则制度规定的诸多可选择的会计处理方法中所选择的、适合于本政府会计主体的会计处理方法。

会计估计，是指政府会计主体对结果不确定的经济业务或者事项以最近可利用的信息为基础所作的判断，如固定资产、无形资产的预计使用年限等。

会计差错，是指政府会计主体在会计核算时，在确认、计量、记录、报告等方面出现的错误，通常包括计算或记录错误、应用会计政策错误、疏忽或曲解事实产生的错误、财务舞弊等。

报告日后事项，是指自报告日（年度报告日通常为12月31日）至报告批准报出日之间发生的需要调整或说明的事项，包括调整事项和非调整事项两类。

二、会计调整相关规定

政府会计主体应当根据《政府会计准则第7号——会计调整》准则及相关政府会计准则制度的规定，结合自身实际情况，确定本政府会计主体具体的会计政策和会计估计，并履行本政府会计主体内部报批程序；法律、行政法规等规定应当报送有关方面批准或备案的，从其规定。

政府会计主体的会计政策和会计估计一经确定，不得随意变更。如需变更，应重新履行本条第一款的程序，并按准则的规定处理。

第二节　会计政策变更

政府会计主体应当对相同或者相似的经济业务或者事项采用相同的会计政策进行会计处理。但是，其他政府会计准则制度另有规定的除外。

一、变更会计政策的条件

政府会计主体采用的会计政策，在每一会计期间和前后各期应当保持一致。但是，满足下列条件之一的，可以变更会计政策：

1. 法律、行政法规或者政府会计准则制度等要求变更。

2. 会计政策变更能够提供有关政府会计主体财务状况、运行情况等更可靠、更相关的会计信息。

下列各项不属于会计政策变更：

1. 本期发生的经济业务或者事项与以前相比具有本质差别而采用新的会计政策。

2. 对初次发生的或者不重要的经济业务或者事项采用新的会计政策。

二、会计政策变更的处理方法

（一）追溯调整法

政府会计主体应当按照政府会计准则制度规定对会计政策变更进行处理。政府会计准则制度对会计政策变更未做出规定的，通常情况下，政府会计主体应当采用追溯调整法进行处理。

追溯调整法，是指对某项经济业务或者事项变更会计政策时，视同该项经济业务或者事项初次发生时即采用变更后的会计政策，并以此对财务报表相关项目进行调整的方法。

采用追溯调整法时，政府会计主体应当将会计政策变更的累积影响调整最早前期有关净资产项目的期初余额，其他相关项目的期初数也应一并调整；涉及收入、费用等项目的，应当将会计政策变更的影响调整受影响期间的各个相关项目。

会计政策变更的累积影响，是指按照变更后的会计政策对以前各期追溯计算的最早前期各个受影响的净资产项目以及其他相关项目的期初应有金额与现有金额之间的差额；会计政策变更的影响，是指按照变更后的会计政策对以前各期追溯计算的各个受影响的项目变更后的金额与现有金额之间的差额。

政府会计主体按规定编制比较财务报表的，对于比较财务报表可比期间的会计政策变更影响，应当调整各该期间的收入或者费用以及其他相关项目，视同该政策在比较财务报表期间一直采用。对于比较财务报表可比期间以前的会计政策变更的累积影响，政府会计主体应当调整比较财务报表最早期间所涉及的期初净资产各项目，财务报表其他相关项目的期初数也应一并调整。

（二）未来适用法

会计政策变更的影响或者累积影响不能合理确定的，政府会计主体应当采用未来适用法对会计政策变更进行处理。

未来适用法，是指将变更后的会计政策应用于变更当期及以后各期发生的经济业务或者事项，或者在会计估计变更当期和未来期间确认会计估计变更的影响的方法。

采用未来适用法时，政府会计主体不需要计算会计政策变更产生的影响或者累积影响，也无需调整财务报表相关项目的期初数和比较财务报表相关项目的金额。

第三节　会计估计变更

政府会计主体据以进行估计的基础发生了变化，或者由于取得新信息、积累更多经验以及后来的发展变化，可能需要对会计估计进行修订。会计估计变更应以掌握的新情况、新进展等真实、可靠的信息为依据。

一、会计估计变更的处理方法

政府会计主体应当对会计估计变更采用未来适用法处理。

会计估计变更时，政府会计主体不需要追溯计算前期产生的影响或者累积影响，但应当对变更当期和未来期间发生的经济业务或者事项采用新的会计估计进行处理。

会计估计变更仅影响变更当期的，其影响应当在变更当期予以确认；会计估计变更既影响变更当期又影响未来期间的，其影响应当在变更当期和未来期间分别予以确认。

二、注意事项

政府会计主体对某项变更难以区分为会计政策变更或者会计估计变更的，应当按照会计估计变更的处理方法进行处理。

第四节　会计差错更正

政府会计主体在本报告期（以下简称本期）发现的会计差错，应当按照以下原则处理：

1. 本期发现的与本期相关的会计差错，应当调整本期报表（包括财务报表和预算会计报表，下同）相关项目。

【例 9－1】 某事业单位 2020 年 2 月账务记载用专项资金以银行存款支付维修费 50 000 元，2020 年 3 月发现因财务人员疏忽，此业务记账金额有误，实际发生维修费应为 5 000 元，差错更正相关账务处理如下：

财务会计分录	预算会计分录
借：银行存款——基本户　45 000 　贷：业务活动费用——商品与服务费用（维修费）　45 000	借：资金结存——货币资金　45 000 　贷：事业支出——财政拨款支出——项目支出（维修费）　45 000

2. 本期发现的与前期相关的重大会计差错，如影响收入、费用或者预算收支的，应当将其对收入、费用或者预算收支的影响或者累积影响调整发现当期期初的相关净资产项目或者预算结转结余，并调整其他相关项目的期初数；如不影响收入、费用或者预算收支的，应当调整发现当期相关项目的期初数。经上述调整后，视同该差错在差错发生的期间已经得到更正。

【例 9－2】 某事业单位 2019 年 11 月账务记载用专项资金以银行存款支付

维修费50 000元，2020年1月发现因财务人员疏忽，此业务记账金额有误，实际发生维修费应为5 000元，差错更正相关账务处理如下：

财务会计分录	预算会计分录
借：银行存款——基本户　45 000 　贷：以前年度盈余调整　45 000	借：资金结存——货币资金　45 000 　贷：财政拨款结转——年初余额调整　45 000

与前期相关的重大会计差错的影响或者累积影响不能合理确定的，政府会计主体可比照本条3的规定进行处理。

重大会计差错，是指政府会计主体发现的使本期编制的报表不再具有可靠性的会计差错，一般是指差错的性质比较严重或者差错的金额比较大。该差错会影响报表使用者对政府会计主体过去、现在或者未来的情况作出评价或者预测，则认为性质比较严重，如未遵循政府会计准则制度、财务舞弊等原因产生的差错。通常情况下，导致差错的经济业务或者事项对报表某一具体项目的影响或者累积影响金额占该类经济业务或者事项对报表同一项目的影响金额的10%及以上，则认为金额比较大。

政府会计主体滥用会计政策、会计估计及其变更，应当作为重大会计差错予以更正。

3. 本期发现的与前期相关的非重大会计差错，应当将其影响数调整相关项目的本期数。

政府会计主体在报告日至报告批准报出日之间发现的报告期以前期间的重大会计差错，应当视同本期发现的与前期相关的重大会计差错。

政府会计主体在报告日至报告批准报出日之间发现的报告期间的会计差错及报告期以前期间的非重大会计差错，应当按照报告日后事项中的调整事项进行处理。

政府会计主体按规定编制比较财务报表的，对于比较财务报表期间的重大会计差错，应当调整各该期间的收入或者费用以及其他相关项目；对于比较财务报表期间以前的重大会计差错，应当调整比较财务报表最早期间所涉及的各项净资产项目的期初余额，财务报表其他相关项目的金额也应一并调整。

对于比较财务报表期间和以前的非重大会计差错，以及影响或者累积影响不能合理确定的重大会计差错，应当调整相关项目的本期数。

第五节　报表日后事项及披露

报告日以后获得新的或者进一步的证据，有助于对报告日存在状况的有关金额作出重新估计，应当作为调整事项，据此对报告日的报表进行调整。调整事项包括已证实资产发生了减损、已确定获得或者支付的赔偿、财务舞弊或者差错等。

报告日以后发生的调整事项，应当如同报告所属期间发生的事项一样进行会计处理，对报告日已编制的报表相关项目的期末数或者本期数进行相应的调整，并对当期编制的报表相关项目的期初数或者上期数进行调整。

报告日以后才发生或者存在的事项，不影响报告日的存在状况，但如不加以说明，将会影响报告使用者作出正确估计和决策，这类事项应当作为非调整事项，在财务报表附注中予以披露，如自然灾害导致的资产损失、外汇汇率发生重大变化等。

第六节　披　露

政府会计主体应当在财务报表附注中披露如下信息：

1. 会计政策变更的内容和理由、会计政策变更的影响，以及影响或者累积影响不能合理确定的理由。

2. 会计估计变更的内容和理由、会计估计变更对当期和未来期间的影响数。

3. 重大会计差错的内容和重大会计差错的更正方法、金额，以及与前期相关的重大会计差错影响或者累积影响不能合理确定的理由。

4. 与报告日后事项有关的下列信息：

（1）财务报告的批准报出者和批准报出日。

（2）每项重要的报告日后非调整事项的内容，及其估计对政府会计主体财务状况、运行情况的影响；无法作出估计的，应当说明其原因。

政府会计主体在以后的会计期间，不需要重复披露在以前期间的财务报表附注中已披露的会计政策变更、会计估计变更和会计差错更正的信息。

第十章　一体化会计核算系统

第一节　一体化会计核算系统概述

预算管理一体化建设是深化预算管理改革的一项重要措施，是财政部党组部署的一项财政预算管理改革任务。预算管理一体化建设围绕完善标准科学、规范透明、约束有力的预算制度的要求，以系统性思维整合预算管理全流程，建立各级财政统一的预算管理一体化规范。预算单位会计核算系统（简称“一体化会计核算系统”）是财政预算管理一体化系统的子系统，实现了单位会计核算的集中管理。预算单位会计核算集中管理是在预算单位不改变会计主体、会计管理、会计核算的前提下，通过统一部署的核算系统进行自动化、标准化、规范化的会计处理。

本节中，我们以河南省财政厅预算管理一体化系统中的会计核算系统为例，通过业务流程和软件操作讲解，介绍财政预算管理一体化下的会计核算系统的使用。

一、会计业务流程

一体化会计核算系统的会计核算流程如图 10 - 1 所示。

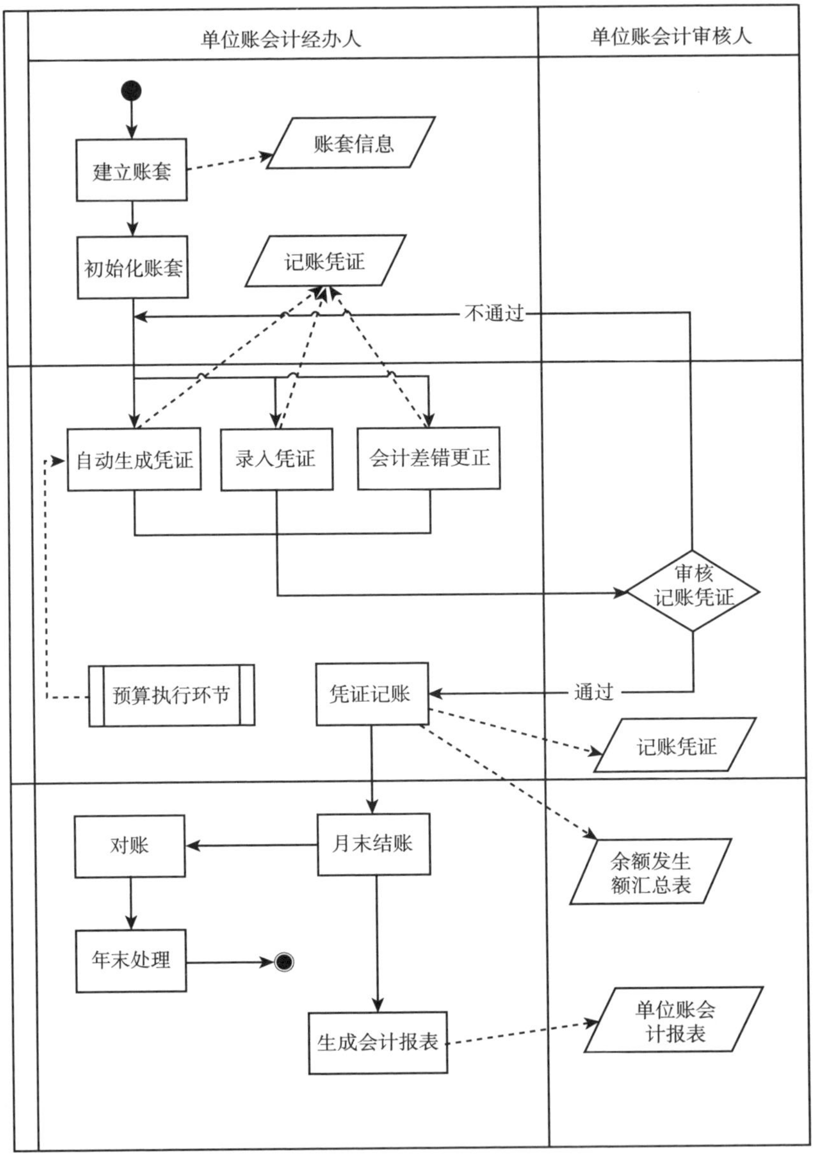

图 10－1　单位账会计核算流程

二、系统操作流程

一体化会计核算系统的操作流程如图 10－2 所示。

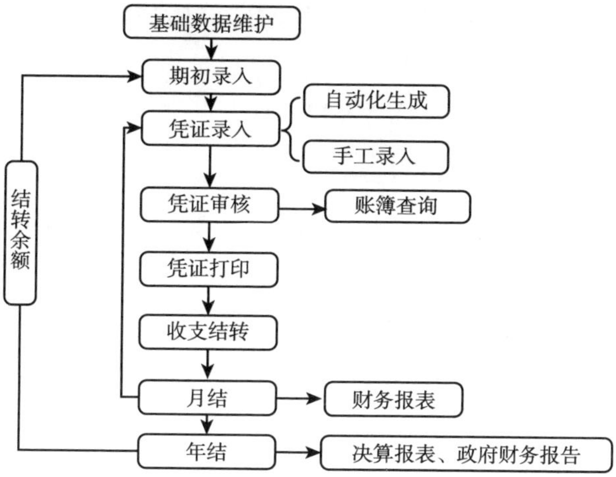

图 10－2　系统操作流程

三、角色功能描述

系统目前分为制单角色和审核角色。

制单角色：首先需要完成会计科目、基础数据的维护，然后进行期初数据的录入，确认无误后即可进行凭证录入（手工录入或者机制凭证生成）。当月凭证录入完成后可以进行账簿（总账、明细账、余额表）的查询，检查当月凭证录入是否存在问题，待审核人员完成凭证审核之后，制单人员即可进行凭证打印（该工作也可放到年底账务数据确定后再进行打印）。确定当月凭证数据无误后，通过结转余额进行本月收入费用的结转，结转完成的凭证需要审核人员继续进行审核，完成之后可以进行月结，继续新月份的账务处理。待 12 月账务处理完成之后还需要进行年末结转，确认本年账务数据无误后，可以生成总账、明细账、余额表、财务报表、决算报表等账表进行打印。

审核角色：需要在制单人员完成凭证录入、凭证结转后进行凭证审核即可。

第二节　业务操作指南

一、登录账套

进入一体化门户后，点击【预算综合 2021 年度】进入，如图 10－3 所示。

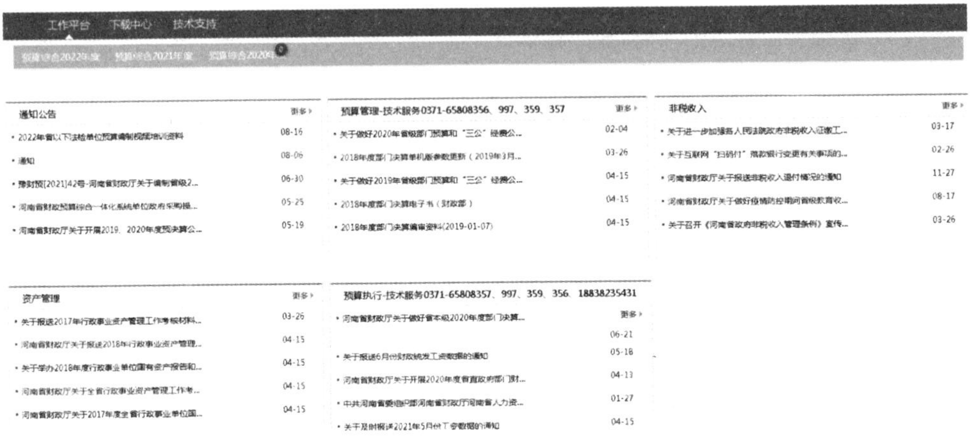

图 10－3　一体化门户

系统在实施部署过程中，已为各级财政建立好了单位账会计账套，登录系统后，点系统右上角用户图标，切换到对应账套即可，如图 10－4 所示。【注意：当在左侧菜单栏没有发现会计核算的菜单时，需要考虑是否选择了账套】

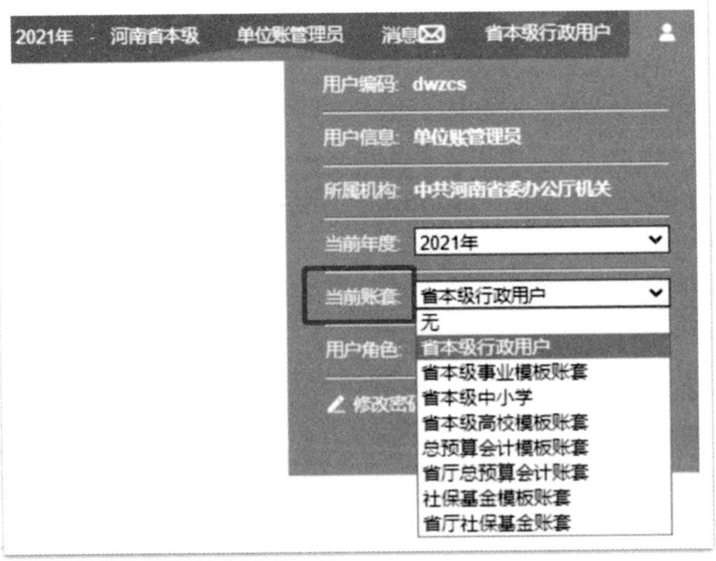

图 10－4　切换账套

二、基础设置

（一）会计科目

系统默认已预制了最新的单位账会计制度科目，并按照制度要求，对相关的会计科目挂接了对应的辅助核算项，对于挂接辅助核算项的会计科目，系统控制不能进行扩展明细科目，必须按辅助核算项进行账务处理。

目前我们系统采用会计科目 + 辅助核算项的方式进行记账，根据制度要求，财务会计科目用于出财务报表，没有进行明细核算，预算会计用于出决算，进行了明细核算（科目挂接了具体的功能分类，经济分类，预算项目等），正常内置的科目基本能满足单位的业务需要，应该不用自行添加下级，如果需要添加下级可以联系工程师看现有方式能否满足需要。

根据核算需要，对未挂接辅助核算项的科目，可以在系统统一预制的会计科目基础上，自行扩展明细科目，如 1001 库存现金，可以根据开设的账户，自行扩展明细科目。

打开【会计科目维护】菜单，在操作列，点【增加下级】，对某个科目进行增加明细科目，如图 10 –5 所示。

图 10 –5　会计科目维护

增加下级科目：选择对应的会计科目点击“增加下级科目”→科目代码→自动生成、录入科目名称。若需设置辅助核算，则选择对应的辅助核算→点击“确定”或者继续添加按钮即可，如图 10 –6 所示。

删除：打开“会计科目维护”，选择对应的会计科目→点击“删除”按钮。

修改：打开“会计科目维护”，选择对应的会计科目→点击“修改”按钮。→在编辑会计科目框中进行修改（科目代码不可修改）→点击“保存”按钮。

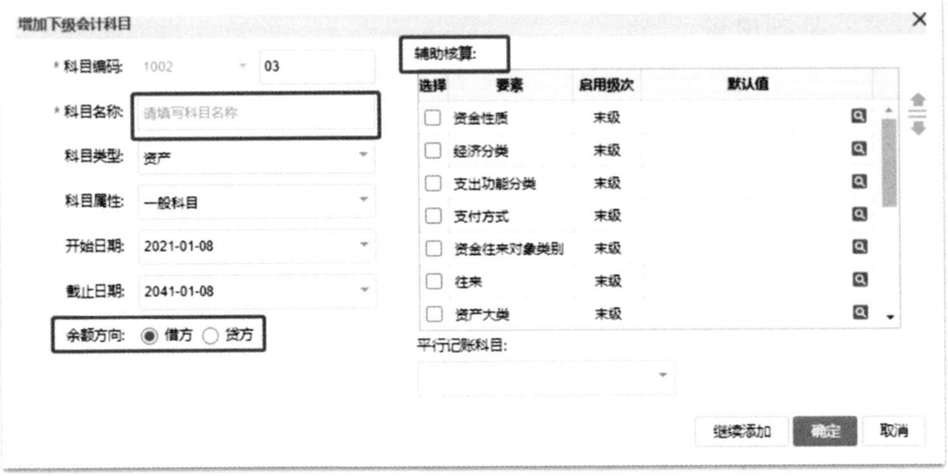

图 10－6　增加下级科目

（二）基础数据

基础数据就是财务核算时的明细核算信息项，系统已将基本满足核算要求的相关基础数据全部预制于系统中，该基础数据是与财政业务系统保持一致的，和财政共用的这些基础数据，目前核算系统只可以查看和使用，不可以修改，由财政统一进行维护，对于类似往来、部门等需要单位自行维护，对于部门经济分类单位可以在统一维护的基础上自行下级扩展。

打开【基础数据维护】菜单，通过切换基础数据页签，查看各基础数据的代码集，如图 10－7 所示。

图 10－7　基础数据维护

新增【往来】，如图 10－8 所示。

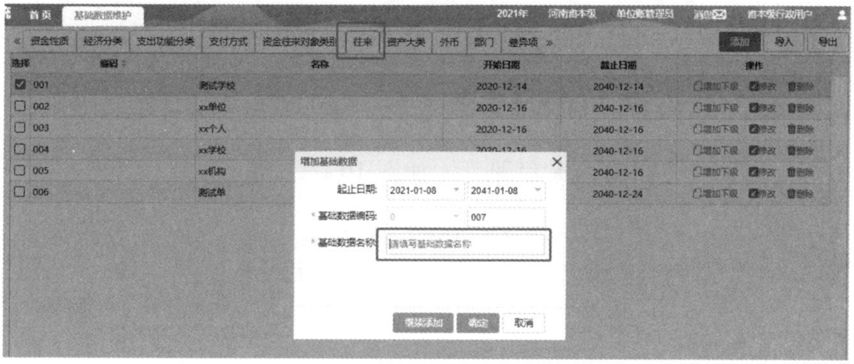

图 10－8　新增往来

新增【往来下级】，如图 10－9 所示。

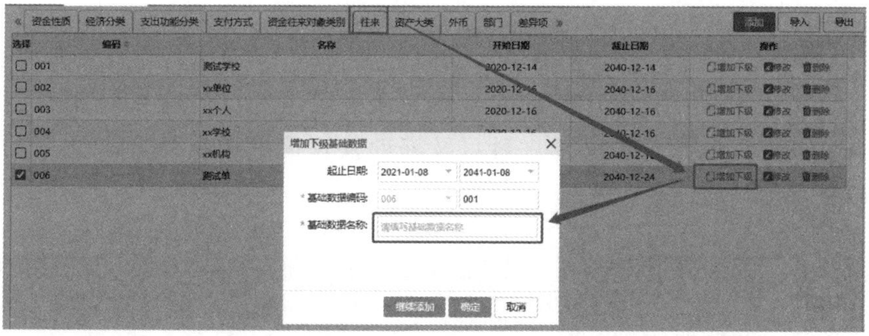

图 10－9　新增往来下级

【经济分类】增加下级，如图 10－10 所示。

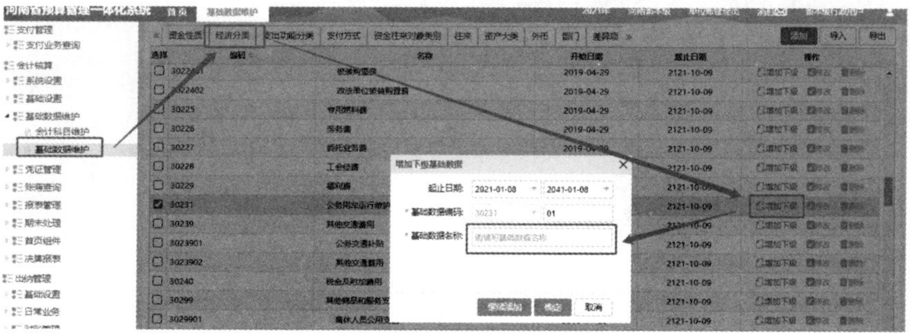

图 10－10　经济分类增加下级

三、期初数录入

这个功能主要完成科目年初余额的录入，可以通过手工录入、导入等方式完成年初数的录入。

打开【期初数录入】菜单，点【录入】按钮，在空白处录入新年度的科目年初余额，录入完成后，保存即可，如图 10－11 所示。

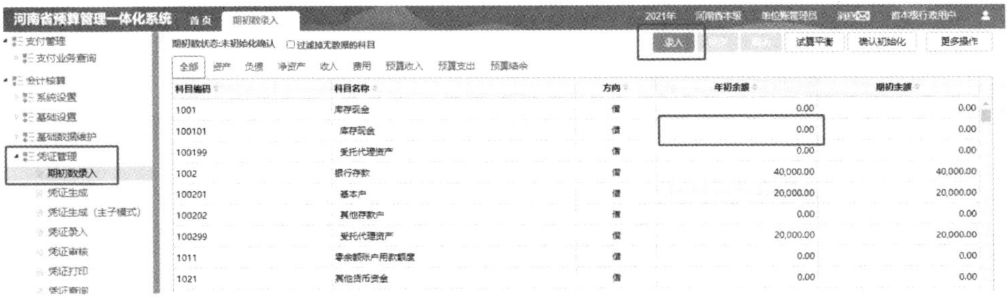

图 10－11 期初数录入

对于需要录入辅助核算信息的科目，在对应的科目名称会以蓝色字体显示，点击该科目名称，弹出录入科目及辅助核算信息的年初余额信息，如图 10－12 所示。

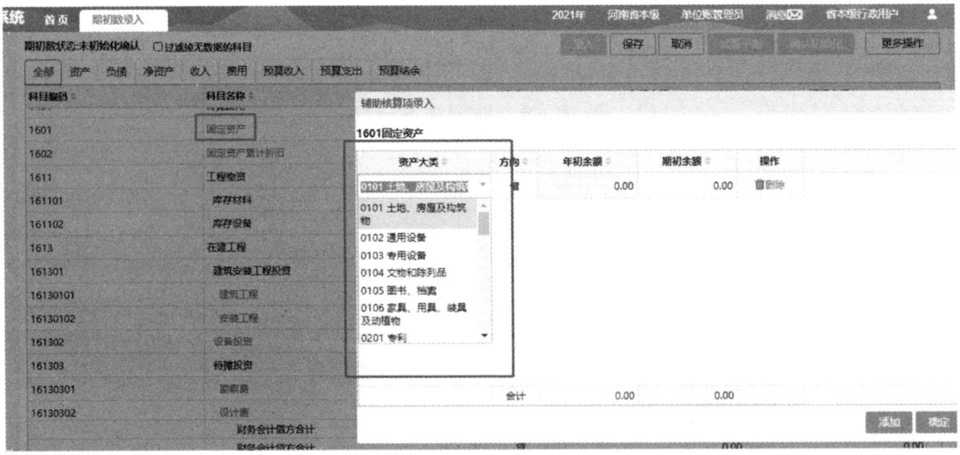

图 10－12 录入科目及辅助核算信息年初余额

期初数录入完成后，点击上方【试算平衡】按钮，对已录入的期初数进行借贷科目平衡校验，如借贷科目期初数不平衡，需要对已录入的期初数进行调整，调整结束后再次点击【试算平衡】。借贷平衡后点击上方【确认初始化】按钮，对期初数进行锁定。

确认初始化后，数据进入锁定状态，如需再次调整期初数，需点击右上角【更多操作】下【撤销初始化】按钮，调整完毕后再次进行【试算平衡】【确认初始化】操作即可。

四、凭证管理

凭证分为手工录入凭证和机制凭证两种类型。

（一）凭证录入

此功能为手工录入凭证，在凭证录入界面点【新增按钮】进行凭证录入。如有科目挂有辅助核算，需进行完善辅助核算项。录入完毕后点击保存即可，如图 10－13 所示。

图 10－13 凭证录入

操作小技巧：

1. 系统提供摘要库功能，在录入摘要时，可以点【摘要】字样维护摘要库，或者调用摘要库内容，快速选取一条摘要返回。

2. 在【更多操作】下面，可以通过【保存为模板】操作，将当前记账凭证保存一张模板凭证，当再次发生类似业务时，可以通过【从模板调取】操作，将之前保存的模板凭证调出，对凭证信息稍做修改，即可完成新的一笔凭证的编制。

3. 在【更多操作】下面通过【复制】功能，可以复制当前凭证形成一张新的待保存凭证，修改相关内容后，即可完成新的一笔凭证的编制。

4. 点击【切换录入方式】可以调整凭证的查看、录入方式（上下结构/左右结构）。

5. 鼠标放置在“键盘”按钮位置，可以查看凭证操作的快捷键。

6. 单击下图所标识的内容，并进行拖动，可以调整凭证在界面上的显示行数，如图 10 - 14 所示。

图 10 - 14　调整凭证显示行数

（二）凭证生成

进入【凭证生成】功能，选择单据类型和日期，点击查询，选择单据，点击生成，即可带出凭证分录、检查带出的会计分录、金额以及辅助核算项是否正确，可以双击修改。确认无误后进行保存，如图 10 - 15、图 10 - 16 所示。

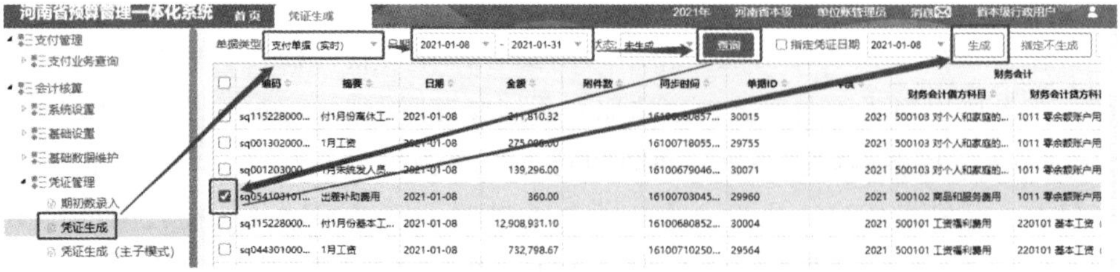

图 10 - 15　凭证生成

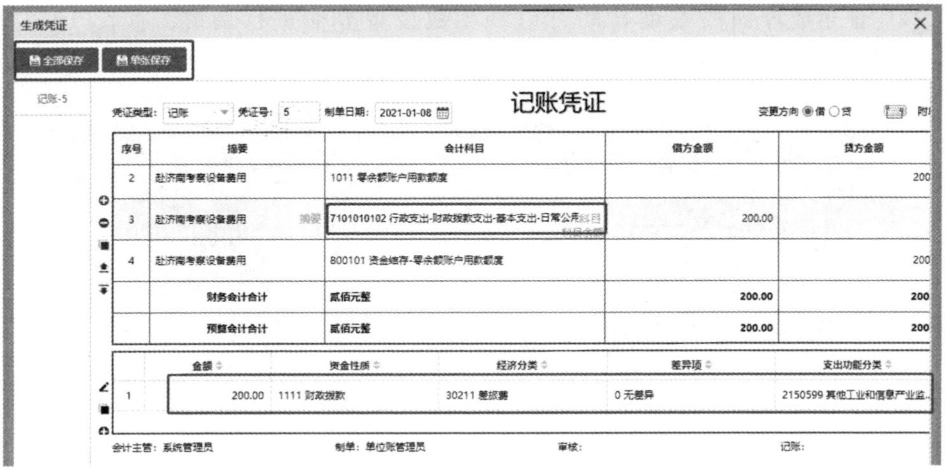

图 10－16　凭证生成修改

如需多张凭证合并生成一张凭证，可以在【更多操作】—【生成设置】进行合单规则的设置，同时勾选是否合并科目、辅助核算项等，如图 10－17 所示。

图 10－17　生成设置

凭证生成界面的查询日期可以在生成设置界面进行调整，如图 10－18 所示。

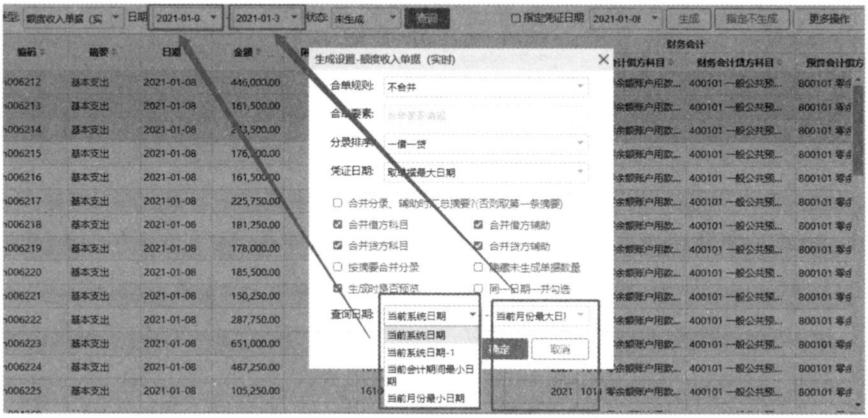

图 10－18　凭证生成的查询日期

当某张凭证已经手工记账，并且想要将凭证生成界面中的单据关联到手工凭证，可以在【更多操作】—【指定关联凭证】进行关联凭证，如图 10－19 所示。

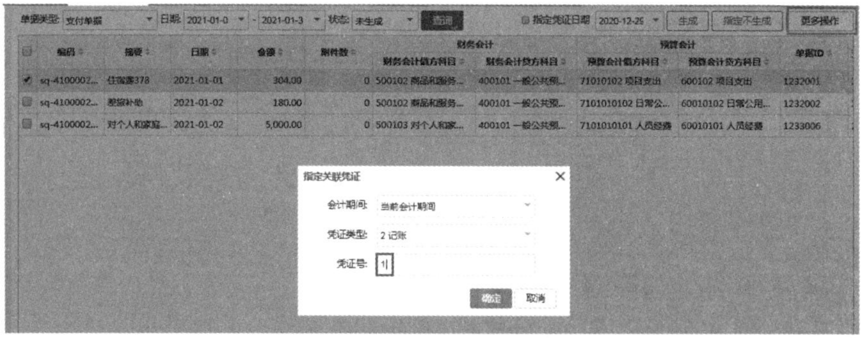

图 10－19　指定关联凭证

（三）凭证审核

使用审核人的账号进行登录，打开【凭证审核】菜单，选择对应会计月份，勾选未审核，点【刷新】按钮，查询未审核凭证，然后勾选列表中未审核的凭证记录，点【审核】，完成凭证的审核操作，如图 10－20 所示。

图 10－20　凭证审核

取消审核：凭勾选列表中已审核的凭证记录，点【撤销审核】，完成凭证的撤销审核。

（四）凭证修改

使用录入人员的账号进行登录进行修改凭证，凭证必须在未审核状态下才可以修改。打开【凭证录入】菜单，左上角选择凭证，选择对应会计月份，选中需要修改的凭证，点【修改】按钮，凭证修改后点击保存，如图 10－21 所示。

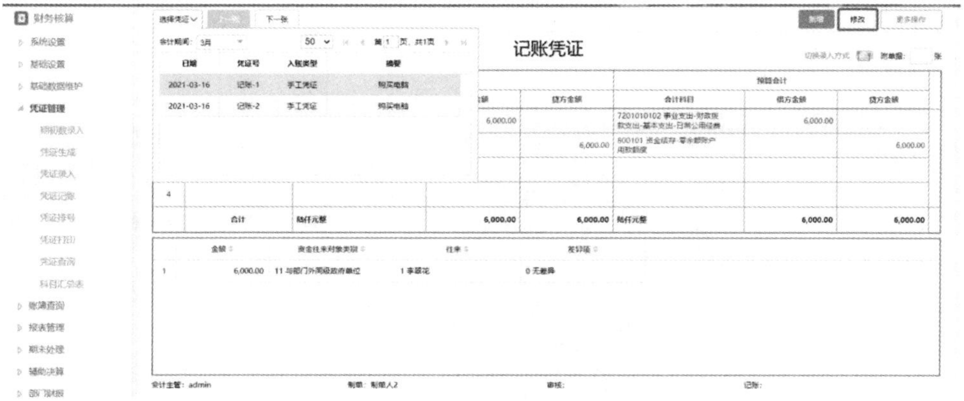

图 10－21　凭证修改

（五）凭证删除

使用录入人员的账号进行登录进行删除凭证，凭证必须在未审核状态下才可以删除。打开【凭证录入】菜单，左上角选择凭证，选择对应会计月份，选中需要删除的凭证，点更多操作【删除】按钮，进行凭证删除，如图10－22所示。

图10－22　凭证删除

（六）凭证查询

打开【凭证查询】菜单，选择对应会计期间，点【刷新】按钮，进行凭证查询。也可点击【高级搜索】按钮，在高级搜索界面完善相应信息，进行精准查询，如图10－23所示。

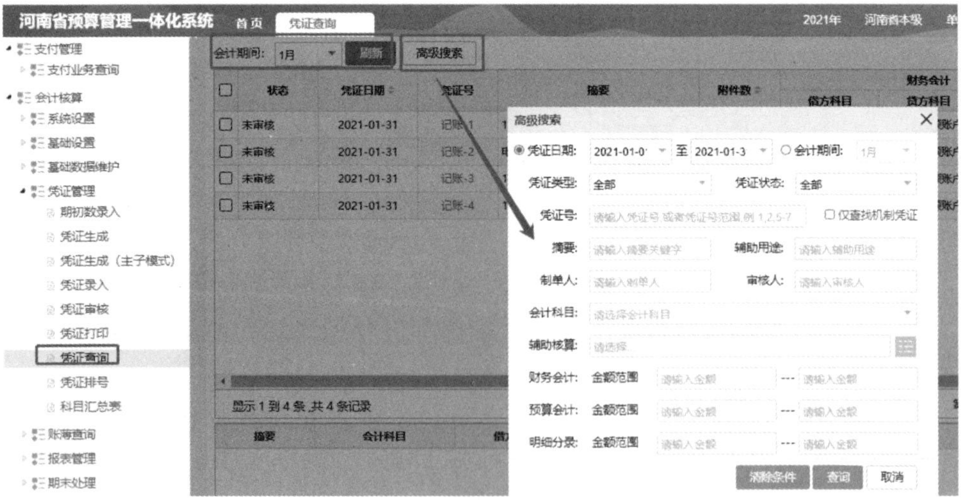

图10－23　凭证查询

（七）凭证打印

打开【凭证打印】菜单，选择对应会计期间、选择相应打印状态，点【刷新】按钮，进行凭证查询，选择需要打印的凭证，点击【打印】按钮。也可点击【高级搜索】按钮，在高级搜索界面完善相应信息，进行精准查询，选择需要打印的凭证，点击【打印】，如图 10－24 所示。对于详细的凭证打印操作，参考《凭证打印方法》。

图 10－24　凭证打印

（八）凭证排号

打开【凭证排号】菜单，选择对应会计期间，点击【查询】按钮，进行凭证查询，选择需要排号的凭证，点击【重新排号】按钮，可以通过多种方式进行排号（如按日期排号、手动排号等），排号完成之后，点击【保存】即可，如图 10－25 所示。

图 10－25　凭证排号

按日期排号：根据凭证日期调整凭证编号；

制单人排号：根据凭证制单人调整凭证编号；

手动编号：手动调整凭证编号；

凭证对调：两张凭证编号互调；

移动凭证：把某张凭证调至其他凭证前面或者后面；

补空号：补凭证号空缺的凭证。

（九）科目汇总表

打开【科目汇总表】菜单，选择对应会计期间，根据需要选择【汇总方式】，点击【查询】按钮，进行科目汇总表的查询，同时可以将科目汇总表进行导出和打印，如图 10－26 所示。

科目代码	科目名称	借/贷	借方金额	贷方金额
1001	库存现金	借	1,667.00	60,020.00
1002	银行存款	借	2,985,519,660.12	10,100.00
1011	零余额账户用款额度	借	10,001.00	2,985,526,076.12
1212	应收账款	借	1,000.00	1,000.00
1218	其他应收款	借	10,000.00	
1602	固定资产累计折旧	贷		206,489.00
资产合计			2,985,542,328.12	2,985,803,685.12
3301	本期盈余	贷	272,357.18	10,985.00
净资产合计			272,357.18	10,985.00
4001	财政拨款收入	贷	10,985.00	11,001.00
收入合计			10,985.00	11,001.00
5001	业务活动费用	借	272,358.00	272,357.18
费用合计			272,358.00	272,357.18
财务会计合计			2,986,098,028.30	2,986,098,028.30
6001	财政拨款预算收入	贷		1.00
预算收入合计				1.00
7101	行政支出	借	64,654.00	
预算支出合计			64,654.00	
8001	资金结存	借	401.00	65,054.00
预算结余合计			401.00	65,054.00
预算会计合计			65,055.00	65,055.00

图 10－26　科目汇总表

三、账簿管理

（一）账簿定义

可添加总账、明细账、余额表的账簿。点击添加，输入账簿编码、名称，勾选该账簿的分组要素（所要查询显示的信息），点击确定，如图 10－27 所示。

注：

【分组条件】指要查询内容结果中包含的要素。

【查询条件】指要查询内容的条件。

图 10－27 账簿定义

（二）余额表

（总账、明细账、交叉统计表、多栏明细账的查询设置与此类似）

打开【余额表】菜单，选择账簿名称、相应会计期间，点【搜索】按钮，进行余额表账簿查询。也可以选择界面上的要素条件，如资金性质，进行过滤查询，如图 10－28 所示。

查询条件要素，可以通过账簿定义功能进行设置，设置哪些要素，就会在查询条件区域显示哪些要素。

注：对于账簿打印的方法详见《账簿打印方法（用户）》。

图 10－28 余额表

四、报表管理

（一）报表设计

在【报表设计】界面，我们已经按照政府会计制度的要求，内置了相关的报表，供用户进行查看，如图 10－29 所示。

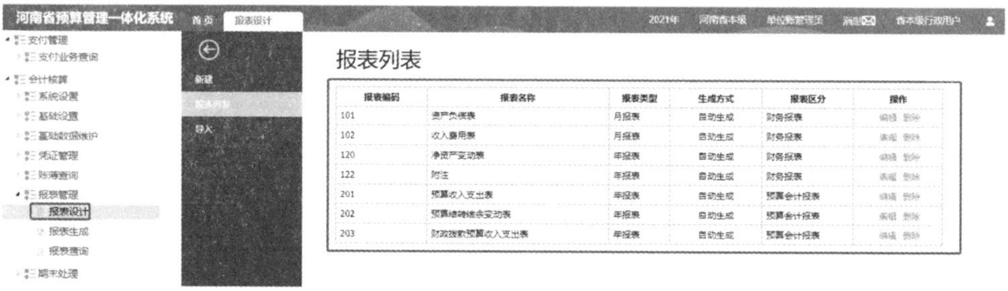

图 10－29　报表设计

如果用户对于业务有特殊要求，可以在【报表设计】这个界面创建新的报表，如图 10－30 所示。

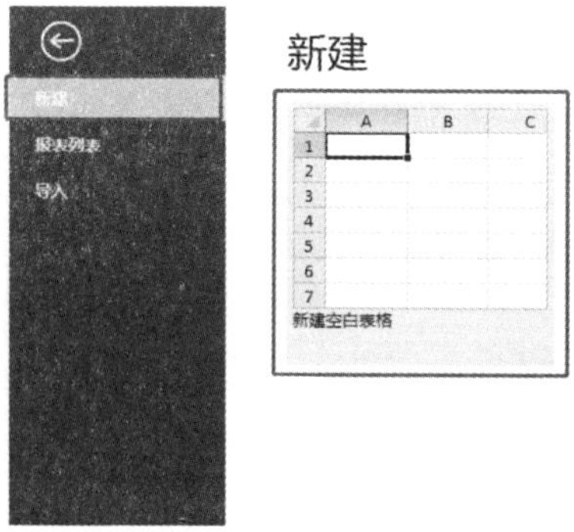

图 10－30　创建报表

修改报表的样式并设置相应的取数公式：点【fx】按钮，如图 10－31 所示。

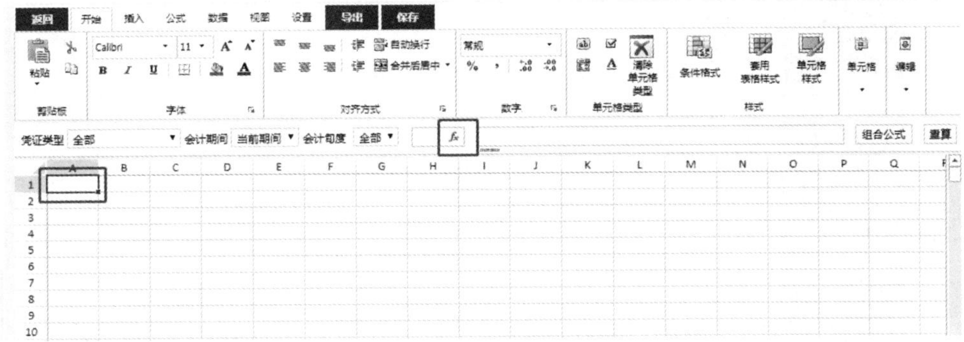

图 10－31　设置取数公式

在报表公式设置界面，选择公式类型及报表公式，然后在对应科目上设置科目值，完成报表公式的设置，如图 10－32 所示。

图 10－32　设置公式

同时，系统还提供了报表导入的功能，可以通过三种文件格式导入报表，其中 .json 文件可以支持将报表表样和报表公式一同导入，如图 10－33 所示。

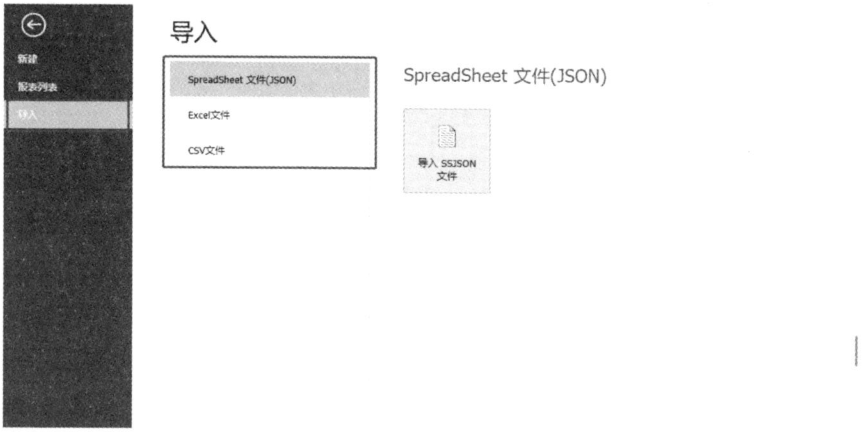

图 10－33　报表导入

实际工作中，如需增加新的自定义报表，也可以联系系统运维人员辅助完成。

（二）报表生成

在【报表生成】界面，我们已经按照政府会计制度的要求，内置了相关的报表，用户只需要按照制度的要求，对于月报表，需要按照会计期间，每月月底点击“生成”按钮，生成相关的月报表，如图 10－34 所示。

图 10－34　报表生成

对于年报表需要在年末，点击“生成”按钮，生成年报表，如图 10－35 所示。

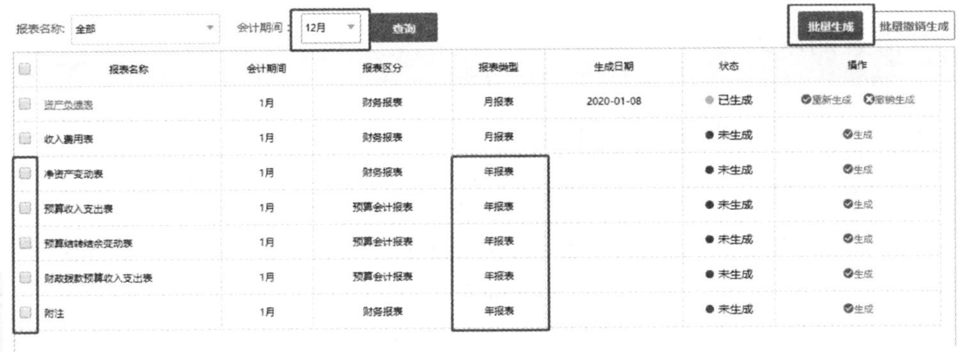

图 10－35　年末报表生成

对于已生成的报表，可以点击报表名称进行查询，如果修改了本月的凭证，可以点击“重新生成”对报表数据进行重新计算或者可以点击“撤销生成”，之后点击“生成”重新生成该报表，如图 10－36 所示。

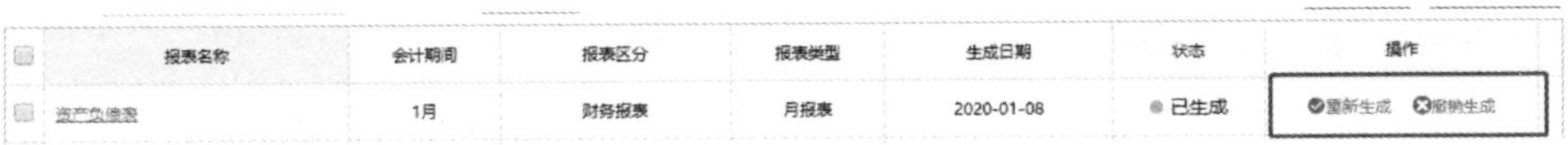

图 10－36　重新生成

（三）报表查询

在【报表查询】界面，通过选择会计期间，可以看到本月生成的报表，如图 10－37 所示。

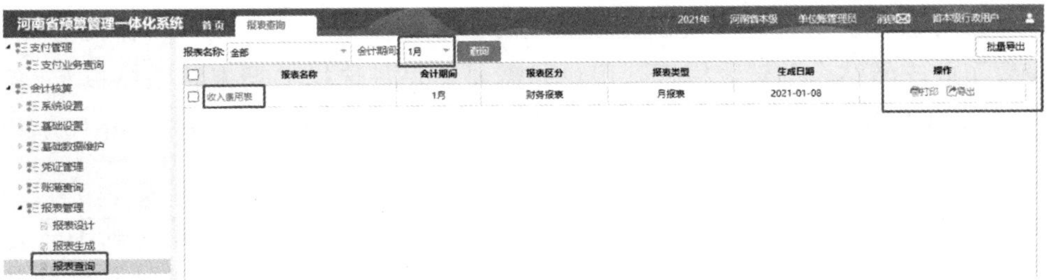

图 10－37　报表查询

对于已生成的报表，可以点击报表名称进行查询，也可以进行报表打印以及报表导出，同时系统还提供了批量导出的功能。

注：对于报表打印的方法详见《报表打印方法（用户）》。

五、期末处理

（一）盈余与结余差异分析

在【盈余与结余差异分析】界面，选择制单日期范围，点击【查询】。下方显示带有差异项的凭证，点击【自动分析】，凭证中选择的差异项与模板中差异项的值不一致的，将以红色字体标识，同时分析结果列显示模板中该业务对应的差异项。点击【按分析结果修正】，可以将凭证中的差异项按照模板进行修正。在修正完成之后，可以点击【生成差异表】，进行差异表的生成、查询，如图 10－38 所示。

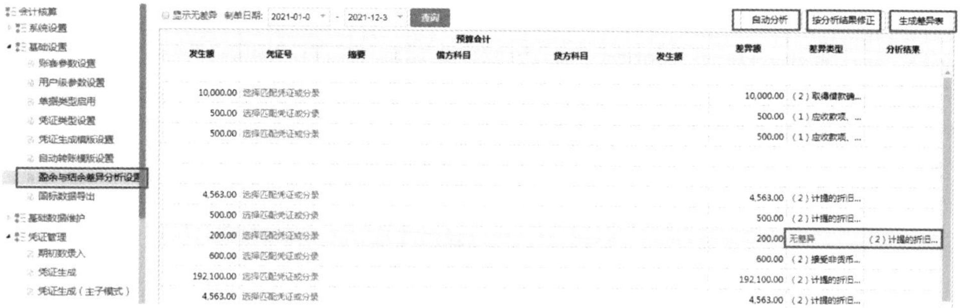

图 10－38　盈余与结余差异分析

（二）转账

在【转账】界面，系统已经按照政府会计制度的要求，根据具体的业务，设置了收支转结余的转账模板。用户只需要在每月选择“期末转账模板”，点击“全部生成”，结转方式取“累计到本月发生额”，如图 10－39、图 10－40 所示。

到年底时需要将模板类型改为“年终转账模板”，然后点击“全部生成”，结转方式取“累计到本月发生额”，进行生成即可。生成的转账凭证在凭证录入/凭证查询界面可以进行查看，如图 10－41 所示。

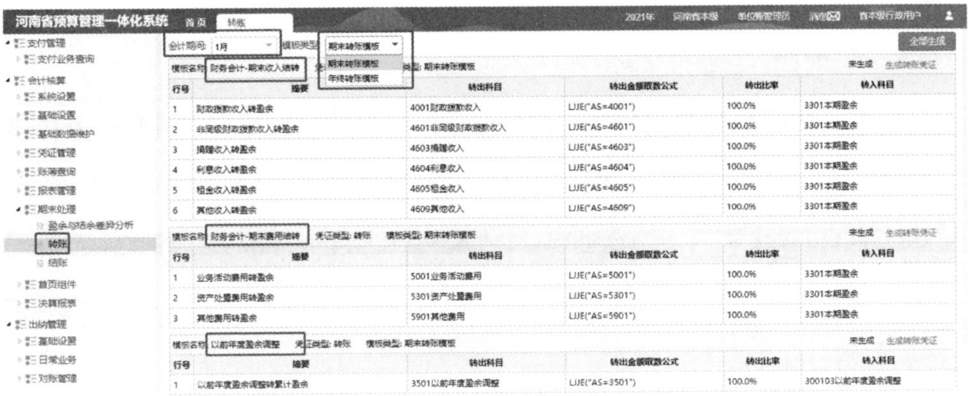

图 10－39　转账

图 10－40　结转方式

图 10－41　年终转账

（三）结账

在【结账】界面，用户需要对当前会计期间的记账凭证、科目余额等进行检查，点击“开始检查”即可，如图 10－42 所示。

图 10－42　结账

对于检查的结果，如果出现“未通过”的情况，需要对相关地方进行调整，如图 10－43 所示。

图 10－43　检查未通过

当检查全部通过时，点击“现在结账”即可进入下一会计期间，如图 10－44 所示。

图 10－44　检查通过

对于已经结账的会计期间，如果需要修改凭证等信息，需要点击“撤销最后一次结账”，退回到上一个会计期间后再进行修改，如图 10－45 所示。

图 10－45　撤销最后一次结账